原始キリスト教とグノーシス主義

荒井 献 著

岩波書店

EARLY CHRISTIANITY AND GNOSTICISM

BY
SASAGU ARAI
Dr. theol.
Professor of Classical Languages and
Early Christian Literature, Tokyo University

IWANAMI SHOTEN
TOKYO
1971

妻 英津子に

はしがき

　原始キリスト教ないしは新約聖書の思想に関しては，わが国においても，先輩諸氏の優れた業績が残されており，とくに最近では，若干の同僚による意欲的研究が公けにされている．しかし，初期カトリシズムによって「異端」の烙印を押されたが，原始キリスト教とは極めて微妙な関係にあるグノーシス主義に関しては，私の知る限り，未だまとまった仕事が発表されていない．本書が研究史上における空白の一部を埋めることができれば幸いである．

　もっとも，本書は「研究」というよりはむしろこれからの研究のための素材に過ぎない．私としては，このような素材を更に拡大しながら，それに立脚して，古代キリスト教史に関する一貫した研究の完成を期している．そこでは，とりわけ初期キリスト教における正統と異端の関係が，できうる限り当時の思想的・社会的情況との関わりにおいて，総合的に問題にされるであろう．

　本書は日本で出版される私の最初の著書である．この機会に国内外の恩師と同僚，とりわけ学生諸君に対し，心から感謝の意を表わしたい．「共に学ぶ者」としての彼らの貴重な示唆・刺激・追求なしに，現在の私はありえないからである．

　とくに，本書の出版に直接関わってくれた人々，原稿の整理と清書をした横山由紀子さん，英文要約の作製と校正をひきうけた小河陽君，本書の出版を薦めてくれた岩波書店の松島秀三氏，とりわけ本書担当の島村ヨハネ，奥山浩子，大見修一の諸氏に感謝する．

　なお，本書の原稿は1970年の10月に脱稿したので，それ以後に入手した文献は，本書の中で参照されていない．ただし，それらの中若干の重要な文献については，巻末(399頁以下)に「付記」の形で言及しておいた．

　　1971年 初秋

　　　　　　　　　　　　　　　　　　　　　　　　荒　井　　献

記　号
(主としてコプト語テクストの翻訳に用いたもの)

（　）内の言葉は原文にはないが，翻訳の都合上付加されたもの．
〈　〉内の言葉は原文にはないが，テクストの編者によって補正されたもの．
〔　〕は欠文を示す．
〔　〕内の言葉は欠文がテクストの編者または本書の著者によって復元されたもの．

　なお，（　）内にギリシア語が記されている場合，その語だけがコプト語テクストの中でとくにギリシア語で記されていることを示す．

略　号

1 テクスト

Arist.	Aristoteles
eth. Nic.	*ethica Nicomachea*
Barn.	Barnabasbrief
Clem. (1, 2)	Clemensbrief
Clem. Alex.	Clemens Alexandrinus
div.	*quis dives salvetur*
strom.	*stromata*
Corp. Herm.	Corpus Hermeticum
Cyr.	Cyrillus
cat. myst.	*catechesis mystagogica*
Did.	Didache
Ephr.	Ephraem
Syr. Hymn.	*Syrische Hymnen*
Epic.	Epictetus
ench.	*enchiridion*
Epiph.	Epiphanius
pan.	*panarion*
Eus.	Eusebius
his. eccl.	*historia ecclesiastica*
Ex. Th.	Excerpta ex Theodoto
Herm.	Pastor Hermae
mand.	*mandata*
sim.	*similitudines*
vis.	*visiones*
Hes.	Hesiodus
theog.	*theogonia*
Hipp.	Hippolytus
ref.	*refutatio omnium haeresium*
Ign.	Ignatius
Eph.	*epistula ad Ephesios*
Mg.	*epistula ad Magnesios*
Pol.	*epistula ad Polycarpum*
Rm.	*epistula ad Romanos*
Sm.	*epistula ad Smyrnaeos*

Tr.	*epistula ad Trallianos*
Iren.	Irenaeus
adv. haer.	*adversus haereses*
Jos.	Josephus
ant.	*antiquitates*
Just.	Justinus
apol.	*apologia*
dial.	*dialogus cum Tryphone Judaeo*
Orig.	Origenes
in Gen.	Homilien zu Genesis
in Joh.	*in Johannem commentarius*
in Luc.	Homilien zu Lukas
Philo	
conf. ling.	*de confusione linguarum*
Deus. imm.	*quod Deus sit immutabilis*
Plat.	Platon
ep.	*epistulae*
Phaedr.	*Phaedrus*
Polyc.	Polykarpbrief
PsClem.	Pseudo-Clemens
hom.	*homiliae*
recg.	*recognitiones*
1 QS	Sektenregel
Tert.	Tertullianus
anim.	*De anima*
carn.	*De carne Christi*
Marc.	*adversus Marcionem*
praesc. haer.	*De praescriptione haerticorum*
res.	*De carnis resurrectione*
Val.	*adversus Valentianos*
Theodoret.	Theodoretus
haer. fab.	*haereticarum fabularum compendium*

2　学術雑誌・辞典・注解書

BJRL	*Bulletin of John Rylands Library*
JBL	*Journal of Biblical Literature*
JThS	*Journal of Theological Studies*
MDAIK	*Mitteilungen des Deutschen Archäologischen Instituts*
NovTes	*Novum Testamentum*

NTS	*New Testament Studies*
Pauly-W, *RE*	Pauly-Wissowa, *Real-Encyclopädie der classischen Altertumswissenschaften*
RevBib	*Revue Biblique*
RevScPhTh	*Revue des Sciences Philosophiques et Théologiques*
RevScRel	*Revue des Sciences Religieuses*
RevThPh	*Revue de Théologie et de Philosophie*
RGG	*Religion in Geschichte und Gegenwart*
Str-B	Strack-Billerbeck, *Kommentar zum Neuen Testament aus Talmud und Midrasch*
ThLZ	*Theologische Literaturzeitung*
ThR	*Theologische Rundschau*
ThS	*Theological Studies*
ThWNT	*Theologisches Wörterbuch zum Neuen Testament*
VigChr	*Vigiliae Christianae*
ZKG	*Zeitschrift für Kirchengeschichte*
ZNW	*Zeitschrift für die Neutestamentliche Wissenschaft und die Kunde der älteren Kirche*
ZRGG	*Zeitschrift für Religions- und Geistesgeschichte*
ZThK	*Zeitschrift für Theologie und Kirche*

序：本書の課題と構成

　本書は，既刊の拙著 *Die Christologie des Evangelium Veritatis. Eine religionsgeschichtliche Untersuchung*, Leiden 1964 の原稿脱稿(1963年)以後，1971年1月に至るまでの間に，わが国において，元来単独の形で公刊された19の論文から成り立っている．その意味で，本書はいわゆる論文集に過ぎない．しかし，われわれは各論文を本書の統一テーマに従って配列しただけではなく，それらに新しく手を加え，更に未発表の二つの論文を付加することによって，本書全体に一貫性を持たせたつもりである．

　われわれの課題は，直接的には本書——とりわけ第Ⅱ部——において，古代末期の一宗教思想「グノーシス主義」(Gnosticism)に接近を試みることにある．この思想は，キリスト教側の反異端論者たち以来，有名な教理史家ハルナック(A. v. Harnack)，更には最近の西洋古典学者ランゲルベック(H. Langerbeck)に至るまで，キリスト教の内部に成立した最初のそして最大の「異端」(haeresis)とみなされている．ハルナックによれば，それは「キリスト教の急速なヘレニズム化」現象なのである．ところが，特に今世紀前半に隆盛をみた「宗教史学派」(religionsgeschichtliche Schule)に属する人々と，その系統に連なる新約学者たち——中でもブルトマン(R. Bultmann)とブルトマン学派——は，上述の伝統的グノーシス主義観を否定して，この思想をキリスト教成立以前のインド−イランに固有な宗教思想に遡源する．たとえばブルトマンによれば，ヨハネ福音書のキリスト論はグノーシス救済者神話のキリスト教的「歴史化」ということになる．

　このような相対立する学説のいずれがより事態に即しているのであろうか．われわれは以下において，このような学説上の問題に独自な見解を打ち出し，とりわけグノーシス主義におけるキリスト論の問題を手がかりとして，グノーシス主義の本質と起源に対する解明を試みるであろう．そのためには，1945/6年にエジプトで発見され，1956年以来そのテクストが公けにされつつあるコプト語グノーシス文書，いわゆる「ナグ・ハマディ文書」を最大限に利用しなけ

ればならないであろう．

ただし，このような課題を果たす前に，伝統的にはグノーシス主義に直接先行するといわれている原始キリスト教について，われわれの視角から素描しておく必要がある．このような意味で，第Ⅰ部の冒頭に第1節「原始キリスト教の成立」を置いた．ここでは，われわれの課題に対して，間接的にではあるが，一つの見通しが立てられている．従って，この論文は本書全体の序論的役割をも果たすことになる．なお，後続する第2-5節では，第1節の脚注の中若干のものが主題として選ばれ，それが拡大された形で論述の対象となっている．もっとも，これらの論文は元来個別に発表されたものであるから，各論文の間に有機的な関係は存在しない．すなわち，第2-5節は第1節の付論として読まれても，あるいは原始キリスト教の諸問題として第1節と並読されてもさしつかえないであろう．

さて，第Ⅱ部は本書全体の本論を形成する．ここでは，第1章において，反異端論者のいわゆる「グノーシス」とその発展が論述の対象となる．そのためにまず，彼ら自身のグノーシス観が確認され（第1節），次いでグノーシス諸派の発展が，シモン派（第2節），バルベロ・グノーシス派とオフィス派（第3節），ヴァレンティノス（第4節），ヴァレンティノス派の一派プトレマイオス派（第5節）の順序で追跡される．第2章においては，ナグ・ハマディ文書のグノーシス主義研究史上における意義が確かめられた後に（第1節），この文書に属する六つのテクスト——『アダムの黙示録』（第2節），『ヨハネのアポクリュフォン』（第3節），いわゆる『この世の起源について』（第4節），『トマスによる福音書』（第5-7節），『ピリポによる福音書』（第8節），いわゆる『真理の福音』（第9節）——のグノーシス主義，特にそのキリスト論の実体が成立史的に明らかにされる．そして最後に，第3章において，以上の研究の総括として，グノーシス主義のイエス理解の問題を介し（第1節），グノーシス主義の本質と起源に関して（第2節），われわれに固有なテーゼが提出されることになるのである．

なお，各論文の元来の掲載誌は次の通りである．
第Ⅰ部
　1.『岩波講座 世界歴史』第2巻，岩波書店，1969年．

序　　　　　　　　　xiii

 2.『聖書学論集』第 6 号，日本聖書学研究所，1968 年.
 3.『基督教論集』第 14 号，青山学院大学基督教学会，1968 年.
 4.『基督教論集』第 15 号，同上，1969 年.
 5.『青山学院大学文学部紀要』第 9 号，1965 年.

第 II 部

第 1 章
 1.『キリスト教史学』第 24 集，日本キリスト教史学会，1970 年.
 2.『東京大学教養学部教養学科紀要』第 3 号，1970 年.
 3.（未発表）
 4.（未発表）
 5.『宗教研究』第 204 号，日本宗教学会，1970 年.

第 2 章
 1.『オリエント』第 10 巻第 2 冊，日本オリエント学会，1968 年.
 2.『ヨーロッパ・キリスト教史』第 1 巻，中央出版社，1971 年.
 3.『聖書学論集』第 5 号，同上，1967 年.
 4.『聖書学論集』第 4 号，同上，1967 年.
 5.『宣教と神学』(浅野順一献呈論文集)，創文社，1964 年.
 6.『聖書講座』第 4 巻，日本基督教団出版局，1965 年.
 7.『基督教論集』第 10 号，同上，1963 年.
 8.『福音書研究』(高柳伊三郎献呈論文集)，創文社，1967 年.
 9.『宗教研究』第 178 号，同上，1964 年.

第 3 章
 1.『聖書学論集』第 2 号，同上，1964 年.
 2.『一橋論叢』第 60 巻第 2 号，一橋大学一橋会，1968 年.

目　次

はしがき
記　　号
略　　号
序：本書の課題と構成

第Ⅰ部　原始キリスト教

1　原始キリスト教の成立 ……………………………………… 3
　(1)　後期ユダヤ教 ………………………………………… 4
　(2)　パレスチナ教団の成立 ……………………………… 10
　(3)　ヘレニズム教団の成立 ……………………………… 19
　(4)　地域教会の成立 ……………………………………… 26
　(5)　初期カトリシズムの成立へ ——結論にかえて—— …… 40
2　エルサレム原始教団におけるいわゆる財産の共有制
　　について …………………………………………………… 43
3　エルサレム原始教団におけるいわゆる「ヘブライオ
　　イ」と「ヘレーニスタイ」の問題をめぐって
　　——使徒行伝6章1-6節に関する教会史的考察—— ……… 57
4　義人ヤコブの殉教に関する新資料について ……………… 70
5　原始キリスト教における教育思想の展開 ………………… 76

第Ⅱ部　グノーシス主義

第1章　いわゆる「グノーシス」とその発展 …………… 93

1　反異端論者の「グノーシス」観
　　——エイレナイオスの場合を中心として—— …………… 93
2　「魔術師」シモンとその伝承について ……………………104
3　バルベロ・グノーシス派とオフィス派について …………123
4　ヴァレンティノスの教説 ……………………………………131

5　プトレマイオス派のグノーシス神話
　　　　　——その展開と構造—— ………………………………141

第2章　ナグ・ハマディ文書のグノーシス主義 …………157
　　　1　ナグ・ハマディ文書の発見とグノーシス主義研究史
　　　　　上におけるその意義……………………………………157
　　　2　『アダムの黙示録』におけるフォーステール…………173
　　　3　『ヨハネのアポクリュフォン』におけるソフィア・
　　　　　キリスト論………………………………………………196
　　　4　いわゆる『この世の起源について』における創造
　　　　　と無知……………………………………………………212
　　　5　古代教会の伝承における使徒トマス
　　　　　——その宣教と神学—— ………………………………222
　　　6　『トマスによる福音書』
　　　　　——特に福音書正典との関係について—— …………240
　　　7　『トマスによる福音書』におけるイエス………………257
　　　8　『ピリポによる福音書』におけるイエス・キリスト…273
　　　9　『真理の福音』におけるキリスト論………………………299

第3章　グノーシス主義の問題点 ………………………………319
　　　1　グノーシス主義のイエス理解
　　　　　——いわゆる「グノーシス救済者神話」批判——………319
　　　2　グノーシス主義の本質と起源について…………………337

引用文献……………………………………………………………357
英文要約(Summary in English) …………………………………377
付　　記……………………………………………………………399

第 I 部
原始キリスト教

1 原始キリスト教の成立

2-3世紀のキリスト教において最大の「異端」(αἵρεσις, haeresis)と呼ばれるグノーシス主義は，正統的キリスト教——いわゆる初期カトリシズム——と，その成立史上どのような関係にあったのであろうか．この問に答えるためには，まず原始キリスト教の成立を問題にしなければならない．ここで「原始キリスト教」という概念は，初期カトリシズム成立以前のキリスト教という広い意味で用いられる[1]．

従来，われわれの問題にとって基本的な二つの業績がある．W. Bauer, *Rechtgläubigkeit und Ketzerei im ältesten Christentum*, 1. Aufl., Tübingen 1934; 2. Aufl., 1963 と H. E. W. Turner, *The Pattern of Christian Truth. A Study in the Relations between Orthodoxy and Heresy in the Early Church*, London 1954 がそれである．前者は，2-3世紀のいわゆる異端が正統の分派であるという教父思想の不当性を衝き，歴史的には，異端と呼ばれる思想が先にあって，それが正統性を主張するローマ教会によって排除されて「異端」となったのだという，きわめて独自なテーゼを提出した．これに対して後者は，伝統的な正統-異端説を擁護し，それを史的に再確認したのである．われわれはこのような論争をも十分に意識して，その後に発見された資料[2]と新しい研究[3]を踏まえながら，与えられた課題を果してみたい．

---

1) 「原始キリスト教」の概念規定については，W. G. Kümmel, Urchristentum, in: *RGG* VI, 3. Aufl., 1962, Sp. 1187-1193, 参照．
2) とりわけ，いわゆる「死海文書」と「ナグ・ハマディ文書」．前者については次頁以下，後者については下記 157 頁以下，参照．
3) 概説書として最近のものは，E. Schweizer, *Gemeinde und Gemeindeordnung im Neuen Testament*, 2. Aufl., Zürich 1962 (シュヴァイツァー『新約聖書における教会像』佐竹明訳，新教出版社，1968 年); L. Goppelt, *Die apostolische und nachapostolische Zeit*, Göttingen 1962; H. Conzelmann, *Grundriß der Theologie des Neuen Testaments*, München 1967; Ders., *Geschichte des Urchristentums*, Göttingen 1969; F. V. Filson, *A New Testament History*, London 1965; M. Bauer, *Anfänge der Christenheit. Von Jesus von Nazareth zur frühchristliche Kirche*, 2. Aufl., Berlin 1970.

(1) 後期ユダヤ教

原始キリスト教成立の政治的背景,サドカイ派,パリサイ派,熱心党(ゼーロータイ),エッセネ派などの宗教的背景に関して,ここで詳しく論ずることはできない[4].われわれは直ちに,イエスに直接先行した洗礼者ヨハネ,原始キリスト教成立のいわば母胎となったヘレニズム・ユダヤ教の考察に入っていきたい.

1 洗礼者ヨハネとその教団

死海の西北岸にいわゆるクムラン教団が存在し,彼らが「死海文書」を所有していたことが最近の発掘によって明らかにされている.この教団はおそらく先に言及したエッセネ派の一形態であろう.彼らは原則として独身主義を貫き,一種の財産共有制による共同生活を営んでいる.ここでは,厳格な宗規に則する徹底した律法生活と,同時に,神の恵みに対する絶対的信頼に基づいて信徒相互に実践さるべき愛の倫理が強調されている.しかも,この中で神の契約が更新され,終末に関する神の預言が実現されるという確信が持たれた.その意味で彼らは自己を「最後の世代」と理解し,「選民」,「唯一の真のイスラエル」,「光の子」と呼ぶ.その際に,「光の子」は「闇の子」と対立する.彼らはこの世を,光と闇,偽りと真理,義と不義,生と死のような倫理的二原理が対立抗争する場とみなしている.もちろん,終りの日にはメシアが待望され——ここでは,預言者・祭司・王という三人のメシア像を持っていたらしい——,光の子らに決定的勝利をもたらすであろう.なお,クムラン教団には二つの礼典,すなわち洗礼と聖餐とがあった.前者は祭司に課せられた日ごとに水に浸る儀式で,これによって穢れが払われ,罪が赦されるとみなされた.ただし,罪の赦しには律法遵守が不可欠の条件とされている.聖餐は「全き人」のみ参加し

---

4) 詳しくは,Filson, a. a. O., pp. 3-62; M. Simon, *Die jüdischen Sekten zur Zeit Christi*, Zürich 1964, pp. 4-49; R. Bultmann, *Das Urchristentum im Rahmen der antiken Religionen*, 2. Aufl., Zürich 1954(ブルトマン『原始キリスト教——古代諸宗教の圏内における』米倉充訳,再版,新教出版社,1962年); E. Stauffer, *Jerusalem und Rom im Zeitalter Jesu Christi*, Bern 1957(シュタウファー『エルサレムとローマ——イエス・キリストの時代史』荒井献訳,日本基督教団出版局,1965年);秀村欣二『新約時代史』キリスト教夜間講座出版部,1966年;荒井献「イエスの時代——その歴史的背景」『聖書の世界』第5巻(新約I),講談社,1970年,11-18頁,参照.

うる，パンとブドウ酒による会食であるが，これには，終末に際してメシアと共に持たれる聖宴の先取り的性格がある．いずれにしても，このような教団の特色を「在職中の祭司」像から説明する説が有力である．すなわち，クムランの人々は，祭司たちに神殿奉仕期間中にだけ課せられていた義務(祭司律法の遵守，禁欲，共同生活，洗礼，聖宴など)を，彼らの全生活の中に徹底しようとしたのである．教団の創立者と思われる「義の教師」——彼は「悪の教師」に迫害され「殉教の死」をとげたらしい——は，マカベア戦争(前168-142年)後に新体制の担い手となったハスモン家から大祭司が出されたとき，これを拒否し，イスラエル宗教に伝統的なサドク家出身者を大祭司に奉じて荒野に逃れ，この地でナジル人の理想実現をはかった祭司たちの一人，あるいは彼らの大祭司その人と同定されうるであろう[5]．

さて，いわゆる「洗礼者」ヨハネが，このようなクムラン教団と何らかの形で関係があったことは事実であろう．ヨハネ伝承(ルカ1,5-24)には少なくとも祭司的特徴が認められるばかりではなく，ヨハネの行動がナジル人的であり(マルコ1,6)，その思想がきわめて終末論的だからである．また彼の洗礼は，クムラン教団におけるように罪の赦しと結びつけられている．その上，彼が活動したといわれる「荒野」とヨルダン川を考え合わせれば，ヨハネの行動範囲はヨルダン川の南部に当り，少なくとも地理的にはクムラン教団の位置(死海の西北岸)に近くなる．しかし，ヨハネが行動を開始した時点で彼がクムラン教団に所属していなかったことは明白である．彼は単独で行動しており，ヨハネのいわゆる「罪の赦しをえさせる悔改めのバプテスマ」(マルコ1,4)は律法・戒律の遵守とは無関係で，しかもそれはただ一度限り施されたものであった．この意味でヨハネを直接クムラン教団に結びつけるわけにはいかないが，彼を広義の洗礼教団(Taufsekten)の中に位置づけることは可能であろう．

ヨハネの行動はティベリウス帝の第15年，つまり紀元後28年に始まる(ルカ3,1)．彼の宣教と洗礼は終末接近のモチーフによって決定づけられていた(マタイ3,7-12)．彼は「火でバプテスマを授ける」，つまり焼き亡ぼしてしま

---

5) M. Burrows, *The Dead Sea Scrolls*, New York 1955(バロウズ『死海写本』新見宏訳，山本書店，1965年)；日本聖書学研究所編『死海文書——テキストの翻訳と解説』山本書店，1964年; G. Jeremias, *Der Lehrer der Gerechtigkeit*, Göttingen 1963, 参照．

う「力ある者」の来臨が間近に迫っていることを預言する．この「力ある者」とはおそらく元来は神を意味したであろう．ヨハネの「水によるバプテスマ」は，この「力ある者」の「火によるバプテスマ」との関連において意味を獲得する．すなわち，火によるバプテスマを免れる唯一の道は，水によるバプテスマを受けて「悔改める」以外にない．そして，サドカイ派の地位もパリサイ派の業も，「力ある者」ないしは「天国」の前に救済の確実性を保証しないのである．来るべきものの前に，現在の生を規定する一切の過去的なるものはその価値を失う．人間は生の志向を過去から将来に転換しなければならない．これがヨハネのいわゆる「悔改め」の意味であろう．

　このような，ヨハネによる，当時の体制を直接間接に支えたサドカイ派やパリサイ派に対する激しい批判が，反体制的勢力を彼のもとに結集せしめる原因になったことは当然であろう．ヨセフスによれば，ヨハネは政治的理由でガリラヤの領守(テトゥラルコス)ヘロデ・アンティパスによって捕えられ，マカイルスの堡塁で没した(Jos., ant., 18, 118 f.)．

　ヨハネは彼の悔改めをユダヤの全住民に要求したのであって，一つの教団を設立する意図を持っていたとは思われない．もっとも，福音書は「ヨハネの弟子たち」の存在を証言している(マルコ 2, 18 par.)．この特色は断食(マルコ 2, 18 par.)と祈り(ルカ 5, 33；11, 1)にあった．この弟子たちの中にイエスもいたのである．

　ヨハネの死後，いわゆるヨハネ教団は，彼自身が弟子たちに要求した仲保者としての位置を万人の救済にとって意味あるものにまで高め，彼を預言者的メシア，神の先駆者として崇拝し(ルカ 1, 14-17. 76 f.)，天的「光」(ルカ 1, 78 f.；ヨハネ 1, 8；5, 35)，あるいは「言葉(ロゴス)」の位置にまで高めた可能性がある(ヨハネ 1, 1-18 参照)．後期になって，彼は明らかにメシアとして崇拝されており(PsClem., *recg.*, I 54, 60)，また彼の再臨が期待されている(PsClem., syr., *recg.*, I 54, 8)．ヨハネ教団が発展した地域，その時期について確実なことは分っていない．それがパレスチナ－シリアからエジプトと小アジアに拡がっていた可能性はあるであろう(行伝 18, 24-19, 7 参照)[6]．

---

6) 詳しくは，R. Schütz, *Johannes der Täufer*, Zürich 1957；W. Wink, *John the Baptist in the Gospel Tradition*, Cambridge 1968, 参照．

2 ヘレニズム・ユダヤ教

ヘレニズム・ユダヤ教はきわめて漠然とした概念である．それは少なくともディアスポラ・ユダヤ教よりは広い意味を持つ．つまりこれには，ヘレニズムと何らかの形で接触した，パレスチナおよびその周辺におけるユダヤ教も含まれるのである[7]．

紀元前2世紀におけるアンティオコス四世によるエルサレムの強力なヘレニズム化政策，紀元前64年以来のローマ支配を考慮に入れれば，われわれの時代におけるパレスチナのヘレニズム-ローマ化は当然予想されるところであろう．しかし，それがユダヤ教に与えた影響については慎重に判断されなければならない．ローマ体制を甘受したサドカイ派の復活否定論にしても，思想のヘレニズム化という観点だけからは説明できないのである．エルサレムを中心とするユダヤ教は，パリサイ派，とりわけ熱心党に代表されるように，ヘレニズム化一般に対してはむしろ否定的であった．ただ，パレスチナ周辺——とくにガリラヤ，サマリア——となると問題は別である．ユダヤ教と異教の谷間にあったガリラヤにおいては，民族主義そのものに無関心な，その意味でヘレニズムに通じ易い精神風土が育まれていた可能性がある[8]．このガリラヤと，明らかにヘレニズム化された隣接地帯スロフェニキアやデカポリスとの精神的関係は比較的容易につけられたはずであろう．他方サマリアは，エルサレムを中心とするユダヤ教から完全に遮断されていた．サマリア人はゲリジムの神殿に拠ってエルサレム神殿を認めず，またユダヤ教とは異なる聖書本文と神学を持つに至るのであるが[9]，このサマリア教の周辺に，ヘレニズム的混交諸宗教が発生する．その一つにグノーシス主義の父と呼ばれる魔術師シモンとその宗教が数えられるであろう（行伝8,9-24参照）．彼は自らを「大いなる力」と称し，「諸権力」（創造神）の支配下にある人間の救済者をもって任じた．シモン派は2世紀

---

[7] 詳しくは，V. Tcherikover, *Hellenistic Civilization and the Jews*, 2. Aufl., Philadelphia/Jerusalem 1961; M. Hengel, *Judentum und Hellenismus*, Tübingen 1969, 参照．

[8] ガリラヤの歴史的特異性について，詳しくは，田川建三『原始キリスト教史の一断面——福音書文学の成立』勁草書房，1968年，51-57頁，参照．

[9] サマリア教について，詳しくは，J. Macdonald, *The Theology of the Samaritans*, London 1964, 参照．

前半にはローマにまで拡がっていた[10]．同じ頃，ヨルダン川東方にマンダ教団が成立する．

マンダ教団は，最近収集された口碑伝承とその伝承史的研究によって，紀元後1世紀以後にパレスチナからペルシア方面へ移動したことが明らかにされている．移動以前のマンダ教団，彼ら自身の呼称によれば「ナツォーライエー」(naṣōraiê)は，繰返して行なわれた洗礼の祭儀と彼らに固有な神話を有する．しかし最も注目すべきは，彼らが「認識」(東方アラム語でMandâ，ギリシア語の$\gamma\nu\tilde{\omega}\sigma\iota\varsigma$)を救済とみなすことであろう．つまり，その神話によれば，光の世から遣わされたマンダー・ダイエー(Mandâ dHaijê:「命の認識(グノーシス)」の意)が，創造神の支配下で本来の自己＝「隠されたアダム」を忘れている人間に，それを覚知せしめ，それを光の世に連れ戻す．このような反宇宙的二元論に基づいて救済の認識を説く宗教思想をわれわれはグノーシス主義(Gnosticism)と呼ぶのであるが，これは元来一元的ユダヤ教に固有な思想ではない．しかし，その神話の素材がほとんどユダヤ教から取られている限り，われわれはマンダ教をユダヤ教から切り離して純粋な異教とみなすことはできないであろう．いずれにしても，マンダ教はヨハネ教団に由来するという仮説——これが最近に至るまで定説であった——は明らかに誤りである[11]．

さて，ヘレニズム・ユダヤ教の代表はやはり，ディアスポラの，とりわけアレクサンドリアのユダヤ教であろう．この事実を最も明らかにするのは，すでに紀元前3世紀に始まっていた彼らの聖典——いわゆる「旧約聖書」——のギリシア語訳，「七十人訳聖書(セプトゥアギンタ)」(LXX)の成立である．これはヘブライズムとヘレニズムのいわば懸橋の役割を果し，ひいては初期キリスト教の正典に採用されていく[12]．そして，ローマ帝政初期におけるこの地のユダヤ人哲学者フィローン(Philōn)こそは，ヘレニズム・ユダヤ教の代表的人物であった．彼は律法を

---

10) 詳しくは，下記104頁以下，参照．
11) 詳しくは，K. Rudolph, *Die Mandäer* I: *Das Mandäerproblem*, Göttingen 1960; Ders., *Die Mandäer* II: *Der Kult*, Göttingen 1961; Ders., *Theogonie, Kosmogonie und Anthropogonie in den mandäischen Schriften. Eine literarische und traditionsgeschichtliche Untersuchung*, Göttingen 1965, 参照．
12) LXXの研究状況，その特質については，P. Katz, Septuaginta-Forschung, in: *RGG* V, 3. Aufl., 1961, Sp. 1704–1707; G. Bertram, Septuaginta-Frömmigkeit, in: *RGG* V, 3. Aufl., 1961, Sp. 1707–1709, 参照．

ギリシア哲学，とくにプラトニズムによって解釈することにより，ヘブライズムとヘレニズムの融合を試みた．このような彼の試みは，その比喩的解釈法と共に，初期カトリック教会に対して大きな影響を与えている．しかし，フィローンにしても単なるプラトーン学者ではなく，むしろ敬虔なるユダヤ教徒であった．彼は，少なくとも人間の本来的自己としての魂(ψυχή)を神と本質的に等置してはいない．彼において自己認識は，なお空しき自己の認識に留まっていたのである[13]．この意味で，ディアスポラのユダヤ教におけるヘレニズム化にも限界があった．むしろ，ここにおいても積極的にヘレニズム反論が行なわれたのである．『シビュラの託宣』，ヨセフスの『アピオン反論』などがそれである[14]．

ヘレニズム・ユダヤ教に特徴的な思想の中で，とくに注目すべきは，超越神の属性——言葉・霊・名・知恵など——が人格化されて，それが人間と何らかの意味で関わりを持つ存在とみなされていることであろう．たとえばフィローンにおいて言葉(ロゴス)は，世界の創造に与り，他方，ヘルメスと等置されて啓示者的役割を果す．「アダム文書」の中では，神の名に同じような機能が帰されている．また『知恵の書』には，知恵(ソフィア)が神のもとから遣わされて人間界に住み，神の意志を伝えるが，それが受け容れられず，苦難を経て天に帰るという表象が認められる[15]．エジプトにおけるユダヤ教の周辺に成立したと思われるグノーシス主義，たとえば『ヨハネのアポクリュフォン』の原本においては，神の諸属性の末端に位置するソフィアの堕落と救済が，宇宙の創造と万物更新の原型とみなされている[16]．

---

13) フィローンに関する研究状況については，C. Colpe, Philo, in: *RGG* V, 3. Aufl., 1961, Sp. 341-346, 参照．

14) 詳しくは，P. Dalbert, *Die Theologie der hellenistisch-jüdischen Missionsliteratur unter Einfluß von Philo und Josephus*, Hamburg 1954, 参照．

15) 詳しくは，H. Hegermann, *Die Vorstellung vom Schöpfungsmittler im hellenistischen Judentum*, Berlin 1961; G. Pfeifer, *Ursprung und Wesen der Hypostasenvorstellungen im Judentum*, Stuttgart 1967; F. Christ, *Jesus Sophia. Die Sophia-Christologie bei den Synoptikern*, Zürich 1970, pp. 13-60, 参照．

16) 詳しくは，下記196頁以下，参照．

(2) パレスチナ教団の成立

1 イエスの行動と思想

イエスは洗礼を受けてヨハネの弟子となり，後者が捕縛された後に，ガリラヤで宣教を開始する(マルコ 1, 14)．彼の行動の中でヨハネと決定的に異なる点は，第一に，後者が荒野で，前者は町に出ていって，宣教活動をしたことであろう．イエスはヨハネのようなナジル人的禁欲生活を知らない．彼はむしろ「大食漢，酒飲み，取税人と罪人の友」といわれた(マタイ 11, 19)．イエスはきわめて自由に，しかもあたりまえの人間として行動した．第二に，イエスの行動は，ヨハネとは異なって，奇跡物語で彩られている．われわれは諸福音書，とりわけマルコによる福音書における奇跡物語の中から，きわめて自由に生きたイエスに出会った民衆の素朴な驚きを見出すことができるであろう[17]．イエスの自由は，それが人間の生を疎外する限りにおいて，律法の解釈のみならず，律法そのものをさえ越えたのである[18]．こうして彼は，当時の宗教的体制の担い手であるサドカイ派や，とりわけパリサイ派に激しい批判を加え，体制から追い出された「地の民」と共に立ったのである．彼らにとってイエスはまさに奇跡の人であったに相違ない．

イエスは晩年になってエルサレムへ上る．神殿の広場において彼は，いわゆる「宮潔め」を行なう(ヨハネ 2, 14-16; マルコ 11, 15-17 par.)．これは，ユダヤ当局の腐敗に対する宗教的・政治的示威行為であった．ここで彼は「キリスト」つまり王位僭称者としてユダヤ議会の予審を受け，その後ローマのユダヤ総督(プロクラートル)ポンティウス・ピラトゥスの裁判を経て処刑された．イエスがユダヤ当局から遣わされた群衆によって捕えられたのか(マルコ 14, 43-53 par.)，あるいはローマの千人隊とユダヤの神殿守護隊によって逮捕されたのか(ヨハネ 18, 2-12)，議論のあるところであるが，いずれにしても彼はローマに対する反逆罪に問われて，ローマ法により十字架刑に処せられた．それはおそらく紀元後30

---

17) 田川建三「福音書記者の神学と奇蹟物語」『日本の神学』第1号，1962年，9-19頁; K. Tagawa, *Miracles et évangile. La pensée personnelle de l'évangéliste Marc*, Paris 1966, 参照．

18) 川島貞雄「イエスとユダヤ教——食事規定の問題をめぐって」『聖書学論集』第7号，1970年，93-116頁，参照．

年頃であろう[19]）．共観福音書はイエスの生涯に一回の過越祭しか記録していないので，彼の公生涯は1-2年であったと思われる．

さて，イエスの思想は，とくに最近の研究では，「終末論的」と特徴づけられている．確かに，彼はその宣教を「神の国は近づいた……」の言葉で始めており（マルコ1,15 par.)，神の国に関する多くの言葉を語っている．その意味で，終末思想を度外視してイエスの思想を語ることは許されないであろう．しかし，彼の思想の全体を終末論という視点から総括してしまうことはあまりにも図式的に過ぎる．もしも彼の，あるいは彼の父の職業が大工であったとすれば（マルコ6,3；マタイ13,55)，彼はむしろ律法学者たちの社会層に属していたのであって，ここでは終末に関する教えにかならずしも重点が置かれていなかった．事実，イエスは来たるべき終りの日とは無関係に，今日における神支配について語ることができた．

父なる神は善人にも悪人にも太陽をのぼらせ，義なる者にも不義なる者にも雨を降らせたもう（マタイ5,45)．われわれは明日のことを思いわずらうことはない．父なる神がわれわれの必要とするものをすべて知っておられる（マタイ6,25-34)．——神の愛は人間の倫理的価値規準を越え，その宗教的敬虔を越えて，すべての人々を支配する．それは，明日への心労を不必要にする程に，われわれを支配している．イエスにとって問題なのは，われわれがこのような創造神の愛の支配に直面して，今日，いかなる姿勢をとるかにあった．人間が神に直面してその被造性を認識し，神の支配を受容するのか，それともまず律法を守ることにより，自己の，あるいは自己の属する共同体の義を立てて，それを救済に至る条件にしていこうとするのか．イエスは，「律法学者，パリサイ人」の中に後者の姿勢を見出し，それを激しい批判の対象にした．その際イエスは，彼の「神支配」の思想を，ユダヤ教の終末思想，なかんずく洗礼者ヨハネのいわゆる「神の国」の表象を手がかりとして明確化していくのである．

イエスは，ヨハネと同様に，「神の国は近づいた」と宣言する．しかし他方に

---

19) E. シュタウファー「イエスの裁判における証人訊問」『福音書研究』創文社，1967年，15-33頁；秀村欣二「イエスの裁判——イエス受難史の歴史的考察」『キリスト論の研究』創文社，1968年，89-112頁；S. G. F. Brandon, *The Trial of Jesus of Nazareth*, London 1968；E. Bammel(ed.), *The Trial of Jesus*, London 1970, 参照．

おいて，それは「あなたがたのうちにある」とも言う(ルカ 17, 21)．もっとも，後者の言葉は，「神の国はあなたがたの手の届く範囲にある」，すなわち，神の国があなたがたにとって現実となるのは，それに対してとるあなたがたの姿勢，志向性にあるという意味であろう[20]．それゆえにイエスは，「貧しい人々は幸いである．神の国はあなたがたのものだから」(ルカ 6, 20)とも言うことができる．いずれにしてもイエスは，神の国を一つの客観的領域として，それが来る日を計算したり，その実体を認識の対象とするようなことはしなかった．神の国は，それに対して人間が態度決定せざるをえない神支配なのである．それゆえに，人間はそれを人為によって実現することはできない(マルコ 4, 27 f.; マタイ 13, 30)．それはむしろ，人間の過去における業とは無関係に，すべての人々に対してその支配を貫徹する(マタイ 20, 1-15)．しかしそれは，「すべての人々」一般にではなく，共同体全体にでもなく，むしろその中で疎外され，その中から脱出せざるをえない人間個人に向けられていく(ルカ 15, 4-6)．だからそれは虐げられた人々，いわゆる「罪人」にとってまさに福音であろう(マルコ 2, 17 par.)．しかし同時にそれは，それに対して目をつむる者(マタイ 25, 1-12)，それを受けても生かすことを怠る者(マタイ 25, 14-28)にとっては審きとなるのである．イエスにとって重要なのは，神の国の概念ではなく，それに出会った人間に対する神の国の意味であった．だからこそイエスは，多くの場合神の国について，譬えを用いて語ったのである[21]．

　同じことが律法についても妥当するのではないか．イエスにとって問題なのは，律法それ自体ではなく，それを通して神の意志に出会った人間に対する，律法の持つ意味なのである．それゆえに，イエスは一方において，パリサイ人ヒルレル(Hillel)やクムラン教団の人々と同じように，律法を隣人愛の中に総括するとともに(マルコ 12, 31; マタイ 22, 39)，他方において，いわゆる「山

---

20) 田川建三「時と人間——イエスの思想研究の試み」『聖書学論集』第 2 号，山本書店，1964 年，89-112 頁，参照．

21) C. H. Dodd, *The Parables of the Kingdom*, Hertfordshire 1935(ドッド『神の国の譬』室野玄一・木下順治訳，日本基督教団出版局，1964 年); J. Jeremias, *Die Gleichnisse Jesu*, 2. Aufl., Göttingen 1966(エレミアス『イエスの譬え』善野碩之助訳，再版，新教出版社，1970 年); 小田垣雅也「言葉の出来事としてのイエスの譬え」『基督教論集』第 16 号，1970 年，87-104 頁，参照．

上の垂訓」におけるように，律法を極端化する，あるいむしろ，それに対してアンチテーゼを提出することができる（マタイ 5, 21-22. 27-28. 31-32. 33-34. 38-39. 43-44）．イエスが「しかし，わたしはあなたがたに言う」と宣言するとき，神の意志は人間を部分的にではなく，全体的に要求していることを意味しているのであろう．それが部分的要求でないとすれば，そこに決疑論的解釈が成り立つ余地がなく，それによって自己の義を立てる可能性も残されない．ここでは，神の意志に全存在をかけて答えるという姿勢が求められている[22]．したがってイエスが，姦淫の女をその部分的行為ないしは現象によって審くことを拒否し（ヨハネ 7, 53-8, 11）[23]，その意味で隣人を客観化する姿勢を退けて，自ら主体的に隣人となることを教えたのは（ルカ 10, 25-37），決して偶然ではないであろう．この主体性こそが，人間を全体的に，その意味で客観的に理解しうる可能性を切り開くのである．だからイエスにとって，主体性に基づかない宗教的敬虔とか禁欲主義は否定の対象となる（ルカ 7, 33 f.; マルコ 2, 15 f.）．「安息日は人のためにあり，人が安息日のためにあるのではない」（マルコ 2, 27）[24]．

　イエスの国家観や政治観について，福音書はわれわれに十分な資料を提供しない．これは福音書記者の親ローマ的傾向に由来することも認めざるをえないが，しかし，イエスはやはり，政治的発言や行動を自らの本来的使命と思っていなかったことも事実であろう．ただ当時のパレスチナにおいて，宗教的言行が政治的文脈に関わってこざるをえなかったことは，むしろ当然である．この意味で，イエスは明らかに反体制的宗教家とみなされた．熱心党員が彼の弟子の中にいたことは事実であり（マルコ 3, 18 par.），またすでに触れたように，エルサレム神殿前における彼の行動は明らかにユダヤ当局に対する政治的示威とみなさるべきであろう．しかし，イエスは政治的領域に，熱心党のように直接宗教的理念を持ちこむことを拒否したように思われる．われわれは，「カイサルのものはカイサルに，神のものは神に返しなさい」（マルコ 12, 17 par.）という言葉をこのような意味で理解したい．ヘロデ党員やパリサイ人は，親ローマ

---

22) W. D. Davies, *The Sermon on the Mount*, Cambridge 1966, 参照．
23) U. Becker, *Jesus und die Ehebrecherin. Untersuchungen zur Texte und Überlieferungsgeschichte vom Joh. 7, 53-8, 11*, Berlin 1963, 参照．
24) 佐竹明「マタイ 12, 1-8 の釈義的研究」前掲『福音書研究』95-96 頁，参照．

か反ローマかという現象面でイエスをとらえようとする．それに対してイエス
は，自ら彼らの論理的水準に立って答えることを拒否したのであろう[25]．いず
れにしても彼は，反ユダヤ・反ローマ的王位僭称者として，体制の権力によっ
て処刑された[26]．

2 教団の成立

　生前のイエスのまわりに彼に従った群衆や弟子たちが存在したことは事実で
ある．しかし，彼らの中からとくに十二人が選ばれたという記事（マルコ 3, 13-
19 par.）の信憑性については議論がある[27]．たとえこれが史実であったとして
も，「十二人」は実際にイエスのまわりに形成された集団の指導者的役割を果
していないのであるから，彼らはむしろイスラエル十二部族の象徴とみなされ
ざるをえないであろう．とすれば，イエス自身は，いずれにしてもイスラエル
（十二部族）全体――これに十二人が即応する――，あるいはその中の各人を対
象にして宣教したのであって，一つの教団を組織する意図を持っていなかった
ということになるであろう．彼自身が一度も入会の祭儀としての洗礼を授けて
いないことも，この事実を裏がきするのである．

　イエスの死後，彼を「主」または「キリスト」と信ずる人々の間に教団が成
立した．ルカによれば，それは聖霊降臨を契機としてまずエルサレムに形成さ
れ（行伝 2），その後にディアスポラのユダヤ人，さらには異邦人のもとに形成

---

25) 田川建三「マルコによる福音書」前掲『聖書の世界』第 5 巻，63 頁以下；E.
Stauffer, *Die Botschaft Jesu. Damals und heute*, Bern 1959, pp. 95-118（シュタウファ
ー『イエスの使信――過去と現在』川島貞雄訳，日本基督教団出版局，1967 年，180-225
頁），参照．

26) イエスに関する研究は多いが，ここでは次のものをあげておく．R. Bultmann,
Jesus, Tübingen 1926（ブルトマン『イエス』川端純四郎・八木誠一訳，未来社，1963 年）；
E. Stauffer, *Jesus. Gestalt und Geschichte*, Bern 1957（シュタウファー『イエス――そ
の人と歴史』高柳伊三郎訳，日本基督教団出版局，1962 年）；G. Bornkam, *Jesus von
Nazareth*, 6. Aufl., Stuttgart 1963（ボルンカム『ナザレのイエス』善野碩之助訳，再版，
新教出版社，1967 年）；S. G. F. Brandon, *Jesus and the Zealots*, Manchester 1967；H.
Braun, *Jesus. Der Mann aus Nazareth und seine Zeit*, Stuttgart 1969（ブラウン『イエ
ス――ナザレの人とその時代』川島貞雄訳，新教出版社，1970 年）；土井正興『イエス・
キリスト――その歴史的追究』三一書房，1966 年；八木誠一『イエス』清水書院，1968 年．

27) たとえば，G. Klein, *Die zwölf Apostel. Ursprung und Gehalt einer Idee*,
Göttingen 1961 はこれを否定している．

されていったといわれる．エルサレムに最初の教団の一つが成立したことは史実であろう．しかし，それをエルサレムに限定したのは，ルカに固有なエルサレム中心主義的傾向に基づく．福音書と使徒行伝に関する最近の批判的研究によれば，エルサレム教団と並んで，あるいはそれ以前に，ガリラヤの諸地域にも教団が，もしくは少なくとも信徒の集団が成立していた[28]．前者が主としてキリスト信仰告白伝承の担い手であったのに対し，後者はおそらくイエスの奇跡物語伝承を担ったものと思われる[29]．

さて，エルサレム教団がペテロをはじめとする「ガリラヤ人」（行伝 1, 11 ; 2, 7）を中核として形成されたことは事実であろう．それが「十二人」であったか否かは決定し難い．しかし，「十二使徒」は実在しなかった．これはルカの，あるいは彼の時代における教会の理念であって，史実ではない[30]．いずれにしても，教団の人々はお互いに「兄弟」と呼び，「聖徒」，「選民」，「真のイスラエル」としての自覚を持ち，復活したキリスト，ないしは人の子の来臨を待望して生きた．入信の祭儀としては，おそらくヨハネ教団から採用した洗礼を執行した．パンとブドウ酒によるいわゆる聖餐式がいつ頃から行なわれたかについては定説がない．その最古の形式は，復活のキリストの再臨を思いつつ持たれた共同の食事であったと思われる．それが，イエスの死を記念する，しかも「設定辞」を伴う形式と，いつ，どこで結びついたかについてもまだ不明の点が多い[31]．

このような教団の自意識や礼典などから見ると，エルサレム教団とクムラン教団の間に並行するものが多いことは事実である．人々はこれに，両教団のいわゆる財産共有制度を加える．しかし，これを予想させるルカの報告は（行伝 2, 44 f. ; 4, 32-35 ; 5, 1-11），ルカの，あるいは彼の時代の教会の理念であって，そのまま史実ではないであろう[32]．また，たとえそれが史実であったとしても，そこにはクムラン教団のような私有財産否定の精神もなければ，組織を維持するための戒律もなかった．エルサレム教団とクムラン教団の間に——洗礼者ヨハネとその教団を介して——少なくとも間接的関係が存在したことは事実であ

---

28) この問題について，詳しくは，下記 61 頁以下，参照．
29) 田川建三「マルコのキリスト論」前掲『キリスト論の研究』39 頁以下，参照．
30) 下記 48 頁以下，注 36），参照．
31) Conzelmann, a. a. O., pp. 58-77, 参照．
32) 詳しくは，下記 43 頁以下，参照．

ろう.しかし,直接的な関係は今のところ確認できない.もし並行関係があるとすれば,それは共にユダヤ教の非主流的,しかし神によって選ばれた「宗派」——エルサレム教団は「ナザレ人の宗派」と呼ばれていたらしい(行伝24,5)——であるという自意識に由来するであろう.なお,「ナザレ人」の呼称の中,Ναζαρηνός は明らかにナザレ出身者の意であるが(マルコ1,24;10,47;14,67;16,6;ルカ4,34;24,19),もう一つの語型 Ναζωραῖος は,先に指摘したマンダ教徒の呼称 naṣōraiê と関係するかもしれない(マタイ2,23;26,71;ルカ18,37;行伝2,22;3,6;4,10;6,14;22,8;24,5;26,9;ヨハネ18,5.7;19,19).とにかく,ナザレ教団もマンダ教団もユダヤ教の周辺に成立した洗礼教団の一つであった.

さて,前述のように,エルサレム教団はその最初期において,ペテロのような「ガリラヤ人」を中心として形成された.その後,彼らのもとに民衆をはじめとして祭司たち(行伝6,7)やパリサイ派からも(行伝15,5)信徒たちが加わる.彼らの立場はもちろん,そのキリスト信仰と祭儀の一部においてユダヤ教の主流派と区別されたが,しかし一般的には,他のユダヤ人と共に神殿祭儀に参加し,律法を遵守していたもののようである(行伝2,46;3,1).その限りにおいて,彼らがたとえ復活信仰を主張したとしても,ユダヤ人による迫害の対象にはならなかったであろう.それが問題となるのは,主として律法違反の罪であった.この罪に問われ,最初に激しく迫害されたのが,教団内の少数派,ステパノといわゆる「ヘレニストたち」であった(行伝6,1-8,3).

われわれはエルサレム教団内に種々のグループを想定する.第一はペテロなどの——いわゆる「十二人」によって代表される?——主流派,第二はいわゆる「ヘブライ人たち」,第三はステパノなどの——いわゆる「七人」によって代表される?——「ヘレニストたち」(行伝6,1-6).これらの中,第二のグループはユダヤ教の律法に固執するユダヤ主義的信徒たち,第三のグループは異邦人にも開放的な宣教活動の担い手で,後で想定するように,ガリラヤにおけるかなり自由な傾向を持った信徒たちと関係があったものと思われる.この両グループは生活上だけではなく(行伝6,1),思想的にも緊張関係があったであろう.とにかく,ヘレニストたちは,ステパノに見られるように,少なくとも律法に対しては否定的であり(行伝6,11),また神殿に対しても批判的であった可能性

はある(行伝 6, 14). その上, きわめて大胆な「主」告白を続けたかもしれない(行伝 7, 59 f.). そのために, ステパノがまず捕えられ, 石打ちの私刑(リンチ)にあって殉教の死をとげる(行伝 6, 8-14 ; 7, 54-60). 続いてエルサレムに大迫害が起り, このグループに属する人々がエルサレムから追放されるが, ペテロたちとヘブライ人たちは迫害を免れてエルサレムに残る(行伝 8, 1). このような私刑や迫害が起りえた時期は, ピラトゥスがその反ユダヤ政策の支持者セヤーヌスを失い, ピラトゥス自身のユダヤにおける権力に動揺をきたした紀元後 31 年以後であろう. われわれはこれを 32 年頃と見る. いずれにしても, イエスの福音はエルサレム教団の少数派に担われてエルサレムを越えたのである[33].

3 キリスト信仰の成立

イエスは自らキリストという自意識を持ってはいなかった. 彼はむしろ, ——少なくともマルコによれば——いわゆるキリスト論的尊称によって自分が規定されることを退けた形跡がある(マルコ 9, 30 ; 12, 37)[34]. それだけではなく, 彼は自らの言行を神の権威に帰さず(マルコ 2, 3-11. 23-28), そうすることをむしろ拒否したように思われる(マルコ 11, 33)[35]. このようなイエスがどのようにしてキリストと信じられていくようになったのであろうか.

第一に, すでに生前のイエスの生に, あるいは, その死後に「出来事」として想起されたイエスの生に, まさに神的「権威」を帰さざるをえなかった素朴な民衆がいた(マルコ 1, 22. 27 par.). すでに触れたように, ガリラヤの諸地方に流布していた奇跡物語は彼らによって伝えられたものと思われる. さらに彼らは, 単なる伝承の担い手であることを越えて, ガリラヤ隣接のヘレニズム諸地域, たとえばデカポリスやスロフェニキアの地方に伝道を行なった可能性がある[36]. マルコ 5, 1-20 とくに 5, 18-20 ; 7, 24-30 がこのことを示唆する. そし

---

33) 詳しくは, 下記 57 頁以下, 参照.
34) 田川建三, 前掲『原始キリスト教史の一断面』182-199 頁, 参照.
35) 荒井献「原始キリスト教における権威の問題」『聖書と教会』1970 年 7 月号, 2 頁以下, 参照.
36) G. Schille, *Anfänge der Kirche*, München 1966, p. 175 ff. ; H. Kasting, *Die Anfänge der urchristlichen Mission*, München 1969, pp. 82 ff., 89 ff. ただし, カスティングはガリラヤからの宣教活動もキリスト顕現の後に行なわれたとみなしている.

て,「主(キーリオス)」という称号はこれらの地域で成立したのではないか[37]）．

　第二に，復活のキリストに出会ったという，いわゆる顕現体験を持った人々がいる．この体験はむしろ，イスラエル預言者の召命体験に近かったものと思われるが，彼らのもとから,「神はイエスを甦らせた」という最古の宣言定式が生れたであろう．それがやがて,「イエスは甦った」という信仰告白定式になっていく．そして，この定式が生れた「生活の座」はおそらく洗礼の祭儀であろう．ここで，信ずる者はイエスと共に甦るという救済的意味を獲得する．ローマ人への手紙 10, 9 の告白伝承は，第一と第二の結びつきと思われる．これは救済の現在性に重点が置かれているが，他方，復活信仰は終末思想と結合して，救済の将来性を志向する告白伝承も生れてくる（Ⅰテサロニケ 1, 10 ; Ⅰコリント 16, 22)．いずれにしても，これらはユダヤ教の黙示思想を前提とするキリスト信仰であろう．

　第三に，復活信仰はキリストの死をも救済論的に意味づけていく．ここからキリストは「われわれのために」，「われわれの罪のために」死んだという告白定式が生じてくる．そして，このような十字架の意味づけには二つのタイプがあったであろう．その一つは，イエスの死を神支配に対する従順の極(きわみ)とみなすもので，これは第一の「主」信仰，第二の復活信仰の延長線上にあり，やがては救済の現在性に強調点を置くヘレニズム教団に固有なキリスト論を形成していく．その一つの型を，われわれはいわゆる「キリスト讃歌」（ピリピ 2, 6-11)に見出す[38]）．この伝承の流れにおいて，罪とは神支配に対する不従順であり，救済は個人の生に関わることになる．二つめのタイプは，イエスの死をわれわれの罪の赦しとみなす，いわゆる贖罪信仰である．この背景にはユダヤ教の犠牲祭儀があり，これは多くの場合，キリストの出来事を「聖書」における預言の成就とみなす救済史観と結びついている．上述の第二の場合における黙示思想も，この中にとり入れられていく．コリント人への第一の手紙 15, 3-5 に見られる告白伝承は，このタイプに属するであろう．いずれにしても，ここで罪とは律法違反の罪である限り，罪の赦しとは，律法からの自由ということにな

---

37) Schille, a. a. O., pp. 181 f., 参照．
38) 詳しくは，佐竹明『ピリピ人への手紙』新教出版社，1969 年，106 頁以下，参照．

る．こうして，両方のタイプにおいて，復活信仰と十字架理解を介してイエスの生が信徒たちの生に間接的に伝達される．つまり，イエスにとっての神支配が，今や信徒たちにとってのキリスト支配となったのであり，イエスが神の国に直面して生きたように，信徒たちはキリストの来臨に直面して生きたのである[39]．

こうしてイエスは，全く新しい意味において「キリスト」，「主」，「人の子」，「神の子」と信じられていった．ただ，罪の赦し，つまり律法からの解放が，信徒となる以前の罪にのみ関わり，信徒としての生は再びその倫理性を終末の日に問われるとすれば，キリストはモーセ律法からの解放者に留まり，彼はむしろ新しい律法の授与者ということになり，再びこの法を中心として排他的な閉鎖共同体が形成されていく可能性が出てくる．これではキリスト信仰もキリスト教会も，ユダヤ教におけるそれと本質的に変らないことになるであろう．このような傾向がエルサレム教団の中にはじめからなかったとは言えないのである．かの「ヘブライ人たち」(行伝 6,1) はこの傾向に近い立場を代表したかもしれない．これに対して，「ヘレニストたち」は「主」信仰に生きて，ユダヤ人の権威主義に否定的に関わった可能性がある．

(3) ヘレニズム教団の成立

1 パウロの伝道と思想

われわれはすでに，ヘレニズム地域への伝道が直接ガリラヤから始められていた可能性を想定した．このルートを通って宣べ伝えられていた福音は，パウロの回心以前にすでにシリアやキリキアの諸地方に達していたのではないか．このことは，使徒行伝の伝承史的研究とパウロ自身の証言によって支持される[40]．しかも，パウロがこの地方でキリスト教を迫害したのは（ガラテヤ 1, 21. 23)，律法に対する熱心からであった（ピリピ 3, 6)．とすれば，最初期のヘレニズム教団における信仰の特色は，異邦人に開放的で律法から自由であったこと

---

[39] 神学思想の諸タイプおよびそれらの相互関連について，詳しくは，八木誠一『新約思想の成立』再版，新教出版社，1966 年；同『キリストとイエス』講談社，1969 年，参照．

[40] W. Schmithals, *Paulus und Jakobus*, Göttingen 1963, pp. 22-29; Kasting, a. a. O., p. 102, Anm. 99, 参照．

になる．このことも，われわれがすでにガリラヤとエルサレム教団の一部に想定した信仰上の特色と一致するであろう．

　パウロはキリキア地方におけるヘレニズム風の町タルソに生れ，ローマ市民権を有する典型的なヘレニズム・ユダヤ教徒であった(行伝 21, 39；22, 28)．他方彼は，彼自身の証言によれば，イスラエル名門の出身でその伝統を重んじ，律法への熱心という点ではパリサイ人であったと言う(ピリピ 3, 5；ガラテヤ 1, 14)．彼はこの熱心のゆえに教会を激しく迫害した(ピリピ 3, 6；ガラテヤ 1, 13)．そして，突然ダマスクス近郊において回心する．その原因は，少なくとも彼によれば，神が恵みをもってキリストを彼の中に啓示したまい，異邦人伝道へと召し出されたからである(ガラテヤ 1, 15 f.)．思想的に言えば，「律法による自分の義」から「キリストの信仰による義，すなわち，信仰に基づく神からの義」へと実存の志向を転換したのである(ピリピ 3, 9)．こうして彼は，神の恵みによるキリストの啓示を受けること，つまり信仰によってユダヤ教を，さらにはエルサレム教団の伝統をも越え(ガラテヤ 1, 11 f.)，「諸国民の使徒」として[41]，異邦人への宣教を開始する．

　いわゆる使徒会議(紀元後 48 年頃)においてエルサレム教団から異邦人伝道が公認された後(ガラテヤ 2, 1-10；行伝 15, 1-29)，パウロはアンティオキアを中心に少なくとも三回にわたる伝道旅行を行ない，シリア-小アジアからマケドニア-ギリシアに至るまで，地中海沿岸諸地域の都市に多くの教会を創設した．その後に彼はエルサレムで暴動にあい，ローマ官憲に保護された形でローマに護送され(61 年頃)，ここに約 2 年間軟禁される．しかし，その後釈放されて各地に伝道旅行を続けたらしく，彼がスペインまで行ったことが一応推定されるが(1. Clem., 5)，確証はない．伝承によれば，64 年のネロ帝による迫害に関係して，ペテロよりも後に殉教の死をとげたものと思われる．

　このような大規模な伝道旅行中に，パウロはユダヤ教徒によって迫害されたばかりではなく，見解を異にする同信の徒からさえもその立場を脅かされ続け

---

41) G. ボルンカム「パウロの伝道と神学とにおけるキリストの支配と世界」『宣教と神学』創文社，1964 年，179 頁；佐竹明「パウロにおける使徒職と恩恵」『基督教論集』第 12 号，1966 年，23-53 頁；A. Satake, Apostolat und Gnade bei Paulus, *NTS* 15/1, 1968, pp. 96-107, 参照．

た．この状況のもとに，彼は少なくとも十通の手紙を，主として彼が創設した教会宛に書いている．その中から，われわれは彼に固有な思想を読みとってみたい．

パウロはエルサレム教団から伝承を受け，イエスの死を人間の罪の贖いとみなし，律法の聖なることを強調する．この限りにおいて，彼もまたエルサレム教団の思想圏に属するであろう．しかし彼は，――一人のヘレニストとして――罪を個々の律法違反とは見ない．彼にとって罪とはむしろ，人間が律法を満すことによって自己を立てようとするヒュブリス，一つの悪魔的力なのである．これに対応して，パウロのいわゆる律法とは，多くの場合その細則ではなく，その全体を意味する．それ故に彼は，一方において罪が律法によって露わにされると言うと同時に，他方において人間はアダムにあって罪を犯したとも言う．神はキリストの十字架を通して，このような罪から人間を贖い出した．これがパウロのいわゆる福音である．人間はこの福音を受容すること，つまり信仰によって，神の側から無罪が宣告され，義と認められる．それゆえに人間はもはや，たとえそれがキリストの律法であっても，律法を守るという行為によって神の義を得ようとする姿勢そのものを放棄しなければならない[42]．エルサレム教団に，あるいはその影響下にあるヘレニズム諸教団にしばしば見られる律法主義的姿勢は，パウロによる激しい批判の対象となる．キリスト者は，信仰にあって，神の恵みの力としての霊にあって，自由なのである．そこにはユダヤ人やギリシア人，男や女，自由人や奴隷の区別がない．この意味で，信ずる者はすべてキリストの甦りに与っている．洗礼を受け，霊に規定されて生きる者には，終末がすでに実現されつつある――．

このような考えは，当時のヘレニズム世界に生きた人々にとってむしろ受け容れ易かったであろう．彼らもまた，あるいは密儀に参加することによって復活を体験し，あるいは神的なるものと人間の本来的自己との同一性を認識することの中に救済を見出し，あるいは観念からの自由の中に欲望なき境地(アパティア)を確保

---

42) いわゆる「義認」の問題については，P. Stuhlmacher, *Gerechtigkeit Gottes bei Paulus*, 2. Aufl., Göttingen 1966；斉藤忠資「パウロにおける洗礼と義認」『基督教論集』第15号，1969年，57-79頁；高橋敬基「ロマ3：24-26における ΔΙΚΑΙΟΣΥΝΗ ΘΕΟΥ」『金城学院大学論集』第39号，1969年，1-30頁，参照．

できたのである[43]．事実，ヘレニズム教団の中に，信徒はすでに復活した，すでに自由になった，すでに全き者になったと称して，このような知恵や認識を誇る者が出てくる．パウロは，このような一義的に救済の超越性を強調し，自己と歴史の現実性から遊離して，脱歴史的神秘主義ないしは熱狂主義に陥る傾向に対しても，激しい批判を加える．そして，ここに再びイスラエル人としてのパウロが登場する．――パウロにとって誇るべきは律法生活ではないと同様に，律法から自由な生活そのものでもない．それはイエス・キリストのみである．キリストを信ずる者は確かに自由へと解放された．しかし，彼もまた現実に肉にあり，この世にある限りにおいて，復活者でも全き者でもない．キリスト者もまた現実には宗教的・社会的諸規定に従って生きなければならない．ただ，彼にとって当為はもはや存在へ至る条件ではない．存在はすでに霊の賜物(カリスマ)として与えられている．この賜物を，なお古きにある自己とこの世の中に貫徹していかなければならない．「もしわたしたちが御霊によって生きるのなら，また御霊によって進もうではないか」(ガラテヤ 5, 25)．ここにおいて存在の賜物(Gabe)が当為の課題(Aufgabe)を基礎づけることになり，課題としての律法は隣人愛に総括されて，その積極的意味を獲得する．こうして，キリスト者の生はパウロにとって，途上の生，変革の生となる．この意味でそれは終末を待つ生と言うこともできるであろう[44]．ただし，パウロにおける変革の射程は主として自己の領域に留まり，社会・政治の領域にまで至らなかったことは認められなければならない．彼はこの世との妥協を拒否したが(ローマ 12, 2)，この世の権威に対してはむしろ服従を勧めた(ローマ 13, 1-7)[45]．

いずれにしても，このようなパウロの福音理解は新しい自己理解を生み出す．つまり彼は，キリストにあって古き自己と歴史を否定し，それから超越すると

---

43) 詳しくは，荒井献「ヘレニズム思想」『聖書講座』第 4 巻，日本基督教団出版局，1965 年，163-192 頁，参照．

44) ヘレニズム教団のいわゆる「アオリストの終末論」がパウロによって将来的終末論に変えられたことについては，Schille, a. a. O., pp. 117-136；斎藤忠資「ヘレニズム教団における洗礼理解」前掲『聖書学論集』第 7 号，117-145 頁，参照．パウロの歴史観については，U. Luz, *Das Geschichtsverständnis des Paulus*, München, 1968, 参照．

45) 高橋敬基「ローマ人への手紙 13 章 1-7 節――〈教会と国家〉の問題に対するその今日的意味」『聖書と教会』1970 年 10 月号，8 頁以下；荒井献，前掲「原始キリスト教における権威の問題」5 頁以下，参照．

同時に，それゆえにこそ，自己と歴史を新しく肯定し，その中に内在していく．われわれはこのような自己理解の中に，否定と肯定，超越と内在の終末論的緊張を見，同時に，ヘレニズムの超越・普遍主義とヘブライズムの歴史的内在思想とが逆説的に結合された形で受容されている事実を見るであろう．彼は行動においてもその原点を神の啓示に置いて，異邦人ないしは諸国民の使徒として伝道したと同時に，エルサレム教団から伝承を受け，それに経済的援助を続けた．彼はこうして，キリスト教が普遍的宗教になることを促進したと同時に，それがイスラエルの歴史から遊離して一つの神秘主義的セクトに陥ることを防いだのである[46]．

2 エルサレム教団との関係

ステパノの殉教に続いて起った大迫害の後も，約10年間，エルサレム教団はユダヤ教と共存することができた．その後，ヘロデ・アグリッパ一世が紀元後41-44年に全パレスチナの総主権を掌握するに及んで，事態に変化が生ずる．すなわち，彼は親パリサイ的政策を実行に移し，おそらくその邪魔になったゼベダイの子ヤコブがまず殺され(行伝12, 1 f.)，次いでペテロも捕えられるが，奇跡的に出獄できたといわれる(行伝12, 3 ff.)．彼はこの頃からエルサレムを離れて——その後も暫時ここに留まった形跡もあるが——おそらくアンティオキアに出ていき(行伝12, 17)，パウロと並んで，地中海沿岸諸地域で伝道活動をしたものと思われる．さて，アグリッパ一世が不自然な死をとげた後(行伝12, 21 ff.; Jos., ant., 19, 343-350)，全パレスチナは直接ローマのユダヤ総督(プロクラートル)によって治められることになるが，その後50年代までは比較的に平和が続く．しかし，50年代に入ってから，反ローマ的熱心党の運動が激しくなり，異邦人と関係を有する者や律法を軽んずる者に対する憎しみが激しくなる．このような状況のもとに，パウロがエルサレムに上ったとき(58年頃)，イエスの兄弟ヤコブが，「律法に熱心な人たち」(行伝21, 20)のために，パウロにも律法を守っていることを証明させようとしたのであろう．

ペテロがエルサレムを去った頃から，イエスの兄弟ヤコブが教団の指導者的

---

46) 以上，パウロについては，とりわけ，G. Bornkamm, *Paulus*, Stuttgart 1969 (ボルンカム『パウロ——その生涯と使信』佐竹明訳，新教出版社，1970年)，参照．

地位についたものと思われる．彼はユダヤ人たちから「義人」と呼ばれる程に律法の遵守には熱心であった．しかし，彼もまた律法違反の罪で公式の石打ち刑に処せられている．もっとも，彼を処刑せしめたのは，ローマのユダヤ総督(プロクラートル)の空位時代(62年)を利用した，サドカイ派に属する大祭司アンナス二世であって，パリサイ派と民衆はむしろこのような不法な処刑に批判的であったといわれる[47]．その後，ユダヤ戦争(66-70年)の直前，またはエルサレムがローマ軍によって包囲される直前に，教団の人々は主としてヨルダン川東方のペラに移住したといわれる．しかし，この証言の信憑性も確実ではない[48]．

さて，エルサレム教団とヘレニズム教団の関係について言えば，われわれはすでにエルサレム教団内の「ヘブライ人」と「ヘレニスト」の間にある種の緊張関係を想定したのであるから，ほぼ同様のことは，それぞれに関係を有する両教団の間にも妥当すると見てよいであろう．とくにペテロに代ってヤコブが主権を握って以来，律法，とりわけ割礼の問題をめぐって，少なくともエルサレム教団とアンティオキア教会との間に見解の相違があったことは事実である．これがなければ，使徒会議が開かれたはずはない．しかし，この会議において，たとえパウロなどの異邦人伝道が公認されたとしても，それは律法の原理にまで及ぶものではなかったし，また両教団の伝道領域がとり決められたわけでもなかった．その上問題を複雑にしたのは，ヘレニズム教団の中にユダヤ人と異邦人が混在していることであろう．そのために，いわゆるアンティオキア事件のような出来事(ガラテヤ2, 11-14)が各地に起ったものと思われる．

にもかかわらず，われわれはこのような両教団間に想定される対立関係だけを強調してはならない．前述のように，パウロ自身，彼に固有な使徒権を主張しつつも，エルサレム教団の権威は認め，これを援助するために最大の努力をしている．また，エルサレム教団の側にしても，ルカが使徒行伝に描いている程その立場をパウロと等しくしてはいなかったとしても，パウロの創設したヘレニズム諸教会を脅かしたいわゆる「ユダヤ主義者たち」の見解が，そのままヤコブの立場を代表するものとは思われない．それはペテロ→ヤコブの線より

---

47) ヤコブの殉教について，詳しくは，下記70頁以下，参照．
48) 秀村欣二「ユダヤ人キリスト者のペラ移住の伝承とイエルサレム教会」『オリエント』第10号，3/4分冊，1968年，17-30頁，参照．

は右よりの「ヘブライ人」の見解に近かったかもしれない．そして彼らの中に混交主義的・グノーシス主義的傾向に傾く思想がすでに存在した可能性も否定はできないであろう[49]．いずれにしてもわれわれは，エルサレム教団内部にも思想傾向の多様性を認めなければならない．

　他方，ヘレニズム諸教会においてもほぼ同じことが妥当するであろう．ガラテヤ教会における「にせ兄弟たち」（ガラテヤ 2, 4）の思想には，混交宗教的要素も認められるが，しかし全体としてはユダヤ主義的である．コリント教会におけるパウロの敵対者は，ユダヤ主義的傾向を持ってはいるが，かなりの程度ヘレニズム的・グノーシス主義的思想に傾いている．ピリピ教会の「犬ども」または「悪い働き人」（ピリピ 3, 2）は，思想的にはおそらく，ガラテヤとコリント教会における敵対者の中間に位置するのではないか[50]．もっとも，これらはパウロによる批判の対象になった思想である．これをそのままヘレニズム諸教会の思想と認めることは許されないであろう．しかし，これらの教会が，パウロの敵対者の思想的影響を強く受けていたことはパウロ自身心労の種であったのであるし，またこの後にヘレニズム諸教会で成立する文献からも，それを推定することはできるのである．しかも，敵対者の思想はエルサレム教団から導入された形跡がある．われわれはヘレニズム諸教会におけるパウロの思想的影響を過大評価してはならないであろう．

　いずれにしても，パウロが，成立しつつあるキリスト教内部の二つの相異なる思想的前衛に対して，つまり，一方ではユダヤ的教条主義に対して，他方ではヘレニズム的修正主義に対して，いわゆる二正面作戦を遂行し，両者を成功裡に統一したという見解[51]は，あまりにも図式的に過ぎるであろう．ユダヤ的律法主義とヘレニズム的神秘主義は，どちらも人間の行為や体験に拠り，それを誇る限りにおいて，パウロの場合，同じく否定の対象になる．そして，この一見相矛盾する思想的傾向は，程度の差こそあれ，実際には一つの宗教グルー

---

49) W. Schmithals, *Paulus und die Gnostiker*, Hamburg-Bergstedt 1965 ; Ders., *Die Gnosis in Korinth*, 2. Aufl., Göttingen 1965 のように，パウロの敵対者をすべてグノーシス主義者とみなすことはできないとしても．

50) 詳しくは，荒井献，前掲「ヘレニズム思想」185頁，参照．

51) 住谷一彦「思想史としての現代——使徒パウロの伝道と〈現代〉への視角」『展望』1968年9月号，16-54頁．

プの中で結びついていたのである．ただ，ヤコブの教会とパウロの教会を比較した場合，同じ福音に拠りつつも，前者がそれをより歴史的・自然的に，後者がそれをより超歴史的・霊的に把握したことは否定できない．ヤコブはイエスの兄弟であり，パウロは肉のイエスを知ろうとしなかった(II コリント 5, 16)．そして，少なくともパウロにとって，教会は「キリストのからだ」であり，これに連なる「使徒，預言者，教師……」は同じ「霊」の異なる「賜物」と考えられ，そこにはユダヤに伝統的な，そしておそらくエルサレム教会に由来したと思われる「長老」の職が欠けていたのである(I コリント 12, 27 f.)[52]．

(4) 地域教会の成立

1 ユダヤ教とユダヤ人キリスト教

すでに述べたように，64 年のネロ帝によるキリスト者迫害に関連して，ペテロとパウロは相次いで殉教の死をとげたものと思われる[53]．いわゆる使徒時代から 64 年を経て 2 世紀中葉に至るまでの歴史的背景，とりわけローマ帝国とキリスト教の関係については，ここではその一切を省略する[54]．

2 世紀初期に至るまでに福音は，社会層から見れば奴隷，農民から都市デーモス，貴族に至るまで，地域的にはパレスチナからシリア，小アジア，マケドニア，ギリシア，キュプロス，クレタ，ダルマチア，イタリア，さらには東シリア，北アフリカ，南ガリアに至るまで浸透していた[55]．このような急速な福音の伝播には，もちろん「ローマの平和」と交通の発達が前提となっていたであろう．また，それが都市を通じて伝えられていった事実は，福音のつくり出

---

52) パウロの教会像については，Schweizer, a. a. O., pp. 80 ff.(佐竹訳，131 頁以下)，参照．

53) ペテロ，なかんずく彼の殉教については O. Cullmann, *Petrus. Jünger-Apostel-Märtyrer*, 2. Aufl., Zürich 1960(クルマン『ペテロ——弟子・使徒・殉教者』荒井献訳，再版，新教出版社，1970 年)，参照．

54) これについては，半田元夫『原始キリスト教史』弘文堂，1960 年，115-153 頁；弓削達『ローマ帝国とキリスト教』河出書房，1968 年，305-360 頁；秀村欣二「ローマ皇帝支配の意識構造」『岩波講座 世界歴史』第 3 巻，1970 年，57-69 頁；荒井献「使徒時代の歴史的背景」『聖書の世界』第 6 巻，講談社，1970 年，9-17 頁，参照．

55) A. v. Harnack, *Die Mission und Ausbreitung des Christentums in den ersten drei Jahrhunderten* II, 4. Aufl., Leipzig 1924, pp. 529 ff., 参照．

す精神的エートスが当時の都市化現象に適合したものと思われる[56]．いずれにしても，このような状況下に 70-80 年代に成立したと思われる，イエスの弟子たちに対する「世界伝道」預言が即応するであろう（マタイ 28, 19；マルコ 16, 15）．これが 80-90 年代になると，「エルサレムから全世界へ」という一つの図式化が行なわれてくる（ルカ 24, 47；行伝 1, 8）．さらに使徒教父たちの時代（90-150 年代）になると，十二使徒たちが全世界の教会を設立したという信仰命題が，伝説的に歴史化されてくるのである（1. Clem., 42, 4；Herm., sim., IX 17）．

さて，ここでわれわれは，70-135 年におけるユダヤ教とキリスト教の関係を，なかんずくユダヤ人キリスト教の運命を，一瞥しておく必要がある．これが，主として異邦人を成員として形成される地域教会の特色を把握する際の前提となるからである．

70 年にエルサレムがローマ軍によって壊滅された後，議会（サンヘドリン）はヤムニアに再開され，ここを中心とするユダヤ教はパリサイ派の傾向を強化していった．すなわち，すべての者が律法とその解釈（ミドラッシュ）に準拠して生活しなければならず，神殿礼拝の代りに会堂礼拝が，また犠牲祭儀の代りに祈禱・布施などの宗教的敬虔が導入された．そして 90 年代になると，十八祈願（いわゆる「主の祈り」の原型）の中に「ミニーム」(Minîm) に対する呪文が入れられる．ミニームとはギリシア語の αἵρεσις，つまり「宗派」ないしは「分派」，さらには「異端」を意味するアラム語の複数形で，この中にはエッセネ派やヘレニズム・ユダヤ教諸派，そしてわれわれの「ナザレ派」も入れられてくる．こうして，キリスト教徒はユダヤ教の会堂から追放されていく（ヨハネ 9, 22；12, 42 参照）．一方，このような正統パリサイ派に反する聖文書は排除されて，「外典」に対するユダヤ教の「正典」が結集される．ヘレニズム・ユダヤ教やキリスト教によって採用された「七十人訳聖書」（セプトゥアギンタ）も，その普遍主義的傾向のゆえに切り捨てられる．こうして，200 年頃にはマソラ本文に基づく聖書解釈が成文化されて「ミシュナー」となり，これに手が加えられて，400 年頃，ユダヤ教の規範的聖書解釈集，いわゆるバビロニア「タルムード」が成立するのである．その結果，新し

---

56) 高橋秀「地中海世界のローマ化と都市化」『岩波講座 世界歴史』第 2 巻，1969 年，415-450 頁，参照．

いユダヤ教はますます閉鎖的となり，二回目の対ローマ抵抗戦争，バルコクバの戦いが終るまでの間に，つまり70年から135年にかけて，徹底的な変質をとげたのである．

このようなユダヤ教に対するに，キリスト教の側は執り成しの祈りをもってしたともいわれているが (Just., dial., 133)，しかし，実際にはかなりの憎しみをもって答えていることもまた事実である．マタイがキリストの口を通して行なっている激しいパリサイ派批判がその例であり，ヨハネによる福音書の著者が「この世」と「ユダヤ人」を等置して，「兄弟たち」から本質的に区別しているのも，このような背景から理解されるであろう．しかし，他方において，キリスト教自体がいわば敵対関係にあったユダヤ教から大きな影響を受けていることもまた事実である．マタイの教会は比較的にユダヤ的であり――ここにはキリスト教の律法学者が存在した（マタイ 7, 29 ; 13, 52 ; 23, 34)――，ローマのクレメンスにはユダヤ教とキリスト教の間に本質的区別が認められず[57]，『ヘルマスの牧者』にはエッセネ派の色彩が濃く[58]，またヨハネ黙示録にはユダヤ教黙示文学の影響が著しい．「二つの道」と呼ばれるキリスト者の家訓[59]，またキリスト教の礼典[60]は，もともとユダヤ教のものであった．

さて，70年以前にペラに移住したといわれるユダヤ人キリスト者は，その後，アンティオキアの東方ベロエア，ダマスクス，死海東岸の間に横たわるシリア‐アラビアの境界で宣教活動を行なったようである．その一部は後にパレスチナに帰って，ユダヤとガリラヤに教団を再建した．エルサレムにも教会が再開されるが，バルコクバの戦いの後は，キリスト教徒は他のユダヤ人と同様，再びここに足を踏み入れることを禁じられたのである．いずれにしても，この時代におけるパレスチナ教団は，ヘレニズム教団に対してパウロの時代におけるように母教会的地位にはなかった．にもかかわらず，あるいはそれ故にこそ，パレスチナ教団の側はその歴史的優越性を実証しようとしたらしい．教団の指

---

57) R. Bultmann, *Theologie des Neuen Testaments*, 3. Aufl., Tübingen, 1958, pp. 536 ff., 参照．

58) J.-P. Audet, Affinités littéraires et doctrinales du Manuel de Discipline, *RevBib* 60, 1953, pp. 41-82.

59) 下記 76 頁以下，参照．

60) J. Daniélou, *The Bible and the Liturgy*, London 1960, 参照．

導者に，イエスの兄弟ヤコブの後を受けて，イエスの従兄弟シモン・ベン・クロパスを戴いたといわれるのもその一例であろう．

　ユスティノスは，彼らがユダヤ教の律法に従って生活したが，律法から自由な異邦人キリスト者の信仰をも承認したという理由で，彼らをも「兄弟」と呼んでいるが (dial., 47)，他方エイレナイオスは，律法に従ったすべてのユダヤ人キリスト者に「異端」(haereses) の烙印を押している．彼らはパウロと，成立しつつある聖書正典を捨てて，養子論的キリスト論を主張するからであるという (adv. haer., I 26, 2)．確かに，彼らの間に信奉されたといわれる『エビオン人の福音書』にはこのような傾向が認められる．しかし，最近になって，少なくともシリアにおけるユダヤ人キリスト教徒にはこのような傾向がないこと，つまり彼らの間にも，成立しつつあるキリスト教の主流と区別できないものもあることが明らかにされている．つまり，ユスティノスの証言に近い事実もあったわけで，実際，彼らによって用いられた『ナザレ人の福音書』はきわめてマタイによる福音書に近く，また，3世紀に彼らの間で成立したと思われる『使徒たちの教え(ディダスカリア)』には，とくにユダヤ主義的傾向もグノーシス主義的傾向も認められないのである．この意味で，いわゆる「ペテロの宣教集」(κηρύγματα Πέτρου: 3-4世紀にシリアで成立した『クレメンス偽書』からその根本資料として復元された文書)の評価も二分されている．ここでは，ペテロによって「真の律法の宣教」の誤用が反駁され，真の預言者(アダム，モーセ，七十人の長老，イエス)と偽の預言者(イブ，旧約預言者の一部，魔術師シモン)の二元的対比により，律法の遵守を迫り，シモンを排するとともに，明らかに反パウロ主義が強調されている．なお，2世紀にヨルダン川東方で成立したといわれる『エルカザイの書』には，割礼や安息日遵守などのユダヤ教的要素と，天的存在としてのキリストというヘレニズム的・グノーシス主義的要素，霊力・星辰信仰などの民間宗教的要素，二度目の悔改めという『ヘルマスの牧者』と共通な初期カトリック的要素が認められる[61]．いずれにしても，この混交主義的ユダヤ人キリスト教はマニ教やイスラム教の中に，シリアのユダヤ人キリスト教は4世

---

61) 以上，ユダヤ人キリスト教については，G. Strecker, Zum Problem des Judenchristentums, in : Bauer, a. a. O., pp. 245-287 ; J. Daniélou, *The Theology of Jewish Christianity*, London 1964 ; H. -J. Schoeps, *Das Judenchristentum*, Bern 1964, 参照．

紀頃には正統異邦人キリスト教の中に，それぞれ吸収されていったのである．

2 地域教会

　以下においてわれわれは，地中海世界諸地域に成立し，やがては初期カトリック教会へと同化発展していく諸教会の思想的特色を地域別に概観してみたい．ただ，問題となるのは資料のふり分け方である．資料――とくに「新約聖書」――の中にはその成立地を確定できない文書がかなり多い[62]．われわれは一応蓋然性のある仮説に従うにしても，たとえば最初に福音書を書いたマルコの思想をどの地域に設定すべきか，われわれはまだ何も確定的なことを言えないのである．彼がその精神的風土をガリラヤに持ち，――少なくとも理念としての――弟子たちの権威主義やエルサレム中心主義，キリスト論的イエス理解などの諸傾向に対して批判的であり，むしろガリラヤの辺境における民衆の立場に立ち，彼らの間に流布されていた奇跡物語を用いてイエスの生を「福音」書として再現したことは事実であろう．その意味で彼の思想は，ユダヤ人キリスト教的でもなければパウロ的でもない．もともと彼には，ユダヤ人か異邦人かという民族意識がないのである[63]．とすればそれは，ガリラヤ的としか言えないであろう．しかし，ここから直ちに，彼がガリラヤ教団の思想を代表していると結論することもできない．そこにヘレニズム－ローマ的要素をも認めざるをえないからである．彼の思想は，われわれが先に想定した，ガリラヤからの直接伝道によって形成されたヘレニズム教会のどこかに位置づけられないであろうか．

　シリア地方も，アンティオキアを中心として，元来は律法から自由な福音宣教の地であったはずである．しかし，70年以後になると，まずその逆の傾向が著しくなる．これは70年以前にエルサレム教団から移住したユダヤ人キリスト教徒の影響とも思われるが，おそらくこの伝統に連なるであろうマタイがその例となる．すなわち，マタイによる福音書には，世界主義的傾向と同時に，

---

　62) 新約各文書の思想・成立地・年代等については，前田護郎『新約聖書概説』岩波書店，1956年；P. Feine, J. Behm, W. G. Kümmel, *Einleitung in das Neue Testament*, 14. Aufl., Heidelberg 1965, 参照．
　63) 田川建三，前掲『原始キリスト教史の一断面』(この書に対する筆者の批評は『史学雑誌』第78編第1号，1969年，83-89頁所収)，参照．

とりわけユダヤ主義的傾向が認められ，ここでイエスは新しい正しい律法の解釈者であり（マタイ 5, 17），ここには決疑論的律法解釈の余地も残されており——この役割を前述のキリスト教律法学者が果したのであろう——，それに対応して，ペテロが教会における教えの正当な土台とみなされている（16, 18-19）．この福音書ではとくに「義」の概念が強調され（5, 20 ; 6, 33），天国における審判を免れるために正しい行ないをする必要が説かれる（22, 11-13）[64]．ほぼ同様のことが，90-110 年頃に成立した『十二使徒の教訓(ディダケー)』にも妥当するであろう．ここでも決疑論的に解釈される律法が中心的位置を占めており（Did., 13, 5-7），「使徒，預言者，教師」という霊の人(カリスマテイカー)と「監督，執事」という教職が区別され，後者にむしろ重点が置かれている[65]．これより先に，おそらく 80 年頃に書かれたであろうヤコブの手紙とユダの手紙もまた，ユダヤ教的キリスト教倫理の立場から，反律法主義的・グノーシス主義的キリスト教に対して反駁を加えている．

　事実，他方においてシリアは，グノーシス主義的傾向の強い地域でもあった．それが，先に触れたガリラヤ的・ヘレニズム的傾向とある意味で連なるのかもしれない．いずれにしても，1 世紀末に魔術師シモンの弟子メナンドロスがサマリアからアンティオキアに来たといわれる．彼はシモンのように自らを「大いなる力」と呼ばずに，その「使徒」と称し，魔術によってこの世の支配者（天使）たちを制し，洗礼によって魂の不滅を約束する．2 世紀のはじめになるとサトルニロスがサマリア的グノーシス主義をキリスト教的グノーシス主義に変形する．彼において救済者は，もはやシモンでもメナンドロスでもなく，キリストとなるのである．そして同時に，その宇宙論は創世記の始源物語の転釈によって展開される．エジプトで活躍するバシリデスもアンティオキア出身であり，また，アダムとイブを誘惑する蛇(ナハシュ)を「ロゴス・キリスト」と等置するナハシュ派もシリアで成立したものであろう[66]．さらに，最近発見されたグノーシス

---

64) 田川建三「マタイ福音書における民族と共同体」『聖書学論集』第 5 号, 1967 年, 116-132 頁; K. Tagawa, People and Community in the Gospel of Matthew, *NTS* 16/2, 1970, pp. 149-162; 小河陽「マタイ神学におけるイエスの歴史」『聖書学論集』第 7 号, 1970 年, 63-92 頁, 参照.

65) Schweizer, a. a. O., pp. 125-131（佐竹訳, 215-226 頁), 参照.

66) R. M. Grant, *Gnosticism and Early Christianity*, New York/London 1959, pp.

主義的コプト語福音書，すなわち『トマスによる福音書』と『ピリポによる福音書』は，もともとシリア語で書かれたものらしい[67]．

　2世紀の初期にローマで殉教したアンティオキアの監督イグナティオスによって反駁されているいわゆる「キリスト仮現説」(Tr., 10, 1; Sm., 2)が，上述したグノーシス諸派のどれに属するのかは不明である．ただ，彼がキリストの降誕と復活の史実性を擁護したのは，彼に固有な救済論的関心からであったと思われる．つまり，救済とは，人間が救われて「神に参与する」(Eph., 4, 2)ことであるとすれば，神なるキリストは真実に生れて人間とならねばならず，人間キリストは真実に甦って神とならねばならぬのである(Eph., 7, 2; 19, 3)．この意味において，イグナティオスにあっては，キリストの出来事が信徒の生を現在に至るまで規定している．これは，「全き者は全きことを思いなさい」(Sm., 11, 3)という存在に基づいた当為の主張と共に，パウロや，後に触れるヨハネの立場に近い思想の表現と言えるであろう．しかし，すでに見たように，彼の救済論はヘレニズム的・実体的人間観に立脚しており，これは，聖餐のパンを「不死の薬」(Eph., 20, 2)とみなす彼の礼典観にも貫かれている．また，彼にあって教会の職制は，パウロのように神の恵みの異なった賜物，それに基づく奉仕の違いではない．監督・長老・執事は単純に，神・キリスト・使徒の地上における代理人なのである．なかんずく監督は神の代理であり(Pol., 6, 1; Eph., 5, 1; Mg., 3, 1-2)，それ故に教会は，キリストが神に結びつくように，監督に結合しなければならない(Eph., 5, 1; Mg., 4; 6, 2; Tr., 7, 1)．教会は監督のあるところにのみ存在する(Sm., 8, 1)．こうして彼は，監督職の単独制と，それに連なる普遍的教会(カトリケー・エクレーシア)(καθολικὴ ἐκκλησία)を強調するのである．ここにわれわれは初期カトリシズムの一つの型を見出すことができるであろう[68]．

　小アジアにおいても，教会の状況にはかなりの多様性が認められる．コロサイ人への手紙，とりわけエペソ人への手紙の中に展開されている「キリストのからだ」としての教会観に，どの程度グノーシス的表象を，ないしはそれに対

---

97 ff., 142 ff.; R. McL. Wilson, *The Gnostic Problem. A Study of the Relations between Hellenistic Judaism and the Gnostic Heresy*, London 1958, pp. 102 ff., 123 ff., 参照．

67) 両福音書に関しては，下記240頁以下，273頁以下，参照．

68) Bultmann, a. a. O., pp. 541 ff.; Schweizer, a. a. O., pp. 135 ff.(佐竹訳，232頁以下); H. Rathke, *Ignatius von Antiochien und die Paulusbriefe*, Berlin 1967, 参照．

する反論を読みとるべきかという問題については,今なお意見が分れている[69]. ただし,コロサイ人への手紙の著者が直接言及し批判している「哲学」(2,8)や,「霊力(ストイケイア)」ないしは「天使」礼拝(2,16-23)から直ちにグノーシス主義を帰結することはできないであろう.これはむしろ混交主義的ユダヤ人キリスト教の特色である.いずれにしても,これらの手紙の著者が,パウロの思想的影響を強く受けつつも,パウロが伝承から採用したキリスト讃歌(ピリピ2,6-11)に通ずるヘレニズム教団のいわゆる「被挙キリスト論」的伝承(コロサイ1,15-20)を土台にして,その思想を各々に独自な仕方で展開したものと思われる.そして,エペソ人への手紙の著者の方が教会を宇宙的広がりにおいて把握している限り,その思想がよりヘレニズム的とはいえるであろう.

これに対して,「牧会書簡」(テモテへの手紙とテトスへの手紙)の著者が反駁している思想にも,かなりの程度ユダヤ的な要素が認められるが,これはすでに「偽りの『知識(グノーシス)』による反論」(Ⅰテモテ6,20)を所有するグノーシス主義とみなされてよいであろう.このような環境にあって,牧会書簡の著者は,思想的にはなおパウロの影響下に立っているが,彼の前提している教会では,単独制に傾く監督・長老・執事の職制がすでに完成していることも決して偶然ではないであろう.これらの教職には他の信徒たちよりも強く倫理性が要求され,教会に「委託されたもの」つまり伝承の担い手,「健全な教え」の保持者という特別な任務が課せられたのである.スミルナの監督ポリュカルポスもこの教会観に近いであろう.

ヨハネが福音書を小アジアで書いたとしても,その思想的背景はむしろアレクサンドリア周辺の洗礼者ヨハネ教団にあるのではないかと思われる.そしてそれは,この教団を介して間接的にマンダ教団ないしはクムラン教団,いずれ

---

69) 中川秀恭「コロサイ人への手紙1,15-20におけるキリスト論について」『キリスト論の研究』創文社,1968年,151-175頁,参照.エペソ人への手紙とグノーシス主義との関係を強調するものに,最近では,P. Pokorný, *Der Epheserbrief und die Gnosis. Die Bedeutung des Haupt-Glieder-Gedankens in der entstehenden Kirche*, Berlin 1965; G. W. MacRae, Sleep and awaking in gnostic texts, in: U. Bianchi (ed.), *Le origini dello gnosticismo*, Leiden 1967, pp. 496 ff., bes. 507 ff. がある.これに対して,グノーシス主義との関係を否定するものは,C. Colpe, Zur Leib-Christi-Vorstellung im Epheserbrief, in: *Judentum, Urchristentum, Kirche* (Festschrift für J. Jeremias), Berlin 1960, pp. 172 ff.

にしてもパレスチナ周辺と連なるであろう．こうしてはじめて，彼が受容した——上述のピリピ 2, 6-11 やコロサイ 1, 15-20 とおそらく同じ系統に属する——「ロゴス讃歌」(ヨハネ 1, 1-18)，先在—受肉—受難—高挙というキリスト論的図式，「わたしはそれである」というグノーシス的顕現定式，「真理と偽り」「光と闇」などの実体的・倫理的二元論，さらにはイエス伝承に関する新しい知識などが説明されるであろう[70]．とにかく，ヨハネにおけるイエスは，その十字架にまで至る従順の生において，神のこの世，とりわけ「信じる者」に対する愛の啓示を，言葉としるしを通して証する神の子であり，その高挙において神の栄光を顕示したキリストなのである．そして，このイエスにおける神の愛は排他的に同信の兄弟に向けられなければならない(ヨハネ 13, 34 ; 15, 12 f.)．「わたしは甦りであり，命である．わたしを信ずる者はたとえ死んでも生きる」(11, 25)．この意味で，イエスと共にすでに終末は来ている．そして，これを拒否した「ユダヤ人」ないしは「この世」は，「神の子ら」から「分けられている」，つまり審かれている[71]．同じことがヨハネの手紙にも妥当するであろう．そしてこの限りにおいて，ヨハネ文書の前提する教会は閉鎖的である．しかし，ここでは教職について一度も言及されていない．全信徒が一人の「羊飼」に対する羊の群であり(ヨハネ 10, 7-18)，一本の「ブドウの木」に対する枝なのである(15, 1-6)．この間に何の区別もない．監督職の単独性を主張したと思われる「ディオスペレス」はむしろ批判の対象にされている(III ヨハネ 9)[72]．このような教職制を伴わない教会を前提しているという意味で，ヨハネ黙示録の著者もヨハネ文書の系列に属するであろう．しかし，彼が啓示する天的教会の表象はユダヤ黙示文学の伝統に連なるのであって，他のヨハネ文書の著者とはその思想的背景を異にする．彼はエルサレム教団から来た預言者団の一人であった可能性がある[73]．なお，ヨハネの手紙の著者はおそらく「仮現説」を唱えるグノーシス的異端を反駁しており(I ヨハネ 2, 18-27 ; 4, 1-6 ; 5, 1. 5-8)，ヨハネ黙

---

70) S. Schulz, *Komposition und Herkunft der Johannäischen Reden*, Stuttgart 1960, 参照.

71) 八木誠一，前掲『新約思想の成立』222-249 頁，参照.

72) Schweizer, a. a. O., pp. 105-116 (佐竹訳，181-201 頁)，参照.

73) A. Satake, *Die Gemeindeordnung in der Johannesapokalypse*, Neukirchen 1966, pp. 162-193, 参照.

示録の著者は「いわゆる『深み』を知る」異端に言及し(2,24)，とりわけ彼らの不品行を非難している．

エジプトのキリスト教にもはじめから多様性が認められる．しかし，ここでは比較的に洗礼教団的・グノーシス主義的傾向が強かったようである．われわれはすでに，ヨハネによる福音書の思想的背景にこの地の洗礼教団が前提されているであろうことを推定した．しかし，直接の証言としては，まずアレクサンドリアのクレメンスその他が，ここで2世紀初期に用いられたと想定される『エジプト人の福音書』と『ヘブライ人の福音書』に言及している．前者はエジプトの異邦人キリスト者が用いたもので，禁欲主義的・グノーシス主義的傾向が強い．後者はエジプトのユダヤ人キリスト者によって使用され，主の兄弟ヤコブを奉じてユダヤ人キリスト教的色彩が濃いが，混交宗教的・グノーシス主義的要素も認められる[74]．一方，前世紀末以来発見されているパピルス断片により，ここでも1-2世紀に諸福音書，とりわけヨハネによる福音書，およびこれに類似する文書(たとえば『パピルス・エガトン2』[75])が読まれていたこと，その他かなり多くの未知のイエスの言葉が流布していたことが明らかにされている．しかしここから，エジプトの初期キリスト教においても，ユダヤ人キリスト教的・グノーシス主義的傾向と正統主義に向う傾向とが並存していたと結論することは性急であろう．なぜなら，最近発見され，その本文が公けにされつつあるコプト語グノーシス文書，いわゆる「ナグ・ハマディ文書」によって，共観福音書，なかんずくヨハネによる福音書がグノーシス主義的に理解されていたこと(たとえば『真理の福音』の場合)[76]，また，上述した未知のイエスの言葉の一部が，明らかにグノーシス的『トマスによる福音書』の一部であったことが明らかにされているからである[77]．その上，『ヨハネのアポクリュフォ

---

74) P. Vielhauer, Das Hebräerevangelium, in: E. Hennecke, W. Schneemelcher (ed.), *Neutestamentliche Apokryphen* I, 3. Aufl., Tübingen 1959, pp. 104–108; W. Schneemelcher, Das Ägypterevangelium, in: Hennecke, Schneemelcher (ed.), a. a. O., pp. 107–117. ナグ・ハマディ文書に属する『エジプト人の福音書』については，下記164頁，参照．

75) G. Mayeda, *Das Leben-Jesu-Fragment Papyrus Egerton 2 und seine Stellung in der urchristlichen Literaturgeschichte*, Zürich 1946, 参照．

76) 下記299頁以下，参照．

77) 下記240頁以下，参照．

ン』などの研究により，ここではユダヤ教的グノーシス主義がキリスト教に先行し，前者が後者を次第に吸収していった過程が追跡される[78]．最大のグノーシス主義者と呼ばれるヴァレンティノスの出身地もここであり[79]，また，前記バシリデスが活躍したのもここなのである．しかし，2世紀中期以後になると，エジプトにおいてもキリスト教化への傾向が著しくなってくる．もし『バルナバの手紙』がエジプトに関係があるとすれば，その一例であろう．この手紙の目的は，信仰に加えて知識(グノーシス)を得させることにあるが，実際にはそれが，旧約聖書の予型論的解釈によって，「イスラエル」ではなく，「神のための完全な神殿」(Barn., 4, 11)としての教会が神から契約を受けたことを証しようとするものである[80]．史上最古の説教といわれる『クレメンスの第二の手紙』がここで書かれたものか，あるいはローマで成立したものか意見が分れているが，とにかくこの文書では，教会が太陽や月以前につくられたキリストのからだとみなされていることが注目に価するであろう (2. Clem., 14, 1-4)[81]．

これより早く，おそらく80年代には書かれていたであろうヘブライ人への手紙の成立地も，エジプトともローマとも言われるが，その決め手を期待することは今のところ不可能である．ここには，大祭司に極まるイスラエルの全祭司職と祭儀がほかならぬ大祭司キリストの一回的の贖罪死によって成就され，それゆえにそのすべてが教会によって廃棄された，そしてなお教会は神の民として終末への途上にある，という構想が一貫して保たれている[82]．

ルカ文書(80-90年代)もどの地域に属するものかを決定し難い．しかし，彼の思想の型はユダヤ的・ローマ的であるように思われる．彼において，キリス

---

78) 下記169頁以下，参照．
79) 下記131頁以下，参照．
80) Schweizer, a. a. O., pp. 145 f.(佐竹訳，248頁以下)，参照．
81) Schweizer, a. a. O., pp. 146 f.(佐竹訳，249頁以下)，参照．
82) この文書の宗教史的背景についても意見が二つに分れている．E. Käsemann, *Das wandernde Gottesvolk. Eine Untersuchung zum Hebräerbrief*, 1. Aufl., Göttingen 1938; 4. Aufl., 1961から，中川秀恭『ヘブル書研究』創文社，1957; G. Theissen, *Untersuchungen zum Hebräerbrief*, Gütersloh 1969に至るまで，この文書の背後に，フィローン，とりわけグノーシス主義を想定するのに対して，O. Michel, *Der Brief an die Hebräer*, 7. Aufl., Göttingen 1936; 12. Aufl., 1966以来，O. Hofius, *Katapausis. Die Vorstellung vom endzeitlichen Ruheort im Hebräerbrief*, Tübingen 1970まで，一貫してユダヤ教黙示文学を設定する．

トの出来事は時の中心とみなされ，その前に創造から始まるイスラエルの時が，その後に終末に終る教会の時が置かれ，このすべての時が神の救済の歴史とみなされる（このような時間‐歴史観自体はヴェルギリウスのそれに近い）[83]．神は預言者たち，とりわけイエスをして，次に使徒たち——とくにペテロ——とパウロをして，イスラエルに伝道せしめ，それを受けいれたユダヤ人と異邦人に，「真のイスラエル」として，終末の救済に与る可能性を提示した[84]．悔改めて洗礼を受け，教会に加入すれば，救済の保証としての霊を受けるであろう．——ここでは終末が遠い未来に移され，教会は一種の救済機関とみなされて，悔改めの行為という個人倫理が前景に出される[85]．しかし，ここではまだ現実の教会指導者に対する服従の倫理は説かれておらず，また洗礼を受けた後に犯される罪の問題については反省の対象とされてはいない．それは——後述する——ローマのクレメンスとヘルマスの問題なのである．

これより以前に，おそらく70年代のものと思われるペテロの第一の手紙が「バビロン」から出されていること (5, 13) が事実であるとすれば，この文書は殆ど確実にローマで成立したものと思われる．ここには，ユダヤ教・キリスト教的「家訓」のほかに，かのローマ人への手紙13章に類似する上司への服従が勧められていることも (2, 13-17)，この書のローマ成立説を支持するであろう．ただし，いわゆるペテロの第二の手紙は，第一の手紙とは全く異なる思想的系統に連なるであろう．この手紙では，とりわけ終末がもはや来ないと思っている信徒たちに対する弁証がなされているが (3, 1-18)，この書の著者自身は，新約聖書の中では最もヘレニズム的思想に近く立っているのである．これはおそらく2世紀中期の作品であろう．

とにかく，ローマ教会もその成立過程が明らかでない．スエトニウス (vita Claudii, 25, 2) と使徒行伝 (18, 2) の記事から推定して，すでに50年前後にここ

---

83) S. Schulz, Gottes Vorsehung bei Lukas, *ZNW* 54, 1963, pp. 104-116, 参照．
84) 真山光弥「使徒行伝における異邦人伝道の問題」『金城学院大学論集人文科学編』第4号，1970年，33-63頁，参照．
85) ルカの神学思想全体については，H. Conzelmann, *Die Mitte der Zeit. Studien zur Theologie des Lukas*, 4. Aufl., Tübingen 1962（コンツェルマン『時の中心——ルカ神学の研究』田川建三訳，新教出版社，1965年），参照．その後の文献は，下記57頁，注1），参照．

にユダヤ人キリスト者が存在し，ユダヤ人たち一般とともに，ローマ官憲から敵視されていたらしい．遅くとも60年代にはユダヤ人と異邦人によって構成された比較的大きな教会が存在したことは，パウロのローマ人への手紙によって推定される．もし先に触れたペテロの第一の手紙，ヘブライ人への手紙，ルカ文書などがローマで書かれたとすれば，これらは70-90年代の資料となるであろう．しかし，確実にローマと結びつけうるのは『クレメンスの第一の手紙』と『ヘルマスの牧者』に限られる．

『クレメンスの第一の手紙』は，96年頃にローマの監督クレメンスからピリピ教会に宛てて，若手によって乱された同教会の秩序を回復する目的で書かれたものである．彼によれば，信徒たちは監督および執事という教職には無条件に服従しなければならない．それは使徒たちによって任命され，使徒たちはキリストによって，キリストは神によって任命されたからである (1. Clem., 42, 1-4)．そして，この神→使徒→監督→執事という階層はまさに宇宙(コスモス)の秩序に相応する．クレメンスにあっては，キリストの復活さえも，自然の秩序から説明される (1. Clem., 23-26)．神の救済の歴史も自然的に統一的に把握され，キリストはこの歴史に連なる人々の選民意識ないしは信仰を強化する役割以上のものを果さないために，ユダヤ教とキリスト教の本質的相違も明確ではなくなるのである．ここでは，ユダヤ的なものとストア的なものがキリスト信仰の中で調和を保っているといえるであろう．この文書の巻末に (61, 1-2)，国家権力に対する従順の祈りが置かれていることも決して偶然ではないのである[86]．さて，『ヘルマスの牧者』においては，関心がキリスト者の罪の問題に集中される．現在の罪は，第一の悔改め(洗礼)の後に──牧者を通して──与えられた第二の，そしてそれが最後の悔改めを行なうことによって赦される．しかし，その後に犯された罪は終末におけるキリストの審判の対象になるであろう．したがって，ここでは罪を赦すキリストの恵みは洗礼の時まで，あるいはせいぜい第二の悔改めの時までにしか及ばず，今の時におけるキリストの機能は新しい戒めの授与者以上のものではなくなるのである．だから，この戒め──これがク

---

86) Bultmann, a. a. O., pp. 536 ff.; Schweizer, a. a. O., pp. 132 ff. (佐竹訳，226頁以下)； K. Beyschlag, *Clemens Romanus und der Frühkatholizismus*, Tübingen 1966, 参照．

ムラン教団の戒律とかなり類似する——に従うことがキリスト者の義務となる．ここにわれわれは，初期カトリシズムにおけるキリスト教的律法主義の萌芽を見出すであろう．ただ，ヘルマスは教会を建築されつつある巨大な塔とみなしている．われわれはその「神の子」と呼ばれる入口を通してその中に建て込まれつつある石であるという．このような教会の宇宙的表象には，エペソ人への手紙などにみられるヘレニズム的・グノーシス主義的傾向が認められるであろう[87]．

実際に，2世紀のローマでは，すでに触れたシモン派をはじめとして，ヴァレンティノスやマルキオンが活躍していた．後者は，信仰のゆえに律法を，福音のゆえに旧約聖書を，イエスのゆえに旧約聖書の神を捨て，十字架の救済的意味を強調した限りにおいてパウロ主義者であったが，しかし，彼の二元的人間観・宇宙論は明らかにグノーシス主義から採用されたものであろう[88]．いずれにしても，これらのグノーシス主義者が次々に教会から追放されていった事実から見ても，当時のローマ教会が他の地域教会に比較して，より強く正統主義を意識していたことは明らかであろう．

以上からわれわれは，各地において，あるいはその内部においてさえも，教会の思想の上にかなりの多様性があったことを確認するものである．しかし同時にわれわれは，ローマ教会が，その自己理解においてより内在的，福音理解においてより法的であり，他方においてエジプトの教会が，より超越的・霊的特色を示していることも確認できるのである．宗教史的に言えば，前者が一元的・ユダヤ教的，後者が二元的・グノーシス主義的となる．そして，この両者の間に，小アジアとシリアの諸教会が並ぶであろう．この後の教会の歴史は，——すでに上の叙述からも推定されるように——パレスチナ—シリアに強力であったユダヤ人キリスト教的要素，エジプトからローマにまで拡がっていたグノーシス主義的要素が，ローマを中心として成立する初期カトリシズムによって「異端」として排除されていく過程と言えるであろう．

---

87) 詳しくは，荒井献「ヘルマスの牧者」『聖書雑誌』1967年12月号，24-26頁；同誌，1968年1月号，25-27頁，参照．

88) A. v. Harnack, *Marcion. Das Evangelium vom fremden Gott*, 2. Aufl., Leipzig 1924; E. C. Blackman, *Marcion and his Influence*, London 1949, 参照．

(5) 初期カトリシズムの成立へ
――結論にかえて――

　初期カトリシズムは，2-3世紀に輩出する一群のキリスト教護教論者や反異端論者たちによって形成されていく．とりわけ後者は，キリスト教内部の「異端」(haereses) を反駁することによって，正統的教義(ドグマ)形成の土台を築いていった．

　ここで異端とは，最古の，それ故に純正な福音の中に，それとは元来異質的な異教的要素を導入することによって形成されたキリスト教分派のことである．具体的に言えば，それはユダヤ人キリスト教，なかんずくグノーシス主義的キリスト教を指す．これをわれわれの言葉で換言するならば，次のようになるであろう．パウロにおける超越と内在の終末論的緊張は，その後の時代において二つの極端な傾向に分れる．その一つは，福音の歴史内在性に重点を置き，それとイスラエルの歴史との直接的連続性を強調する傾向であり，二つは，逆に福音の歴史超越性を強調するあまり，自ら歴史との関連を失って脱歴史的神秘主義に陥る傾向である．われわれは前者をユダヤ人キリスト教の中に，後者をグノーシス主義的キリスト教の中に見出す．ただし両者は，その自己理解，ないしはそれに即応する福音理解の中で，あの終末論的緊張が弛緩しているという一点において共通する．この点で両者は一つに結びつくことができた．しかもそれは，パウロ以前の，おそらくエルサレム教団にまで遡る福音理解にも見出された．これを「異端」と特徴づけることができようか．――ここに二つのことが問題として指摘されるであろう．

　第一に，少なくともグノーシス主義に関する限り，新資料に基づく研究の結果，それがキリスト教のテクストを解釈することによって自己を主張する以前に，ユダヤ教の周辺に成立していたことが明らかにされている．グノーシス主義は元来，歴史的文脈とは無関係に，いつ，どこででも生起しうる，反宇宙的・二元的実存理解による現存在の解明なのである．ここで，人間の本来的自己の啓示者または救済者が要請され，それによって「自己」が究極的存在と本質的に一つであるという救済の認識(グノーシス)が与えられる．二元論そのものはペルシアのゾロアスター教に，啓示者の概念はユダヤ教に，自己認識というモチーフはプラトニズムに遡源するであろう．その限りにおいて，グノーシス主義は確かに宗

教混交的現象を呈するが，その本質は特定の宗教現象を越えた一つの固有な実存理解という原理的側面を持っている．いずれにしても宗教現象としてのグノーシス主義は，すでに見たように，ヨルダン川東部のマンダ教，サマリアのシモン派，エジプトのバルベロ・グノーシス派という形で，元来キリスト教とは無関係に成立していた．これらが自己にキリスト教の素材をとり入れることによって，メナンドロス，ヴァレンティノスなどのいわゆるキリスト教グノーシス主義が成立したのであって，それは，教父たちが主張するように福音の異教化ないしはヘレニズム化によって形成されたものではかならずしもないのである[89]．

　第二の問題は，初期カトリシズム形成の土台となった護教論者や反異端論者の立場が，果してそのまま，最古の，純正な福音に連なるか否かという点である．彼ら自身は，使徒たち，とりわけペテロとパウロの名によってその正統性を主張する．しかし，われわれの見るところによれば，彼らはむしろ，「牧会書簡」の著者やポリュカルポス，ルカやローマのクレメンスによって代表される線，つまりユダヤ的・ローマ的福音理解の立場に立つ．この意味で彼らの自己理解は，歴史内在的にも歴史超越的にもどちらか一方に偏してはいない．しかし，その中にわれわれは，パウロにおけるような内在と超越との終末論的緊張を見出すことができないのである．緊張ではなく調和が前景に出る．この理由には，彼らが生きた時代には，もはやパウロの時代に見られた接近した終末の待望が止んだことがあげられるであろう．歴史の終末は遠き未来に移され，その代りに救済は教会の職制・礼典・教理によって与えられる．しかし，パウロにとって終末は客観的歴史の終末だけを意味するものではなかった．それは彼にとって現在の歴史，現在の自己の終末であり，同時に将来の歴史と自己の新しい生を与える契機を意味したのである．とすれば，われわれはやはり彼らの中にパウロとの距離を認めざるをえないであろう．実際，たとえばローマのクレメンスの中にストア的「秩序」の思想が明らかに認められたのである[90]．

　いずれにしても，護教論者や反異端論者にとって，ユダヤ人の律法とギリシ

---

89) これが本書第Ⅱ部のテーマとなるであろう．
90) 詳しくは，荒井献「古代から中世へ」浅野順一編『基督教概論』創文社，1966年，120-137頁，参照．

ア人の知恵は,「第三民族」(アリスティデス)のキリスト教に止揚され,そのいずれか一方に傾くことが「異端」として反駁されていったのである.そしてその過程において,古ローマ信条が成立し[91],正典が結集され[92],単独司教制が確立する[93].こうして,原始キリスト教は初期カトリシズムへと移行していく.

---

91) O. Cullmann, *Les premières confessions de foi chrétienne*, 2. Aufl., Paris 1948 (クルマン『原始教会の信仰告白』由木康訳,新教出版社,1957年),参照.

92) H. v. Campenhausen, *Die Entstehung der christlichen Bibel*, Tübingen 1968.

93) H. v. Campenhausen, *Kirchliches Amt und geistliche Vollmacht in den ersten drei Jahrhunderten*, Tübingen 1953, 参照.

2 エルサレム原始教団におけるいわゆる財産の共有制について

代々のキリスト者が彼らの共同体の理想像としてきたエルサレム原始教団のいわゆる財産の共有制に関する記事(行伝 2, 44. 45 ; 4, 32. 34. 35)には，果して歴史的信頼性があるのであろうか．これらの記事は，いずれも，その中で歴史記述者——われわれの場合はルカ——の資料解釈が前景に出される，いわゆる「状況の総括的報告」(Summarium : 2, 42-47 ; 4, 31c-35)の枠内にあることが確認されている現在，われわれは単純にこれらの記事を史実の再現とみなすことはできないであろう[1]．しかし，これらをルカの創作に帰すべきであるのか，あるいは，その背後に伝承を想定すべきであるのか．もし想定すべきであるとすれば，それをどの範囲に限定すべきか．これらの問題に関しては学者の間に意見の対立がある．また，伝承を想定した場合，それが成立した場については，筆者の知る限り，まだだれも独自な見解を発表していない．われわれはこのような問題を以下において検討してみたいのである．

1

問題に接近する順序として，まず文献批判により資料を確定しておく必要がある．テクストを比較すれば次の通りである．

2 章	4 章
[44] さて，信じた者たちは全員一緒にいて，いっさいのものを共有し， [45] 土地や持ち物を	[32] さて，信じた者の集団は一つ心，一つ思いで，だれひとりその持ち物を自分のものと言わず，いっさいのものが共有であった．…… [34] なぜなら，彼らの中には乏しい者がひとりもいなかったからである．というのは，地所や家を持っている者はみ

---

[1] Summarium の性格については，なかんずく H. Cadbury, The Summaries in Acts, in : *The Acts of the Apostles* V, London 1933, Additional Note XXXI, pp. 392-402 ; H. Conzelmann, *Die Apostelgeschichte*, Tübingen 1963, pp. 7 ff., 参照.

売っては，	な，それを売っては，売ったものの代金を持ってきて，**35**使徒たちの足もとに置いたからである．しかも，それは，だれかが不足をしたときはいつも，分け与えられたのである．
それを，だれかが不足をしたときはいつも，皆に分配した．	

　ここで明らかなように，4章の記事が2章のそれより具体的で，かつ詳細である．その上，4章におけるわれわれの記事は，これに後続するバルナバ(4, 36. 37)，アナニアとサッピラ(5, 5-10)に関する個別的報告に，その前提となる状況の総括的報告として，直接結びつく．これに対して，2章におけるわれわれの記事は，これに先行する個別的出来事——ペテロの説教，大量入信(2, 14-41)——の結果を総括的に報告する記事の一部として Summarium の機能を十分果たしているが，しかし，文脈と直接的な関係を持っていない．このような理由から，われわれの問題に関する資料としては当然4章の方をとるべきであろう．

2

　もしわれわれが資料として4章をとるとすれば，少なくとも 4, 32. 34. 35 には伝承を想定してもよいであろうか．なぜなら，2, 44. 45 は 4, 32. 34. 35 の伝承を更に総括的に，しかもルカによって，報告されたものとみなしうるからである．実際，エレミアス(J. Jeremias)はこのような見解をとる．彼によれば，われわれの問題に関する記事の背後に予想される伝承の中で最も古い伝承はバルナバ(4, 36. 37)，アナニアとサッピラ(5, 1-10)に関する伝承である．これらの出来事はむしろ稀少価値があったので伝承として残された．その後，これらの個別伝承の一般的背景を説明する伝承として，財産の共有に関する伝承が二次的に形成された．このことは，ルカが 4, 32 と 34. 35 の間に，極めてルカ的な33節を挿入していること，また，ルカが 2, 44. 45 に 4, 32. 34. 35 を用いていることから証明される．こうしてエレミアスは，4, 36. 37 ; 5, 1-10 を伝承の最古の層，4, 32. 34. 35 を二次的層，2, 44. 45 をルカの編集部分とみなすのである[2]．

---

　2) J. Jeremias, Zum Quellenproblem der Apostelgeschichte, in : *Abba. Studien zur neutestamentlichen Theologie und Zeitgeschichte*, Göttingen 1964, pp. 240 ff.

これに対して，ヘンヘン (E. Haenchen) は，確かに 2, 44. 45 が 4, 32. 34. 35 からとられたものであることは認めるが，しかし，4, 31c-35 の Summarium を全体としてルカによる総括とみなす．なぜなら，——われわれの問題に関する事柄だけをあげれば——32 節にヘレニズム的理想の成就が，34. 35 節にヘブライ的理想の成就が暗示されているという事実は，きわめてルカ的だからである[3]．

しかし，これだけの論拠ではわれわれの問題に関する伝承説を十分に論駁できないであろう．ヘンヘンによる 4, 32. 34. 35 に関する指摘は，かえって伝承説に利用されやすい．もし 32 節にヘレニズム的理念が，34. 35 節にヘブライ的理念が前提されているとすれば，そのどちらか一方を伝承に，他方をルカに帰することもできるからである．

デーゲンハルト (H.-J. Degenhardt) は，まずエレミアス説を一部受けいれて，4, 32-35 に伝承を想定する．その上彼は，この箇所に用いられている単語及び用語法がルカ的ではないことを指摘して，伝承説を補強する．しかし他方において，彼はヘンヘン説をも一部受け入れようとする．すなわち，われわれの Summarium は，32 節からではなくすでに 31c 節から始まっており，しかもそれは 31b 節「一同が聖霊に満たされた」の結果の総括である．すなわち，(1) 一

---

[3] 「心」(καρδία) と「思い」(ψυχή) が結合された形では，旧約聖書，とくに申命記に多く用いられている (6, 5 ; 10, 12 ; 11, 13 ; 13, 4 ; 26, 16 ; 30, 2. 6. 10 等)．「一つ思い」(ψυχὴ μία) という表現も，歴代上 12, 39 (LXX) で לֵב אֶחָד の訳語として用いられている．しかし，ψυχή は後続する句，なかんずく「いっさいのものが共有」(πάντα κοινά) との関連でみると，アリストテレスが「格言」(παροιμίαι) の一つとして eth. Nic., LX 8 p. 1168b にあげている ψυχὴ μία と κοινὰ τὰ τῶν φίλων と著しく類似している．実際ヘレニズムの世界において，友愛の理想的状況として，内には ψυχὴ μία，外にはその具体化としての κοινὰ τὰ τῶν φίλων がかなり広く信奉されているので，ここでルカが七十人訳からとった用語法で，ヘレニズム的理想の原始教団における実現を描いているものと思われる．とくに 32b 節「だれひとりその持ち物を自分のものと言わず」に財産の私有（「自分の」「持ち物」）が前提されていて，ただ同信の徒に対して自分の所有権を与える（「自分のものと言わず」）ということになっており，これは明らかにギリシア的友愛の理念である．これに対して，34a 節は「あなたのうちに乏しいものはなくなるであろう」(οὐκ ἔσται σοι ἐνδεής.) という神の「大いなる恵」(申命 15, 4) が原始教団において成就されたことが示されている．そして 34a. 35 節では，それが貧民救済または相互扶助というユダヤ社会に通用していた手段の理想的行使によって実現した様が描かれる．ここでは，32 節と比較すれば所有に対する態度が明らかに異なる．つまり，32 節ではヘレニズム的，34. 35 節ではヘブライ的「共有」の理念が考えられている，という．E. Haenchen, *Die Apostelgeschichte*, 5. Aufl., Göttingen 1965, pp. 188-190.

同が大胆に神の言葉を語る(31c), (2)教団は「一つ心, 一つ思い」である(32a), (3)使徒たちは「大いなる力をもって」イエスの復活を証する(33a), (4)神の恵みが一同の上に臨む, (5)彼らの中に乏しい者がいない(34, 35). これは一定の思考方式による総括だ, とデーゲンハルトは言うのである. ただ彼は, これをルカに帰さず, 伝承に遡源させるのである. そして, この思考方式に合わない唯一の箇所が32bc節(「だれひとりその持ち物を自分のものと言わず, いっさいのものが共有であった」)である, と言う. そして彼は, ここで再びヘンヘンの指摘をとりあげ, この箇所はギリシア人を読者に持つルカの筆であると主張する. こうしてデーゲンハルトは, 4, 31c-35 の大部分はルカ以前の伝承であるが, 4, 32bc だけルカの加筆であると結論するのである[4].

以上のような諸説に対して, われわれはどのような態度決定をすべきであろうか.

第一に, われわれはわれわれの問題の資料として 4, 32. 34. 35 をとったことは事実であるが, しかし, だからといってわれわれも, この箇所がそれに対応する 2, 44. 45 よりも古い伝承の層に属するとか(エレミアス, デーゲンハルト), あるいは, 2, 42-47 は 4 章と 5 章の対応記事から「とられた」(ヘンヘン)[5]と想定する必要はない. ルカは, 教会のはじめの状況を総括する際に, 2 章の時点では先行する個別的報告の結果として, 4 章の時点では後続する個別的報告の前提として, 共に財産の共有に関する記事を書き込む必要性があったが, 少なくとも行伝における Summarium の場合, 個別的報告の結果よりもその前提の方を詳しく描く一般的傾向が認められるのであるから[6], われわれの問題に関しても 4 章において 2 章におけるよりも詳細に報じられているに過ぎないので

---

4) H.-J. Degenhardt, *Lukas. Evangelist der Armen. Besitz und Besitzverzicht in den lukanischen Schriften. Eine traditions- und redaktionsgeschichtliche Untersuchung*, Stuttgart 1965, pp. 168-177.

5) Haenchen, a. a. O., p. 158.

6) たとえば, Summarium I(2, 42-47)の場合: 先行する個別的報告(ペテロの説教)の結果は 42. 44. 45 節, 後続する個別的報告(ペテロとヨハネの奇跡)の前提は 43. 46. 47 節. Summarium II(4, 31c-35)の場合: 先行する個別的報告(会衆の祈り)の結果は 31c. 33 節, 後続する個別的報告(バルナバ, アナニアとサッピラ)の前提は 32. 34. 35 節. Summarium III(5, 11-16)の場合: 先行する個別的報告(アナニアとサッピラ)の結果は 11 節, 後続する個別的報告(使徒たちの逮捕)の前提は 12-16 節.

ある[7]).

　第二に、32節と34.35節には、確かにヘンヘンが指摘するように、「所有に対する同一の立場が語られていない」。しかし、デーゲンハルトが主張するような「緊張」[8])の関係を、われわれは32節と34.35節に認めることはできないのである。なぜなら、もし32節における「共有」において私有が前提されており、ただそれを「自分のものと言わない」という、人間個人の私有財産に対する態度が問題になっているとすれば、34.35節でも、本質的に違ったことが問題になっていないとわれわれには思えるからである。確かに34節では、私有財産に対する態度だけではなく、それを「売る」という行為が前景に出る。しかし、ここで一切の私有財産が認められていないことはない。35b節から推定すれば、だれかがその所有物に不足をする可能性が前提されている[9])。つまり、ここでは、たとえば死海文書の『宗規要覧』が前提しているような意味における財産の共有制は問題になっていないのである。その上、5,4によれば、明らかに財産の私有が認められている。そしてここでも、問題は私有財産に対する人間個人の態度なのである[10])。

　このように、われわれの財産共有制が、人間個人の私有物に対する態度――それに対する執着心から自由になり、それを放棄するという態度が基底となって成立するものであるとすれば、これは史実や伝承における財産に関する「制度」として説明されるよりも、ルカ自身の理想とする財産に対する「態度」として説明される方に、より説得力があるであろう。なぜなら、他ならぬルカが、すでに福音書の時点において、他のいかなる福音書記者にも増して、個人の所

---

　7) 筆者がこれを1968年4月に日本聖書学研究所で発表した際、田川建三から「2章のSummariumが4章のそれと較べて二次的であるとするならば、後者に当然――少なくともIdeeに由来した――伝承を認めるべきではないか」という意味の質問があった。これに対して、筆者はもっぱら「4章のSummariumもあまりにルカ的であるから――これについては後述――そこに伝承を認めることはできない」と答えたのであるが、これだけでは十分な答とはいえないことを認めて、この項を加えた。
　8) Degenhardt, s. a. O., p. 170.
　9) Haenhen, a. a. O., p. 154がここと並行関係にある行伝2,45について指摘しているように、άν＋未完了過去形の動詞は「過去における反復」を示す。つまり、過去においてだれかがその所有物に不足したことが反復して起こっているのである。
　10) この点を指摘しているのがConzelmann, a. a. O., p. 39である。

有物に対する執着の態度，——八木誠一の表現を借りれば——「存在のための配慮」を否定しているからである[11]．このような「配慮」からの自由が個々人に生起するところに，原始教団のいわゆる財産の共有制が成立するとすれば，これは明らかに，ルカの個人的倫理観に立脚した，彼に固有な原始教団像に帰さるべきであろう[12]．

第三に，デーゲンハルトが指摘する，われわれの箇所における言語上の特異性が問題として残る．しかし，たとえわれわれの箇所に，ルカ文書に殆ど用いられない言葉や表現がかなり集中的に用いられているとしても，これだけでこの箇所をルカ以前の伝承に帰することはできないであろう．なぜなら，ルカ文書全体において，原始教会の理想的状況が総括的に描かれている箇所は，われわれの箇所と 2, 42-47 ; 5, 11-13 という極めて限定された箇所以外には皆無なのである．しかも，このように限定したこと自体が，それによって教会のはじめの時を教会の時から区別しようとするルカに固有な救済史的図式に用いられた手法であるとすれば[13]，これらの箇所に限って特別な語法が用いられていることはむしろ当然であって，これをルカ以前の伝承に帰することはできないということになるであろう．

以上に加えて第四に，われわれの Summarium における使徒観がルカに固有

---

11) 八木誠一「マタイとルカにおける罪とその否定の仕方について」『聖書学論集』第 4 号，山本書店，1967 年，100 頁．ルカ福音書における所有とその放棄の問題については，Degenhardt, a. a. O., pp. 42-159，ルカ 12 章と行伝 5, 1-10 の関係については，M. D. Goulder, *Type and History in Acts*, London 1964, pp. 90 ff., 参照．

12) この点に関して，八木誠一，上掲論文「マタイとルカにおける罪とその否定の仕方について」105 頁，注 36，参照．ルカの倫理と教会論の関係については，なかんずく行伝 5, 1-10 の詳細な研究を必要とする．ここで若干の点を指摘すれば，ルカの場合，福音書におけるイエスと個人との関係は，行伝における教会(の指導者)と個人との関係に即応する．教会は，個人の存在のための配慮を倫理的に否定する者の共同体として個人倫理を重んずるが，共同体内で存在のための配慮に生きる者に対しては絶対的に閉鎖的である限り，その共同体倫理を前景に出す．そして，この意味におけるルカの共同体倫理は，クムラン教団のそれよりもラディカルである．なぜなら，1 QS, VI 24 f. によれば，財産に対する偽りの報告をした者に対する罰は，アナニアやサッピラの場合のように死にまで至らしめるものではないからである．この限りにおいて，ルカの倫理を「個人的」だと特徴づけることはできないであろう．

13) H. Conzelmann, *Die Mitte der Zeit. Studien zur Theologie des Lukas*, 4. Aufl., Tübingen 1962, pp. 152 ff., 137, 198 f., 218 f.(コンツェルマン『時の中心——ルカ神学の研究』田川建三訳，新教出版社，274 頁以下，246, 352, 389 頁以下)，参照．

な使徒観と正確に一致することにも注目しなければならないであろう.まず33節において,使徒たちは,「大いなる力をもって」,つまり奇跡を行なう力を行使しながら[14],「主イエスの復活についてあかしをした」と言われる.これは,直接的には30節における会衆の祈願の成就を示すものととられるべきであろう.しかし,もっと一般的に言って,奇跡の行為と復活の宣教は,行伝における教会のはじめの時の叙述の中では,ほぼ排他的に使徒たちに課せられた特別な役割である.そして,このような役割を使徒たちに課し,それによって使徒たちの時(=教会のはじめの時)を教会の時から区別したのはルカであろう[15].次に,同様のことがわれわれの箇所の一部である35b節「使徒たちの足もとに置いた」にも妥当するであろう.ここには,教会のはじめの時を代表する十二使徒団の主導権が前提されている.これもまたルカの,あるいは少なくともルカの時代の使徒観に即応するであろう[16].

以上の理由から,われわれはわれわれの問題の資料を,ルカ以前の伝承に帰するよりはルカ自身の筆に帰するべきであろうという結論に達する.行伝4,32.34.35(2,44.45)に描かれている財産の共有制は,それによって教会のはじめの時を一回的に特徴づけようとするルカの理想像であって,それがそのままルカ以前の伝承にあったものでもなければ,まして史実を再現するものでもない.ヘンヘンも指摘しているように,われわれが問題にしている歴史の時点において,このような財産共有制が成立しうる経済的基礎が当時の教団内にはなかったはずである[17].他方,このような財産共有制度を維持するための組織が教団内にあったことを予想させる資料も今のところ皆無なのである[18].

---

14) ここで奇跡のことが考えられていることについては Haenchen, a. a. O., p. 188 参照.なお,聖書協会訳にはこの意味が出ていない.
15) コンツェルマン著・田川訳,上掲書,401頁(田川の訳注25); É. Trocmé, Le "Livre des Actes" et l'histoire, Paris 1957, p. 48(トロクメ『使徒行伝と歴史』田川建三訳,新教出版社,1969年,71頁以下),参照.
16) 最近の文献では,G. Schille, Die urchristliche Kollegialmission, Zürich 1967, p. 114; H. Kasting, Die Anfänge der urchristlichen Mission. Eine historische Untersuchung, München 1969, pp. 70 f., 参照.
17) Haenchen, a. a. O., p. 192.
18) Trocmé, a. a. O., pp. 198 f.(田川訳,301, 302頁)その他は,なかんずく行伝5, 1-11 にクムラン教団との組織上の類似点をあげようとするが,その不可能性については Haenchen, a. a. O., p. 191, 参照.Conzelmann, a. a. O., p. 37 によれば,所有物を教団

3

　にもかかわらずわれわれは，ルカのいわゆる財産の共有制の背後に，それを予想させるような何らかの制度が原始教団内に実在した可能性を否定することはできないのである．少なくともそのような可能性のあったことを次の事柄が支持するであろう．

　まず，すでにイエスの生前に彼のまわりに弟子団が形成されていたとすれば，彼らもまた何らかの形で相互扶助をするか，共同の金庫を所有しなければならなかったはずである．供食の奇跡やイスカリオテのユダに関する伝承をわれわれはそのまま史実ととることができないとしても，しかし，このような伝承の背後に，弟子団の共同生活とそれを成り立たせた何らかの制度の存在を想定することは許されるであろう．そして，それが原始教団にまで持続されたことを否定する根拠はないのである[19]．むしろ，これを肯定する証言が行伝 6,1「日毎の援助」(διακονία καθημερινή) であろう．いわゆる「ヘレニストたち」と「ヘブライ人たち」の対立が，この「日毎の援助」をめぐる不公平にのみ遡源されないことをわれわれは知っている[20]．また，この制度が当時のユダヤ社会において実施されていた貧民救済制度に正確に一致しないことも事実である[21]．しかし，われわれは，原始教団内に，ユダヤの貧民救済制度に類似した独自の相互扶助制度が「援助」として実施されていたことを否定する根拠を持たないのである．

　このような意味における相互扶助制度を成り立たせていたものの一つに，持てる信徒たちの持たざる信徒たちに対する喜捨行為を想定できるであろう．もっとも，ガリラヤからエルサレムに移住してきたいわゆる「ガリラヤ人」には，喜捨をするだけの経済的余裕があったとは思われない．しかし，エルサレム在

に供託することが規則で義務づけられているクムラン教団においては「懲戒手続」が問題になるのに対して，行伝では霊的「瞬間的」「判決宣告」が中心になる．

19) G. Stählin, *Die Apostelgeschichte*, Göttingen 1962, pp. 80 ff., 参照．
20) 下記 57 頁以下，参照．
21) Haenchen, a. a. O., p. 215, 参照. J. Bihler, *Die Stephanusgeschichte im Zusammenhang der Apostelgeschichte*, München 1963, p. 200 によれば，「日毎の」(καθημερινή) は，行伝 2,46 ; 5,42 にも用いられていて，ルカ的表象である．

住の信徒たちにもそのような可能性がなかったとは言い切れないであろう[22]．とにかく，ルカはその模範的行為をバルナバに見た．そして，このような人物がエルサレム教団のために喜捨行為を行ない，それが一つの基礎となって，貧しい信徒のために「援助」が行なわれていた可能性は十分にあるであろう．

もっとも，われわれはバルナバを，ルカと共にいわゆる「ヘレニスト」，つまり，元来はディアスポラ出身で今はエルサレムに住みついているユダヤ人キリスト者とみなす必要はないのである．なぜなら，福音が行伝 8, 4 の時点からはじめて異邦人の地に宣べ伝えられたというのはルカのいわゆる「エルサレム中心主義」的救済史観の反映であって，実際には異邦人の地への伝道が行伝 8, 4 の時点以前に，しかもエルサレムからではなくガリラヤから開始されていたとみなすべきだからである[23]．とすればバルナバは必ずしも「ヘレニスト」ではなく，ディアスポラのユダヤ人キリスト者であった可能性がある．そしてわれわれは，後述するように，この可能性の方をとりたい．いずれにしても，もしわれわれが問題にしている時点においてすでにディアスポラのユダヤ人キリスト者の存在を想定できるとすれば，エルサレム教団のために喜捨行為をすることのできた人々をエルサレム在住のユダヤ人にのみ限定する必要はなくなり，ますますその可能性の枠を広げることができるであろう．

しかし，このような可能性があったということと，バルナバに関する伝承(行伝 4, 36. 37)がこのような可能性から直接形成されたということとは，別問題である．つまり，われわれが問題にしている「場」とは別な「場」で形成された伝承を，ルカがわれわれの「場」に導入したことも考えられるのである．特に，4, 31c-35 の Summarium が 4, 36. 37 のバルナバ伝承に二次的に形成された伝承ではなく，ルカの作品であるとするわれわれの見解が正しいとすれば，その

---

22) D. Georgi, *Die Geschichte der Kollekte für Jerusalem*, Hamburg 1965, p. 24, Anm. 59 は，われわれの財産共有制を，貧民救済に関する個々の伝承のルカによる「拡大」(Aufbauschung)とはみなさず，原始教団で実際に行なわれていた貧民救済制度の一部に関するルカの報告とみなし，マルコ 10, 17-31 の伝承史を指摘する．しかし，この説を貫徹するためには，上においてわれわれによって示された Summarium におけるルカ的特色を論駁しなければならないし，また，マルコ 10, 17-31 には少なくとも教団における制度を反映する伝承史的特色は認められない．

23) G. Schille, *Anfänge der Kirche. Erwägungen zur apostolischen Frühgeschichte*, München 1966, pp. 138-141, 175-181 ; Kasting, a. a. O., p. 89 ff., 参照．

蓋然性はより大きくなるであろう．

とにかく，それがルカによってであるか，あるいはすでに伝承の段階においてであるかという問題を別にすれば，財産の共有制に関する報告が，バルナバの喜捨行為に関する個別伝承(4, 36. 37)を総括的に一般化することによって形成されたことについては，われわれもエレミアスと見解を一つにする[24]．とすればわれわれは次に，いわゆる財産共有制のいわば根本資料の役割を果たしているバルナバ伝承の性格と史実性を問わなければならないであろう．

4

³⁶ さて，ヨセフは，使徒たちにバルナバ(訳せば「慰めの子」)と呼ばれ，クプロ生まれのレビ人であったが，³⁷ 畑を持っていたので，売って，その金を持ってきて使徒たちの足もとに置いた．

まず，ここに登場する使徒像は，前述の33節なかんずく35節の使徒像と同様，ルカに，あるいは少なくともルカの時代に遡源さるべきであろう．

次に，Βαρναβᾶς という名前は，おそらく Bar Nebo，つまり「ネボの子」から導入されたものであろうことは現在のところ定説となっているとみてよいであろう．そして，Nebo という異教的名前が「レビ人」の名前であったことは疑わしい，すなわち，バルナバが「レビ人」であったという記事の信憑性は疑われてよいであろう[25]．しかも，「レビ人」は当時のいわゆる「下級祭司」であった．そして下級祭司は当時経済的には低所得層――一般的に地方の貧農層――に属していたはずである[26]．彼らに「畑を売る」だけの余裕があったとは思われないのである．他方，エルサレムで「信仰を受けいれるようになった」人々の中で，ルカが最初に名指しであげているのが「祭司たち」であり(行伝6,7)，また教団内で最初に迫害を受けるのが「ヘレニスト」ステパノである(6, 8 ff.)．

---

24) ただしわれわれは，われわれの Summarium に後続する 5, 1-10 の「個別的報告」をエレミアスのようにそのまま伝承とはみなさない．この物語は全体としてあまりにもルカ的である(注12参照)．なお，この物語に伝承を認めるとすれば，それはむしろペテロのいわゆる Strafwunder であって(Haenchen, a. a. O., p. 197; Conzelmann, a. a. O., p. 39, 参照)，それを財産の共有制の枠に入れたのはむしろルカであろう．

25) Haenchen, a. a. O., p. 189, Anm. 3, 参照．

26) J. Jeremias, *Jerusalem zur Zeit Jesu* II, Göttingen 1924, p. 40, 参照．

とすれば，教団内で最初に模範的行為をしたバルナバを「レビ人」，しかも「ヘレニスト」，つまり，「クプロ生まれ」でエルサレムに在住しているユダヤ人キリスト者として導入したのはルカであった可能性が強いであろう．

ここで注意すべきは，「バルナバ」に「慰めの子」という訳がつけられていることである．これに関する説明の中で，シュワルツ(E. Schwarz)のものが現在で最も説得力があるであろう．つまり，彼によれば，「慰めの子」という訳は行伝 13,1 の「マナエン」(=Manachem)「慰め手」からきた，というのである．もちろん 13,1 で「マナエン」は「バルナバ」と別人の名前であるが，伝承の過程で両者が結びつけられ，しかも，前者の意味が後者の訳として採用された，というわけである．そして，われわれの伝承 4,36.37 は，シュワルツによれば，元来 13,1 の文脈にあった[27]．

もしもこの想定が正しいとすれば，バルナバが売ったといわれる畑は，彼の故郷である「クプロ」にあったものと想定し，彼は元来ディアスポラのユダヤ人キリスト者であったとみなす方が自然であろう．

このこととの関連で直ちに想起されるのは行伝 11,27-30 の記事である．ここで，世界中に大ききんが起こり，アンティオキアの弟子たちが「ユダヤに住んでいる兄弟たちに援助を送ることに決め，それをパウロとバルナバの手に託して，長老たちに送りとどけた」と報告されている．しかし，この記事の信憑性は多くの学者たちによって疑われているのである．なぜなら，パウロ自身がこの旅行に関して何も報告していないし(ガラテヤ 1,18-2,1 参照)，また，エルサレムに大迫害が起こっている期間に(行伝 12 章参照)パウロとバルナバが無事にここにとどまりえたということは考えられないからである．そのために，たとえばヘンヘンはこの伝承を，パウロが援助金を持ってエルサレムにのぼったという事実と，パウロとバルナバがエルサレムに旅行したという事実(ガラテヤ 2,1 ff.；行伝 15,1 ff.)が，口伝のある段階で「融合した」(verschmolzen haben)結果生じたものとみなす[28]．

しかし，何が原因となって二つの事実が「融合した」のであろうか．それは，

---

27) E. Schwarz, in: *NGG* 1907, p. 282, Anm. 1 (Haenchen, a. a. O., p. 189, Anm. 6, 参照).

28) Haenchen, a. a. O., p. 322, 参照.

パウロとバルナバが共にいわゆる使徒会議において，その第二のとりきめ——「(エルサレムにある)貧しい人々をかえりみる」べきこと——を受容したからであると想定してよいであろう．ここから，パウロと同様にバルナバもまたこのとりきめを実行した，という伝承は生まれうるし，更にそれが，両者が一緒に行なったという形の伝承に発展しうることは容易であったはずである．いずれにしても，この種の伝承はエルサレム使徒会議後の時点に形成されたととるのが自然であろう．この関連でわれわれは，たとえばハーン (F. Hahn) のように[29]，11, 27-30 の出来事を使徒会議の後に置くことはできないが，しかし，少なくとも 11, 27-30 の伝承の元来の位置が 15, 1 ff. より後にあったと想定することはできるであろう．

以上の理由から，バルナバ(とパウロ)に関する伝承の元来の位置を chronologisch に復元すれば，ガラテヤ 2, 1-10 (＝行伝 15, 1-29)→行伝 11, 27-30→行伝 13, 1 (＝15, 30-35 ?→15, 36-39 ?)＋行伝 4, 36. 37 ということになるであろう．とすれば，バルナバがエルサレム教団の貧しい人々のために行なった喜捨行為に関する伝承が成立した直接的な「場」は，使徒会議における第二のとりきめに関連していたととってもよいのではなかろうか[30]．ルカはこのような伝承の場を無視して，それをわれわれの文脈に，つまり 4, 36. 37 に入れたのである．それは，こうすることによって，われわれの伝承を一方ではいわゆる財産共有制の範例とし，他方ではエルサレム教団とパウロとの仲介者としてのバルナバ

---

[29] F. Hahn, *Das Verständnis der Mission im Neuen Testament*, Neukirchen 1963, pp. 73 ff. は，われわれの記事を少なくともパレスチナに起こった「ききん」の年(48年)と結びつけて史実とみなし，他方，使徒会議は 44 年の大迫害以前に行なわれたはずであるとする．とすれば，われわれの記事は使徒会議における第二のとりきめを実行した証言ということになって首尾一貫するのであるが，43/4 年に使徒会議が行なわれたとみなすのは，ガラテヤ 1, 18；2, 1 におけるパウロの証言からみて，やはり無理であろう．ハーン仮説に対する批判は D. Georgi, a. a. O., p. 13 (Anm. 3), pp. 91 ff., 参照．

[30] もっとも，ガラテヤ 2, 10 の「貧しい人々」(πτωχοί) は，「聖徒たち」(ἅγιοι：Ι コリント 16, 1；Ⅱ コリント 9, 1) と同様，エルサレム教団の信徒に冠せられた特別な呼称であって，必ずしも社会的意味を持たないことは事実であろう．Georgi, a. a. O., p. 23 (Anm. 51)；E. Bammel, πτωχός, *ThWNT* VI, pp. 908 ff., 参照．しかしゲオルギも認めているように，少なくともローマ 15, 26 (τοὺς πτωχοὺς τῶν ἁγίων τῶν ἐν Ἰερουσαλήμ) の πτωχοί には社会的意味が含まれていると思われるし，また，「貧者」がたとえ呼称であっても，彼らが実際に貧しくなかったことはないであろう．

を前もって読者に紹介するために利用したのである．しかも，ルカがその意図の故に，伝承の場を無視したり，伝承の内容を修正したりしている事実は行伝における多くの箇所で確認することができる．その中でも，使徒会議における第二のとりきめ（ガラテヤ 2, 10）に関して，ルカは行伝 15, 6 ff. において完全に無視している．従って，パウロがこのとりきめに従ったことを自ら語っている（I コリント 16, 1; II コリント 9, 1. 11 ff.; ローマ 15, 26）にもかかわらず，ルカはそれを行伝において少なくともそのままの形で伝えようとしない．11, 30 を別にすれば，24, 17 がいわゆる「エルサレムにある聖徒たちの中貧しい人々（πτωχοί）に」もたらされた「援助」(κοινωνία)（ローマ 15, 26）に当るはずであるが，そうではなくて，ここでは，パウロがエルサレムで行なった「同胞」(ἔθνος) への「施し」(ἐλεημοσύνη)，あるいは宮への「供え物」(προσφορή) ということになっているのである[31]．これはルカがエルサレム教団の中に「乏しい者はひとりもいなかった」（行伝 4, 34）という見解を貫いて，初期キリスト教における「母教会」としてのエルサレム教会の位置を守ろうとした結果であって，おそらく史実ではないであろう．いずれにしても，ルカがパウロのエルサレム教会に対する援助運動をその史実性にもかかわらず無視しえたとすれば，バルナバが行なったであろう同様の行為，あるいは少なくともそれに関する伝承をも当然無視しえたはずではなかろうか[32]．

　以上からわれわれは次のような結論に達する．行伝 4, 32. 34. 35 に報告されているエルサレム教団におけるいわゆる財産の共有制はルカによる教団の特徴づけに由来する．これによってルカは，一方においてヘレニズム的「共有」の理念が，他方においてヘブライ的「援助」の理念が，――いずれにしても κοινά ないしは κοινωνία の理念が――，個々人の財産（に対する配慮！）の放棄によっ

---

31) Haenchen, a. a. O., p. 583, 参照．
32) J. Bihler, a. a. O., p. 199 によれば，パウロは「援助」のことを κοινωνία のほかに διακονία とも表現している（II コリント 9, 1）ので，行伝 6, 1 の「援助」(διακονία) も，もともとはパウロのいわゆる「援助」であった．それをルカが意味を変え，「日毎の」を付加して，教会のはじめの時に実現した財産共有制の記事に結びつけ，合わせてステパノの記事を導入するためにここに置いたのである，という．この見解もわれわれの「援助」に関する想定を間接的に支持するであろう．

て，同時に実現されたことを読者に示そうとした．しかし，このような理想像の背後に，ユダヤ教と類似した貧民救済制度あるいは相互扶助制度が原始キリスト教団内にも実在したことは否定できないであろう．他方ルカは，エルサレム使徒会議を「場」として成立したであろうバルナバに関する伝承を，われわれの「場」に導入し，それを一般化する．

なお，われわれがこのような見解をとる限り，エルサレム教団とクムラン教団の史的関係を財産の共有制をめぐって云々することはできなくなるであろう．ただ，われわれが 4, 34. 35 にヘブライ的理念の実現をルカが見ているととるときに，ルカの念頭にクムラン教団における財産の共有制がなかったとは言い切れないであろう[33]．しかし，クムラン教団そのものの中に制度上の多様性があることが最近公けにされつつあるテクストから明らかにされているので[34]，ルカがそれらの中のどの制度を念頭においているかを決定するには，死海文書全巻のテクストが公けにされ，その評価が一応確定するまで待つ必要があるであろう．

---

33) Conzelmann, a. a. O., p. 31 は少なくともこの可能性を認めている．
34) これは，筆者が本稿を日本聖書学研究所で発表したとき，新見宏によって指摘されたことである．発表の段階で筆者は，ルカの描く共有制は比較的にダマスコ文書にみられるそれに近いという見解をとったが，これは再考を要するであろう．

3 エルサレム原始教団におけるいわゆる 「ヘブライオイ」と「ヘレーニスタイ」 の問題をめぐって
—— 使徒行伝6章1-6節に関する教会史的考察 ——

近年，共観福音書の編集史的研究が盛んになり，各福音書記者に固有な神学が明確にされつつある．使徒行伝の記者ルカは福音書記者でもあるから，ルカによる福音書の編集史的研究との関連において，使徒行伝にも固有な神学，なかんずくその救済史観が明らかにされている[1]．しかし，筆者の知る限り，編集史的研究の成果を踏まえつつ，福音書ないしは行伝記者による編集作業に前提される伝承を越えて，更に史実に迫ろうとする研究は極めて少ない[2]．これ

---

1) その代表的研究は，H. Conzelmann, *Die Mitte der Zeit. Studien zur Theologie des Lukas*, 1. Aufl., 1954；4. Aufl., Tübingen 1962 (コンツェルマン『時の中心——ルカ神学の研究』田川建三訳，新教出版社，1965年)；É. Trocmé, *Le "Livre des Actes" et l'histoire*, Paris 1957 (トロクメ『使徒行伝と歴史』田川建三訳，新教出版社，1969年)；J. C. O'Neill, *The Theology of Acts in its Historical Setting*, London 1961；U. Wilkens, *Die Missionsreden der Apostelgeschichte. Form- und traditionsgeschichtliche Untersuchungen*, 1. Aufl., 1961；2. Aufl., Neukirchen 1963. 論文集としては J. Dupont, *Études sur les Actes des Apôtres*, Paris 1967；L. E. Keck, J. L. Martyn (ed.), *Studies in Luke-Acts. Essays in honor of P. Schubert*, London 1968. 以上のほかに，玉石混交ではあるが次の諸研究が公けにされている．H.-J. Degenhardt, *Lukas. Evangelist der Armen. Eine traditions- und redaktionsgeschichtliche Untersuchung*, Stuttgart 1964；M. D. Goulder, *Type and History in Acts*, London 1964；P. G. Voss, *Die Christologie der lukanischen Schriften in Grundzügen*, Paris/Brügge 1965；J. H. E. Hull, *The Holy Spirit in the Acts of the Apostles*, London 1967；T. Holz, *Untersuchungen über die alttestamentlichen Zitate bei Lukas*, Berlin 1968；H. Flender, *St. Luke. Theologian of Redemptive History*, London 1967；F. Schütz, *Der leidende Christus. Die angefochtene Gemeinde und das Christuskerygma der lukanischen Schriften*, Stttugart 1969；M. Rese, *Alttestamentliche Motive in der Christologie des Lukas*, Gütersloh 1969；S. Brown, *Apostasy and Perseverance in the Theology of Luke*, Rome 1969；J.-D. Kaestli, *L'eschatologie dans l'œuvre de Luc. Ses caractéristiques et sa place dans le développement du Christianisme primitif*, Genève 1970.

2) 注1)にあげたトロクメの研究の他に，最近のものとしては，G. Schille, *Anfänge der Kirche. Erwägungen zur apostolischen Frühgeschichte*, München 1966 と H. Kasting, *Die Anfänge der urchristlichen Mission. Eine historische Untersuchung*, München 1969 をあげることができよう．一般向けのものでは，H. Conzelmann, *Geschichte des*

は，史実がわれわれの信仰にとって少なくとも積極的には意味がないという，新約聖書学者の神学的認識と関係なくはないであろう．しかし，教会史家の任務は，いずれにしても史実の確認またはその復元にある．筆者は教会史の視点から，その方法に忠実に従って，原始キリスト教史の復元を期しているものであるが，ここでは，行伝 6, 1-6 に前提されている史実に迫ってみたい．この箇所で問題になっているいわゆる「ヘブライオイ」と「ヘレーニスタイ」の対立とその十二使徒たちによる解決は，ルカの本文によれば，それに続いて起こる出来事——ステパノの殉教 (6, 8-7, 60)，最初の大迫害 (8, 1)——と共に，福音がエルサレムから異邦人の地へ進出する，原始キリスト教史のいわば転換点となっている．それだけに，原始キリスト教の教会史的復元を期する者にとって，この箇所は最も重要な箇所の一つとなるであろう．

1

現行テクスト (6, 1-6) によると，「ヘレーニスタイ」から「ヘブライオイ」に，やもめたちに対する「日毎の援助」をめぐって苦情が出されたので，十二使徒が「弟子たち」の会衆を召集して，ステパノをはじめとする「七人」を選出し，按手礼をもって彼らに「卓に仕える」仕事を委託し，使徒たちは「み言葉と祈りに仕える」仕事に専心することにした，ということになっている．

まず，この箇所でルカが伝承資料を用いていることは明らかであろう．「ヘレーニスタイ」と「ヘブライオイ」の対立という出来事はこの箇所だけに言及されているものであるし，信徒たちを「弟子たち」と呼ぶ呼称もここではじめて用いられているからである．また，「七人」もその委託された「卓に仕える」仕事を使徒行伝では一度も果たしていない[3]．しかし，この現行テクストがそのまま史実を伝えるものでないことはすでに定説になっているとみてよいであろう．その論拠はほぼ次の通りである．

第一に，「ヘレーニスタイ」の側から出た苦情を解決するために選出された

Urchristentums, Göttingen 1969.

3) G. Stählin, *Die Apostelgeschichte*, Göttingen 1962, pp. 96 f.; H. Conzelmann, *Die Apostelgeschichte*, Tübingen 1963, p. 43. なおコンツェルマンは οἱ μαθηταί をエルサレム教団の自称語と想定している．「七人」については，G. Schille, *Die urchristliche Kollegialmission*, Zürich 1967, pp. 38-42, 参照．

「七人」がすべてギリシア名を持っている，つまり，彼らがすべて「ヘレーニスタイ」であるということは実情にふさわしくない．第二に，この七人に「卓に仕える」という役割が帰されており，これに対して宣教は十二使徒の役割ということにとり決められているが，それにもかかわらず，「七人」の第一人者ステパノは8節以下で宣教活動をしているし，また，同じく「七人」の一人ピリポは21,8で「宣教者」と呼ばれ，すでに8章以下で宣教活動に従事している．第三に，8,1によると，ステパノの殉教に伴ってエルサレムに大迫害が起こり，「使徒以外の者は全員」エルサレム以外の地に散らされていった，ということになっているが，9,31以下，11,19以下から推定すると，実際に散らされていったのはステパノのグループに属する人々だけであって，使徒たちに属するグループはなおエルサレムに留まっていたようである．しかも，このことはパウロ書簡に前提されている史実（たとえばガラテヤ1, 18-19）に一致する．——以上の論拠から，現行テクストの背後に隠されている史実を次のように推定する．十二使徒に属していた人々が迫害の対象にならなかったのは，彼らの宗教的立場が当時のユダヤ教のそれと本質的に異なっていなかったからである．実際彼らは，「日々心を一つにして，絶えず宮もうでをなし，……すべての人々に好意を持たれていた」(2, 46 f.)．それに対してステパノは——おそらくその一派と共に——ユダヤ教に対して否定的立場をとった(6, 11. 14)ために，激しい迫害の対象となったのである．とすると，いわゆる「ヘレーニスタイ」と「ヘブライオイ」の間には，ルカの本文にあるような「日毎の援助」をめぐっての対立というよりも，あるいはそのような対立があったとしても，その底流に，むしろ思想的にかなり深いギャップがあったのではないか．そして，この相対立する二つのグループの指導者が，一方においては「十二人」で，他方においては「七人」であった．ルカはエルサレム教会のはじめを理想化するために，思想的対立については沈黙し，生活上の対立のみを前景に押し出して，更に十二使徒のもとに七人を従属させた，というのである[4]．

---

4) M. Simon, *St. Stephen and the Hellenists in the Primitive Church*, London 1958, pp. 1-19; Stählin, a. a. O., pp. 98 ff.; Conzelmann, a. a. O., p. 43; Ders., *Geschichte des Urchristentums*, Göttingen 1969, pp. 42 ff.; E. Haenchen, *Die Apostelgeschichte*, 5. Aufl., Göttingen 1965, pp. 218 ff.; W. Schmithals, *Paulus und Jakobus*, Göttingen 1963, pp. 9-29; Kasting, a. a. O., pp. 99 f. もちろん，現行テクストをそのまま史実ととI'd

以上がわれわれの箇所をめぐる一般的見解であるが、われわれには事態がこのように単純なものではなかったと思われるのである。そして、それは「ヘレーニスタイ」と「ヘブライオイ」の実体をどのように把握するかという問題に関わる.

2

クルマン (O. Cullmann) は、「ヘレーニスタイ」の中に原始キリスト教とクムラン教団の接点を仮定する[5]. しかし、われわれは、この仮説がヘンヘン (E. Haenchen) によって根本的に覆されたものと見る[6]. 他方、ブラック (M. Black) は、クルマンとは逆に、「ヘブライオイ」をエルサレム教団とクムラン教団の接触点とみなす. なぜなら、エルサレム教団に支配的であったと思われるナジル的禁欲の伝統は、クムラン教団を含むユダヤ教の非主流的諸派の伝統と一致するからである、という[7]. この見解はクルマン仮説よりは説得的であるが、これとの関連においてブラックが「ヘレーニスタイ」とステパノに与えている説明は、不十分のように思われる[8].

「ヘブライオイ」とステパノとの関連で最近面白い仮説を出しているのがスパイロ (A. Spiro) である. 彼によれば、Ἑβραῖοι という呼称は1世紀までは「サマリア人」を意味する術語であった、という. そして、7章におけるステパノの弁明の思想的特色、更にここに見られる聖句引用の仕方はサマリア派の

る学者たちもいる. その代表的なものは, J. Munck, *The Acts of the Apostles*, New York 1967, pp. 56 f.; M. H. Scharlemann, *Stephen: A Singular Saint*, Rome 1968.

5) O. Cullmann, The Significance of the Qumran Texts for Research into the Beginning of Christianity, *JBL* 74, 1955, pp. 213-226.

6) Haenchen, a. a. O., pp. 214 f.

7) M. Black, *The Scrolls and Christian Origins. Studies in the Jewish Background of the New Testament*, London 1961, pp. 75-81 (ブラック『死海写本とキリスト教の起源』新見宏訳, 山本書店, 1966年, 88-95頁).

8) Black, a. a. O., pp. 77 f. (新見訳, 91頁) によれば、ステパノが殉教し, ヘレーニスタイが迫害された原因は, 彼らが神殿攻撃をするに当ってヘブライオイの賛同する見解よりも進んだ見解を述べたことにある、という. そして彼は、ヘブライオイとヘレーニスタイの双方の背後にクムラン教団の存在を想定する. しかし、それではなぜ後者が,「ヘブライオイ」と区別されて、「ヘレーニスタイ」と呼ばれたのであろうか、そしてその実体は何か、という疑問が当然起こるであろう. ブラックはこの問に何も答えていない.

3 「ヘブライオイ」と「ヘレーニスタイ」の問題　　　　　　　61

それに一致する．確かに Στέφανος はギリシア名であるが，十二使徒の中にも
ギリシア名を持っている人がいたのであるから，名前だけで彼を「ヘレーニス
タイ」の一人とみなすことはできない．もしステパノがサマリア人であったと
すれば，彼の殉教の後に，ピリポがまずサマリアで伝道したこともきわめて理
に合っている，というのである9)．しかし，'Εβραῖοι という呼称がサマリア人
に限定されて使用されたという証拠はないし，また，ルカ文書全体に親サマリ
ア的傾向があるのであるから10)，この傾向がたとえステパノの弁明にも出てい
ることを認めたとしても11)，この点だけからステパノの独自性を強調すること
はできないであろう．スパイロの仮説も興味はあるが説得力に欠けると結論せ
ざるをえないのである．

　さて，もしも 8, 1 にエルサレム教団内部における思想的傾向の相違が前提さ
れているとすれば，われわれはそれを，ガリラヤにおける比較的自由な宣教活
動に何らかの形で連なる信徒たちと，漸く台頭しつつあるユダヤ主義的キリス
ト者の間に想定できるのではないであろうか．そしてこの想定はまず，最近公
けにされた二つの研究によって直接間接に支持されるものと思われる．第一の
研究はシルレ (G. Schille) のものであるが，彼によれば，福音書伝承の比較的
古い層に，北ガリラヤにおいてエルサレム教団とは独立して行なわれた，ユダ
ヤ教に対しては批判的，異邦人に対しては開放的な，そしてきわめて熱狂的な
宣教活動のあったことが確認される．これに対して，エルサレムを中心として
宣教活動が行なわれたという伝承は比較的に新しいもので，特に，エルサレム
→ディアスポラのユダヤ人→異邦人という宣教ルートはルカ神学に固有な「エ
ルサレム中心主義」(Jerusalem-Ideologie) の産物である，というのである12)．
ただしシルレは，われわれのテクストの背景に伝承の存在を認めるが，その背

---

9)　A. Spiro, Stephen's Samaritan Background, in: Munck, a. a. O., pp. 285–300.

10)　J. Bowman, *Samaritanische Probleme. Studien zum Verhältnis von Samaritanertum, Judentum und Urchristentum*, Stuttgart 1967, pp. 67–76.

11)　Scharlemann, a. a. O., pp. 19 ff., 45 ff. は特にこの点を強調する．M. Wilcox, *The Semitisms of Acts*, Oxford 1965, pp. 28 f., 37 も，ステパノの弁明の中若干の箇所 (行伝 7, 4. 32) にサマリア本文との類似を認める．しかし，Holtz, a. a. O., pp. 114 ff. によると，ステパノの弁明における旧約引用はすべて LXX に由来する．

12)　G. Schille, *Anfänge der Kirche*, pp. 138–141, 175–181.

後に何らかの史実があったことを否定する．つまり彼は，彼のいわゆる「北ガリラヤ」と行伝6章を史的に結びつけることを拒否するのである[13]．しかし，われわれには彼の資料批判が，ガリラヤに比較してエルサレムに厳し過ぎるように思われる．そこでわれわれは第二に，カスティング (H. Kasting) の研究をあげなければならない．彼によれば，行伝6章の「ヘレーニスタイ」は，「ヘブライオイ」の「使徒的宣教」によってはじめてエルサレム教団に加えられた集団ではなく，イエスの生時のガリラヤにすでに存在していた．すなわち彼らは，「ヘレーニスタイ」つまり「ギリシア語を話すユダヤ人」として，イエスのユダヤ教批判をイエスの兄弟ヤコブや「十二人」等に代表される保守的ユダヤ人キリスト者よりもラディカルに受け継ぎ，イエスの死後，これらの人々と共にエルサレムに上って来たのである．そして，このようなすでに内在していた両グループの思想的相違が，「援助」の問題をめぐり対立関係となって表面に出た，というのである[14]．——われわれには，後述するように，「ヘレーニスタイ」の呼称までもガリラヤに遡源することは無理のように思われるし，イエスの兄弟ヤコブや「十二人」像を生前のイエスに遡らせることに疑問を感ずるものである．また，行伝6章のステパノ像に照らして，「ヘレーニスタイ」の実体はむしろシルレのいわゆる「律法に批判的」「熱狂的」宣教の担い手に結びつくように思われる．しかしいずれにしても，原始キリスト教史上のある段階において，二つの相異なる思想的傾向が，それぞれガリラヤとエルサレムに関連して存在したことはおそらく事実であろう[15]．とすれば，その一つの段階を

---

13) Schille, a. a. O., pp. 143-146.
14) Kasting, a. a. O., pp. 99-103.
15) K. Tagawa, *Miracles et Évangile. La pensée personnelle de l'évangéliste Marc*, Paris 1966, pp. 174-185；田川建三『原始キリスト教史の一断面——福音書文学の成立』勁草書房，1968年，169頁以下，によれば，マルコの思想はガリラヤの民衆の立場に連なり，エルサレムの「弟子たち」に批判的であるという．つまり田川は，マルコに代表されるガリラヤの民衆的立場と，「弟子たち」のエルサレム中心主義の間に，ある種の緊張関係を想定しているのである．もっとも，田川の場合，マルコ福音書が成立する時点において認められるこのような緊張の関係をどの程度史的に遡源できるのかという教会史的問題にはかならずしも明確な回答を与えていない（詳しくは，田川の上掲書に対する筆者の書評『史学雑誌』第78編第1号，1969年，83-89頁，参照）．それだけに，そしてまた，マルコは——ルカとは逆に！——少なくともサマリアに対しては閉鎖的であるだけに，田川のいうマルコ的立場を，シルレのいわゆる開放的・熱狂的宣教運動の担

3 「ヘブライオイ」と「ヘレーニスタイ」の問題

われわれのテクストの背景に仮定することは,少なくとも可能ではなかろうか.

他方われわれは,教団内における思想的傾向の対立を,パウロ書簡からも推定できるのである.たとえば,有名なアンティオキア事件における「ヤコブのもとから」来た「ある人々」(ガラテヤ 2, 12)とパウロの対立がそれである.この関連で注目すべきは,パウロの「ヘブライオス」('Eβραῖος)という用語法である (II コリント 11, 22; ピリピ 3, 5).コンテクストから見て,ここでパウロが,彼の敵対者の自己呼称を自分自身にあてはめていることは明らかであろう.もちろんわれわれは,ガラテヤ,コリント,ピリピの諸教会に前提されているパウロの敵対者がすべて同一の思想的傾向を有するものとは見ない.しかし彼らが,少なくともヘブライの伝統に忠実であること,自ら「ヘブライオイ」たることを誇っているという一点では共通しているのではないか.

さて,われわれの「ヘブライオイ」('Eβραῖοι)は,パウロのいわゆる「ヘブライオス」の複数形に過ぎない.つまり,「ヘブライオイ」がもともと上で確認した意味における「ヘブライ人たち」のことであった,という可能性は十分あるであろう[16].しかし,現行テクストにおける 'Eβραῖοι は,パウロのいわゆる 'Eβραῖος の意味ではなく,「ヘブライ語——厳密にはアラム語——を話すユダヤ人」を意味していることは,'Eλληνισταί と並記されていることや,ルカ自身の用語法(行伝 21, 40; 22, 2; 26, 14 参照)から見て明らかであろう.そこでわれわれには,元来「ユダヤ主義者たち」を意味した 'Eβραῖοι が,ルカによってさしさわりのない「ヘブライ語を話すユダヤ人」の意味に用いられたのではないかと思われるのである[17].このことは,'Eλληνισταί の用語法にも妥当すれば,

---

い手に,無造作に結びつけることはできない.しかし,田川説と上述のカスティング説に共通の側面があることは注目さるべきであろう.

16) 現行テクストにおけるこの意味を最も強調するのが Schmithals, a. a. O., pp. 18 f. である.

17) いずれにしても,パウロの敵対者で「ヘブライオイ」と自称した者が(たとえば II コリント 11, 22),何らかの形で行伝 6 章の「ヘブライオイ」と関係があることは否定できないであろう.従って,II コリントにおけるパウロの敵対者を,逆にステパノをはじめとする「ヘレーニスタイ」と結びつけようとするフリードリッヒ (G. Friedrich) の試みは,とにかく無理というものである.G. Friedrich, Die Gegner des Paulus im 2. Korintherbrief, in: O. Betz (ed.), *Abraham, Unser Vater. Juden und Christen im Gespräch über die Bibel* (Festschrift für O. Michel), Leiden 1963, pp. 181-215.

より蓋然性を増すことになるであろう．

3

'Ελληνισταί は，現行テクストでは 'Εβραῖοι の対概念として，「ギリシア語を話すユダヤ人」，更に厳密には，ディアスポラ出身でエルサレムに定住しているギリシア語を母国語とするユダヤ人を意味する[18]．ところが，このいわゆる「ヘレーニスタイ」は使徒行伝において特定の役割を果たしているのである．すなわち，まずわれわれのコンテクストにおいて，ヘレーニスタイが教団内の新しい役職に就くのであるが(6,5-6)，彼らの代表であるステパノに対して，ディアスポラ出身のユダヤ人，つまり同じ「ヘレーニスタイ」が敵対関係に立つ．2,5 以下でも，いわゆる多言の奇跡に対して，ディアスポラ出身のユダヤ人(5節)が「驚く」者(7.12節)と「あざ笑う」者(13節)に分れる．そして，2,9-10 と 6,9 にあげられている諸国民のリストには，共に伝道プログラム的要素が認められるのである[19]．そして第三に，異邦人伝道者パウロが宣教活動の当初に，「エルサレムに出入りし，主の名によって大胆に語り，ギリシア語を話すユダヤ人たち('Ελληνισταί)としばしば語り合い，また論じ合った．しかし，彼らは彼を殺そうとねらっていた．兄弟たちはそれを知って，彼をカイザリアに連れてくだり，タルソに送った」(9,28-30)．以上要するに，使徒行伝においてヘレーニスタイは，福音がユダヤ人から異邦人に伝えられる端緒において，エルサレムにあって，積極的にせよ消極的にせよ，媒介者的役割を果たしているのである．ヘレーニスタイがエルサレムに在住していたことは史実であるし[20]，また彼らが媒介者の役割を果たしたこともあるいは史実であったかもしれない．しかし，(1)福音がエルサレムのユダヤ人から，(2)ディアスポラのユダヤ人を通して，(3)異邦人に伝えられたというルカの救済史的図式の中に[21]，(1)から

---

18) Haenchen, a. a. O., pp. 213 f., 220; H. Conzelmann, *Die Apostelgeschichte*, p. 43; Kasting, a. a. O., p. 100.

19) 2,9-10 のリストに関しては，Conzelmann, a. a. O., p. 26; Haenchen, a. a. O., pp. 133-135; Stählin, a. a. O., pp. 34 f., 参照．6,9 のリストに関しては，Stählin, a. a. O., p. 101, 参照．

20) Conzelmann, a. a. O., p. 45; Schmithals, a. a. O., p. 21, 参照．

21) H. Conzelmann, *Die Mitte der Zeit*, pp. 198 f.(田川訳, 351頁以下); Ders., *Die Apostelgeschichte*, p. 9, 参照．

3 「ヘブライオイ」と「ヘレーニスタイ」の問題

(2)への線の媒介者としてのヘレーニスタイがあまりにも旨く適合するのではないか．異邦人伝道がすでにガリラヤから始められていたというシレレやカスティング等の見解が正しいとすれば[22]，使徒行伝における「ヘレーニスタイ」像はますますル・カ・的という印象を強くするのである．その上，Ἑλληνισταί という言葉は新約聖書の中でルカによってのみ，しかも二回限り用いられているに過ぎない．それ故にわれわれは，いわゆる「ヘレーニスタイ」の実体は，単に「ギリシア語を話すユダヤ人」ではなく，Ἑβραῖοι の元来の意味の対概念，つまり，ユダヤ主義から自由な，異邦人に対して開放的宣教運動の担い手であったという可能性を想定しうるであろう．

しかし，Ἑλληνισταί の場合，Ἑβραῖοι の場合と違って，問題は必ずしも単純ではない．たとえばシモン(M. Simon)等は，Ἑλληνιστής を ἑλληνίζω から導入して，「ギリシア化されたユダヤ人」つまり，ギリシア風の思想と生活を信条とするユダヤ人と理解するが[23]，このような用語法をわれわれのテクストが前提する時点において支持する用例は全くないのである[24]．とすればわれわれは，Ἑβραῖοι の対概念としての Ἑλληνισταί という用語法とその意味づけは，ルカ自身によって導入されたとみなさざるをえないであろう[25]．つまりルカは，ユ

---

22) この点に関する限り，Schmithals, a. a. O., pp. 24 ff. も同意見である．
23) Simon, a. a. O., pp. 12 f.; Cullmann, a. a. O., p. 221; Schmithals, a. a. O., pp. 18 f.; W. F. Albright, "Hellenists" and "Hebrews" in Acts VI 1, in: Munck, a. a. O., pp. 301–308.
24) これに対して，少なくともフィローンは，Ἑβραῖοι と「われわれ」，つまり，「ギリシア語を話すユダヤ人」とを区別している．Philo, conf. ling., § 123, 参照．
25) Trocmé, a. a. O., pp. 189–191（田川訳，288–291頁）は，Ἑλληνισταί という概念そのものがルカによって作り出されたと見る．この限りにおいて，彼の見解はわれわれの立場に近い．しかし，彼の論証をわれわれはとることができないのである．第一に，トロクメによれば，行伝において「ヘレーニスタイ」は三回出てくるが(6, 1; 9, 29; 11, 20)，それぞれ異なった意味で用いられているという．しかし，11, 20については，本文批評上，トロクメのように Ἑλληνιστάς の写本をとるべきではなく，Ἕλληνας の写本をとるべきである(Haenchen, a. a. O., pp. 309 f., 参照)．6, 1と9, 29はいずれも「ギリシア語を話すユダヤ人」を意味する（この点はトロクメを認めている）が，これを越えて――上述したように――彼らは，ディアスポラ出身のユダヤ人として，行伝の中では特定の救済史的役割を果たしているのである．第二にトロクメは，元来「ヘブライオイ」という用語が根本的に神殿礼拝を拒否したギリシア語を話すユダヤ人キリスト教徒をさしていたのに，ルカはギリシア的教養を持った人々をヘブライオイと呼ぶのは無理だと感じて，この用語をその反対派「ヤコブ派の人々」に適用したのだと想定する．しかしユ

ダヤ主義者と反ユダヤ主義者の対立を,「ヘブライ語を話すユダヤ人」と「ギリシア語を話すユダヤ人」の対立としてさしさわりのないものとし,合わせて後者に救済史的意味を持たせようとしたのではなかろうか.とすれば,前者,つまり Ἑβραῖοι には救済史的役割がないということになる.実際,「ヘブライオイ」はこれより後使徒行伝において何の役割も果たしていない.もっとも,彼らが「ヘブライ語を話すユダヤ人」であるとすれば,その中に「十二人」,すなわち十二使徒が含まれていることになり,彼らは,少なくとも使徒行伝の前半において,十分に役割を果たしている,ということになるであろう.しかしわれわれには,この「十二人」像は——たとえそれがルカ以前の伝承にあったとしても——,やはりルカによって積極的に,しかもかの「ヘブライオイ」とは区別されたグループとして,われわれの箇所に導入されたように思われる.なぜなら,いわゆる「十二使徒団」は原始キリスト教の理念であって歴史的存在ではないと思われるからであり[26],にもかかわらず,あるいはそれ故にこそ,ルカはかの使徒会議におけると同様に(行伝 15, 4. 6. 22 参照),われわれの箇所にも(6, 2-6)「使徒たち」ないしは「十二人」を導入して,彼らに,「ヘブライオイ」と「ヘレーニスタイ」の争いを調停させる役割を果たさせたものと思われるのである.

4

以上の考察から,われわれはわれわれのテクストの背景に,次のような史実を想定することが許されるであろう.

エルサレム教団にはその当初から思想的に相異なる二つのグループが存在していた.第一のグループは,ユダヤ教の伝統に拠って福音を理解し,ユダヤ主

このように回りくどい論証をする必要はないであろう.われわれの見解によれば,ヘレーニスタイがエルサレムに存在したことは事実なのであるから,これをルカがとりあげて,ヘブライオイの対概念として用いたのである.なお,先に触れたように,Kasting, a. a. O., p. 102 は,歴史のイエスに従った人々の中にすでに「ヘレーニスタイ」が存在したと推定している.この推定はもちろん可能ではあるが,しかし資料によって確認されない以上,「推定」の域を出ないであろう.われわれは,「ヘレーニスタイ」ではなく,その元来の実体としての,ユダヤ教に批判的で,異邦人に開かれた宣教者が,すでにガリラヤに存在したことを認めるのである.

26) Schille, a. a. O., pp. 138-141, 参照.

義に傾く宣教活動を行なっていた．われわれのテクストが前提している時代よりも少し後になって，主の兄弟ヤコブが，このグループに属する人々によって，あるいはパウロからさえも，エルサレム教団の指導者と目されたことは，ガラテヤ1, 19 ; 2, 9. 12 ; 行伝12, 17 ; 15, 13-21から容易に推定されるであろう．エルサレム教団において，おそらくこのグループが主流派を形成していた．これに対して，ステパノによって代表される非主流派が存在した．このグループはおそらくガリラヤにおける初期の自由な，異邦人に対しても開放的な宣教の担い手に遡源するであろう[27]．彼らは，ステパノに見られるように，少なくとも律法に対しては否定的であり (6, 11)[28]，また，神殿に対しても批判的であった可能性がある (6, 14)[29]．その上，きわめて大胆な「主」告白をなし続けたか

[27] Schmithals, a. a. O., pp. 20-22 は，彼の意味におけるヘレーニスタイをガリラヤに直接遡源させず，直接的にはシリアのアンティオキアに遡源させる (彼によれば，ガリラヤに発した伝道活動がアンティオキアにも及んでいた)．われわれも，上述のごとく，ガリラヤからの伝道を認めるものであるが，それがダマスコ周辺にまで及んでいたとしても (パウロが迫害したのはこうして成立した諸教会であったように思われる．ガラテヤ 1, 21 ff. 参照)，行伝 11, 19 から見て，それがアンティオキアにまで達していたとは思われないのである．Kasting, a. a. O., p. 102, Anm. 99, 参照．なお，シュミットハルスが Ἑλληνισταί を直接ガリラヤに結びつけない理由に，ガリラヤ教団ははじめからユダヤ主義的で，その意味ではこれが Ἑβραῖοι—主の兄弟ヤコブの線に連なるという L. E. Elliott-Binns, *Galilean Christianity*, London 1956 の説を究極的には承認している (Schmithals, a. a. O., p. 25, Anm. 3) ことがあるようである．われわれも，Ἑβραῖοι の一部がガリラヤに由来することを否定するものではないが，しかし，ガリラヤのキリスト者全体がユダヤ主義的であったという見解は，シルレ，カスティング，田川の研究成果を知っている者によっては放棄されなければならないであろう．

[28] H. Conzelmann, *Die Apostelgeschichte*, p. 43 ; Haenchen, a. a. O, p. 221. 特に Schmithals, a. a. O., pp. 13 ff. は，神殿批判それ自体が迫害の原因にはなりえない，従って神殿批判を主題とするステパノの弁明は二次的である，という立場から，ステパノの殉教の唯一の原因は律法批判にあると主張する．われわれもまた，ステパノの弁明が全体としてルカの筆によるもので，その中には，ステパノよりはむしろルカの救済史観が展開されていることは承認する (ただし，J. Bihler, *Die Stephanusgeschichte im Zusammenhang der Apostelgeschichte*, München 1963 のように，ステパノの弁明の背後に一切の伝承を認めない，すなわち，これをすべてルカの創作ととることには賛成できない)．従って，ステパノが迫害された主要な原因は彼の律法批判にあることは事実であろう．しかし，だからといってステパノが神殿批判を全くしなかったという結論を下すことは性急であろう．つまりルカが，ステパノの神殿批判を，彼の救済史観から，特にステパノの弁明の中で修正・拡大したとみなすことを否定する根拠はないのである．

[29] この点を強調するのが，シモン，スパイロ，シャルルマンである．シモンはステパノを非主流的ユダヤ教及び後期のユダヤ人キリスト教と結びつけ (この意味でクルマ

もしれない(7, 59-60)[30]. そのために, 民衆の中で宣教活動を行なったステパノがユダヤ人に捕えられ, 石打ちの私刑(リンチ)にあって殉教の死をとげる(6, 8-14 ; 7, 54-60)[31]. 続いてエルサレムに大迫害が起こり, この第二のグループに属する人々がエルサレムから追放され, 第一のグループに属する人々は迫害を免れてエルサレムに残るのである(8, 1). このような私刑や迫害が起こりえたのは, ピラトゥスがその反ユダヤ政策のローマにおける支持者セヤーヌスを失い, ピラトゥス自身のユダヤにおける権力に動揺をきたしはじめた31年以後のことであろう[32].

さて, このような二つのグループの間に想定される思想傾向の違いが, あるいは実際に,「援助」(6, 1)をめぐる二つのグループの対立をひき起こしたのかもしれない[33]. そして, この対立の調停役を, おそらく二つのグループの中間的立場にあり, 当時教団の指導者でもあったペテロが果たしたかもしれない[34].

ンの見解に近い), スパイロはステパノをサマリア人とみなし, シャルルマンはステパノをサマリア派出身の極めて独自な思想を持ったキリスト者とみなす. 彼らに共通している立場, すなわち, ステパノの弁明に現行テクストのままで信憑性を認める立場に, われわれが従いえないことはすでに明らかにしてあるし, また, 彼らの主張をそのままの形で受けいれえないこともすでに述べた通りである. しかし, やはりすでに言及したように, われわれはステパノが神殿に対して批判的であった事実を全面的に否定することはできないのである.

30) この点をピリピ2, 6-11 との関連で指摘するのが, D. Georgi, Der vorpaulinische Hymnus Phil. 1, 6-11, in : E. Dinkler(ed.), Zeit und Geschichte. Dankgabe an R. Bultmann, Tübingen 1964, pp. 232 f. である. この関連において注目すべきは,「主」告白が北ガリラヤに遡源するという Schille, a. a. O., pp. 181 f. の見解である. しかし,「主」はルカの時代には, 一般的にキリスト論的称号となっているので, 行伝7, 59 f. の「主」をむしろルカのキリスト論ととることもできる. この点に関する限り, まだ決定的なことは言えないであろう. なお, 7, 56 の「立っている」人の子は, マルコ 14, 62 のルカ的修正, つまり, ルカに固有な高挙のモチーフ(ルカ 22, 69参照)によって修正されたものととるべきであろう. F. Hahn, Christologischer Hoheitstitel. Ihre Geschichte im frühen Christentum, 3. Aufl., Göttingen 1966, p. 291 ; Bihler, a. a. O., pp. 131 f., 参照.

31) いわゆる「議会」がルカによって導入されたことについては, Conzelmann, a. a. O., z. St. ; Haenchen, a. a. O., z. St. ; Bihler, a. a. O., pp. 12 ff., 参照.

32) L. Goppelt, Die apostolische und nachapostolische Zeit, Göttingen 1962, p. 40, 参照.

33) 「日毎の」はルカ的である. Bihler, a. a. O., p. 199, 参照.

34) この点に関する限り, われわれは O. Cullmann, Petrus. Jünger-Apostel-Märtyrer, 2. Aufl., Zürich 1960, p. 39(クルマン『ペテロ——弟子・使徒・殉教者』荒井献訳, 再版, 新教出版社, 1970年, 41頁以下)と同意見である.

3 「ヘブライオイ」と「ヘレーニスタイ」の問題

いずれにしても，対立と調停，七人の選出と按手がルカ以前に伝承の形で存在していた可能性はある．

おそらくルカはこの伝承を受けとり，彼に固有な救済史観で編集の手を加え，使徒行伝の中に定着させた．まず，相互扶助を原則とする原始教団のいわゆる財産の共有制[35]に，「日毎の援助」をめぐる対立は旨く適応する．次に，エルサレム教会を異邦人諸教会のいわば「母教会」として理想化するルカにとって，教団内で思想的に対立する二つのグループ「ヘブライオイ」と「ヘレーニスタイ」の意味を，経済的に対立する「ヘブライ語を話すユダヤ人」と「ギリシア語を話すユダヤ人」に限定することによって，さしさわりのないものにする必要がある．そして第三に，彼らの対立は，きわめてルカ的な「十二使徒」の提案で[36]，「七人」が選出され，十二使徒によって按手の礼を受けるという形式で解決されるということになるのである．この後に起るステパノの迫害にルカは議会の場面を導入し，偽証とステパノの弁明，公式の石打ち刑，パウロの参与を設定し[37]，大迫害によって「使徒以外の者は全員，ユダヤとサマリアの地方に散らされていった」(8,1)と結ぶ．こうして，福音はエルサレムから，使徒たちの下に立つすべての信徒たちに担われて，まずディアスポラのユダヤ人に宣べ伝えられ，やがてはパウロにより異邦人の間に宣教されていくのである．——これは伝承に対するルカの救済史観によって再構成された歴史像であろう．

---

35) この問題については，上記 43 頁以下，参照．

36) 周知のように，「使徒」の概念を「十二人」に限定したのはルカ，ないしはルカの時代の教団である．「十二人」という呼称そのものはすでにパウロ以前の伝承に認められるのであるから(Ⅰコリント 15,5)，われわれのテクストにおける「十二人」もすでにルカ以前の伝承にあったとみてさしつかえない．しかし，現行テクストにおいてルカが「十二人」というとき，それは「十二使徒」を意味していることは，ルカ 6,13；22,14(西方系写本)；行伝 1,26 から見て明らかであろう．十二使徒に関しては，G. Klein, *Die zwölf Apostel. Ursprung und Gehalt einer Idee*, Göttingen 1961；G. Schille, *Die urchristliche Kollegialmission*, pp. 114 ff.；Kasting, a. a. O., pp. 61-71, 参照．

37) 「パウロ」がこの場面にルカによって導入された証拠は，Haenchen, a. a. O., z. St., 参照．G. Bornkamm, *Paulus*, Stttugart 1969, p. 38(ボルンカム『パウロ——その生涯と使信』佐竹明訳，新教出版社，1970 年，46 頁以下)もこの見解を採用している．

4 義人ヤコブの殉教に関する新資料について

1 既知の資料

「義人」または「主の兄弟」ヤコブの殉教に関しては，従来二つの資料が知られている．第一はヨセフス『ユダヤ古代史』20, 197-203．第二はエウセビオスが『教会史』2, 23, 4-18 に，ヘゲシッポスの『回想録』から引用している箇所である．

ヨセフスによれば，「サドカイ派」に属する大祭司アンナス二世が，ユダヤ総督(プロクラートル)の空位期間(ユダヤ総督フェストゥスがローマで病死し，その後継者アルビヌスがまだユダヤに到着していない期間，つまり紀元後62年)を利用して，議会(サンヘドリン)を召集し，ヤコブその他のキリスト教徒を律法違反の廉で不法にも公式の石打ち刑に処した．

ヘゲシッポスによれば，ヤコブ処刑の事情は次の通りである．

民衆の指導者の中多くの者がイエスをキリストと信ずるようになったので，「ユダヤ人，学者，パリサイ人」は，ヤコブが民衆を危険に陥れているものとみなす．彼らはヤコブのもとに行き，ヤコブがイエスの名で民衆を惑わしていることを，神殿の頂上から，ユダヤ人にも異邦人にも公言するようにと勧める．ところがヤコブは，神殿の頂上から，人の子が「大いなる力(ある者)の右に座し，天の雲に乗って来るであろう」ことを証する(マタイ 26, 64；マルコ 14, 62 参照)．これに対して民衆は，「ダビデの子に，ホサナ」と喚声をもって答える(マタイ 21, 9；マルコ 11, 9 f.；ルカ 19, 38；ヨハネ 12, 13 参照)．そこで「学者，パリサイ人」は，ヤコブが民衆を惑わし続けているものと判定する．彼らは，ヤコブを石打ち刑に処するために神殿の頂上から突き落としたが，彼は死ななかった．むしろ，ヤコブは立ち上り，ひざまずいて祈った，「主よ，父よ，神よ，彼らをゆるしてください．彼らは何をしているか，わからずにいるのです」(ルカ 23, 34；行伝 7, 60 参照)．彼らはヤコブに石を投げ続ける．そのとき，レカブ人の子孫で祭司の一人が立って言う，「止めよ．何をするのか．義人はあなたがたのために祈っているのに」．しかし，一人の布晒し職人が進み出て，それで布を晒す木でもってヤコブの頭を打つ．こうして，ヤコブは殉教の死をと

げ，彼はその場所に，つまり神殿の傍に葬られた．

シュヴァルツ(E. Schwarz)以来，ヤコブの殉教に関する限り，ヨセフスの記事に，ヘゲシッポスの記事よりも信憑性があることは，大体学界の定説となっている[1]．つまり，「義人」ヤコブの処刑は，パリサイ派ではなくサドカイ派の干渉によるものと思われるし，ヘゲシッポスのヤコブ像には，すでにわれわれが指摘したように，福音書におけるイエス像との，従ってまた，使徒行伝におけるステパノ像との等置の試みが認められるほかに[2]，聖者伝説的な要素が多いのである．

2 新資料

1945/6年に発見されたいわゆる「ナグ・ハマディ文書」[3]の中，1965年にそのテクストが公けにされたコーデックスV[4]の中に，二つの『ヤコブの黙示録』がある．その第二の『ヤコブの黙示録』(Cod. V, 4 : 44, 10-63, 33)に，今まで知られているものの中で最も詳しいヤコブの殉教に関する報告がある．

この黙示録全体は，ヤコブが議会で行なった弁明を，ヤコブの親類で議員でもあった「マレイム」という人物が筆記して，それをヤコブの父親に伝えたという文学形式になっている．

この文書には，ヤコブとイエスの出会いを中心とするかなり長いヤコブの言葉があるが(44, 10-60, 26 ?)，それが終わると，民衆は興奮し，「一同は一致して言った，『行こう，義人を石打ち刑に処させよう』と．そして，彼らは立ち上って言った，『われわれはこの男を殺そうと思う．彼がわれわれの中からとり除かれるように．彼はわれわれにとって何の役にも立たないから』と」(60, 12-

---

1) E. Schwarz, Zu Eusebius Geschichte, *ZNW* 4, 1963, pp. 43-61 ; H. von Campenhausen, Die Nachfolge des Jakobus, *ZKG* 53, 1950/51, pp. 133-144 ; E. Stauffer, Zum Karifat des Jakobus, *ZRGG* 4, pp. 193-214, 参照．

2) 行伝のステパノ像に福音書のイエス像との等置が認められることについては，なかんずく，E. Haenchen, *Die Apostelgeschichte*, 5. Aufl., 1965, z. St. ; J. Bihler, *Die Stephanusgeschichte im Zusammenhang der Apostelgeschichte*, München 1963, pp. 20-25, 参照．

3) ナグ・ハマディ文書全体に関しては，下記157頁以下，参照．

4) テクストは，A. Böhlig, P. Labib(ed.), *Koptisch-gnostische Apokalypsen aus Codex V von Nag Hammadi im Koptischen Museum zu Alt-Kairo*, Halle-Saale 1963.

18)．——この箇所はヘゲシッポスの報告にかなり類似する．つまり，ヤコブが人の子に関する証言をすると，「彼ら(＝学者，パリサイ人)は叫んで言った，『おお，おお，義人でさえも迷わされる．……われわれは義人をとり除こう．彼はわれわれにとって何の役にも立たないから．……われわれは彼を石打ち刑に処しよう』」(エウセビオス『教会史』2, 23, 15 ff.)．

次に，われわれの記事においても，やはりヘゲシッポスの記事と同様に，ヤコブはまず神殿の頂上から突き落とされて，石打ち刑に処せられる．ただ，ここで注目すべきは，われわれの記事の方が，ヘゲシッポスの記事よりも，ミシュナーに詳しく報告されているユダヤの石打ちによる処刑方法(『サンヘドリン』VI)に正確に合致するのである[5]．

> しかし，彼らはそこにいた．そして彼らは，彼(＝ヤコブ)がこの隅石の上，神殿の頂上にいたのを見出した．そして彼らは，(彼を)この高みから突き落とすことに決めた．そして，彼らは彼を突き落とした．しかし彼らは〔　〕，彼らは彼を摑み，ひきずっていった．彼らは彼を地上にひきずり，彼のからだをひき伸して，その上に一つの石を置いた．彼らは皆，彼を足蹴にして言った，「誘惑者よ」と．彼はまだ生きていたので，彼らはもう一度彼を立たせ，彼に一つの穴を掘らせて，彼をその中に埋めた．こうして，彼らは彼を腹まで蔽ったのちに，石打ち刑に処したのである (61, 20-62, 12)．

ここには，三つのモチーフが結合されているように思われる．第一は，ヤコブが神殿の頂上から突き落とされたが，それだけでは死に至らなかったので，石打ちにされたという，ヘゲシッポスの記事にも認められるモチーフである．これは，ベーリッヒ(A. Böhlig)によると，マタイ 4, 5 を想起させて，ヤコブに栄光を帰するものであるといわれるが[6]，われわれにはそのほかに，使徒行伝 1, 18 を想起すべきではないかと思われる[7]．第二のモチーフは，ヤコブの石

---

5) Str-B II, pp. 685 f., 参照．
6) Böhlig, Labib (ed.), a. a. O., p. 64; A. Böhlig, Zum Martyrium des Jakobus, NovTest V, 1962, p. 209.
7) なお，この背景に「ミシュナー」の Chullin 56 b (in : Str-B II, p. 595)「ある異邦人が，ある人が屋根から地上にまっさかさまに落ちて，はらわたがとび出したのを見

打ち刑を『サンヘドリン』VIの規定に合致させようとする試みである．この規定によると，刑の執行人は受刑者を郊外の処刑所にひきたてて行って，彼を小高い岡の上に立たせ，ここから下の穴の中に突き落として，それでも死に至らなかった場合には，仰むけにしてからだをひき伸し，陰部を隠すために「腹まで蔽って」，その上に大きな石を投げ落とし，その重みで受刑者を殺すことになっていた．そしてその際，刑の執行人は受刑者に向かって，「誘惑者よ！」と言う．われわれの記事は，この第一と第二のモチーフを組み合わせるために，受刑者自らに「穴を掘らせた」のであろう．第三のモチーフは，使徒行伝のステパノ処刑の記事にまだ残っている私刑（リンチ）を思わせるもの，つまり，ヤコブを「ひきずっていった」とか，「足蹴にした」というモチーフであろう[8]．

——その後，ヤコブは手を拡げて神に呼びかけ，死，肉体，審き人，苦難からの救済を祈願して，息をひきとる (62, 13-30)．

3　新資料と既知の資料との関係

新資料は，既知の資料と比較してみると，ヘゲシッポスの証言に共通する点が多い．すなわち，第一に処刑の理由づけ（ヤコブは役に立たないからとり除かるべきである），第二に処刑の方法（ヤコブを神殿の頂上から突き落とし，その後に石打ち刑）が共通する．

しかし，よく注意して読むと，両者に違う点もある．第一に，ヘゲシッポスの方では，「学者，パリサイ人」が処刑に直接干渉し，民衆といわば対立するのに対して，黙示録では，むしろ民衆が議員たちと共にヤコブを処刑する．第二に，黙示録には，ヤコブの石打ち刑をミシュナーの処刑手続に合致させようとする傾向が明確に出ている．

われわれはこのような相違点をどこから導入すべきであろうか．おそらくそれは，使徒行伝におけるステパノ殉教の記事から導入できるのではなかろうか．まず，黙示録のヤコブ証言と行伝のステパノ証言を比較してみて目立つことは，

た」があるかもしれない．とすれば，「屋根から……」と「神殿の頂上から……」とが結びつく可能性があるであろう．

8)　ステパノの殉教に関する伝承（行伝 6-7 章）が元来公式の石打ち刑ではなく私刑（リンチ）であった可能性については，Haenchen, a. a. O., z. St., 参照．

両者において，ヤコブないしはステパノの議会における弁明が中心的位置を占めており（しかもここでは，両者において，ヤコブあるいはステパノ個人の考えというよりはむしろ，黙示録記者あるいは行伝記者の思想が披瀝されている），被告人の裁判および処刑は，これらの弁明のいわば枠組み程度の役割しか果たしていない．しかも，この枠組みに当るところで両者が一致しているのは，黙示録がヘゲシッポスの記事と違うところ，つまり，第一に告発・処刑共に議員と大衆が関与していること[9]，第二に行伝にも，黙示録ほどではないにしても，少なくともタルムードの処刑法に合致させようとする試みがなされていることである[10]．

もちろん，だからと言ってわれわれは，ヘゲシッポスのヤコブに関する記事とルカのステパノに関する記事とは，お互いに無関係であるなどと言うものではない．少なくとも，ヤコブとステパノのキリスト証言，ヤコブとステパノの最後の言葉に類似点があることは事実であろう．ただし，用語法から見ても，ヘゲシッポスにあるヤコブの言葉は，行伝にあるステパノの言葉よりも，福音書にあるイエスの言葉に近いであろう[11]．

とすればわれわれは，使徒行伝におけるステパノの殉教に関する記事（Apg.），ヨセフス（Jos.），ヘゲシッポス（Heg.），ヤコブ黙示録（Apk. Jak.）におけるヤコブの殉教に関する記事相互の関係をどのように想定すべきであろうか．まず，Apg. と Jos. は無関係であり，ヤコブの殉教に関する限り，Jos. が一番古いであろう．Heg. と Apk. Jak. がヤコブの石打ち刑を Jos. に負っていることは間違いないであろう．しかし，ヤコブが屋根から突き落とされたというモチーフ

---

9) 行伝 7, 57「一致して」(ὁμοθυμαδόν) とヤコブ黙示録 55, 13「一致して」が対応する．Böhlig, a. a. O., p. 212, 参照．
10) Haenchen, a. a. O., z. St., 参照．
11)

福音書	行伝	エウセビオス『教会史』
右に座し，天の雲に乗って来る……（マタイ 26, 64）	右に立っておいでになる……(7, 56)	大いなる力（ある者）の右に座し，天の雲に乗って来るであろう (2, 23, 13)
父よ，彼らをゆるしてください．彼らは何をしているか，わからずにいるのです（ルカ 23, 34）．	主よ，どうぞ，この罪を彼らに負わせないでください (7, 60)	主よ，父よ，神よ，彼らをゆるしてください．彼らは何をしているか，わからずにいるのです (2, 23, 16)．

は，Heg. にも Apk. Jak. にも共に Jos. とは異なる他の共通資料から採用したものと思われる．次に，Heg におけるヤコブのキリスト証言と最後の言葉はおそらく福音書(Evv.)におけるイエスの言葉に負っており(それ故にある程度 Apg. におけるステパノの言葉とも重なる)，Apk. Jak. に見られる処刑法は Apg. に見られる一つの傾向を徹底せしめて，ミシュナー『サンヘドリン』(Sanh.)の規定に合わせたとみてよいであろう．これを図で示せば次の通りである．

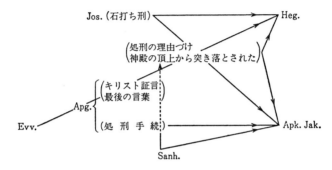

5 原始キリスト教における教育思想の展開

「原始キリスト教の教育思想」については松川成夫氏がすでにその研究成果を『東京女子大学論集』第11号, 1961年, 47-69頁に発表している. この論文において氏は, 大体 W. Jentsch, *Urchristliches Erziehungsgedanken. Die Paideia Kyriou im Rahmen der hellenistisch-jüdischen Umwelt*, Gütersloh 1951 に従いつつ, 原始キリスト教——実際にはむしろ新約聖書——のパイデイアの概念内容がユダヤ教とギリシア・ローマ文化のそれによって規定されているという前提から, まず「教養, 形成」(Bildung)としての「ギリシア的パイデイアの形成」を, 次に「懲戒, 懲罰」(Zucht)つまり「限定」としての「旧約聖書の教育理念」を概観し, 最後に, この両者を形式的に区別して考えることを戒めながら,「新約聖書の中ではパイデイアの二つの概念は……対立する形であらわれているが, しかしそれらは究極的には福音と特定の関係にあるものと認められねばならない. それは福音によって批判されると同時に, また福音によって新しい形成を経験するのである」(69頁)と結論する. そしてこの結論を氏は, 特に氏がそれを「新約聖書の独自の意味でのパイデイア概念」(65頁)と特徴づけたエペソ人への手紙6章4節とその釈義によって裏づけているように思われる.

さて, 以下の私の報告は松川氏の論文が終わったところから出発する. つまり, キリスト教教育史上いわば古典的箇所といわれるエペソ 6, 4 のより厳密な釈義から始め, ここに確認された思想が牧会書簡, 使徒教父文書の中で, どのように受け継がれ展開したかを確かめることが報告の課題である.

1 エペソ 6, 4

この箇所は 5, 22 から 6, 9 まで続くいわゆる Haustafel(家庭道徳訓)の一部をなしている. これに類似した Haustafel はすでに新約聖書の中にかなり多く見出されるが[1], われわれの Haustafel と, その順序においても内容においても並行する Haustafel はコロサイ 3, 18-4, 1 に存在する. つまり両者とも妻に

---

1) コロサイ 3, 18-4, 1; Ⅰペテロ 2, 13 ff.; テトス 2, 1-10; Ⅰテモテ 2, 8 ff.; 6, 1 f.

対する勧め(エペソ 5, 22-24；コロサイ 3, 18)から始まって，夫(エペソ 5, 25-33；コロサイ 3, 19)，子供(エペソ 6, 1-3；コロサイ 3, 20)，父(エペソ 6, 4；コロサイ 3, 21)，僕(エペソ 6, 5-8；コロサイ 3, 22-25)に勧めが与えられ，主人に対する勧め(エペソ 6, 9；コロサイ 4, 1)で終わる．また，少なくとも勧めの部分は――つまり，その理由づけや説明の部分を度外視すれば――，両者に全く共通である．「妻たる者よ，夫に仕えなさい」(エペソ 5, 22＝コロサイ 3, 18)，「夫たる者よ，妻を愛しなさい」(エペソ 5, 25＝コロサイ 3, 19)，「子たる者よ，両親に従いなさい」(エペソ 6, 1＝コロサイ 3, 20)，「父たる者よ，子供をおこらせ(コロサイ：いらだたせ)てはいけない」(エペソ 6, 4＝コロサイ 3, 21)，「僕たる者よ，肉による主人に従いなさい」(エペソ 6, 5＝コロサイ 3, 22)．しかし注意深く読むと，すでにこの勧めの部分において，コロサイ書にはなくエペソ書において加筆されたと思われる句が存在する．たとえば，エペソ 5, 22「主に仕えるように」，5, 25「キリストが教会を愛してそのためにご自身をささげられたように」はコロサイ書にない．またコロサイ 3, 20 と 22 の「何事についても」はエペソ 6, 1 で「主にあって」，6, 5 で「キリストに従うように，恐れおののきつつ，真心をこめて」という言葉に書き変えられている．このことは，コロサイ書における Haustafel にエペソ書において「主キリスト」のモチーフがより強く導入されていることを示す．更にこのことは，両者の勧めに対する理由づけ又は説明の句を比較すればますます明らかになる．たとえば，妻と夫に対する勧めはエペソ書において教会とキリストの関係で説明されているのである．そして，このことはわれわれの句エペソ 6, 4 にも妥当する．つまり，コロサイ 3, 21 では「子供をいらだたせてはいけない」理由が全く合理的に説明されている(「心がくじけるかもしれないから」)のに対して，エペソ 6, 4 では「主の薫陶と訓戒とによって，彼らを育てなさい」という説明的戒めが続いている．

　以上の事実から，コロサイ書の Haustafel がエペソ書のそれの前段階を示すことが当然推定されるであろう．多くの学者たちは，当時のヘレニズム世界，特にストア哲学の周辺に広く用いられていた Haustafel を，原始教会が，ヘレニズム・ユダヤ教を通して採用したものであろうと想定する[2]．しかし，この

---

2) M. Dibelius, *An die Kolosser-Epheser-An Philemon*, 3. Aufl., Tübingen 1953, pp. 48 f.；R. Bultmann, *Theologie des Neuen Testaments*, 3. Aufl., Tübingen 1958, pp.

Haustafel の起源の問題はかならずしも単純ではない．たとえばローマイヤー (E. Lohmeyer) が指摘するように，新約聖書の Haustafel には，ヘレニズム諸文書のそれに共通な神と国家に関する勧めがなく，また勧めの順序も後者とは逆に前者においては，当時宗教的にも社会的にも弱き者とみなされている妻・子・僕にまずなされ，次にはじめて夫・父・主人になされている．また，最も弱き僕に対して最も多く勧めの理由づけや説明が与えられている．そして，このような特色をもつ Haustafel は，むしろ申命記からユダヤ教にまで至る旧約聖書，パレスチナ・ユダヤ教の伝統に属するといわれる[3]．ディベリウス (M. Dibelius) 自身が認めるコロサイ書の Haustafel におけるアラマイスムスもこのことを間接的に裏づけるかもしれないのである[4]．いずれにしても，パレスチナにおいてさえヘレニズム化がかなりの程度進行していたことは事実であるから，われわれの Haustafel をヘレニズム思想圏かパレスチナ・ユダヤ教かのどちらか一方に遡源させることは不可能であろう．われわれは一応，広義におけるヘレニズム・ユダヤ教を Haustafel の宗教史的背景とみておこう．

さて，原始教会が Haustafel を採用した最も常識的な原因としては，イエスをキリストと信ずる家庭がコロサイ書やエペソ書が書かれる時代になるとかなり多く存在していた事実をあげることができるであろう．原始教会がパレスチナ以西に福音を宣教するに従って，多くの場合，その地の「家」に教会の基礎を据えたことは，新約聖書，特にパウロの手紙と使徒行伝から容易に推定される[5]．しかし，われわれの句エペソ 6,4 との関連において，家庭の「父」や「子供」が直接戒めの対象となるのは，コロサイ書やエペソ書以外では多くの場合，牧会書簡と使徒教父文書においてである．換言すれば，その信憑性を疑いえないパウロの八つの手紙（ローマ，I, II コリント，ガラテヤ，ピリピ，I, II テサロニケ，ピレモン）では，一つの比喩として子供（というよりはむしろ児童性）が否定的にとりあげられたり (I コリント 13, 11 ; 14, 20)，結婚との関連において子供が言及されても (I コリント 7, 14)，子供に対する取り扱い方が直接戒めの

---

573 ff.

3) E. Lohmeyer, *Die Briefe an die Kolosser und an Philemon*, 9. Aufl., Göttingen 1953, pp. 154 f.

4) Dibelius, a. a. O., p. 49.

5) O. Michel, Art. οἶκος, *ThWNT* V, 1954, pp. 132 f.

対象とされることはない．それがたとえば牧会書簡になると，子供や家をよく治めることが，教会の職制の一部を担う執事たちに徳目として要求されることになる（I テモテ 3, 12)．コロサイ書やエペソ書では，ここでみられる程父への勧めが教会の職制との関連においてなされてはいない．つまり，われわれの問題との関連においても，コロサイ書やエペソ書は年代史的にパウロの八つの手紙と牧会書簡の中間に置かれるべきであろう．

このような，いわゆるクリスチャン・ホームの増大とそれに伴う Haustafel の採用という客観的・歴史的事実は，神学的にはどのように説明さるべきであろうか．ここで当然問題になるのは終末遅延の問題である．たとえば，ウェルナー (M. Werner) は，原始教会ないしは古代教会における教理・倫理問題一般をすべて終末の遅延に即応するものとみる[6]．また，ディベリウスも，コロサイ書の Haustafel がエペソ書において「キリスト教化」される原因をこの観点から説明している[7]．この神学的理由づけは，われわれから見てもある意味で正しいであろう．たとえば，確かにパウロは終末を目前に期待していた．彼のいわゆる ὡς μή の倫理も，この近き終末の期待に即応するものであろう．しかし，一方においてパウロは，いわゆるヘレニズム的「徳目」をさえ積極的に自己のものとすることができた（ピリピ 4, 8 参照)．したがって，終末の遅延という客観的事実だけをキリスト教倫理成立の条件とすることはできない．事実，この問題に関する原始教会の見解は，すでにエルサレム原始教会においてさえ，かなり多様性を帯びているので，このすべてを一つの神学的シェーマで整理すること自体が無理であろう．とにかくパウロの場合――究極においてヨハネの場合も同様に――，彼の Imperativ は，未来の救済がそこで逆説的に始まりつつある現在の救済の Indikativ によって本質的に規定されている．それ故に彼にあっては，それらのものがたとえ異教の徳目であっても，キリスト者が現在「主にある」以上（ピリピ 4, 1. 4)，「主にある存在」への応答として「それらのものを心にとめる」べきである（ピリピ 4, 8)[8]．したがって，Haustafel やそれを含む原始キリスト教の倫理・教育思想一般も，それが，現在の存在の中で始

---

6) M. Werner, *Die Entstehung des christlichen Dogmas*, 2. Aufl., Tübingen 1953.
7) Dibelius, a. a. O., p. 47.
8) Bultmann, a. a. O., pp. 332 ff.

まりつつある未来の救済とどの程度終末論的・本質的緊張関係を保っているかによって，その意味が決定されてくるであろう．

さて，以上の前提に立って，エペソ 6, 4 の釈義に入ることにしよう．すでに見たように，エペソ 6, 4a とコロサイ 3, 21a とはほぼ一致する．

ただ，「子供をおこらせてはいけない」，「子供をいらだたせてはいけない」という戒めは，パウロの児童観ないしはパイデイア観とはかならずしも連続しない．パウロは子供を一つの拒否態とみなしており[9]，また彼はパイデイアを懲らしめの行為を示す意味で用いているからである[10]．このような見解はむしろヘブライ人への手紙のそれに近い．「主は愛する者を訓練し(παιδεύειν)，受けいれるすべての子を，むち打たれるであろう」(12, 6)．ここで興味を引くのは，「おこらせる」(παροργίζειν)ことと「打つ」(κοπτεῖν)ことがエピクテートスにおいては一つのこととして考えられていることである (ench., 20)．もしこの見解に従って，「子供をおこらせてはならない」を「子供を打ってはならない」と言いかえることがゆるされれば，エペソ 6, 4a の思想はパウロやヘブライ書の著者に代表される思想とかなり異なることが理解されるであろう．しかしこのことから直ちに，われわれの句と，欲しくない子供の遺棄を許すローマ法の patria potestas を対比させて，キリスト教児童観の特色を強調するのは[11]，あまりにも性急であろう．子供の遺棄を禁じて，自己と異教徒の風習を区別したのはユダヤ教，特にヘレニズム世界におけるユダヤ教であった[12]．他方，だからといってわれわれは，エペソ 6, 4a；コロサイ 3, 21a の宗教史的背景を，このことだけで狭義のヘレニズム・ユダヤ教に求めることはできない．いわゆる Leidenszucht の理念が発達したのは他ならぬここにおいてであり，一方，パレスチナ・ユダヤ教の文献に，われわれの句に通ずるような考え方も見出されるからである[13]．

---

9) 岩村信二「キリスト教幼児教育の神学的検討」『キリスト教幼児教育の原理』日本基督教団出版局, 1957 年, 77 頁．
10) 松川, 上掲論文, 64 頁．
11) F. W. Beare, The Epistle to the Ephesians, in: *The Interpreter's Bible* 10, New York 1953, p. 731.
12) Dibelius, a. a. O., p. 46; E. R. Goodenough, *An Introduction to Philo Judaeus*, 2. Aufl., Oxford 1962, pp. 127 f.

このようにわれわれの句を宗教史的に位置づけることが困難なところから，それをイエスのいわゆる理想態としての児童観(マタイ 18, 3-5 ; 19, 14)[14]と結びつけるべきであろうか．しかし第一に，イエスはここで子供を理想態と見ているのではなく，むしろ神との関係において依存態として見ているのである[15]．そして第二に，子供を理想態とみたのは，キリスト教史上ではキリスト教グノーシス主義においてである．このことは最近発見された『トマスによる福音書』と『真理の福音』によってますます明らかになりつつある[16]．したがってもし，シュリーエル(H. Schlier)やケーゼマン(E. Käsemann)の古い見解によって[17]，コロサイ書とエペソ書に対するグノーシス思想の影響を広範囲に認めるならば，われわれの句をもこの思想と関連づけることができるかもしれない．しかし，コロサイ書やエペソ書をグノーシス思想の直接的影響下には置かないで，それらを，なかんずくエペソ書を広義のヘレニズム・ユダヤ教の宗教史的枠に入れて解釈するのが最近の傾向である[18]．われわれにも，少なくともわれわれの句との関連においてはその宗教史的背景を正確に確定することはできないが，ほかの関連からそれを，広義のヘレニズム・ユダヤ教に求めることはゆるされると思われるのである．

次にエペソ書に固有な戒め，つまり 6, 4b に移ろう．まず最初に(邦訳では最後に)用いられている動詞 ἐκτρέφετε(「育てなさい」)に注目しよう．この動詞は新約聖書でたった二回，しかもエペソ書だけに使用されている．5, 29「キリストが教会になさったように，おのれを育て養うのが常である」の「育て」に当

---

13) G. Bertram, Art. παιδεύω, *ThWNT* V, p. 608 ; Goodenough, a. a. O., p. 127.
14) 岩村，上掲論文，78 頁.
15) 小林信雄『洗礼——その起源と意義』新教出版社，1956 年，128 頁.
16) たとえば，『トマスによる福音書』語録 22；『真理の福音』19, 27-34. 下記 233 頁，310 頁以下，参照.
17) H. Schlier, *Christus und die Kirche im Epheserbrief*, Tübingen 1930 ; Ders., *Der Brief an die Epheser*, 3. Aufl., Düsseldorf 1962, pp. 19 f. ; E. Käsemann, *Leib und Leib Christi*, Tübingen 1933 ; R. Bultmann, a. a. O., p. 528.
18) C. Colpe, Zur Leib-Christi-Vorstellung im Epheserbrief, in: *Judentum, Urchristentum, Kirche* (Festschrift für J. Jeremias), Berlin 1960, pp. 172 ff. ; H.-M. Schenke, *Der Gott 》Mensch《 in der Gnosis. Ein religionsgeschichtlicher Beitrag zur Diskussion über die paulinische Anschauung von der Kirche als Leib Christi*, Göttingen 1962.

るギリシア語と，われわれの箇所がそれである．使徒教父文書ではこの動詞が，特に家の問題からその神学思想を展開する『ヘルマスの牧者』にただ一回用いられている．「わが子らよ，聞きなさい．わたしはお前たちを主の憐れみによってすべて単純に無垢に謹厳に育てた」(vis., 3, 9, 1). この動詞はヘブライ語のרוּם, רָבָה, גָּדַל に相応するもので，単純に養育(großziehen)を意味し，松川氏も認めているように（上掲論文, 61頁)，教育の目標とか理想とかに直接関係するものではない．しかしとにかく，子供の養育が戒めの対象とされ，それに新しい動詞が用いられていることは注目に価する．ここにもわれわれはパウロ自身の関心との距離を認めると同時に，エペソ書に固有な思想の反映を認めなければならぬであろう．

さて，われわれにとって最も重要な句「主の薫陶と訓戒によって」(ἐν παιδείᾳ καὶ νουθεσίᾳ τοῦ κυρίου) の釈義に移ろう．παιδεία と νουθεσία とは，通常，前者が肉体的懲らしめ(discipline, Zucht)，後者が口頭の叱責(instruction, Ermahnung)と解されている[19]．この理解は語源的に見て正しく，また新約聖書では大体この区別があるようである．(νουθεσία についてはテトス 3, 10; Ⅰ コリント 10, 11 参照). しかしエペソ書と関係の深い使徒教父文書ではこの区別が明確になされてはいない[20]．特に παιδεία と νουθεσία が並んで用いられるときには通常この区別が明らかでないのである[21]．とすればわれわれの両語も一つの Hendiadyon (二詞一意）ととりうる可能性もあるであろう．

次に，議論の多い「主の」(τοῦ κυρίου) という属格は具体的に何を意味するのであろうか．これも一般には genetivus qualitatis または gen. limitationis と解されている[22]．つまり，「主の……」とは，「主の持っている……」または「主によって限定されている……」というわけである．この見解は，明らかに gen. subjectivus である，つまり，主の行なうパイデイアを意味するヘブライ 12, 5

---

19) Beare, ibid.; E. F. Scott, *Epistles of Paul to the Colossians, to Philemon and to the Ephesians*, 7. Aufl., London 1948, p. 245; S. D. F. Salmond, The Epistle to the Ephesians, in: *The Expositor's Greek Testament* 3, Michigan 1951, p. 377; Schlier, a. a. O., p. 283; 松川，上掲論文, 65頁.

20) T. K. Abott, *Epistles to the Ephesians and to the Colossians*, Edinburg 1897, p. 178.

21) 1. Clem., 56, 2; Ign., *Eph.*, 3, 1; Philo, *Deus. imm.*, 54; Jos., *ant.*, 8, 217.

22) Jentsch, a. a. O., pp. 144, 193; Schlier, ibid.

の「主の」と，われわれの「主の」の意味内容を区別する意味において，確かに当を得たものであろう．ヘブライ12章の，パウロ（Ⅰコリント 11, 32；Ⅱコリント 11, 23）を越えて明らかに箴言 3, 11 (LXX) に遡る Leidenszucht の思想は，われわれの句，またエペソ書全体にはない思想である．しかしわれわれは，シュリーエルのように[23]，われわれの属格から gen. subj. 的性格[24]を全く排除することはできない．たとえば，エペソ書の著者は「キリストが教会を育て養うように，おのれを育て養うのが常である」(5, 29) と言うことができる．この「育て養う」という言葉が夫婦の関係に用いられるとき，「愛する」という言葉に置き替えられる(25節)．そして第4章によれば，教職をたてたのは，「キリストのからだ」を一つの「家として建築すること」のためであり (11-12節)，「全身は……キリストを基として……愛のうちに育てられていくのである」(16節)．しかも「愛のうちに」とは「キリストにあって」(1, 10. 13；2, 6. 7. 13. 21；3, 6. 11)，「主にあって」(4, 21；5, 8；6, 1) と究極において同義である．したがって，われわれの「主の」をも究極においてはイェンチュ (W. Jentsch) のように「主にある」と解してよいであろう[25]．この意味においてわれわれの箇所が "ἐν παιδείᾳ καὶ νουθεσίᾳ τοῦ κυρίου" であって "διὰ…" でないことは決して偶然ではないのである[26]．具体的には，「主の……」とは「主にかかわりをもつ……」と解すべきであろう．それは gen. qual. または gen. limit. と共に gen. subj. をも含む gen. relationis ととらるべきであろう[27]．

しかし，このエペソ書に代表される「主」との relatio は，歴史上のイエスとの relatio では決してない．またそれはパウロ神学の一つの特色となっている受難のイエスとの relatio でもかならずしもない．それはむしろ復活の主との relatio である．この意味で先に引用した 4, 11 以下の導入句 (9-10節) はエペソ書の思考方法を知る上で決定的鍵をわれわれに提供する[28]．つまり，キリスト

---

23) Schlier, ibid.
24) Bertram, ibid.; Abott, ibid.
25) Jentsch, a. a. O., pp. 192 f.
26) Salmond, a. a. O., p. 377 によると ἐν は instrumental ではなく local である．
27) Jentsch, ibid. や，松川，上掲論文，68頁は，この gen. には gen. subj. の意味を含むことを認めている．なお，Salmond, ibid. はこれを gen. of origin ととる．
28) Colpe, a. a. O., pp. 178 f.

が「上った」ということが「降りてこられた」ことの前提であり，現在「あらゆるものに満ちる」条件なのである．この思考方法で規定されたキリスト論は，パウロよりもむしろヨハネのそれに近いであろう[29]．いずれにしても，主の現在性を土台にして戒めが与えられる限りにおいて，われわれの句を含むエペソ書の戒めは，たとえそれがより「キリスト教的」Haustafel の枠内で与えられているとしても，本質的にはパウロやなかんずくヨハネにおける戒めと同一の意味づけを持つとみてよいであろう[30]．

2　テトス 2, 11

エペソ書における戒めの基礎と同一の基礎を保持しつつ，それが，Bildung ないしは Erziehung の意味を含むパイデイアの思想と結びつけられるのは，私見によれば牧会書簡においてである．牧会書簡におけるパイデイアの用法が「ギリシア的系統」に属することは松川氏の指摘する通りである（II テモテ 2, 25; テトス 2, 11; 特に II テモテ 3, 16）[31]．もっとも，ここでわれわれは，「ギリシア的」とするよりもむしろ「ヘレニズム・ユダヤ教的」とした方がより事態に即すると思われるが[32]，いずれにしても，このような意味内容を持つパイデイアは，少なくともテトス 2, 11 において新しい基礎づけが行なわれる．「す・べ・て・の・人・を・救・う・神・の・恵・み・が・現・わ・れ・た．それはわれわれを次のことに教・え・導・い・た（παιδεύειν…）」．ここにおいて「神の恵み」とは明らかにイエス・キリストにおいて現われた神の恵みであり，それがわれわれを「信心深い」生活へと教え導く，といわれる限りにおいて，「恵み」（χάρις）は，現在の生活を変えていく一つの力と理解されているとみてよいであろう．こうして，「あなたは，健全な教えにかなうことを語りなさい」という命令法をもって始まるテトス書の Haustafel (2, 1-10) は，その直後においてキリストの恵みという直接法によってその基礎が与えられている．もちろん，牧会書簡における「恵み」と「信仰」の理解は，パウロにおける程終末論的深みがなく，したがってここでは命令法と直

---

29) 宗教史的背景からみても，神学類型からみても．後者については，八木誠一『新約思想の成立』再版，新教出版社，1966 年，177, 188 頁，参照．
30) Bultmann, a. a. O., pp. 178 f., 参照．
31) 松川，上掲論文，64 頁．
32) Bultmann, a. a. O., p. 530, 参照．

接法の間にもパウロに見られる程の逆説的緊張関係がないが,いずれにしても,パイデイアがキリストにおいて,またはその恵みの中に基礎づけられている限りにおいて,はじめてそれが積極的に Bildung を目指すキリスト教的パイデイアとなる可能性を宿しているのである.

3 使徒教父文書

エペソ書と牧会書簡におけるパイデイアの思想は使徒教父文書においてどのように展開されていくのであろうか.ここでもわれわれは Haustafel との関連からこの問題に接近してみたい.

Haustafel は Did., 4, 9-11;Barn., 19, 5-7;Polyc., 4, 2-6, 3;1. Clem., 21, 6-9 に存在する.そしてそれぞれの中に,父に対する子弟教育訓が見出されるのである.Did., 4, 9;Barn., 19, 5;Polyc., 4, 2;1. Clem., 21, 8 がそれである.まず,『十二使徒の教訓』,『バルナバの手紙』,『ポリュカルポスの手紙』の上掲箇所を翻訳すれば次の通りである.

> 「あなたの手をあなたの息子・娘から離してはならない.彼らに,彼らの若い時から神のおそれを教えなさい(παιδεύειν)」(Did., 4, 9).
> 「あなたの手をあなたの息子・娘から離してはならない.あなたは(彼らに),若い時から神のおそれを教えなさい(παιδεύειν)」(Barn., 19, 5).
> 「われわれの妻に教えたように,彼女らがその子らを神のおそれの教育を教えるように(παιδεύειν τὴν παιδείαν τοῦ φόβου τοῦ θεοῦ)」(Polyc., 4, 2).

ここにおいて注目すべきは,まずこれらの戒めが定式化されていること,次にこの定式の中で,神をおそれるおそれが教育目標とされていることである.このような教育目標は,たとえそこで神のおそれが戒めと結びつけられていても(ピリピ 2, 12;ローマ 3, 18(詩篇 35, 2 LXX);II コリント 7, 1;エペソ 5, 21),新約聖書にはない.子弟の教育に神のおそれが導入されたのは,おそらくヘレニズム・ユダヤ教からであろう.このことは,たとえばディダケーの教訓がヘレニズム・ユダヤ教の改宗者のためのカテキズムをキリスト教化したものであることからみても容易に推定される.そしてわれわれは,このモチーフが詩篇 111(110 LXX), 10,特に箴言における「知識のはじめ」(1, 7)とされ,日常道徳

において大きな役割を果たしていることを知っている．ただ，この新約聖書にはないモチーフが使徒教父文書の中に入りこんだという事実は，単にヘレニズム・ユダヤ教との接触という歴史的事実によってだけ説明されてはならない．問題はここに見られる教育思想の基礎である．つまり，ディダケーにおいては明らかに，ポリュカルポスにおいては多くの場合，そしてバルナバにおいてはある程度，これらの文書に見られる教育訓を含む戒めが，パウロやエペソ書，特にテトス書におけるようにキリストの恵みによって基礎づけられていないということである．特にディダケーにおいては戒めに従うことが終末に与えられる救済の条件となっている (16, 1. 5)．ここにおいてはその神学思想全体に明らかに再ユダヤ教化の傾向を認めざるをえないのである．したがって，神へのおそれが一義的に子供の教育の目標とされたことは決して偶然ではないのである．

　さて，エペソ 6, 4 に最も近い思想を，われわれは 1. Clem., 21, 8 に見出すことができる．「われわれは，われわれの子供たちを・キ・リ・ス・ト・に・あ・る・教・育 (ἡ ἐν Χριστῷ παιδεία) に参加させよう．彼らに，神の前で謙遜が何をすることができるか，神の前で聖なる愛が何をすることができるか，彼の (＝神の) おそれがいかに美しく偉大であるか，そしてそれ (＝神のおそれ) が清い思いをもって彼の中に清く歩む者すべてをいかに救うものであるかを教えよう」．ここでまず注目すべきは，エペソ 6, 4 においてその用法が必ずしも明瞭ではなかった「主のパイデイア」が，ここではっきりと「キリストにあるパイデイア」と定式化されていることである．しかし，この「キリストにある」という概念とエペソ書における「主の」ないしは「主にある」という概念は，必ずしも同一の意味内容を持たない．なぜなら，Ⅰクレメンスにおいてキリストは，エペソ書におけるごとき，愛において人間に満ち満ちる，人間の実存を本質的に規定する復活の主ではないからである．Ⅰクレメンスにおいても確かにキリストの業がそれを信ずる者を聖なる選民とした．そして，この・聖・な・る・選・民・であるという直接法に，聖なる選民になれという命令法が基礎づけられている．しかし，このような・選・ば・れ・た・民・で・あ・る・という自覚が，・選・ば・れ・た・者・に・な・る・責任と義務に結びつくことは，ユダヤ教徒における選民意識とその倫理との結合と本質的に異なるものではない．実際，Ⅰクレメンスにおけるキリストの機能は，イスラエルの預言者たちや知者たちの機能と本質的には異ならないのである．この意味におい

てキリストは律法の授与者・教師・模範以上の何者でもないのである(13, 11；16, 17)³³⁾. こうして, Ⅰクレメンスにおいては「キリストにある」パイデイアが容易に「キリストによる」パイデイアと言いかえられることができる.「あなた(＝神)は彼(＝愛する子＝キリスト)によって(διά)わたしたちを教育した(παιδεύειν)」(59, 3). つまり彼は, われわれの弱さを強めてくれる「守護者と助け手」(36, 1)なのである.

　ここからわれわれは, 先に引用した 21, 8 において,「おそれ」が「謙遜」と「愛」と並んで, 子供の最大の教育目標の一つになっていることも理解できるであろう. なぜなら, 上述のようにキリストがわれわれにとって一人の模範・守護者にすぎず, この限りにおいて旧約の預言者・知者と異なるところがないとすれば, 知恵文学の教育目標である「神のおそれ」が, 容易にⅠクレメンスの教育目標ともなりうるからである. 実際, われわれが先にエペソ 6, 4 との並行記事として引用した 21, 8 に続いて, 詩篇 117, 18；箴言 3, 12；詩篇 140, 5；ヨブ 5, 17-25(すべて LXX)が長々と引用されている. そして, これらの箇所の主題はすべて神による Leidenszucht の思想で貫かれている. このことは, παιδεία と παιδεύειν が七回以上も繰り返して用いられている 56 章にも妥当するのである. もっとも, クレメンスがイエスの言葉の伝承全体を示すものとして用いた「神のパイデイア」という用法には, イェーガー(W. Jaeger)が指摘しているように³⁴⁾, Ⅱテモテ 3, 16「聖書は……義に導くパイデイアである」(παιδεία ἡ ἐν δικαιοσύνῃ)と同様に, ギリシア的語感を確認することができるであろう. そして, ここでクレメンスが「ギリシア的教養」とのアナロジーにおいて「キリスト教的教養」をうち出したとみることもできるであろう. このことは, クレメンスの思想の中にユダヤ教的要素と共にギリシア的・ストア的要素が確認されている現在³⁵⁾, むしろ当然のことであろう. ただ, われわれの問題は, クレメンスにおける教育思想の内実がなぜギリシアやユダヤ教のそれに近づいたのか, ということである. われわれは, この問に対する答をクレメ

---

33) Bultmann, a. a. O., pp. 539, 541, 参照.
34) W. Jaeger, *Early Christianity and Greek Paideia*, London 1962(イェーガー『初期キリスト教とパイデイア』野町啓訳, 筑摩書房, 1964年, 139頁).
35) イェーガー, 上掲訳書, 19頁以下, 参照.

スのキリスト理解に見出したいのである．つまり，上述のようにクレメンスにおいてキリストは，たとえばエペソ書におけるように，その教育思想を質的にではなく，むしろそれを量的に規定する一つの原理となっている．

　最後に，直接 Haustafel は登場しないが，その書全体の中で「神のおそれ」の思想が支配的であり，しかも，パイデイアの概念がかなり多く用いられている『ヘルマスの牧者』に一言しておこう．この書の教育思想は，ἐκτρέφειν や παιδεύειν の用語法とその意味づけに関する限り，一見してエペソ書やテトス書の教育思想に近いように思われる．たとえば，先に引用した vis., 3, 9, 1 においては「主の憐れみ」が「養い育てる」ことの手段とされており，また sim., 6, 3, 6 においては，罪を犯した子供たちに悪意を抱くこと，彼らを退けることが禁止されている限りにおいて，この思想はヘブライ書→パウロの手紙→知恵文学に連なるユダヤ教的教育思想にはかならずしも属さないであろう．「しかしヘルマスよ，お前の子供たちに悪意を抱いてはならない．また，お前の姉妹たちを退けてはいけない．彼らが先に犯した罪から清くされるであろうために．なぜなら彼らは，もしお前が彼らに悪意を抱かなかったら，義なるパイデイアによって教育されるであろうから（παιδευθήσονται γὰρ παιδείᾳ δικαίᾳ）」．そして，子供たちを「義なるパイデイアによって教育するであろう」者は，主ではなくて，羊飼の姿をしたいわゆる「懲罰の天使」（ἄγγελος τῆς ἀμωρίας）である（sim., 6, 3, 2; 6, 7, 2).「彼らがあらゆる苦難に苦しんでから，彼らはよきパイデイア（ἀγαθὴ παιδεία）のためにわたしの手に渡される．そして，主の信仰にあって強くされ，そして，彼らは彼らの生涯の残りの日を清い心をもって主に仕える」(sim., 6, 3, 6)．この「よきパイデイア」には，イェンチュが言うように[36]，ギリシア的響きさえ見出すことができるであろう．

　しかしわれわれはここで，たとえば vis., 3, 9, 1 において「主の憐れみ」が現在及び未来に至るまで「養育」の手段とはみなされていないことに注目しなければならない．「わたしはお前たちを主の憐れみによって……育てた」と過去形になっている！『ヘルマスの牧者』の主題は，「育てた」後に犯された罪とそれに対する悔改めなのであって，この罪と悔改めの生活が「懲罰の天使」に

---

36) Jentsch, a. a. O., pp. 266 f.

委ねられるのである．この書における主の憐れみは，第一の悔改め（洗礼）まで有効であって，つまり主はその時まで犯された罪を許すが，その後においては，戒めを満たすことが，第二のそして最後の悔改めによって，あるいは終わりの日に，救われるための条件とされている[37]．その手段として「懲罰の天使」によるパイデイアが要請されるのであり，こうして日常の生活は「神のおそれ」によって導かれることになるのである．われわれはここにもディダケーの場合と本質的には異ならない再ユダヤ化の傾向を認めることができるであろう．キリストの業はここでもパイデイアを含めた日常倫理を本質的に規定するものではないのである．

エペソ 6, 4 の παιδεία, テトス 2, 11 の παιδεύειν がそれぞれ κύριος ないしは χάρις によって本質的に規定されている限り，換言すれば，これらの箇所に見られる教育思想が救済の現在性と終末論的・逆説的緊張の関係を保つ限りにおいて，これらの箇所は原始キリスト教教育思想の古典的箇所とみなされてよいであろう．しかし，このパイデイア概念が使徒教父文書の中に展開されるとき，それは各文書に固有なかたちで，救済の現在性との終末論的緊張関係を欠いていく．その結果，これらの文書に共通してそのキリスト教教育思想にユダヤ教的「神のおそれ」のモチーフが直接的に導入されてくるのである．

---

37) 荒井献「ヘルマスの牧者における angelus interpres 序説」『基督論の諸問題』創文社，1959 年，202 頁以下，参照．Bultmann, a. a. O., p. 514 も参照．

第 II 部
グノーシス主義

第1章　いわゆる「グノーシス」と
その発展

1　反異端論者の「グノーシス」観
────エイレナイオスの場合を中心として────

いわゆる「グノーシス主義」(Gnosis, Gnosticism)には，今日に至るまで極めて多義的な概念規定が与えられている[1]．しかし，いずれにしてもその元来の用語法は2-4世紀のいわゆる「反異端論者」(Haeresiologen)のそれに由来する．すなわち，この時代のキリスト教徒が，台頭しつつある「異端」(haereses)を反駁する際に，彼らが異端の思想的特色を「グノーシス」(γνῶσις)と呼び，その担い手を「グノースティコイ」(γνωστικοί)と呼んだ事実に由来するのである．従って，われわれがグノーシス主義に関して論ずる際に，まず，このような原初的な用語法の内容を正確に把握しておく必要があるであろう．

さて，われわれは反異端論者として次の人々とその作品をあげることができるであろう．

エイレナイオス『異端反駁』(Iren., *adv. haer.*：180年頃)
ヒッポリュトス『全異端反駁』(Hipp., *ref.*：230年頃)
エピファニオス『パナリオン』(Epiph., *pan.*：375年頃)[2]

以上の中，ヒッポリュトスとエピファニオスは，それぞれに特殊な資料と固有な見解を有しつつも，全体として，「グノーシス」の内容に関する限り，エイレナイオスに多くを負っていることは古くから確かめられているところである[3]．もっとも，エイレナイオス自身，その「グノーシス」に関する資料をユスティノスに仰いでいる可能性がある．そしてそれは，ユスティノスがその著

---

1) グノーシス主義の概念規定について，詳しくは，下記337頁以下，参照．
2) テルトゥリアヌス，アレクサンドリアのクレメンス，オリゲネス等の反異端的文書ももちろんこの中に入る．
3) たとえば，R. M. Grant, *Gnosticism and Early Christianity*, New York/London 1959, p. 4, 参照．

apologia, I 26 で言及している彼のもう一つの著作 σύνταγμα κατὰ πασῶν αἱρέσεων に遡るものと思われる[4]. しかし，この著作はすでに失われているし，たとえそれがエイレナイオスの作品の中から復元できたとしても，それはまだ一般的に認められていない一つの仮説に過ぎないのである[5]. とすればわれわれは，われわれの目的をエイレナイオスの中に果たすことが，今のところ最も健全な方法であろう.

1 「グノーシス」の意味

まず，エイレナイオスが「グノーシス」または「グノースティコイ」という用語法で「異端」中の特定の一派を意味しているように見える箇所が確かに存在することは認められなければならないであろう．それはたとえば，*adv. haer.*, I 11, 1; 25, 6; 29, 1; IV 33, 3 等である[6]. ただし，ここから直ちに，エイレナイオスは「グノースティコイ」からヴァレンティノス派やマルキオン派を区別したとか[7]，「グノースティコイ」を「異端」全体と等置するのは現代的グノーシス観に由来するとか[8]の結論を引き出すことはできないであろう. エイレナイオスが少なくとも *adv. haer.* の中で反駁の対象としている「異端」全体を「グノースティコイ」とみなしていることは否定できないのである.

第一に，*adv. haer.*, I の序文において，この書全体の目的が，「グノーシスという口実のもとに」(προφάσει γνώσεως) 創造神とその業を毀とうとする人々に対する反論であることが明記されており，その反論がまず他ならぬヴァレンティノス派に向けられている．第二に，*adv. haer.*, I 11, 5 では，ヴァレンティノ

---

4) A. Hilgenfeld, *Die Ketzergeschichte des Urchristentums*, Leipzig 1884 (Nachdruck: Darmstadt 1966), pp. 21 ff., 230 ff., 参照.

5) たとえば，B. Altaner, *Patrologie*, 6. Aufl., Freiburg 1963 におけるユスティノスの喪失著作リスト (p. 98) には，これが入っていない.

6) ヴァレンティノスは「いわゆるグノーシス的異端 (γνωστικὴ αἵρεσις) 出身の最初の人で，彼は古い教え (ἀρχαί) を変形した」(I 11, 1). 「彼ら (＝カルポクラテス派) は自らをグノースティコイと呼んでいる」(I 25, 6). 「シモン派のほかにバルベロ派のグノースティコイが存在する」(I 29, 1). 「シモン派というグノースティコイ」(IV 33, 3).

7) A. v. Harnack, *Zur Quellenkritik der Geschichte des Gnostizismus*, Leipzig 1873, pp. 87 f. 以来，しばしばこのような見解に出会う.

8) たとえば，F. Torm, Das Wort γνωστικός, *ZNW* 35, 1936, pp. 70–75.

ス派が「グノースティコイの中で最もグノースティコス的な人々」(γνωστικῶν γνωστικώτεροι)といわれている。第三に，第二巻の序言では，「偽わってそう言われたグノーシス」(ψευδώνυμος γνῶσις)が明らかにヴァレンティノス派に帰されており，また，「グノースティコイ」の名称が，シモンとその後継者たち全員に及ぼされており，マルキオンもその例外ではないのである．第四に，エイレナイオスの「その他のグノスティクスたち」(reliqui gnostici)の用語法を見れば，シモン，メナンドロス，サトルニノス，ヴァレンティノス，バシリデス，カルポクラテス，ケルドン，マルキオン等，創造神の神性を否定するすべての「異端」を「グノスティクスたち」と呼んでいることが明らかである．その上，かならずしも創造神の価値を低めなくても，正統信仰に合致しない「異端」，たとえばエビオン派もまた，エイレナイオスによれば，その教説は「グノーシス」なのである(adv. haer., IV 33, 3)[9]．

2 「グノーシス」の起源

さて，エイレナイオスは「グノーシス」ないしは「グノースティコイ」が，どこに，あるいは何ものに由来したとみなしているのであろうか．

まず，エイレナイオスに先行したユスティノスは，シモンをはじめとするすべての「異端」をサマリア人と彼らの魔術に遡源する(apol., I 26)．そして，彼

---

9) R. A. Lipsius, *Die Quellen der ältesten Ketzergeschichte*, Leipzig 1875, pp. 191-225; Hilgenfeld, a. a. O., pp. 343 f., Anm. 577; R. P. Casey, The Study of Gnosticism, *JThS* 36, 1935, pp. 40-60; F. Sagnard, *Le gnose valentinienne et le témoinage de Saint Irénée*, Paris 1947, p. 81, Anm. 1, p. 446, Anm. 1; N. Brox, *Offenbarung, Gnosis und gnostischer Mythos bei Irenäus von Lyon*, Salzburg 1966, p. 12, Anm. 12, 参照．

なお，ほぼ同様のことが，テルトゥリアヌスにも妥当すると思われる．彼は確かに，ヴァレンティノス派とマルキオン派に対する二つの反論とは別に，厳密な意味におけるグノーシス派に対する反論として"scorpiace"を書いている．ここから，――エイレナイオスはそうでなかったとしても――テルトゥリアヌスはグノーシス派をヴァレンティノスやマルキオンと区別して考えていたともとれる(たとえば，H. E. W. Turner, *The Pattern of Christian Truth. A Study in the Relations between Orthodoxy and Heresy in the Early Church*, London 1954, p. 162)．しかし，テルトゥリアヌスがヴァレンティノス派とマルキオン派を gnostici から排除したという証拠はないのである(Sagnard, a. a. O., p. 446, Anm. 1)．「異端」と「グノースティコイ」という二つの概念をはっきりと区別したのはヒッポリュトスが最初である．彼にとって「グノースティコイ」とは，「ナース」(ナハシュ)派という特定の異端であった(*ref.*, V 11)．

ら——シモン, メナンドロス, 更にマルキオンも含めて——の教説が「異端」である所以は, 彼らがすべて「悪霊」(δαίμονες)にとりつかれて「自らを神と称し」, 創造神の機能を毀つことにある. ただし, このような悪魔的精神が現われたのは, 使徒時代以後のことであって, それが使徒たちの教えを変形して「異端」を生ぜしめた. こうして, ギリシア哲学者たちをイスラエルの預言者たちと並べて, 彼らに高い位置を与えたユスティノスは, まだ「異端」の精神をギリシアに遡源することを知らないのである.

エイレナイオスもまた, ——ユスティノスに従って——すべての異端はサマリアのシモンに由来すると語ってはいるが(adv. haer., I 23, 2), しかし, 彼はそれらをすべてサマリア派に帰しているわけではない. エイレナイオスはむしろ, グノースティコイがその祭儀(I 13, 6)や神話(II 14, 1-6)の素材をホメーロスの『イーリアス』やプラトーンをはじめとする当時の哲学諸派から借用したことを強調する. その意味でホメーロスは, エイレナイオスによれば「預言者」であって, グノースティコイは彼らからその教説を捏造したということになるのである(IV 33, 13. II 5, 4 をも参照). 中でもエイレナイオスは, ヴァレンティノス派の宇宙論を哲学諸派の寄せ集めだと言ってこきおろす. その論旨は次のごとくである(II 14, 1-6).

第一に, 世界の創造に関して, ギリシアの喜劇作家アンティパネースがその著『テオゴニア』の中で, 「夜」(nox)と「静寂」(silentia)から「混沌」(Chaos)が, 「混沌」と「夜」から「エロース」(cupido)が, 「エロース」から「光」(lumen)が生じ, それに神々の種族が続き, それに神々の第二の種族と世界の創造が続き, その後に人間が神々の第二の種族によって造られたと言っている. グノースティコイはこれを採用して, ただ名称を変え, 宇宙の「流出」(emissio)と「始め」(initium)として説明する. すなわち彼らは, 「夜」と「静寂」を「深淵」(Bythos)と「沈黙」(Sige)に, 「混沌」を「ヌース」(Nous)に, 「エロース」を「ロゴス」(verbum)に, 神々の第一の種族を「アイオーン」(Aeones)に, 神々の第二の種族を母なる「ソフィア」(Sophia)の造った第二の「オグドアス」(Ogdoas)に変え, その後に同じ方法でこの世と人間の創造を続かせて, ソフィアだけが表白しえぬ隠された奥義を知っていると主張する(以上 14, 1).

第二に, 彼らは喜劇作家だけからではなく, 哲学者たちからも彼らのドグマ

を借用して,「襤褸切れから絨毯を造る」ように,彼らに固有な神話を作製する.タレースは,水が万物の原因であり根源であると教えた.彼らは水を「深淵」とする.ホメーロスはオーケアノスに神々の始めを,そしてテティスに彼らの母を見る.彼らはオーケアノスとテティスを「深淵」と「沈黙」に変える.アナクシマンドロスは,無限の宇宙空間(quod immenseum)を万物の始めとみなし,そこから測り知れない宇宙が生じたと言う.これを彼らは「深淵」と「アイオーン」に関係づける.アナクシマンドロスは,生物を天に由来する種子から生ぜしめる.これを彼らは彼らの母の種子とみなし,彼ら自身を種子と呼ぶ(以上 14, 2).

グノースティコイは更に,彼らの「影」(umbra)ないしは「空虚」(vacuum)の概念を,デーモクリトスとエピクーロスから借用した.なぜなら,この二人は「空虚」と「原子」(atomi)を「非存在」(quod non est)と「存在」(quid esse)とみなすのに対して,同様にグノースティコイも,「プレーローマ」(Pleroma)の外部にあるものを「非存在」,その内部にあるものを「存在」と呼んでいる.更に彼らが,この世にある事物を存在の「似像」(imagines)とみなすならば,これを彼らは再びデーモクリトスとプラトーンから借りてきたのである.まずデーモクリトスは,この世に存在する多様な形体を「宇宙」(universitas)からこの「世界」(mundus)に落ちてきたものと主張し,プラトーンは「物質」(materia)を存在の「比類」(exemplum)と説くからである(以上 14, 3).

更に彼らが,創造神はすでに存在する「物質」からこの世を造ったと言うとき,同じことを,アナクサゴラス,エムペドクレース,プラトーンが教えていることを想定すべきである.また彼らが,「万物はそれが由来したところに帰らなければならない.神は必然の奴隷である.それ故に,神も死にゆくものに不死性を,朽ちゆくものに不朽性を与えることはできない.そうではなくて,その自然(natura)に等しい実体(substantia)に回帰してゆくのである」と言うとき,まさに同じことを,ストア派の人々をはじめとする神を知らない詩人や著述家が教えていたのである(以上 14, 4).

一方,彼らが「救い主」(Salvator)はすべてのアイオーンから,個々のアイオーンに固有な性質を賦与されて造られたと言うとき,彼らはこの表象を明らかにヘーシオドスのパンドーラから借用してきたものである.彼らが食事規定そ

の他の掟に無関心で，彼らは高貴なるものに由来するが故に，食べたいものを食べ，したいことをしても，自らを穢すことはないと豪語するとき，彼らはこの教えをキュニコス派から借用した．そして彼らは，アリストテレースにならって，彼らの穿鑿好きと分類好きを信仰論に適用する（以上 14, 5）．

　最後に，彼らが「宇宙」を数で表現するとき，彼らがそれをピュタゴラスから借りてきたのである．すなわち，ピュタゴラス派はまず数を万物の根源に，数の根源を「偶数」(par)と「奇数」(impar)にひきあげた．そして，これらから「知覚しうるもの」(sensibilia)と「知覚しえざるもの」(insensata)が生じたと言う．一方は「観念」(substitutio)の根源で，他方が「知覚」(sensatio)と「実体」(substantia)の根源である．この二つの要素から，ちょうど真鍮と鋳型から像が造られるように，すべての被造物が生じた．グノースティコイはこの教えをプレーローマの外側に存在するものに適用する．すなわち「感覚」(sensus)がはじめに思考したものを認識し，疲労困憊の末に「一つ」と「分割しえざるもの」に突き当るまでそれを探し求めるとき，それを彼らは「知覚」のはじめと呼ぶ．それ故に，彼らにとって万物の根源と創造全体の本質は「一つ」(unum)であって，これから「二つのもの」(Dyadem)，「四つのもの」(Tetradem)，「五つのもの」(Pendadem)その他の種々の「対」(Syzygos)が由来するのである．彼らはこれを文字通りに「プレーローマ」と「ビュトス」に適用し，「一つ」に発するあの「対」を広げていく．これをはじめて行なったのがヴァレンティノス派のマルコスであるが，彼はピュタゴラス派の「四つのもの」を万物の根源，万物の母とみなした（以上 14, 6）[10]．

　以上のようにエイレナイオスは，グノースティコイの教説ないしは神話の素材を異教徒の詩人や哲学者たちに帰するが，しかし他方彼は，異教徒たちの教えそれ自体は，それに仮託するグノースティコイの教えと較べれば，「はるかに蓋然性のある，好ましい」ものであると言う (II 14, 1)．この意味で，グノースティコイは神に敵対する点において，ギリシア神話の「巨人たち」(Gigantes)よりも盲目的であり (II 30, 1)，プラトーンはその神の似像に関する教えにおいて，グノースティコイよりも「より宗教的」であるということになる (III 25, 5)

---

10) ヴァレンティノス派の神話論について，詳しくは，下記 141 頁以下，参照．

とすれば，グノースティコイは，その教えの素材をギリシアの異教に負うが，彼らの教えの本来の起源は彼ら自身の精神的姿勢にあることになるであろう．もっとも，エイレナイオス自身がこのことを意識していたか否かは明らかでない．ただ，われわれはこのことを，たとえば次のような文章から読みとることができるであろう．

> 彼らは非理性的にも自分自身を創造神の上にもちあげようとする．つまり，彼らは自らを，天と地，海とその中にあるすべてのものを造り飾りたもうた神よりも高く価値づけようとする．彼らは自らを，彼らの恐るべき無神性の中において，肉的なるものであるにもかかわらず，名誉を忘れ去って，霊的なるものと名づける．……まさにこれは，疑いなく全くのところ，狂気ではないのか(II 30, 1)．

3 「グノーシス」とキリスト教

このように，エイレナイオスによれば，グノーシスは異教と狂気(insania)に由来し，その意味で，それはあくまで教会の「外側から」来たものである(III 16, 5 ; 24, 1)．しかし，他方彼は，グノーシスが真理から離れ教会の統一を乱す「異端」として，教会の「内側から」生じ，「どこかの場所に一緒に集り」(IV 26, 2)，犠牲祭儀を伴う「会堂」を形成した人々の教えであることを強調する(IV 18, 4)．実際，「グノーシス」の創立者は使徒たちよりもはるかに若いと言う．ヴァレンティノスとケルドンはローマの八代目の司教ヒュギヌスのときに教えはじめた．マルキオンは十代目の司教アニケトゥスのときに．彼らはすべて「はるか後代に，教会の中期にはじめて」背教したのである(III 4, 3. 12, 5 ; V 20, 1 をも参照)．ルカは彼らの誰よりも古い．それ故に，彼の文書は彼らのどの文書よりも信頼するに価するであろう(III 14, 1)．使徒の弟子ポリュカルポスは，ヴァレンティノスやマルキオンよりも偉大で，真理に対する信頼しうる証人である(III 3, 4)．また，ローマのクレメンスの手紙は，現在の偽教師たちのそれよりも古い(III 3, 3)．

エイレナイオスは，このように，グノーシスの代表者たち——中でもシモン，その弟子であり教えを広げたメナンドロス，更にヴァレンティノスとマルキオ

ン——をすべて「グノーシス」の創始者とみなし(I 11, 23-31)，キリスト教異端以外の「グノーシス」については，ほとんど全く言及していないのである．彼は「グノーシス」を，キリスト教成立以前にもキリスト教の外側にも存在しない，キリスト教に固有な異端運動とみなしているようである．「ヴァレンティノス以前にヴァレンティノス派はなかった．マルキオン以前にマルキオン派はなかった．このような悪業の創始者，偽作者が出現する以前に……いかなる悪業の持ち主も存在しなかった」(III 4, 3)．

とすれば，エイレナイオスは，キリスト教グノーシス主義以前の，またはそれと並存していた，いずれにしてもキリスト教とは無関係なグノーシス主義の形態を全く知らなかったのであろうか．一般的には，彼がそれを知らなかったという見解が支持されている[11]．しかしわれわれには，エイレナイオスの言葉の行間から，彼はそれを知っていたのに故意に知ろうとしなかったと想定できるのではないかと思われるのである．

われわれはその痕跡を，先に言及した adv. haer., I 11, 1 に見出すことができるであろう．すなわち，エイレナイオスはここで，ヴァレンティノスが「いわゆるグノーシス的異端」(γνωστικὴ αἵρεσις)から出て，その「古い教え」(ἀρχαί)を変形することによって自説を展開したと証言しているのである．この「いわゆるグノーシス的異端」とは何であろうか．エイレナイオス自身はこれについて何ら説明を加えていない．しかしヒルゲンフェルド(A. Hilgenfeld)によれば，同じような特徴づけを，サマリア人エウポレモスやエッセネ人，またシモンやメナンドロスに固有な「一種の占星術的あるいは魔術的グノーシス，ないしはそのような秘教」(eine astrologische oder magische Gnosis oder Geheimlehre)に見出すことができると言われる．従って，ここのいわゆる「グノースティコイ」は魔術的秘教の所有者を意味するであろう．そして，このような魔術には預言も属しており，預言者もまた「グノースティコイ」と呼ばれている．つまり彼らは，魔術師的・預言者的グノーシスによって，宇宙的諸力の支配を握っていると信じている人々のことを言うのであろう[12]．他方，エイレナイオ

---

11) H. Jonas, *Gnosis und spätantiker Geist* I: *Die mythologische Gnosis*, 3. Aufl., Göttingen 1964, pp. 351 f.; Brox, a. a. O., p. 25, 参照．

12) Hilgenfeld, a. a. O., p. 231, 参照．なお，この関連において注目すべきは，G.

ス自身は，バルベロ・グノーシス派をシモン派から出現せしめ(I 29, 1)，バルベロ・グノーシス派に類似した諸派——オフィス派，セツ派，カイン派等——を，ヴァレンティノスの「父母ないしは祖父母」とみなしているのである(I 31, 3. 30, 15 をも参照)．つまり，エイレナイオスは，シモン派→バルベロ・グノーシス派(オフィス派等)→ヴァレンティノス派，という系譜を念頭においていたと想定されるのである．しかし，現在とりわけナグ・ハマディ文書の研究から明らかにされつつあるように，ヴァレンティノス派の教説がバルベロ・グノーシス派やオフィス派に遡ることは事実としても，これらの諸派の教説を直接シモンに遡源せしめることはできないのである．それは，ソフィアを潜在的救済者に持つ非キリスト教的グノーシス主義であろう[13]．エイレナイオスが「グノーシス」にシモンを先行させたのは，シモンをすべての異端の父とみなす反異端論者のドグマによるものと思われる[14]．

以上をまとめてみると，エイレナイオスは「グノーシス」の起源を異教と狂気とみなすが，あくまでそれは，使徒時代の後に，キリスト教の異端として成立したものと主張している[15]．しかも，その際彼は，キリスト教と無関係に成

---

van Groningen, *First Century Gnosticism. Its Origin and Motifs*, Leiden 1967 であろう．彼はグノーシス主義の起源を "a spirit of scienticism" に帰する．そして，この場合の "scienticism" とは，「science の目的と方法に対する信仰，また，物質的この世における可触的力ある諸要素を知り理解しようと求める人間の完全に円熟した訓練としての science に対する信頼を意味する」(p. 23)．彼によれば，魔術や占星術は古代における science であった．Gnosticism は，まさにこの古代的 science から spirit of science を引き出して，宗教的形体を与えたものにほかならない，と言う．

13) 詳しくは，下記353頁以下，参照．
14) シモン派について，詳しくは下記104頁以下，参照．
15) ほぼ同様のことがテルトゥリアヌスにも妥当する．彼は特に哲学一般に批判的であるだけに，哲学を「異端の父祖」(patriarchae haereticorum) と呼び (*praesc. haer.*, 7, 3)，とりわけプラトーンを「すべての異端の供給源」(omnium haereticorum condimentorium) とみなす (*anim.*, 23, 6) が，しかし，哲学者その人，プラトーン自身がもちろん異端なのではなく，使徒たちの教え，使徒的伝承に対する哲学的・プラトーン的解釈の産物が異端なのである．テルトゥリアヌスにとっては，あくまで，「あらゆる場合において，真理はコピーに先立ち，類似はリアリティーに後続する」(*praesc. haer.*, 29. 30; 31; 32; 35 をも参照) のである (C. H. Talbert, *Luke and the Gnostics. An Examination of the Lucan Purpose*, New York 1966, pp. 89 ff. によれば，このテルトゥリアヌス的立場を，すでにルカが使徒行伝の中で貫いていたと言う)．なお，ヒッポリュトスの場

立したグノーシス主義をも知っていた可能性があるにもかかわらずである．要するに，エイレナイオス自身は，グノーシス主義における異教的要素とキリスト教的要素，及びそれらのいわゆる「狂気」との関連について，われわれに正確な知識を与えてはいないのである．彼はグノーシス諸派を発生史的にではなく，かなり無作為に抽出して，その個々の教えを教会の教えに対比させる以上のことを行なっていないとみなすべきであろう．従って，エイレナイオスではなく，グノースティコイ自身がいわゆる「グノーシス」の本質をどのように把握しているかという問題について，われわれはエイレナイオスに多くのことを期待してはならないであろう．ただ一箇所，グノーシス主義の直接資料と対比しても[16]，その思想の特色を言い表わす古典的箇所とも思われるところをエイレナイオスの——ヴァレンティノス派の一派マルコス派に関する——証言からあげれば，それは次の通りである．

> あの表白しえざる大いなるものの認識（ἐπίγνωσις）が全き救済である．なぜなら，無知（ἄγνοια）から欠如（ὑστέρημα）と欲情（πάθος）が生ずるように，認識（γνῶσις）によって，無知から生じた一切のものが消失したからである．それ故に，認識とは内なる人の救済である．それは，からだにかかわるもの（σωματική）でもなければ——からだは朽ちゆくものである——，魂にかかわるもの（ψυχική）でもない．魂も欠如に由来し，霊の住家だからである．こうして，救済は霊にかかわるもの（πνευματική）でなければならない．なぜなら，認識（γνῶσις）によって，彼らは内なる霊的人にされ，万

合も，すべての異端はギリシアに由来する．すなわち，シモンとヴァレンティノスはピュタゴラス派に，ペラテース派はギリシアの占星術に（ref., IV 51）．また，有名なヴァレンティノスの断片 8（ref., VI 37, 7）はプラトーン（ep., 2, 212 D）に遡源する．

一方，以上のように異端をギリシアに帰さず，それをむしろユダヤ教諸派に帰する伝統もある．これは先に言及した——ギリシア哲学に好意的な——ユスティノス以来の伝統で，ヘゲシッポス，クレメンス偽書，ケルソス，アレクサンドリアのクレメンス，オリゲネス等がこれに連なるであろう．しかし，彼らにとっても，「グノーシス」の異端が使徒の教えよりも後期に成立したことには変りがないのである．Hilgenfeld, a. a. O., pp. 30-45, 参照．

16) たとえば，『真理の福音』24, 28-32（18, 7-11 をも）参照．「彼らが父を認識しなかったので欠如が生じたのであるから，彼らが父を認識すれば，その瞬間から，欠如はなくなるであろう」．

物の認識(ἐπίγνωσις)によって満足を見出すからである。そして，これが真の救済である(I 21, 4)．

要するに，「グノーシス」とは，「内なる人」，「霊」，つまり人間に本来的な本質の救済なのである[17]．

---

17) ここから，たとえばアレクサンドリアのクレメンスは，グノースティコイとは「本質において救済された人々」(φύσει σῳζόμενοι)であると定義する(strom., II 10, 2; 115, 1 f.; IV 89, 4; V 3, 3). エイレナイオスもこれに近い表現を用いてはいるが，文字通りにこれと同じ定義をしてはいない．いずれにしても，この定義から，クレメンスのように(strom., II 10-11)，ヴァレンティノス派はその救済論から究極的には決断や行為の契機を排除したと結論することはできないであろう．このような結論は，たとえばIren., adv. haer., I 2, 6 からは引き出せるが，しかし，ここで問題になっているのはヴァレンティノス派の一派であるとしても，その全体に関わるものではない．特に adv. haer., I 5, 6 において「霊」は，「本質」としての救済ではなく，むしろ「救済の確実性」を意味するに過ぎないのである．そして，このこと——つまり，「グノーシスとは霊ないしは本質の救済である」または「グノースティコイとは本質において救済された人々である」といわれる場合の「霊」とは，所与としての本質というよりも，むしろ可能性としての本質であるから，それは決断または行為によって実現されるべき恩恵の賜物であるということ——が，ナグ・ハマディ文書の発見によってグノーシス主義一般の特色とみなされつつあると言いうるであろう．とにかく，上述のようなクレメンスによる不確実な結論に立脚したグノーシス主義一般に関する誤った本質規定が，R. Bultmann, Das Evangelium des Johannes, 16. Aufl., Göttingen 1959, p. 114, Anm. 2; G. Quispel, La conception de l'homme dans la gnose valentienne, Eranos-Jahrbuch 15, 1947, pp. 284 f.; Jonas, a. a. O., p. 235 にも見出される．H. Langerbeck, Aufsätze zur Gnosis, Göttingen 1967, p. 70; L. Schottroff, Animae naturaliter salvandae, zum Problem der himmlischen Herkunft des Gnostikers, in: W. Eltester (ed.), Christentum und Gnosis, Berlin 1969, pp. 65-97, bes. 83-97, 参照．

2 「魔術師」シモンとその伝承について

われわれは以下において，「グノーシス主義の父」と呼ばれる「魔術師シモン」とシモン派の教説に接近を試みたい．その際にわれわれはこれに関わる伝承資料に対して批判的検討を加えていくが，その主なるものは次の四つである．

1. ルカ『使徒行伝』8, 4-24.
2. ユスティノス『第一護教論』(Just., *apol.* I) 26, 1-3.
3. エイレナイオス『異端反駁』(Iren., *adv. haer.*) I 23, 1-4.
4. ヒッポリュトス『全異端反駁』(Hipp., *ref.*) VI 9, 3-18.

ただし，これらの資料的価値――とくに2と3に対する4の関係――をめぐって，後述のように学界の見解が二つに割れている．われわれはこの問題に対しても独自の見解を打ち出すであろう．

われわれはまず，90年代に成立したと思われる使徒行伝の記事を吟味することにする．

1

4さて，散らばった人々は[1]，み言葉を伝えながら歩き回った．**5**一方，ピリポ[2]はサマリアの町に下り，人々にキリストを宣べ伝えた．**6**群衆は，ピリポによって語られたことに，一致して[3]聞き従い，彼が行なったしるしを聞き，かつ見た．**7**汚れた霊につかれている多くの人々が――それが大声で叫びながら出ていき[4]，多くの中風の者や足なえがいやされたからである．**8**そこで，この町には大いなる喜びがあった．

9ところで，シモンという男がこの町で以前から魔術を行ない，サマリ

---

1) 行伝 6, 8-8, 3 において，ステパノが殉教し，エルサレムにキリスト信徒に対する大迫害が起こった様子が記されているが，その結果，エルサレムから他の地域に「散らばった」信徒たちを指す．
2) ピリポはステパノを頭とする七人の「ヘレニストたち」の一人（行伝 6, 1-6 参照）．
3) ὁμοθυμαδόν. 原始教会の模範的「一致」の様を描写する際にルカが好んで用いる語法．1, 14 ; 2, 46 ; 4, 24 ; 5, 12, 参照．
4) 明らかな「誤格」(Anakoluth).

アの人々を驚かし，自分を大いなる者のように言いふらしていた．¹⁰ 彼らはすべて，子供から年寄りに至るまで彼に聞き従い，「この人こそは『大いなる力』と呼ばれる神の力である」と言った⁵⁾．¹¹ 彼らが彼に聞き従ったのは，かなり長い間魔術に驚かされていたからである．¹² ところが彼らは，ピリポが神の国とイエス・キリストの名を説き伝えると，男も女も彼を信じて，洗礼を受けたのである．¹³ そこで，シモン自身も信じて洗礼を受け，いつもピリポについていって，大いなるしるしや力ある業が行なわれるのを見て驚いていた．

¹⁴ さて，エルサレムにいる使徒たちは，サマリアが神の言葉を受けいれたと聞くと，ペテロとヨハネとを彼らのもとに派遣した．¹⁵ 二人は下っていって，彼らが聖霊を受けるようにと彼らのために祈った．¹⁶ 彼らにはまだ聖霊が下っていなかったからである．ただ主イエスの名で洗礼を受けていただけであった．¹⁷ そこで二人が彼らの上に手をおくと，彼らは聖霊を受けた．¹⁸ ところがシモンは，使徒たちが手をおくことによって聖霊が与えられたのを見て，二人に金をさし出して，¹⁹ 言った，「わたしが手をおけば，だれでも聖霊を受けるように，そのような力をわたしにも授けてください」．²⁰ そこでペテロが彼に言った，「お前の金はお前もろとも消えうせろ．神の賜物が金で得られると思っているのだから．²¹ お前はこの事の分け前にも相続にもあずかれない．お前の『心が』神の前に『真直ぐではない』⁶⁾からである．²² だから，お前がしたこのような悪事を悔改めて，主に祈るがよい．あるいはお前の心の思いがゆるされるかもしれない．²³ お前が『苦い胆汁』であり『不義のなわ目』⁷⁾であることがわたしには見えるからだ」．²⁴ そこでシモンは答えて言った，「あなたがたがわたしのために主に祈ってください．言われたことが絶対にわたしに起こらないように」．

---

5) M. Wilcox, *The Semitisms of Acts*, Oxford 1965, p. 156 によれば，9節との関連で元来「人」を意味する．נבר が間違って「力」を意味する נבורא に読みとられた．従って原意は「大いなる人と呼ばれる神の人」．なお，M. Black, *The Scrolls and Christian Origins*, London 1961, p. 64(ブラック『死海写本とキリスト教の起源』新見宏訳，山本書店，1966年，76頁以下)によれば，δύναμις は חיל に当り，後者はサマリアで「神」を意味する．とすれば，「と呼ばれる神の力」はルカによる付加となる．

6) 『　』内の言葉は詩篇78(77 LXX), 37からの引用．

7) 申命記29, 17(LXX)；イザヤ58, 6からの引用．

まずこの記事には，行伝の他の記事におけると同様に，ルカ的傾向が認められる．それが最も著しいのは，14-24 節であろう．ここでは信徒と認められる条件が，ピリポによる「イエスの名で」授けられた洗礼だけでは十分ではなく，それに使徒たちによって聖霊が下されてはじめて満たされる，という表象が認められる(14-17 節)．これは，行伝 6,1-6 にも確認される，ピリポを含むヘレニストたちをエルサレムの使徒たちの統制下に置こうとする，行伝記者ルカに固有な思想——いわゆる「エルサレム中心主義」——に即応する[8]．更に，使徒職を買収しようとしたシモンの試み——いわゆる simonia——がペテロによって退けられ，シモンがペテロの叱責をいれて悔改めたという記事(18-24 節)にも，"Truth precedes its Copy" というルカ的傾向が確認される[9]．

にもかかわらず，われわれは 14-24 節をすべてルカの創作とはみなさない．すなわちこの背後にも，ルカが用いた伝承資料を想定できるように思われるのである．そしてその手がかりとなるのは 18 節であろう．まず，この箇所の意味がかなりあいまいである[10]．つまり，ここでシモンにも聖霊が下ったのか，それともまだ下っていないのかが必ずしも明らかでない．もしそれがすでに下っているとすれば，この後でシモンが聖霊そのものではなくて，聖霊を授ける力(使徒権)を買収しようとした意図と旨くつながるであろう．しかし，聖霊が下って全き意味のキリスト信徒になった者がその後に罪を犯した場合，少なくともルカによれば，その者(聖霊を瀆した者)には悔改めの余地は残されないはずである[11]．とすれば，われわれの記事において，少なくともルカはシモンに聖霊が下っていないとみているのであろう．しかしもしそうならば，19 節でシモンが，聖霊を下す力ではなくて聖霊そのものを使徒たちに要求するのが自然ではなかろうか．——要するに伝承資料の段階では，シモンが使徒たちに聖霊の降下を願って，それがペテロによって退けられた，とあったものを，ルカが使徒職をめぐる問題に変え，更にシモンの悔改めに関する記事を付加した可能性があるであろう[12]．もっとも，われわれはすでに，聖霊の概念は，ピリポに

---

8) 上記 51, 61 頁以下，参照．
9) C. H. Talbert, *Luke and the Gnostics*, New York 1966, pp. 83-97, 参照．
10) E. Haenchen, *Die Apostelgeschichte*, 5. Aufl., Göttingen 1965, pp. 254 f.; H. Conzelmann, *Die Apostelgeschichte*, Tübingen 1963, p. 55, 参照．
11) たとえば，アナニアとサッピラの場合(行伝 5, 1-11)．上記 48 頁，注 12)，参照．

2 「魔術師」シモンとその伝承について

よる洗礼をいわば格下げするために，ルカによって導入されたものとみなした．とすれば，伝承資料の段階では，シモンが要求したのは聖霊ではなくて，ピリポやペテロの所有する奇跡力であったかもしれない．ここでわれわれは，ルカが奇跡力をめぐるペテロとシモンの抗争に関する伝承[13]を知っていた可能性を想定することもできるであろう．ルカが許しを乞うた後のシモンの運命について行伝では全く沈黙を守っていることも，その間接的証拠となるであろう．

さて，4-8節におけるピリポによるサマリア伝道の記事には，ここにルカ的用語法が認められるにもかかわらず[14]，明らかに伝承資料が前提されているように思われる．なぜなら，ここでピリポが宣教活動を行なっていること自体が，行伝 6, 1-6 に確認されるきわめてルカ的取り決め——十二使徒たちが宣教を行ない，ピリポを含む七人は「卓に仕える」仕事に専心すべきこと[15]——に即応していないからである．このようなピリポのサマリア伝道に関する伝承を，多少の無理を押してまでわれわれの文脈に導入したのは編集者としてのルカであろう[16]．

最後に，9-13節におけるシモン(とピリポ)に関する記事から，われわれはどの程度伝承資料を読みとることができるであろうか．われわれにとって最も問題になるのは，人々のシモンに対する告白「この人こそは『大いなる力』と呼ばれる神の力である」(οὗτός ἐστιν ἡ δύναμις τοῦ θεοῦ ἡ καλουμένη μεγάλη: 10 節)であろう．すでにわれわれが見たように，この文章のアラム語の原形においては，シモンが神的存在とみなされていた可能性がある[17]．しかしわれわれには，アラム語に遡らなくても，この文章におけるルカ的傾向の確認から，同様のことを結論できるように思われる．つまり，この文章における「……と呼ばれる神の……」(τοῦ θεοῦ … καλουμένη)という言葉は，神の下にシモンを格下げしよ

---

12) 後述するように，エイレナイオスがシモン伝承を紹介する直前(*adv. haer.*, I 23, 1)に挙げている行伝の記事にはシモンの悔改めに関する行伝 8, 22. 24 だけが欠けている．

13) *actus Petri cum Simone*. ただし，ここでは伝承が全く物語化されているので，本節では論述の対象としない．

14) 上記 104 頁，注 3)，参照．

15) このルカ的傾向については，上記 59 頁，参照．

16) サマリアをも含めたエルサレム以外の地域への伝道がステパノの殉教以前に行なわれていた可能性もある．上記 14 頁以下，61 頁以下，参照．

17) 上記 105 頁，注 5)，参照．

うとするルカの説明句なのである．なぜなら，第一に，9節においてシモン自身が自らを「大いなる者」(μέγαν)と称していた形跡があり(「何か」(τινά)はルカの付加であろう)，第二に，ルカには「神」自らを意味する「力」(δύναμις)という呼称を，神の属性を意味する「神の力」に格下げする傾向があるからである[18]．とすれば，伝承資料においてはおそらくシモンが「この人こそ大いなる力」(οὗτός ἐστιν ἡ δύναμις μεγάλη)，つまり神そのものである，と告白されていたのであろうと思われる．そして，もしわれわれの想定が正しいとすれば，これは後述するユスティノスやエイレナイオスに証されているシモン伝承における彼の位置と一致するのである．

いずれにしても，伝承資料においてはシモンが自ら「大いなる力」と称して，魔術を行ない，かなりの信徒を得ていた，とみなされていたと思われる．これをピリポのサマリア伝承と結びつけ，シモンをピリポに聞き従った人々の一人に格下げしたのが，ルカであったのか，あるいはルカ以前のキリスト教側の伝承においてであったのか，われわれはもはや確定することができない．

2

150年頃にユスティノスが言及するシモン伝承(Just., *apol.* I, 26, 1-3)は次の通りである．

 1 ……キリストが天に昇ったのち，霊どもは，自らを神と称する人々を遣わした．彼らはあなたがたによって迫害されなかったばかりか，栄誉を与えられたのである．

 2 さて，ギッタイと呼ばれた村出身のサマリア人でシモンという者がいた．彼はクラウディウス帝のとき，活動的悪霊の技術によって魔術的力を行使し，あなたがたの都ローマで神と思われ，あなたがたのもとでは立像が立てられて，神のごとくに敬われた．その立像は二つの橋の間のティベル川に建てられ，次のようなラテン語の碑文が刻まれていた．Simoni Deo Sancto[19]．

---

[18] たとえば，マルコ 14, 62；マタイ 26, 64 において「神」を意味する δύναμις が，ルカ 22, 69 では δύναμις τοῦ θεοῦ になっている．

3 そして，サマリア人はほとんど全員，他の国民では少数が，彼を第一の神と告白し，礼拝している．そして，その頃彼と同伴していたがかつては娼家に立たされていたヘレネーという女性を，彼らは彼から生まれた第一の思考(エンノイア)と呼んでいる[20]．

まず，ユスティノス自身がサマリアの町フラウィア・ネアポリスの出身であるだけに，彼のサマリアに関する記事にはかなりの程度信憑性があるとみてよいであろう．彼によれば，シモンはサマリアの町ギッタイの出身で，クラウディウス帝の治世(41-54年)，悪霊の助力によって魔術を行ない，遅くとも彼が『第一護教論』を書いた頃(150年頃)，ローマでは「神」のように思われ，サマリアではほとんど全員が彼を「第一の神」(τὸν πρῶτον θεόν)と告白して礼拝の対象にしており，彼が同伴していたかつての娼婦ヘレネーを「彼から生まれた第一の思考」(τὴν ὑπ' αὐτοῦ ἔννοιαν πρώτην γενομένην)と呼んでいた，という．

さて，ユスティノス自身はシモンに関連して行伝の記事については全く言及していない．しかし，われわれはここに，二つの点において行伝の記事と重なるものを見出しうるであろう．第一は，ユスティノスによれば，シモンが魔術を行なっただけではなく，「神」または「第一の神」として崇拝されていたという記事である．これは，すでにわれわれが想定した行伝 8, 9. 10 の背後にある

---

19) 1574年にティベル川の中州から，おそらく立像の土台の断片と思われるものが発見され，それに "Semoni Sancto Deo Fidio …" という刻文が確認されている．しかし，これはサビヌス人の神 Semo に献げられたものであって，元来はシモンに献げられたものではなかったというのが今日の定説となっている．ただし，われわれはこれをユスティノスの歴史的誤謬ととるよりも，彼の時代におけるシモン派の人々が，実際に Semo 神を Simon に等置していたととるべきであろう．R. M. Grant, *Gnosticism and Early Christianity*, New York/London 1959, p. 74; 菊地栄三「初期グノーシス主義の一形態——魔術師シモンをめぐって」『宗教研究』第172号，1962年，53頁，参照．E. Haenchen, Gab es eine vorchristliche Gnosis? in: *Gott und Mensch*, Tübingen 1965, p. 292 によれば，2世紀のローマ人が Semo 神のことをどの程度知っていたかは疑問である．人々はおそらく Semo を Jupitel=Ζεὺς πίστος に等置していたであろう．一方シモン派の人々は，シモンの立像をゼウスの像にかたどってつくっていたといわれる(後述 Iren., *adv. haer.*, I 23, 4)．だから彼らが Semo-Jupitel fidius の像にシモンがかたどられていると信じた可能性は十分に考えられる．しかも，当時 e と i に発音上の区別はほとんどなかったのだから．

20) テクストは W. Völker (ed.), *Quellen zur Geschichte der christlichen Gnosis*, Tübingen 1932, p. 1.

伝承と一致するであろう．第二は，ユスティノスが「サマリア人はほとんど全員」シモンを礼拝していたと証言していることである．この証言にはおそらく誇張があると思われるが，これは行伝 8, 10「彼ら（＝サマリア人）はすべて……彼に聞き従い……」を前提する記事ととりうるであろう．

しかし，これだけではシモンの教説にグノーシス的要素があることは判定できない．それを予想せしめるのが，シモンの同伴者，ヘレネーの像である．なぜなら，「第一の神」から生まれた「第一の思考（エンノイア）」が，かつて「娼婦」であったとすれば，その背後に，神の女性的属性の堕落と救済に関するある種の神話が前提されているはずだからである．そして，このヘレネー神話は，エイレナイオスの証言するシモン伝承の中で展開されているのである．

3

エイレナイオスは，180 年頃に書いた *adv. haer.*, I 23, 1-4 の中で，シモンに関する伝承を次のように紹介している．

> 1 ……彼（＝シモン）がなおも神を信ずるに至らなかった頃，使徒たちと競争したいという欲望が拡がった．そうすることによって，彼自身ももっと有名な人物であるとみなされたかったのである．そして彼は，なおも立ち入ってすべての魔術を探求し，多くの人々を強いて驚嘆させたのである．実際，彼はクラウディウス帝の治下に生き，しかも帝によって魔術の故に立像をもって栄誉を与えられたといわれる．さらに彼は，多くの人々によって神として称えられ，ユダヤ人の間には子として現われ，サマリアには父として下降し，他の国民のもとには聖霊として来臨したのは彼にほかならないと教えた．しかし彼は，最も大いなる力，すなわち，万物の上にいます父であり，人々が彼を呼ぶにまかせて呼ばせ続けたといわれる．
>
> 2 さて，サマリア人シモンは，――彼からすべての異端が発生したのであるが――次のような分派（セクト）の基本的見解をもっている．彼はヘレネーという女を同伴していたが，彼自身がこの女を，彼女がフェニキアの町テュロスで娼婦をしていたときに，買い戻したのである．彼の言うところによれば，この女は彼の心の最初の思いであり，万物の母であり，彼女を通し

2 「魔術師」シモンとその伝承について

て彼がはじめて心の中で,天使たちと大天使たちをつくるという思いを抱いた. この思考(エンノイア)が彼からとび出して,彼女の父が欲したことを認識し,下界に下って天使たちと諸権威とを生んだ. 彼らによってこの世がつくられたのである,と彼は言った. しかし,彼女が彼らを生んだ後,彼女は彼らによって嫉妬の故に捕えられた. 彼らはだれか他人の子孫と思われたくなかったからである. 彼自身が彼らによって全く知られていなかったので. しかし,彼の思考(エンノイア)が,彼女から出た諸権威によって捕えられたのである. そして,彼女は彼らによってあらゆる恥辱を蒙った. そのために彼女は父のもとに帰ることができず,その上,人間のからだの中に閉じ込められて,数世紀にわたり,器から器へと移動するように,他の女のからだへと移っていった. 彼女はあのヘレネ——彼女によってトロイア戦争が起こされた——の中にもいた. 詩歌によって彼女を非難したステーシコロスも彼女の故に両眼を奪われた. その後に彼が悔改めて,いわゆる『パリノーディアー』を書き,その中で彼女を称えたら,再び見えるようになった[21]. しかし,彼女はからだからからだへと移り,それによって絶えず恥辱を受け続け,最後には娼家で売春をするに至った. この彼女が失なわれた羊なのである[22].

3 それ故に,彼自身がやって来た. それは,彼がまず彼女をひきとり,枷から解放するためであるが,自らを知ることによって人間に救いをもたらすためでもある. 天使たちの各々がその主権を窺ったために彼らがこの世を悪く治めたので,彼は物事を直すためにやって来た. 彼は姿を変え,諸権力と諸権威と天使たちの似像をとり,人間の中では,彼自身が人間ではなかったけれども,人間として現われた. 彼はユダヤにおいて,受難しなかったけれども,受難したと思われている. 預言者たちはこの創造者である天使たちによって霊感を受け,預言をした. それ故に,彼と彼のヘレネ

---

21) 紀元前7世紀後半から6世紀前半に生きた抒情詩人ステシコロス(Stesichoros)は『トロイアの略奪』という作品の中で,女神ヘレネーを,「二度も三度も結婚して夫を裏切る女」と書いてその怒りに触れ,失明したが,その後,『パリノーディアー』の中で,「トロイアに行ったのはヘレネーではなく,ヘレネーの幻である」と訂正することによって罪を償い,視力を回復したという伝説(Plat., *Phaedr.*, 243 A)がある.
22) ルカ 15, 6.

ーに希望を持つ者は，今後一切彼らのことを気にする必要がない．自由人として彼らは，欲することをする．彼の恩恵によって人間は救われるのであって，義なる業によってではないからである[23]．義なる業は自然に則するものではなく，非本質的なものに由来するからである．この世をつくった天使たちが(戒めを)おき，その戒めによって人間を奴隷状態に導いた[24]ように．それ故にこの世は解体され，彼に属する者はこの世をつくった者の支配から自由にされるであろう，と彼は約束した．

4 だから彼の秘教の祭司たちは，肉欲に身を委ねて生活し，彼らの各自が可能な限り魔術を行なった．彼らは呪術や巫術を用いた．また，媚薬や好餌，使い魔や夢送り，その他ありとあらゆる魔術が彼らのもとで熱心に行なわれたのである．彼らはゼウスの姿にかたどってつくられたシモンの像とアテーナーの姿にかたどってつくられたヘレネーの像を持っており，これらを礼拝している．彼らは，不敬虔な教えの創始者シモンに由来する呼び名を持っていて，「シモン派」と呼ばれた．彼らから——それを彼ら自身の主張から学ぶことができるように——誤まった名称「グノーシス」が出たのである[25]．

われわれはまず，エイレナイオスがこのシモン伝承を行伝8章に結びつけていることを指摘しておこう．しかし，彼がこの伝承の直前に，つまりⅠ23,1前半で引用ないしは言及している箇所は，行伝8,9-11. 18-19. 20. 21. 23である．ここで注目すべきは，行伝の本文からとくにシモンに関する22節と24節を落としたことであろう．22節では，ペテロがシモンに悔改めれば救われる可能性を呈示し，24節ではそれに答えてシモンが，ペテロに審きから免ぜられうるように懇願する記事である．他ならぬこの箇所をエイレナイオスが削除した理由は，明らかにこれが彼の知っているシモン－シモン派の像に合致しなかったからであろう．

さて，エイレナイオスはⅠ23,1の後半から4まで，おそらくユスティノスの

---

23) エペソ2,8, 参照.
24) ガラテヤ4,9, 参照.
25) テクストはVölker(ed.), a. a. O., pp. 2 f.

記事を土台にして[26]，シモン-シモン派の教説を紹介する．われわれはこの教説からどの程度伝承のより古い層を復元できるであろうか．

まず，シモンがクラウディウス帝の治下に活動したこと，彼のために立像が建てられたこと，彼が神として称えられたこと等はユスティノスの記事にほぼ一致する．さらに彼が，「最も大いなる力」(sublimissima virtus)，「万物の上にいます父」(pater super omnia)と呼ばれたというのは，行伝8,10「大いなる力」(ἡ δύναμις … μεγάλη)を予想せしめるであろう．ただし，シモンがユダヤ人には「子」として，サマリア人には「父」として，他の国民には「聖霊」として現われたという記事は，明らかに様式論的(modalistisch)三位一体論を前提し，これは2世紀以前には確認されない以上，後期の伝承に属するであろう[27]．

次に，いわゆる「ホメーロス的」ヘレネー像も二次的であろう．なぜなら，ステシコロスが批判したといわれるヘレネーの美しさによる不道徳も，彼が称えたといわれる失神したヘレネーの力も，シモンにおけるヘレネーの本来的姿とは全く無関係だからである[28]．

第三に，新約聖書の記事を予想せしめる箇所，つまりヘレネーと「失われた羊」との等置，エペソ2,8；ガラテヤ4,9に類似した表現等は，シモン派による新約聖書の解釈とみてさしつかえないであろう．

最後に，シモン派のLibertinismusを——少なくともナグ・ハマディ文書から推定して——われわれは史実ととり難いが[29]，たとえそれが史実であったとしても，少なくともシモンに帰することはできないであろう．

---

26) Grant, a. a. O., p. 197, 参照．
27) Haenchen, a. a. O., p. 228 f., Anm. 1, 参照．なお，Grant, a. a. O., p. 87によれば，シモン派の人々がこのキリスト教の用法(「父・子・聖霊」)を「子・父・聖霊」の順に変えたのは，まず「子」イエスが来，次に「父」シモンが来，今や「聖霊」としてのシモンが臨在するという，彼らの救済史観に基づくものであるという．しかし，本文に救済史的見解は認められない．シモンは同時に三つの「様式」(modus)で現われたのである．もっとも，「彼はユダヤにおいて，受難しなかったけれども，受難したと思われている」(23, 3)という文章には，明らかにイエスがシモンと等置されているであろう．その限り，「子たるイエスはシモン派にとっては，シモンの変貌に過ぎなかったであろう」という指摘(菊地栄三，前掲「初期グノーシス主義の一形態」57頁)はほぼ正しいが，「変貌」の概念はシモン派のシモン像にはない．
28) Haenchen, a. a. O., p. 289, Anm. 1, 参照．
29) 下記170頁，参照．

さて，問題として残るのは，エンノイア-ヘレネー神話である．とくにここに，——ヘンヘン(E. Haenchen)が指摘しているように——二つの互いに競合する要素が認められるからである．

まず，神の女性的属性(エンノイア)が，彼女がつくった天使的諸権力の手に落ちてdegradierenし，彼らが創造した人間の中に閉じ込められる．人間は神(シモン)の自己啓示により，内なるエンノイア，つまり人間の本来的自己の神的起源を認識することによって救済される．このような2, 3世紀のグノーシス主義にほぼ共通する救済神話が23, 2-3に認められる．ところが他方同じ箇所において，ヘレネーは，人間のからだの中に閉じ込められたのであるが，実際には他のからだの中に移っていき，遂には売春するに至ったといわれ，それ故にシモンが来て，この娼婦ヘレネーを解放したといわれている．つまりここには，人間の内にあって「救済さるべき」エンノイアと，すでに「救済された」ヘレネーとが競合しているのである．

ヘンヘンはこの事実から二つの可能性を想定する．第一は，まずエンノイア神話が存在していて，それをシモンがヘレネーと結びつけた．とすれば，ヘレネーは実在の人物ということになり，エンノイア神話はシモン以前に成立していたということになるであろう．第二は，クイスペル(G. Quispel)の仮説に従って，シモンはもともとヘレネー像を知らなかった，それは後期にシモン派によって「女神」ヘレネー像から採用されたものである[30]．これに対して，われ

---

30) Haenchen, a. a. O., p. 200. なお，G. Quispel, *Gnosis als Weltreligion*, Zürich 1954, pp. 61-70 は次の仕方で自説の論証を試みている．サマリアで一つの立像が発見され，それが1世紀に地と月の女神として崇拝されていたヘレネーの像であったことが確認された．この女神像は立って右手に松明を掲げているが，これは砦に立って松明を持ちアカイア軍を呼び入れたヘレネー(Vergilius, *Aeneis*, VI 5, 7)を月の女神の象徴としたものである．このような地方祭儀が新興宗教としてのシモンの教えと結びつけられた．女神ヘレネーは容易にシモンの天的同伴者エンノイアと結びつきうるからである．しかしそれは，天における結合にとどまりえなかった．シモンは天使たちの力からエンノイアを救うために人間となったのである．とすれば，ヘレネーもシモンの生前に地上にいたはずである．ここにテュロスの娼家に関する物語が要請される誘因があった．しかも当時，女神イシスが10年間にわたってテュロスで身を売っていたという物語が流布されている(Epiph., Ἀγκύρωτος, 104, 11; W. Bousset, *Hauptprobleme der Gnosis*, Göttingen 1907, pp. 81 ff.)．これがヘレネー像に適用された．こうして，シモンがテュロスで売春していたヘレネーを解放したという伝承が成立した．

われはどのような態度決定をすべきであろうか.

　まず,第二の可能性に関するクイスペルの説明は, ヨナス (H. Jonas) が指摘しているように,説得的ではない[31]. たとえ女神ヘレネー像が二次的にエンノイア像に結びつき,さらにテュロスの娼婦イシス像を吸収して,エンノイアーヘレネー神話が成立したとしても,女神ヘレネー,女神イシスそれ自体に人間の中に閉じ込められた神の属性, いわゆる「神性の内なる分裂」(Bruch in der Gottheit) が認められない限り,また同様のことがエンノイア像について十分説明できない限り,シモンーヘレネー神話におけるグノーシス主義的特色をとらえることができないからである.

　第一の可能性は十分考えられるが,ヘンヘンはシモンに前提されていたと想定するエンノイアの実体について何ら言及していない. われわれにはこれを,『ヨハネのアポクリュフォン』(以下 AJ と略記)に確認されるエンノイアーバルベローソフィア神話から説明されるように思われるのである.

　第一に,この文書の「原本」の成立年代は遅くとも 2 世紀の初期に遡る. そして,その成立地はおそらくエジプトであろう. 第二に,この原本の中には「救済さるべき救済者」としてのエンノイアーソフィア像が明らかに認められる[32].

　ここでわれわれが想起すべきは,シモンがかつてエジプトに学んだこと,また彼が「ソフィア」であるヘレネーを同伴していたことを伝える『クレメンス偽書』の証言である[33]. もしこの証言に信憑性があるとすれば,シモンは AJ

---

31) H. Jonas, *The Gnostic Religion. The Message of the Alien God and the Beginnings of Christianity*, Boston 1958, p. 104, Anm. 3, p. 109, Anm. 9. さらに L. Vincent, Le culte d'Helene à Samarie, *RevBib* 45, 1936, p. 221 によれば, サマリアで発見されたヘレネー像は松明を掲げておらず,——多くの場合ペルセポネー像の場合そうであるように——像の傍に等身大の松明が立っており,しかも Κόρη という刻文が認められるという.

32) 下記 196 頁以下, 参照.

33) PsClem., *hom.*, 2, 22-25. これによれば, シモンは父アントニウスと母ラケルから, サマリアから 50 キロ離れたギッタイに生まれ, アレクサンドリアで魔術を学んだ. 彼は創造神以上の存在であり, またキリストであることを示して, 自らを「存在する者」(ὁ ἑστώς) と称した. 彼は創造神を至高者とみなさず, また死人の甦りも信じない. 彼はエルサレムを拒み, ゲリジムを選んだ (以上 22). さて, 主なるイエスの先駆者であった洗礼者ヨハネは, 主が太陽の月数に従って十二人の弟子を持っていたように, 月の日

の原本におけるエンノイア-ソフィア像をエジプトで知り,それをヘレネーと結びつけたとみなしうるであろう.もっともわれわれには AJ の四つの写本において,原本におけるソフィアの救済者としての機能が次第にキリストに吸収されていく過程が追跡されるのであるから[34],シモン伝承においても同様に,エンノイア-ヘレネーがシモンと結びつけられたとき,「救済された」ヘレネーが救済者シモンと対(つい)になり,「救済さるべき」エンノイアが,人間の内なる神性として残されたとみる方が事態に即しているように思われる.とすれば,シモン自身がエンノイア像とソフィアを結合した可能性は否定できないが,それが adv. haer. に見られるような救済神話となったのはシモン派における伝承の過程においてではないであろうか.

4

ヒッポリュトスが証言しているシモンのいわゆる『大いなる宣教』(Μεγάλη 'Απόφασις : 以下 MA と略記)はかなりの長文にわたるので (ref., VI 9, 3-18),われわれはここに訳文をあげることを断念し,その内容を概観しながら検討を加えていく[35].

数に則して三十人の指導者を持っていた.そして,その中にヘレネーという婦人もいた.月の日数は完全数をとらず 29 と 1/2 である.この 1/2 に当るのがヘレネーである.中でもシモンはヨハネから第一人者と認められたが,ヨハネの死後,彼の後継者にならなかった(以上 23).ヨハネが殺されたのは,シモンがエジプトに学んで不在の時だったからである.そのために,ドシテウス(Dositheus)が後継者になった.しかし,シモンがエジプトから帰ると,両者の間に不和が生じ,遂にドシテウスが,シモンは ὁ ἑστώς なることを認め,自分の地位をシモンに譲らなければならなかった(以上 24).シモンはヘレネーを同伴していた.彼女は「主」(κυρία)であり「ソフィア」(σοφία)であり,シモンは彼女をいと高き天よりこの世に引き下したのだと語っていた(以上 25).

この記事には,すべての異端を洗礼者ヨハネに帰そうとする PsClem. の傾向が認められるので,R. M. Grant, *Gnosticism. A Sourcebook of Heretical Writings from the Early Christian Period*, New York 1961, p. 25 のようにエイレナイオスのシモン伝承よりも original とはとりえないが,しかし,シモンをサマリア派と結びつけていること,また彼をエジプトと結びつけていることは,ナグ・ハマディ文書の研究成果から見ても,注目に価するであろう.いずれにしても,シモンの教説をユダヤ教とは全く無関係な異教の中に位置づけようとする Haenchen, *Die Apostelgeschichte*, p. 257 の見解には,もはや従いえないであろう.

34) 下記 196 頁以下,参照.
35) テクストは Völker (ed.), a. a. O., pp. 3-11.

2 「魔術師」シモンとその伝承について

この MA は，種々の素材によって形成された壮大なモザイクのようなものである．その素材の大半は，旧約聖書，なかんずく創世記の創造物語であるが，そのほかに，ヘーラクレイトス(9,3)，エムペドクレース(12,1；14,11)，アリストテレス(9,6)，プラトーン(9,6)，ピュタゴラス派(14,7)，ガレーノス(14,8)，ホメーロス(15,4)等のギリシア思想，ごく少数ではあるが，新約聖書(9,10；10,2；14,6；16,6)も含まれている．しかし，これらの素材をお互いに結びつける「実存理解」ともいうべきものが，われわれの MA に貫かれていることに注目しなければならない．それはこの教えに固有な解釈原理であって，しかもそれが，主として宇宙論にかかわる素材を人間論的に転釈していることが目立つであろう[36]．

まず，人間の本質は，宇宙の始源である「大いなる」「無限の」「第七の」「力」の一部である(14,3)．（これが比喩的には「火」「実」「根」等と呼ばれる．）さらに，この男性的「力」ないしは「理性」の「思考」が女性的「エピノイア」と考えられ，彼女が自らの中に父なるヌースを孕んだという仕方で，ヌースとエピノイアが統一体としての父-母の子孫と見なされているのである(18,7)．ただし，このような統一体は人間の中に「可能性として」(δυνάμει)存在するのであって，「現実性に」(ἐνέργεια)はなっていない(12,4；16,5その他)．なぜなら，現実の人間は非本質的なもの——比喩的には「幹」，「枝」，「葉」(9章)，「新芽」，「木」，「人」(σάρξ)，「草花」(10章)——に被われ，それによっていわば疎外されているからである．

さて，人間の本来的自己としての「力」が可能性から現実性に「成長」(αὔξησις)するためには，「ロゴスと，ロゴスがその中に生まれる主の場所に出会う」(λόγου τοῦ προσήκοντος καὶ τόπου, ἐν ᾧ γεννᾶται λόγος)必要がある(17,7．16,5 をも参照)．「ロゴス」ないしは「主」はシモン自身とみなされている(20,1．10,2；13；16,5をも参照)ので[37]，シモンがここで救済者の役割を果たし，同時に究極的にはあの「大いなる力」と等置されているとみてよいであろう．こうして，人間の中なる「力」は——ちょうど文法学や幾何学がそれに「技術」(τεχνή)が加えられてはじめて完成されるように(12,4)——ロゴスに出会い，

---

36) Haenchen, Gab es eine vorchristliche Gnosis? p. 270, 参照.
37) Haenchen, a. a. O., p. 282, 参照.

「主の場所」(教会?)に関わることによって，その固有なかたちに「かたちづくられる」(ἐξεικονίσθη)[38]．

このような人間論ないしは救済論における「大いなる力」の位置と機能が，シモンに帰せられているもう一つの呼称，「立っている者，立った者，立つであろう者」(ὁ ἑστώς, στάς, στησόμενος)(13;17,1;18,4)に対応するであろう．すなわち，人間の本来的自己は本来的に「存立しているもの」であるが，非本来的・有限的現実の中に，今日の時点に「可能性として」「立った」ものである．しかしそれは，「ロゴス」に出会うことによって将来，「現実に」「立つであろう者」なのである[39]．いずれにしても，人間の救済は「自己自身を成長せしめ，自己自身を求め，自己自身を発見する」(17,3)ことであり，あるいは「万物の認識」(16,1)にある．この限りにおいて『大いなる宣教』の教説は「グノーシス主義的」と特徴づけられてよいであろう．

5

さて，以上のような内容を持つ文書におけるシモンないしはシモン派の教説は，シモン伝承史の中でどのような位置を占めるのであろうか．これに関しては，全く相異なる二つのテーゼが提出されている．

まず，ヘンヘンによれば，ユスティノスとエイレナイオスのシモンに関する証言(A)よりも，ヒッポリュトスのそれ(B)の方が後期の伝承の段階に属する．なぜなら，Aにおける神話論的二元論が，Bにおいて哲学的一元論に傾いているからである．つまり，Aにおいて保持されている神性の女性的属性としてのエンノイア‐ヘレネーの堕落がBにおいて欠落し，その代りに，「可能性」と

---

38) 9, 10; 10, 2; 12, 3. 4; 14, 6(2回); 16, 5. 7; 17, 1. これを，H. Jonas, *Gnosis und spätantiker Geist* I, 3. Aufl., Göttingen 1964, p. 341 は „zum Ebenbild geworden" と訳している．「神のかたち」(創世記 1, 26)になる，全き原型に復する，救済されるの意．

39) ヘンヘンはこれを „der, welcher stand, steht und stehen wird" と訳している．その理由については，Haenchen, a. a. O., p. 279, Anm. 1, 参照．なお，先に見たようにPsClem., *hom*., II 22 (*recg*., II 7. 11; III 47 参照)ではシモンが ὁ ἑστώς と呼ばれている．H. Waitz, Simon Magus in der altchristlichen Literatur, *ZNW* 3, 1904, pp. 121-143 によれば，ὁ ἑστώς は至高者の呼称としてアレクサンドリアのフィローンとアレクサンドリアのクレメンス以外には用いられていない．とすれば，シモンがこの呼称で呼ばれていたのはアレクサンドリアにおいてであろう．

「現実性」という概念に代表されるアリストテレース的一元論が前景に出る．そしてこのことが，「神話論から神秘哲学へ」[40]という，グノーシス主義に一般的な思想形態の発展過程に即応するからである[41]．

これに対して，シュミットハルス(W. Schmithals)は異議を申し立て，事態は逆であって，BがAよりも伝承の古い段階に遡るという．われわれの所有するMAのテクストには，その中に新約聖書や2世紀のガレーノスの文書が用いられているから，確かにそのままが伝承の最古の層に属するとは言えない．また，MAの中に引用されているシモン自身の言葉がそのままシモンに遡源されることも証明されない．しかし，この文書の中心思想は，sachlichには明らかに，chronologischにはおそらく，シモンに関する伝承の最古の層に，それ故にキリスト教成立以前の時代に遡るであろう．なぜなら，この思想のSacheはキリスト教――なかんずくイエスの教え――と無関係であり，またその素材の大部分をユダヤ教のテクストに負っているからである．しかも，グノーシス主義の発展史において，「神話論から神秘哲学へ」の線を必ずしも明確に追跡することは不可能である．むしろ逆に，グノーシス的「根本体験」(Grunderlebnis)の「哲学的・一元的対象化」(philosophisch-monistische Objektivation)から「神話論的・二元的対象化」(mythologisch-dualistische Objektivation)に発展した例も現実に存在するからであるという[42]．

これらの諸説に対して，われわれはどのような態度決定をすべきであろうか．

第一に，グノーシス主義の発展が，一般的に二元的・神話論的なものから一元的・哲学的なものへという線を辿るか，あるいはその逆か，という論争は，われわれの問題解決にとってあまり生産的なものを期待できないであろう．実際，グノーシス諸派の内部において，思想表現形式の変化には多様性が認められるからである[43]．

第二に，MAの素材の大部分がユダヤ教のテクストから採用されているから

---

40) „Von der Mythologie zur mystischen Philosophie" これが H. Jonas, *Gnosis und spätantiker Geist* II, Göttingen 1954 の副題である．

41) Haenchen, a. a. O., p. 297 f.

42) W. Schmithals, *Die Gnosis in Korinth*, 2. Aufl., Göttingen 1965, pp. 32–42.

43) たとえば，オフィス派ないしはバルベロ・グノーシス派とヴァレンティノス派の関係，マルキオンとマルキオン派の関係を見よ．

と言って，そこから直ちにわれわれの教説が伝承の最古の層に属すると結論することはできない．その理由には，ユダヤ教とキリスト教が時代史的前後関係にあることは事実としても，しかし，両者は並列の関係にもあるという単純な事実を指摘すれば足りるであろう．

いずれにしても，『大いなる宣教』における思想のSacheが——ヘンヘンとシュミットハルスが共に強調するように——キリスト教思想のSacheと無関係であることは事実であろう．しかし，だからと言ってそれがchronologischにもキリスト教成立以前のものであることを結論づけえないであろう．元来，グノーシス主義に固有な反世界的実存理解は，歴史的文脈とは無関係に，いつ，どこででも起こりうる普遍的特色を持っているのである[44]．そして，もちろんこれだけではBがAより古いという証拠にはなりえない．

われわれの見解によれば，われわれの問題を解くためには，ヒッポリュトス『全異端反駁』の枠内における『大いなる宣教』の文学的性格を問うことから出発しなければならない．そして，この問題を解く鍵を提供するのが，フリッケル(J. H. Frickel)の最近の論文である[45]．

彼によれば，ヒッポリュトスが『全異端反駁』の中で諸々の「異端」を読者に紹介する際に，それを自ら要約して紹介することはしない．自ら要約すると断っている箇所でさえも，彼は同一の教説に関する別個の新しいテクストを導入することによってそれに代えている．この原則から見ると，われわれの箇所は——ヘンヘン，シュミットハルスその他が一般的にそう見るように——シモンのMAのヒッポリュトス自身による要約ではない．この箇所にはMAそのものからの引用も存在する($V 9, 4 ; 11 ; 14, 4 ; 17, 2 ; 18, 1-7$)ので，全体としては，ある無名の著者による$MA$に関する注釈である．われわれの箇所で繰り返して用いられている「と彼は言う」(φησίν)という動詞は，一般的に考えられているように，ヒッポリュトスがMAのテクストを自由に再現してそれを要約するために付加したものではなく，彼が文章の該当箇所，あるいはその意味づけを

---

44) 下記344頁以下，参照．
45) J. H. Frickel, Die Apophasis Megale. Eine Grundschrift der Gnosis? in: U. Bianchi (ed.), *Le origini dello gnosticismo*, Leiden 1967, pp. 197-202. この見解の結論は，J. M. A. Salles-Dabadie, *Recherches sur Simon le Mage* I: *L'《Apophasis megalè》*, Paris 1969, bes. pp. 9 f., Anm. 2 によって支持されている．

強調するために付加したものである.

この見解が正しいとすれば, すなわち, われわれのテクストは MA を要約的に再現したものではなく, ヒッポリュトス以外のだれかによる MA の注釈であるとすれば, テクストの大部分は, 少なくともシモン自身に遡らないという意味で, 伝承の後期の段階に属するとみてさしつかえないであろう. 実際, われわれのテクストには他のグノーシス諸派にも共通する思想が散見されるのである[46]. それ故に, 問題として残るのは, われわれのテクストに引用されているシモン自身の言葉, とくに中でも最も長い 18, 1-7 と, A の中でも古い層に属するシモン伝承との関係であろう.

われわれはすでに, 主としてエイレナイオスのシモン伝承から, シモンないしシモン派が AJ の原本におけるごときエンノイア-ソフィア像を知っていて, それをヘレネーに結びつけ, シモンの対とした可能性を想定した. そして, 今ここで注目すべきは, われわれのテクスト 18 章においても, 「父」とそのエピノイアの関係(父の思考が独立して, エピノイアが父を見つめることにより, 父を自らの内に孕んだ)が, AJ (ベルリン・コーデックス (BG) 29, 18 ff.) における「父」とバルベロとの関係に極めて類似していることである. しかも, ここでバルベロはエンノイア-ソフィアの影的存在に過ぎない. とすれば, MA におけるシモンの言葉にも, AJ におけるごときエンノイア-(バルベロ)-ソフィア像が「エピノイア」として「父」シモンに結びつけられているとみてよいのではなかろうか.

以上の論述から, シモン伝承における A と B の関係に関する結論を導き出すことができるであろう. シモン伝承の最古の層には, A においても B においても共通して, AJ におけるような, 神性「父」の女性的属性としてのエンノイア-バルベロ-ソフィア像が前提されている. A においては, 「父」と分離した形におけるエンノイア-ソフィア像がヘレネーに結びつけられ, それがシモンの対となるという仕方で, 神話論的・二元的教説が展開される. B においては, 「父」と結合した形におけるバルベロ像が, 「エピノイア」として「父」

---

46) たとえば 9, 6 前半はセツ派, バシリデス, モノイモスに, 16, 1 後半はペラータイ, ドケータイに, 17, 3 はモノイモスに共通する.

シモンに結びつけられ，それが基礎となって哲学的・一元的教説が展開される．こうして，AとBは，シモン伝承の成立史上，chronologisch な前後関係に置かるべきではなく，同一の基礎を持ちながら，並列しつつそれぞれ異なった形式で伝承を形成したとみなさるべきであろう．もっとも，AとBにおける「同一の基礎」をシモン自身に帰しうるか否かを決定するだけの証拠を，われわれは残念ながら持っていない．

いずれにしても，相当の蓋然性をもって言えることは，シモンが自らを「大いなる力」と称して魔術を行ない，人々が彼を神的存在として礼拝の対象としたことであろう（これは行伝以下いずれの伝承にも共通するからである）[47]．さらに，神性の女性的属格（エンノイア，エピノイア，力）が人間の本来的自己であることを，神性としてのシモンの啓示によって認識(グノーシス)することが救済であるという，いわゆる「グノーシス主義」の教えを開いたのが，シモンその人であるか否かは明らかでない．しかし，これはシモン伝承の最古の層にはじまっており，それを基にして，一方においてはヘレネーを伴う二元的神話論を含む(A)，他方においては一元論に傾く神秘哲学を含む(B)シモン伝承が形成されたものと思われる．

---

47) ヘンヘンもシュミットハルスも，この限りでは一致して，行伝とBにおける「魔術師」シモン像は，「グノーシス主義者」シモンがルカをはじめとするキリスト教側によって格下げされた像であると主張する．われわれもすでに，行伝の中にルカ的傾向を認めたのであるが，シモンを「魔術師」とみなしたことまでを，ルカ的ないしはキリスト教的修正とみなくてもよいのではなかろうか．なぜなら，古代における魔術や占星術は現代における科学(science)に当る側面もあり，この魔術から「認識」(scientia)を救済とみなすグノーシス主義が出たことは論理的に推定できるし，実際，A. Hilgenfeld, *Die Ketzergeschichte des Urchristentums*, Leipzig 1884 (Nachdruck: Darmstadt 1966), pp. 21 ff., 230 ff. によれば，Iren., *adv. haer.*, I 11, 1 のいわゆる「グノーシス的異端」(γνωστικὴ αἵρεσις) は，サマリア人エウポレモスやエッセネ人，シモンやメナンドロスに固有な「占星術的あるいは魔術的グノーシス，ないしはそのような秘教」を指している可能性が強いからである．いずれにしても，いわゆる「魔術」と「グノーシス主義」を分離して考えることは現代的に過ぎるであろう．両者の密接な関係については，G. van Groningen, *First Century Gnosticism. Its Origin and Motifs*, Leiden 1967, bes. p. 23, 参照．

3 バルベロ・グノーシス派と オフィス派について

われわれは先に，ヴァレンティノスがそれに依ったといわれる「古い教え」(ἀρχαί)はバルベロ・グノーシス派ないしはオフィス派の教説に類似するものであろうと想定した[1]．以下においてわれわれは，この両派の教説を，それぞれに関するエイレナイオスの報告から再現しておきたい．

1 バルベロ・グノーシス派

この派は「バルベロ」という存在によって導入される神話論を有するグノーシス派の総称であるが[2]，その教説は Iren., adv. haer., I 29, 1-4 によれば次の通りである．

「名づけえない父」と「処女の霊」バルベロが存在する．この「(父から)出たエンノイア(思い)」の求めに応じて，「プログノーシス」(前知)，「アフタルシア」(不滅)，「アイオーニア・ゾエー」(永遠の命)が順次に生ずる．

バルベロがこれらのものを称賛し，「大いなるもの」父を見つめて孕み，「光」を生む．父はこの光をχρηστόςでもって塗油し，これを「全き者」にした．これがΧριστός，すなわち「キリスト」である[3]．キリストの求めに応じて「ヌース」が出で，父はそれに加えて「ロゴス」を生ぜしめる．こうして，エンノイ

---

[1] 上記100頁以下，参照．

[2] Barbelo の意味は今のところ十分に解明されていない．一般的には，これはアラム語で「四つの中に神あり」を意味する隠語であろうといわれている．R. Haardt, *Die Gnosis. Wesen und Zeugnis*, Salzburg 1967, p. 301, 参照．詳しくは S. Giversen, *Apocryphon Johannis. The Coptic Text of the Apocryphon Johannis in the Nag Hammadi Codex II with Translation, Introduction and Commentary*, Copenhagen 1963, pp. 165 f., 参照．

[3] Χριστός の名を χρηστός から導入する試みは，両方に発音上の区別がなかった事実からなされたものと思われる．なお，この背後には，『ヨハネのアポクリュフォン』BG 29, 68 ff. におけると同様に，グノーシス主義の最も重要な礼典の一つである塗油式 (χρίσμα) が前提されているであろう．クリスマについては，下記291頁以下，参照．

アとロゴス，アフタルシアとキリスト，アイオーニア・ゾエーとテレーマ（意志），プログノーシスとヌースという四つの対が成立する．そしてこれらは，「大いなる光」とバルベロを称賛したのである（以上 29, 1）．

その後に，エンノイアとロゴスから大いなる光の代理としてアウトゲネース（自ら生れたもの）とアレーテイア（真理）が生じ，この二つが一つの対となった．「光」なるキリストとアフタルシアから，アウトゲネースのまわりに立つものとして四つの光が出た．そして，テレーマとアイオーニア・ゾエーから，四つの光に仕えるものとして，四つの流出，すなわち，カリス（恵み），テレーシス（意志），シュネシス（理解），プロネシス（思考）がつくられた．そして，カリスは第一の光に，テレーシスは第二の光に，シュネシスは第三の光に，プロネシスは第四の光につけ加えられ，それぞれの流出が，アルモゲネース，ラグエル，ダヴィデ，エレレツと名づけられた（以上 29, 2）．

こうして，すべてのものが固くされると，アウトゲネースは「全き真の人」を流出する．彼は「アダマス」と呼ばれるが，それは彼自身も彼から出たものも支配されないからである[4]．他方，彼と共に「全きグノーシス」が流出しており，この両者が結合して対となった．彼は「万物の上にあるもの」（父）を知り，「処女の霊」（バルベロ）から不敗の力が与えられる．こうして，すべてのものが「大いなるアイオーン」（父）を賛美する．それ故に，父と母と子が現わされる，といわれるのである（以上 29, 3）．

それから，モノゲネースに随伴する第一の天使から聖霊が流出し，それがソフィアともプルーニーコスとも呼ばれる[5]．彼女はほかのものがすべて伴侶を持っているのに，自分だけ伴侶なしでいるのを見出して，彼女がそれと一つになるものを捜した．しかし，彼女はそれを発見できなかったので，必死になって身を伸ばし，下方を捜して，ついにはその中にとびこんだ．彼女は父のみ旨

---

4) これはギリシア語 ἀδαμάς（「支配されない」の意）の語源的説明にもなっている．もちろん adamas の元来の素材は創世記の「アダム」である．

5) prunicus の意味についても十分な解明がされていない．ただ，これは他のグノーシス文書においても多くの場合ソフィアの別名とされており，彼女の多情な性質を意味するように思われる．実際，ギリシア語の προυνικία は「多情な性質」の意である（H. Liddle, R. Scott, *A Greek-English Lexikon*, 9. Aufl., Oxford 1940, p. 1537）．ただし，προύνικος は「重荷を負う者」の意（ibid.）．

3 バルベロ・グノーシス派とオフィス派について　　125

に従わず，衝動にかられたのである．そしてその後に彼女は，単純さと善意に動かされて一つの存在を生んだ．その中には無知と不遜があり，それはプロアルコーンと呼ばれる．

　このプロアルコーンがデーミウルゴスなのである．彼は母ソフィアから大いなる力を受けつぎ，彼女から離れて下方に立ち，天の蒼穹を造った．更に，彼は無知なので，諸権力と天使たちと地上のすべてのものを造った．それから彼はアウダキア(不遜)と一つになって，カキィア(悪)，ゼーロス(ねたみ)，フトノス(羨望)，エリニュス(復讐)，エピテュミア(欲情)を生んだ．彼らが生れると，母ソフィアは悲しみのあまりそこから逃げて，高みへと帰って行った．こうして，逆算すると，彼女はオグドアス(八つのもの)となる[6]．他方，プロアルコーンは，母が高みへ帰ってしまうと，自分が一人だけ存在すると思い込み，「わたしはねたむ神である」(出エジプト 20, 5)，「わたしのほかにだれもいない」(イザヤ 45, 6 ; 46, 9)と言ったのである(以上 29, 4).

　以上 Iren., *adv. haer.*, I 29, 1-4 は，上界における諸存在の成立，ソフィアの堕落，プロアルコーンによる天地，諸権力，天使，悪霊の創造に関する叙述で終っている．ところが，すでに今世紀のはじめに，エイレナイオスによるこの報告の部分が『ヨハネのアポクリュフォン』の前半とほぼ一致することが確かめられているのである[7]．すなわち，バルベロ・グノーシス派の神話論の中，その後半は『ヨハネのアポクリュフォン』によって知ることができる[8]．そしてここでは，ソフィアの悔改め，アダム(地上の人間)の創造，アダムをめぐる「父」(彼によってつかわされる「光のエピノイア」)と「ヤルダバオト」[9](彼によってつかわされる「アンティミモン・プネウマ」)との抗争，「母」なるソフィア，最後にキリストによる人間の救済が物語られているのである．ただし『ヨハネ

---

[6]　これは，プロアルコーンの住まう「七つの天」(ヘブドマス)の最下層から上層へと数えていって「第七の天」の上にある「八つのもの」の意味であろう．

[7]　C. Schmidt, Irenäus und seine Quelle in adv. haer., I 29, in : *Philotesia* (Festschrift für P. Kleinert), Berlin 1907, pp. 315–336.

[8]　テクストは，W. C. Till (ed.), *Die gnostischen Schriften des koptischen Papyrus Berolinensis 8502* (BG), Berlin 1955, pp. 78–195.

[9]　エイレナイオスのいわゆる「プロアルコーン」．

のアポクリュフォン』そのものについて論ずることは，反異端論者の「グノーシス」に関する言及を扱う本節の枠を越えることになるし，また，『ヨハネのアポクリュフォン』の三つの異本がナグ・ハマディ文書に含まれているので，この文書に関しては，これらの異本との関わりにおいて後に詳しく論じられるであろう[10]．ここでは，Iren., adv. haer., I 29, 1-4 との関係において重要と思われる，『ヨハネのアポクリュフォン』の構成について短く言及しておきたい．

　『ヨハネのアポクリュフォン』そのものは一種の「秘教文学」(Geheimschrift)で，秘教の枠(BG 19, 6-22, 17 ; 75, 19-77, 5)によると，復活のキリストが，おそらくオリヴ山と思われる山に現われ，ゼベダイの子ヨハネの問に答えて秘教を啓示し，同信の徒に秘かに伝えるようにと命ずることになっている．

　さて，秘教そのものは二つの部分から構成されていて，第一部はキリストによって与えられた啓示の報告，第二部はキリストとヨハネの対話である．そして，この第一部(BG 26, 6. および 19-44, 19)が大筋において Iren., adv. haer., I 29, 1-4 と重なり[11]，それに対して第二部がエイレナイオスの証言に欠けているのである．さて，この第二部はヨハネによる十の質問とそれに対するキリストの回答から成り立っているが，一から三番目，及び十番目の一部の問答と，四から九番目，及び十番目の一部の問答とが，内容上別個のグループを形成している．すなわち，前者はこの文書の第一部にひき続いて創世記 1-7 章のグノーシス的パラフレーズとなっており，後者は死後における人間の魂の運命に関する叙述となっている．そして，もしエイレナイオスが秘教そのものの前半だけしか知らなかったとすれば[12]，秘教の枠はおそらく二次的なものであり，更に，秘教の前半と後半(対話の部分)は別々に伝承されていたということになるであろう．もっとも，われわれには対話の形式も秘教の枠と共に二次的であると思われるし[13]，また，そのためにエイレナイオスが秘教の後半を知らなかったと仮定する必要もないように思われる．彼は秘教の後半——少なくとも旧約

---

10) 下記 196 頁以下，参照．

11) 個々の叙述についていえば，両者にはかなりの相違が認められる．両者の異同に関しては，W. Foerster, in : C. Andresen (ed.), *Die Gnosis* I : *Zeugnisse der Kirchenväter*, Zürich/Stuttgart 1969, pp. 135-138, 参照．

12) M. Krause, in : Andresen (ed.), a. a. O., p. 138.

13) 下記 196 頁以下，参照．

のパラフレーズの部分——をも知っていたが，それには彼が次に紹介するオフィス派の神話論と重なる部分があるので，バルベロ・グノーシス派についてはそれを省略したともみなしうるであろう．いずれにしても，われわれは以下においてエイレナイオスのオフィス派に関する叙述(Iren., *adv. haer.*, I 30, 1-15)に注目することにしよう．

2 オフィス派[14]

「ビュトス」(深淵)の中に「第一の光」(=「万物の父」=「第一の人間」)と，彼から出た「エンノイア」(=「人の子」=「第二の人間」)と，「聖霊」(=「第一の女」)が存在する．その下に，「水」と「闇」と「奈落」と「混沌」の諸要素が存在する．これがはじめから存在した上の三要素と下の四要素である．そして，上の三が四になることによって宇宙とその救済の歴史がはじまる．つまり，第一と第二の人間が第一の女と交わって，「第三の人間」キリストを生んだ(以上 30, 1)．

しかし，第一の女は光を支えることができず，それが満ち溢れて，左右に湧き出た．右がキリストであり，彼は，その母と共に上方の「不滅のアイオーン」に受けいれられる．これが，第一の人間，第二の人間，キリスト，第一の女の集合としての「エクレーシア」である(以上 30, 2)．

女に湧き出た力は下に落ちるが，それは「光の残余」を持っている．これが「プルーニーコス」，「ソフィア」または「男女」である．彼女は水の中に下りていって，更に「奈落」にまで迫る．こうして，彼女は彼からからだを得る．しかし，彼はこれに耐えることができず，光の残余から力を得，身を上方に伸ばして，からだから天を造った．こうして，彼はからだを脱いだのである(以上 30, 3)．

---

14) 以下の教説は，Theodoret., *haer. fab.*, I 14 によると，「'Οφιανοί または 'Οφίται と呼ばれている Σηθιανοί」に由来するといわれている．ただし，オフィス派とセツ派はそれぞれ——類似はしているが——別個の教説を有するグノーシス派である(下記173頁以下の『アダムの黙示録』はセツ派のものであろう)．なお，ὀφιανοί または ὀφίται は ὄφις(蛇)に由来し，その神話論の中で創世記3章の「蛇」が救済者的役割を演じているグノーシス派の呼称である．ただし，いわゆる「ナハシュ派」もヘブライ語の נחש (蛇)に由来するが，これはヘブライ語をそのままギリシア語に移して νάας と呼ぶグノーシス派，具体的には Hipp., *ref.*, V 6, 3-11, 1 のいわゆる「ナハシュ派」の教説を有するグノーシス派のことで，われわれの「オフィス派」とは区別さるべきである．

彼女の息子が子を生み，その子が更に子を生み，それがくり返されて，ヘブドマス (Hebdomas:「七つのもの」)が完成するが，ソフィアはオグドアス (Ogdoas:「八つのもの」)にとどまる(以上 30, 4)．

ソフィアの息子「ヤルダバオト」[15]に対して他の息子たち，孫たち，諸権力が反抗する．ヤルダバオトは悲しみのために物質の沈積物を見，それに欲情するが，それが固まって，そこから息子が生れる．これが「ヌン」(Nun) または「ヌース」(Nus)で[16]，蛇のように身を巻いており，これから忘却，不遜，ねたみ，死等の悪霊が生れる(以上 30, 5)．

ヤルダバオトは自ら唯一の神であることを誇るが，ソフィアは，彼の上に第一と第二の人間が存在することを告知する．そこでヤルダバオトは，諸権力と共に，彼らのかたちに従って人間「アダム」を造る．しかし，アダムは立つことができなかったので，ヤルダバオトは彼に命の霊を吹き込んだ．アダムは，ヤルダバオトを無視して，第一の人間に感謝する(以上 30, 6)．

ヤルダバオトは，アダムから力を取り去るために，女を造った．諸権力はこの女「イブ」に欲情して，彼女から息子たち，天使たちを生んだ．しかし，母ソフィアは彼らを蛇によって誘惑し，ヤルダバオトが食べることを禁じておいた木の実を食べるようにと勧めた．イブはアダムを説得し，二人はこれを食べ，彼らが万物の上にある父を持っていることを知った(以上 30, 7)．

そこで，ヤルダバオトは二人をパラダイスから追放する．彼はイブに欲情し，彼女から子を生もうとするが，ソフィアの反抗にあって果たさない．しかし，結局アダムとイブはヤルダバオトによってこの世にひき下ろされるが，その際，ソフィアは二人から光の残余を取り去る．同様に，蛇もまたひき下ろされ，これは天使たちの中にひき入れられて六人の息子を生む．こうして，ヤルダバオトの「ヘブドマス」に類似したこの世の「ヘブドマス」が成立する．これがこの世のダイモーンなのである(以上 30, 8)．

ソフィアはアダムとイブを憐れんで，再び彼らに光の残余を与える．それに

---

15) Jaldabaoth はヘブライ語の יַלְדָא בְהוּת(混沌の子)に由来するといわれる．そして，この仮説が正しいことは，いわゆる『この世の起源について』151, 24 によって証明されている．詳しくは，Giversen, a. a. O., pp. 199 ff., 参照．

16) ヘブライ語 נַחֻשׁ に由来するであろう．

よって二人は自らの本質を知る．二人は交わってカインとアベルを生むが，蛇はその息子たちとともに，カインをしてアベルを殺害させる．アダムとイブは，更にソフィアの摂理によって，セツ，ノア，全人類を生むが，これに対してあの下のヘブドマスからあらゆる種類の悪徳が送り出される．しかし，ソフィアは光の残余を救うのである（以上 30, 9）．

ヤルダバオトは，人間たちが彼を崇めないので，彼らを滅ぼすために洪水を送った．しかしソフィアは，彼女の光の残余の故に，ノアとその箱船に入ったものたちを救った．他方ヤルダバオトは，アブラハムを選んで彼と契約を結び，彼に嗣業の地を与える．更に彼は，モーセによって人々をエジプトから導き出し，彼らに律法を与えて，彼らをユダヤ人とする（以上 30, 10）．

ユダヤ人たちは預言者たちをヤルダバオトと彼の諸権力に分割する．しかし，ソフィアは彼らを通して上のキリストを告知する．諸権力はこれを聞いて驚く．更にソフィアは，ヤルダバオトを通じて，エリサベツとマリアから二人の人間を，つまりヨハネとイエスを誕生せしめる（以上 30, 11）．

下のソフィアは，彼女の母「第一の女」に助けを求める．これに応じて第一の女はキリストを下降させる．彼は諸権力の間を通り，彼らの中にある光の残余を自らに集め，下ってソフィアに結びつき，更にイエスと結合する（以上 30, 12）．

イエス・キリストは，力ある業を行ない，知られざる父を告知し，自ら「人の子」たることを告白する．これに対して，ヤルダバオトと諸権力が怒り，彼を殺そうとする．しかし，キリストはソフィアと共にイエスから離れて不滅のアイオーンに入るが，イエスのことを忘れはしなかった．彼は，イエスをからだにおいてよみがえらせたのである．そして，このからだのことを「心魂的からだ」($\sigma\hat{\omega}\mu\alpha$ ψυχικόν) または「霊魂的からだ」($\sigma\hat{\omega}\mu\alpha$ πνευματικόν) という（以上 30, 13）．

イエスは，18箇月間地上に留まり，その奥義を把握できる少数の人々にのみ，何が純粋であるかを教えた．その後に，彼は天に上り，ヤルダバオトの右に座しているキリストのもとに到る．イエスとキリストは，グノーシスに達した人々の魂を集め，自らを豊かにしていく．これに反して，ヤルダバオトはその力を取り去られ，やせ細っていく．こうして，光の霊のすべての残余が集め

られ，不滅のアイオーンに受けいれられるときに，万物の完成が達せられるであろう（以上 30, 14）．

　以上のように，オフィス派においては——バルベロ・グノーシス派と同様に——宇宙が三段階に分けられて想定されている．第一は，不滅のアイオーンの上界，第二はヤルダバオトの中間界（「ヘブドマス」），第三はダイモーンの支配するこの世である．そして，上界における秩序の乱れから，第二，第三の世界が生ずるのであるが，この乱れの原因は，バルベロ・グノーシス派と同様，ソフィアに帰されている．ただし，ここではソフィアが——バルベロ・グノーシス派におけるごとくに——自ら堕落したのではなく，彼女が光を支えることができなかった，ということになっている．この表象は，バルベロ・グノーシス派の場合よりはおそらくより archaisch であろう[17]．
　さて，第二と第三の世界の歴史，なかんずくその救済の歴史は，アダムをめぐる，とりわけ彼の内なる「光の残余」をめぐるソフィアとヤルダバオトの抗争の歴史である．しかし，究極的にはソフィアにも救済行為が果たせず，彼女に下ったキリスト，更にイエスに下ったキリストによってそれが完成される．にもかかわらず，オフィス派の神話論全体におけるソフィアの位置から見ても，また，救済の誘因は常にソフィアによって与えられているという事実からいっても，われわれはオフィス派の教説におけるキリスト像が二次的であるという印象をまぬがれえないであろう[18]．ほぼ同様の印象をわれわれはバルベロ・グノーシス派の神話論からも受けるのであるが，これについては，『ヨハネのアポクリュフォン』の四つの異本に基づいて，文献批判的に証明されるであろう[19]．

---

17) Foerster, in: Andresen(ed.), a. a. O., p. 111, 参照．
18) Foerster, in: Andresen(ed.), a. a. O., p. 115, 参照．
19) 下記 196 頁以下，参照．

4 ヴァレンティノスの教説

ヴァレンティノスはエジプトの海岸地方で生れ,アレクサンドリアにおいてヘレニズム風の教育を受けた[1].ここで彼はグノーシス主義に傾くキリスト教に入信したものと思われる.彼はエジプトの各地において同信の徒を得たが,ここでは未だ教会によって排斥されるまでには至っていない.その後彼は,司教ヒュギヌス(Hyginus)の時(136-140年頃)ローマに上って同地の教会に入り,司教ピウス(Pius)の時(140-155年頃)その勢力が頂点に達し,司教アニケトゥス(Anicetus)の時(155-166年頃)までその教えを広めたといわれる[2].しかし,この間に彼はその才能と弁舌をもって司教座を狙ったが,自ら殉教を拒否したためにこれを果たさず[3],教会から異端として追放されたものと思われる[4].この時はおそらくピウスが司教座につく頃(140年頃)であったであろう[5].ヴァレンティノスは,前述のように,すでにエジプトにおいて同信の徒を集めていたものと思われるが,ローマでは更に多くの信徒を従え,とくに彼が教会から分離した後に,「いわゆるグノーシス的異端出の最初の人」として「古い教説を彼に固有な教説の性格に変えて」[6],いわゆるヴァレンティノス派とその救済神話論を形成する.この派は彼の死(160年頃)後,エジプトやローマを越えて,シリアやガリアにまで広がり,約1世紀間,グノーシス主義の中において最大の勢力を誇ったものと思われる.

さて,「最大のグノーシス主義者」といわれるヴァレンティノスの教説を知る

---

1) Epiph., *pan.*, 31, 2.
2) Iren., *adv. haer.*, III 4, 3.
3) Tert., *Val.*, 4.
4) Tert., *praesc. haer.*, 30.
5) A. Hilgenfeld, *Die Ketzergeschichte des Urchristentums*, Leipzig 1884 (Nachdruck : Darmstadt 1966), p. 288 ; W. C. van Unnik, The 'Gospel of Truth' and the New Testament, in : F. L. Cross (ed.), *The Jung Codex*, London 1955, pp. 79 ff. ; K. Grobel, *The Gospel of Truth. A Valentinian Meditation on the Gospel*, New York 1960, pp. 27 f. ; W. Foerster, in : C. Andresen (ed.), *Die Gnosis* I : *Zeugnisse der Kirchenväter*, Zürich/ Stuttgart 1969, p. 162, 参照.
6) Iren., *adv. haer.*, I 11, 1.

ためには，今のところ間接資料に依る以外に方法がない．ナグ・ハマディ文書中のいわゆる『真理の福音』をヴァレンティノスに帰する仮説もあるが[7]，これは一般的に受けいれられてはいないからである[8]．他方，後述するヴァレンティノス派の一派であるプトレマイオス派の神話論からヴァレンティノス自身の思想を再構成する試みが行なわれているが[9]，これも仮説の領域を出るものとは思われない．とすればわれわれにはやはり，教父たちによって言及されているヴァレンティノスの教説に関する九つの断片と，エイレナイオスが紹介するヴァレンティノス自身の神話論から[10]，ヴァレンティノスの教説を復元するのが一番健全な道ではないかと思われるのである．そして，ここに復元されたものとヴァレンティノス諸派の教説の間に一致する部分があるとすれば，この部分をほぼヴァレンティノスの思想と見ることは許されることになるであろう．

なお，ヴァレンティノス自身の思想に関しては，後のヴァレンティノス諸派の思想体系との対比において，学者たちの間に，意見が二つに分れている．第一は，主としてエイレナイオスの報告に基づいて，ヴァレンティノス派の思想は，はじめから，つまりヴァレンティノス自身の教説も，「東方的・神話論的」(orientalisch-mythologisch) であったとする説である[11]．第二は，これとは反対に，主としてテルトゥリアヌスの記述に依りながら[12]，ヴァレンティノス自身の教説はもともとパウロやヨハネ，あるいはプラトーンに近く，いずれにしても比較的に単純なものであったが，それがヴァレンティノス諸派の中ではじめて，より複雑に，「神話論的・思弁的」(mythologisch-spekulativ) に展開され

---

7) たとえば，van Unnik, in : Cross (ed.), a. a. O., p. 78 ff.; Grobel, a. a. O., pp. 12 ff.; R. M. Grant, *Gnosticism and Early Christianity*, New York/London 1959, pp. 128 ff.

8) S. Arai, *Die Christologie des Evangelium Veritatis. Eine religionsgeschichtliche Untersuchung*, Leiden 1964, pp. 5-13, 参照．

9) G. Quispel, The Original Doctrine of Valentin, *VigChr* 1, 1947, pp. 48-73.

10) それらのほかにも，ヴァレンティノスの教説といわれる Epiph., *pan.*, 31, 5, 1-8, 3 がある．しかし，これがヴァレンティノス派のものであることに疑いはないが，ヴァレンティノス自身のものとは思われない (Foerster, in : Andresen (ed.), a. a. O., p. 303) ので，ここでは扱われない．

11) Hilgenfeld, a. a. O., pp. 293-313; W. Foerster, in : Andresen (ed.), a. a. O., pp. 309-312; Ders., *Von Valentin zu Herakleon. Untersuchung über die Quellen und die Entwicklung der valentinianischen Gnosis*, Berlin 1928, pp. 91-101.

12) といっても，ほとんど Tert., *Val.*, 4 に準拠．

ていったとする説である[13]．われわれはこれらの説を踏まえた上で，まず九つの断片からヴァレンティノスの教説を復元し，次にエイレナイオスの報告から彼の神話論を再現して，最後に彼の教説の特色を確認することにしよう．

1　九つの断片[14]

断片1 (Clem. Alex., *strom.*, II 36, 2-4).

ここで問題になっているのは，人間が神の名において造った種々の像に対して，その背後にある「神」の故に聖なる恐れに満たされる例証として，最初の被造物を造った天使たちが，その中に与えられた「種子」ないしは「人間」の故に，恐れをひき起した事実をあげていることである．しかし，われわれにとって注目すべきは，このような表象に前提されているヴァレンティノスの宇宙観ないしは人間観である．そして，この関連においてわれわれは，オフィス派の教説 (Iren., *adv. haer.*, I 30, 1-15) を指示したい[15]．なぜなら，ここでは至高者が「第一の人間」と呼ばれており (30, 1)，「諸権力」つまり天使たちがアダムを造るが，彼は自らの中に「命の霊」を吹き込まれ，天使たちを無視して，「第一の人間」に感謝をささげており (30, 6)，そのために彼はイブと共にパラダイスから追放されている (30, 8) からである．ただし，ここにおいて，アダムに「命の霊」を吹き込んだのは，至高者ではなく，ヤルダバオトである．この限りにおいて，ヴァレンティノス自身の考えはむしろバルベロ・グノーシス派に近いであろう．なぜなら，『ヨハネのアポクリュフォン』において，至高者が自ら「人間」としての存在を告知し (BG 47, 14 ff.)，諸権力によって造られたア

---

13) E. de Faye, *Gnostiques et Gnosticisme. Étude critique des documents du gnosticisme chrétien du IIe et IIIe siècles*, 2. Aufl., Paris 1925, pp. 55-74, bes. 74; H. Leisegang, *Die Gnosis*, 4. Aufl., Stuttgart 1955, pp. 281-297, bes. 289; H. Langerbeck, Die Anthropologie der alexandrinischen Gnosis, in: *Aufsätze zur Gnosis*, Göttingen 1967, pp. 38-82, bes. 79 ff. その他，『真理の福音』をヴァレンティノスに，あるいは初期のヴァレンティノス派に帰する人々，前述のファン・ウニク，グローベル，グラントのほかに G. Quispel, Neue Funde zur valentinianischen Gnosis, *ZRGG* 6, 1954, p. 296 等も，当然この立場をとる．

14) テクストは，W. Völker (ed.), *Quellen zur Geschichte der christlichen Gnosis*, Tübingen 1932, pp. 57-60.

15) 上記127頁以下，参照．

ダムを助けるために，彼の中に「光のエピノイア」を送ったといわれている(52, 17 ff.)からである．なお，後述するプトレマイオス派によれば，ソフィアがデーミウルゴスをしてアダムの中に霊の種子を吹き込んだことになっている(Iren., *adv. haer.*, I 5, 6)．

断片 2 (Clem. Alex., *strom.*, II 114, 3-6).

ここでは人間の，ダイモーンからの浄化と救済について語られている．その際に，神が「よき者」(ὁ ἀγαθός)と呼ばれていることに注意したい．この呼称は『真理の福音』にも用いられているが(36, 35；42, 29)，それ自体がかならずしもヴァレンティノス派に固有なものではない[16]．

断片 3 (Clem. Alex., *strom.*, III 59, 3).

ここでは，イエスの禁欲が異常な程だったので，彼が飲食したものは消化もされず排泄もされなかったといわれる．このような表象はオフィス派におけるイエスのいわゆる「霊魂的からだ」(Iren., *adv. haer.*, I 30, 13)と結びつくかもしれない．

断片 4 (Clem. Alex., *strom.*, IV 89, 2-3).

ここに語られる，人間ははじめから不死であったという表象は，オフィス派における「光の残余」としての人間の表象(Iren., *adv. haer.*, I 30, 1-15)に近いであろう[17]．

断片 5 (Clem. Alex., *strom.*, IV 89, 6-90, 1).

ここでは，画像(εἰκών)は「生きた顔」よりも劣っているが，画像が描かれる原因は，画家に，それによって称賛されるように画材を提供した「生きた顔」の「名」またはその「偉大さ」にあるといわれている．このような実在と仮象という物の考え方は「純粋なプラトニズム」ともいわれうるであろう[18]．しかし，

---

16) Arai, a. a. O., pp. 34 ff., 参照.
17) Foerster, a. a. O., p. 94, 参照.
18) Leisegang, a. a. O., p. 285.

アレクサンドリアのクレメンスがこの箇所に与えている説明によれば，この表象はヴァレンティノス派のテオドトスに近い．すなわち，「画像」は至高者の「似像」(εἰκών)としての「デーミウルゴス」で，「画家」はデーミウルゴスを造った「ソフィア」であるというのである[19]．他方において，「絵」ないし「像」は「この世」であって，「画家」は——ソフィアではなく——「デーミウルゴス」であるという見解もある[20]．しかし，ソフィアがデーミウルゴスを造った際も，デーミウルゴスがこの世を造ったときも，その原因がそれによって至高者の偉大さや名前がたたえられることにあったという考えは，われわれの知る限り，ヴァレンティノス派には認められないのである．われわれにはむしろ，この表象がバルベロ・グノーシス派やオフィス派における至高者とアダムの関係に近いように思われる．なぜなら，『ヨハネのアポクリュフォン』BG 48, 8 ff. において，「第一の人間」である至高者が水上にその姿を映し，それを見た諸権力が「神の似像(εἰκών)に従って」アダムを造っており，一方，adv. haer., I 30, 6 によれば，造られたアダムは「第一の人間」を称賛しているからである．このような考え方に，われわれの断片の結びの句も旨く結びつくのではなかろうか．「神の不可視性もまた，こうして造られたものの信頼性に寄与するのである」．

断片 6 (Clem. Alex., *strom.*, VI 52, 3-4).

重要なことは，「書物の文字」ではなく，「心からの言葉」，「心の内に書かれた掟」であるといわれる．このような「文字」と「心」の対比は，当時の通俗的キリスト教の中では，比較的にパウロの「文字」と「霊」の対比に近く(II コリント 3, 6)，また，「掟」の精神化という意味でよりグノーシス主義的ではあるが，これをヴァレンティノスに固有な思想であると断定できる資料は今のところ存在しないのである．

断片 7 (Hipp., *ref.*, VI 42, 2).

ここではおそらく，ヴァレンティノスが幻の中で一人の子供を見，彼が自ら

---

19) Foerster, a. a. O., p. 95 はこの説明を積極的に評価するが，Leisegang, a. a. O., p. 285 はこれをとらない．
20) Hilgenfeld, a. a. O., p. 300.

をロゴスと名のったという事実に基づいて、ヴァレンティノスがその神話論を展開したのだという見解が紹介されているのであろう．しかし，われわれにはこれをヴァレンティノスの周辺に位置づける資料がない[21]．

断片 8 (Hipp., *ref.*, VI 37, 6-8).

ここに紹介されているヴァレンティノスの詩，とりわけ「肉体は心魂にかかり／心魂は空気に支えられ／空気はエーテルにかかり……」は，それ自体プラトーン的である．しかし，ヒッポリュトスが指摘しているように(*ref.*, VI 63, 6)，プラトーンは宇宙の秩序を上から下へ叙述していった(*ep.*, 2, 212 D)が，ヴァレンティノスは逆にそれを下から上へと歌い上げている．また，再びヒッポリュトスのこの詩に対する解釈が正しいとすれば(*ref.*, VI 63, 8)，肉体(物質) - 心魂(デーミウルゴス) - 空気(外のソフィア) - エーテル(ホロスの内部，つまり全プレーローマ)という図式は，ヴァレンティノス派，とりわけプトレマイオス派の三元的人間観ないしは宇宙観(物質 - 心魂 - 霊魂)に一致するであろう．

断片 9 (Anthimus, *de sancta ecclesia* 9).

ここでは，ヴァレンティノスが『三つの本質(φύσις)について』という書物を公けにし，この中で彼は，父と子と聖霊という三つのヒュポスタシスについて教えており，しかも，父と子と聖霊という三つのヒュポスタシスないしはプロソーポンを考え出した最初の人がヴァレンティノスであるといわれる．われわれはいわゆる三位一体論の用語法の起源をグノーシス派の周辺に帰することはできるし[22]，また，ナグ・ハマディ文書の中に，三つの本質に関する論文(Cod. I. ただし原題なし)を所有しているが[23]，しかしそれを排他的にヴァレンティ

---

21) なお，Hilgenfeld, a. a. O., p. 304, Anm. 519 はマルコス派(Iren., *adv. haer.*, I 14, 8)にこの表象の残余を見出そうとするが，説得的ではない．

22) M. Werner, *Die Entstehung des christlichen Dogmas*, 2. Aufl., Tübingen 1953, pp. 592 ff., 参照．

23) J. Zandee, *The Terminology of Plotinus and Some Gnostic Writings, Mainly the Fourth Treatise of the Jung Codex*, Istanbul 1961; Ders., Die Person der Sophia in der vierten Schrift des Codex Jung, in : U. Bianchi(ed.), *Le origini dello gnosticismo*, Leiden 1967, pp. 203-212, 参照．

ノスに遡源できるだけの資料を持っていないのである．

　以上の断片からヴァレンティノスの教説を再構成すれば，ほぼ次のごとくになるであろう．
　究極的存在は「生けるアイオーン」(5)，「一人のよき父」(2)，「人間」(1)と呼ばれる．この父は「子」を持ち，この子が父の「啓示」である(2)．そして，子は父に近く立ち，それ故に「ロゴス」とも呼ばれる(7)．
　さて，天使たちが，「人間」としての至高者の名において，ないしはその「似像」として，アダムを造る．それは原存在よりも劣り，欠如せる存在であるが，至高者は秘かにその「種子」をアダムに入れ，自らの存在を自由に告知する．それ故に，アダムは他の被造物以上の「大いなること」を語り，至高者の「名」とその「偉大さ」を称賛する．これが天使たちに恐れの念をひき起して，彼らはアダムを隠してしまう(以上，1と5)．
　人間はダイモーンに満たされ，ちょうど盗人の住まう「宿」のような状態にある(2)．しかし，人間には至高者の「種子」が存在し(1)，その意味で「はじめから不死で，永遠の命の子」である(4)．それ故に，「よき父」ないしは「よき神」がこれをみそなわし，人間が神を見ることによって，その中に住んでいるダイモーンから清められるのである．ただそれは，父の「子による啓示」を通して起るのである(2)．
　イエスはその大いなる禁欲によって自らに神性をもたらした(3)．
　教会は，「文字」を越えた「心からの言葉」，「心の内に書かれた掟」を中心として成立する(6)．この中で，人間は死とこの世を解消し，「全被造物」を支配するであろう(4)．
　宇宙は，肉体(物質)が心魂(デーミウルゴス)に，心魂が空気(ソフィア)に，空気がエーテル(プレーローマ)にかかっているという仕方で成り立っている(8)．

2　Iren., *adv. haer.*, I 11, 1

　はじめに「アレートス」(発言しえざる者)と「シゲー」(沈黙)というDyasが存在する．これは，バルベロ・グノーシス派における「パテール」と「バルベ

ロ」(Iren., *adv. haer.*, I 29, 1 ; BG 27, 1 ff.), オフィス派における「パテール」(「第一の人間」)と「エンノイア」(「第二の人間」)(Iren., *adv. haer.*, I 30, 1)の Dyas に即応するであろう. なお, 上記「アレートス」は「ビュトス」(深淵)という名前も有する. この名称はすでにオフィス派(*adv. haer.*, I 30, 1)において, また, 断片8において確認されている. この「アレートス」と「シゲー」がプレーローマの頂点に立っており, その中に, 「アレートス」から生ずる神的属性としての諸アイオーンが充満しているという. 「生けるアイオーン」(断片5)はこうして「諸アイオーン」を内包する. しかし, 至高者と諸アイオーンの間には「ホロス」(境界)があり, これが生れざる至高者から生れた諸アイオーンを分けている.

さて, この生れざる第一の Dyas から, 最初の「生れたアイオーン」として, 第二の Dyas, すなわち「パテール」と「アレーテイア」が生ずる. こうして, 「プロパテール」(原父)の子は, その後に生れ出る諸アイオーンの「パテール」(父)となるのである. われわれはここに, オフィス派におけるような, 二つの Dyas から成り立つ最高の Tetraktys(四つのもの)を確認できるであろう. この第一の Tetraktys から, 第二の Tetraktys として「ロゴス」と「ゾエー」, 「アントローポス」と「エクレーシア」が生じ, こうして, バルベロ・グノーシス派におけるごとき最高の Ogdoas(八つのもの)が形成される. もっともこれは, バルベロ・グノーシス派のように最初の Dyas の下にではなく, それと共に形成されるのである. Ogdoas の最後に位置する「アントローポス」が断片1の「アントローポス」に対応するかもしれない. そして, 更に「ロゴス」と「ゾエー」から Dekas(十のもの)が, 「アントローポス」と「エクレーシア」から Dyōdekas(十二のもの)が出て, 合計三十のアイオーンが完成する.

その中の一つソフィア——プトレマイオス派によれば三十のアイオーンの最低位にある「テレートス」の伴侶(Iren., *adv. haer.*, I 2, 2)——が, プレーローマから脱落する. そのとき, 第二の「ホロス」が生じて, プレーローマからソフィアを切り離す. しかし, このソフィアからキリストが生れたが(その際エイレナイオスは意識的に, キリストが——プトレマイオス派におけるイエス・ソーテールのごとくに(*adv. haer.*, I 2, 6)——諸アイオーンから生れたのではないことを断っている), 彼は, 「より美しいもの」(複数)——おそらくプレーロ

マ内部の諸アイオーン——の「記憶に従って，スキア(影)と共に生れた」といわれる．ここで，キリストがソフィアから生じたという表象は後にテオドトスによってひき継がれたと思われる(Ex. Th., § 23, 2 ; § 32, 2).

さて，キリストはスキアを切り離してプレーローマに上昇するが，スキアと共にとり残された母ソフィアは，霊的本質を取り去られて，「右のアルコーン」デーミウルゴスと，「左の主」——おそらくサタン——を生む．このような右と左の区別は，すでにオフィス派(adv. haer., I 30, 2 f.)で確認されている．

最後に，イエスはキリストから区別された存在であるが，彼はキリストから生れたとも，アントローポスとエクレーシアから生れたともいわれている．エイレナイオス自身，ヴァレンティノスのイエス観について正確な知識を持っていなかったのであろう．これに対して，聖霊はアレーテイアから出，秘かに諸アイオーンに入り，真理の実をもたらすものであるという．

3 ヴァレンティノスの教説の特色

以上，ヴァレンティノスの教説に関する証言の中には，確かに若干のプラトーン的要素やパウロに近い思想が認められる(特に断片の場合)が，全体として見ると，バルベロ・グノーシス派やオフィス派の神話的思弁が前提されていることは否定できないであろう．また，われわれが断片から再構成したヴァレンティノスの教説とエイレナイオスの証言する神話論とは少なくともお互いに矛盾するものではない．とすれば，ヴァレンティノスの教説に独自な点，つまり，バルベロ・グノーシス派やオフィス派の神話論に無い点ないしはそれを補完している点は，どこに見出さるべきであろうか．

それは第一に，三十のアイオーンによって満たされているプレーローマの表象である．第二は，三十のアイオーンの一つソフィアの脱落，とりわけプレーローマの外側のソフィアの表象である．ここから，プレーローマと脱落したソフィアとを分かつホロスが要請されるであろう．これが，至高者と他の諸アイオーンの間にも妥当されている．第三は，ソフィアとの関わりにおけるキリストとイエスの表象．第四は，人間観・宇宙観の基底としての霊魂－心魂－肉体，ないしは，父－ソフィアないしデーミウルゴス－物質の三元論であろう．

もちろん，われわれは断片とエイレナイオスのヴァレンティノスに関する報

告から，彼の教説の全体を復元することはできない．とりわけエイレナイオスの報告は，彼のバルベロ・グノーシス派に関する報告(*adv. haer.*, I 29)の場合と同様に，デーミウルゴスの成立でもって中断されているからである．それ以後の神話論の展開はヴァレンティノス派のそれから類推する以外に方法がない[24]．しかし，その結果はいずれにしても不確かなものであるから，われわれはむしろそれをヴァレンティノス派の神話論として辿るべきであろう．

とにかく，ヴァレンティノス派の神話論は，上に確認されたヴァレンティノスの教説の中で厳密さを欠く点，あるいは，基底にあるがその上に思想が十分に構築されていない点を補完していくという形で展開されていくことになるであろう．それは，ソフィアの役割であり，キリストとイエスとの関係であり，三元的宇宙論・人間論の形成，とりわけ，霊魂的なるものと肉体的なるものの中間に想定される心魂的なるものの位置に関する叙述であろう．とすれば，バルベロ・グノーシス派やオフィス派で主要な位置を占めた――旧約聖書の解釈による――父ないしはソフィアとヤルダバオトとの抗争というモチーフは後景に退く可能性がでてくるであろう．このことはすでにヴァレンティノスの教説にも確認されるのであるが，われわれは以下においてそれを，エイレナイオスが最大の紙幅をさいて紹介しているヴァレンティノス派の一派，プトレマイオス派の中に探っていくであろう．

---

24) たとえば，上記注9)のクイスペルの論文．

5 プトレマイオス派のグノーシス神話
―― その展開と構造 ――

ヴァレンティノス派に属して直接間接にその名を知られている人々に，セクンドゥス，カラルバソス，マルコス，プトレマイオス，ヘラクレオン，テオティメス，アクシオニコス，アレクサンドロス，テオドトス等がいる．これらの人々は大別して二つの派に，すなわち，いわゆる「アナトリア派」と「イタリア派」に分れるのであるが，前者の代表的人物はアクシオニコスとテオドトス，後者を代表する者はヘラクレオンとプトレマイオスであろう．

われわれは以下において，反異端論者が反駁の対象としたグノーシス主義のいわば代表的教説として，一般にプトレマイオス派に帰されている Iren., *adv. haer.*, I 1, 1-8, 6 のグノーシス神話に接近を試みる．反異端論のいわば原型となったエイレナイオス『異端反駁』の中において，このグノーシス神話は巻頭に置かれており，しかも他のグノーシス諸神話の中最も長くかつ詳細に紹介されているだけに，われわれは反異端論者と共に，これを最も重要視すべきであろうと思われるからである．なお，われわれのテクスト(A)には，Hipp., *ref.*, VI 29-36 (B) と Ex. Th., § 43-64 (C) に並行記事がある[1]．われわれは必要な限りにおいてこれらの並行記事を参照するであろう．

以下において，われわれはまず，神話の展開を――資料批判によってテクストを再建しながら――辿り，次に，神話の構造を重要と思われる概念に則して成立史的に分析する．

1 神話の展開

(i) プレーローマ界 (I 1, 1-2, 6)

プレーローマの成立 (1, 1-3) 「プロパテール」(原父)ないしは「ビュトス」

---

[1] A と C のテクストは，W. Völker (ed.), *Quellen zur Geschichte der christlichen Gnosis*, Tübingen 1932, pp. 95-123 に，A と B のテクストは，F.-M.-M. Sagnard, *Le gnose valentinienne et le témoignage de Saint Irénée*, Paris 1947, pp. 146-198 に，それぞれ対照されている．

（深淵）という「全きアイオーン」が先在する．「それは把握しえず，見えず，永遠で，生れず，大いなる沈黙と静寂の中に……あった」．そして，彼と共に「エンノイア」（思考）または「シゲー」（沈黙）という女性的存在があった．さて，ビュトスは「自分の中から万物のはじめを流出しようと考えた」．そして，「この流出は，種子のように，彼自身と共に存在するシゲーの中に……置かれた」．彼女はこの種子を受けて孕み，ヌース（理性）を生んだ．このヌースはプロパテールに「類似し，（彼と）等しく，これだけが父の偉大さを把握しえた」．このヌースは「モノゲネース」（独り子）とも呼ばれる．他方，ヌースと共に「アレーテイア」（真理）が流出する．こうして，プロパテール，シゲー，ヌース，アレーテイアという最初の「テトゥラクテュス」（四つのもの）が成立する．

更に，このモノゲネースが「ロゴス」（言葉）と「ゾエー」（命）を流出する．そして，この両者から，アントローポス（人間）とエクレーシア（教会）が流出され，前述のテトゥラクテュスと共に，「根源的オグドアス（八つのもの）」が成立する．そして，これらの各々が対をなしていて，それぞれが「男女的に」存在したといわれる（以上 1, 1）．

さて，これらのアイオーンは，「父に栄光を帰することを欲して」，再び対の形で他のアイオーンを流出する．すなわち，ロゴスとゾエーは，「ビュティオス」（深み）と「ミクシス」（交わり）から「モノゲネース」と「マカリア」（幸福）に至る十のアイオーンを，アントローポスとエクレーシアは，「パラクレートス」（助け主）と「ピスティス」（信仰）から「テレートス」（欲求）と「ソフィア」（知恵）に至る十二のアイオーンを（以上 1, 2）．

以上が，「見られざる霊的プレーローマ（充足）」であり，それはオグドアス（八）とデカス（十）とデュオーデカス（十二）の中に，計三十のアイオーンから成り立っている（1, 3）[2]．

---

2) B(Hipp., ref., VI 29, 2 ff.)によれば，「パテール」（父）ないしは「ビュトス」は，ただ一人で，「対がなく」，「仲間がなく」，「欠けているところがない」(29, 4)．つまり，Bにおいて究極的存在は，Aのようにエンノイアまたはシゲーという女性的存在とはじめから共存していないのである．そして，Bでは，この唯一の存在から——女性的存在との関係なしに——ヌース（モノゲネース）とアレーテイアが，これらからロゴスとゾエーが，これらからアントローポスとエクレーシアが流出するが，これらの三対，つまり六つの存在が最初のアイオーン群を形成するのであって，Aにおけるような——プロパテールとシゲーを含めての——オグドアスという概念はBに欠けている．更にAでは，

5 プトレマイオス派のグノーシス神話

プレーローマの危機(2, 1-4)　プロパテールはモノゲネース(ヌース)によってのみ「認識され」(γινώσκεσθαι)，他の諸アイオーンによっては「見られず，把握されざるものである」が，ヌースは他の諸アイオーンにも「父の偉大さ」——彼がいかに年をへたものであるか，彼ははじめなく見えざること——を伝達しようと考えた．しかし，シゲー(エンノイア)がこれを妨げて，他のすべてのアイオーンをしてプロパテールを思考(エンノイア)せしめようと欲したために，彼らはすべて「彼らにその種子をもたらしたもの(=プロパテール)を見ようと求め，はじめのない根を知ろうと求めた」．——ここにわれわれは，プレーローマの秩序を乱す原因は知られざるものを知ろうとする欲求であり，その起源が神性そのものの中に，神性の女性的属格エンノイアに帰されていることを認めることができるであろう(以上 2, 1)．

中でも，三十番目のアイオーンであるソフィアが，その伴侶テレートスと交わることなしに父に対する「バトス」にとりつかれ，彼を知ろうと「意　図」(エンテュメーシス)して，大いなる「苦　難」(リューペー)に陥った[3]．彼女をこの苦難から救い，彼女を「固く」したのが，プロパテールの「外側で万物を見守っていた力」「ホロス」(境界)である(以上 2, 2)[4]．

オグドアス中の最後の二対から，つまりロゴスとゾエーおよびアントローポスとエクレーシアから，それぞれデカスとデュオーデカスが生じ，こうして，プロパテールからソフィアまで合計三十のアイオーンとなるのに対し，Bでは，ヌースとアレーテイアからデカスが，ロゴスとゾエーからデュオーデカスが生じ，アントローポスとエクレーシアからは何も流出しない．従って，Bでは二十八のアイオーンということになり，これらと，ソフィアの堕落の後に成立するキリストと聖霊を合わせて三十のアイオーンとなる．

3) ソフィアが堕落した原因もAとBでは異なる．Aでは，ソフィアがプロパテールを知ろうとするアイオーンたちの欲求を，彼女の伴侶と交わることなしに実行に移した，いわば「運命的な」堕落であるが(G. C. Stead, The Valentinian Myth of Sophia, *JThS* 20, 1969, p. 78, 参照)，Bでは，ソフィアがパテールの「形成」行為を，彼女の伴侶と交わることなしにまねたために，「かたちなき」胎児を流出した．そしてその際に，ソフィアはパテールが「生まれざるもの」であることを「知らなかった」といわれる(30, 6. 8)．ここで，Aのモチーフはオフィス派(Iren., *adv. haer.*, I 30, 1-2)に，Bのモチーフはバルベロ・グノーシス派(*adv. haer.*, I 29, 4)に類似するであろう．

4) 「しかし，他の若干の人々は語っている……」ではじまる 2, 3 の記事は，ソフィアの堕落とその結果に関するBに類似し，Aの文脈(とりわけ 4, 1)に合致しないので，これを削除する．また，2, 4 前半のパテールとホロスの関係に関する記事もAの文脈の論旨から浮き上るので，削除される．W. Foerster, in: C. Andresen (ed.), *Die Gnosis* I: *Zeugnisse der Kirchenväter*, Zürich/Stuttgart 1969, p. 173, 参照．

このホロスによって，ソフィアは固くされ，「浄化され」，伴侶のもとに帰された．しかし，彼女のエンテュメーシスはパトスと共に彼女から切り離され，ホロスによって遮られてプレーローマの外側にとどまった．エンテュメーシスは霊的存在であるが，何ものをも受けなかったので，「形もなく像もなかった」(以上 2, 4)．

秩序の回復(2, 5-6)　その後にモノゲネース(ヌース)はもう一つの対(つい)，キリストと聖霊を流出した．これはプレーローマを固くし，強化して，諸アイオーンの秩序を回復するためである．また，プロパテールが知られざることを知らせるためである(以上 2, 5)[5]．

こうして，諸アイオーンはそのかたち(μορφή)においても知識(γνώμη)においても同一(ἴσος)になった．そして，彼らの各々は，「自らの中に最も美しいもの，最もすばらしいものとして持っているものを持ち来り」，それを混ぜ合わせて，「ビュトスを称え，彼に栄光を帰するために」一つの存在を流出した．これが「プレーローマの星」イエスまたはソーテール(救い主)である．そして彼と共に，彼の守護者として天使たちも流出されたのである(以上 2, 6)．

(ii)　中間界(I 4, 1-5, 1)

エンテュメーシス(アカモート)の苦難(4, 1-5)　さて，プレーローマの外側にとり残されたエンテュメーシス——これをアカモートとも呼ぶ[6]——は，「影または空虚な場所」に投げ込まれ，「流出した胎児のように，形もなく像もな

---

5)　「キリストと聖霊」との関連において，A の記事には矛盾がある．すなわち，三十の数に関する聖書証明(1, 3; 3, 1)では，プレーローマ中の全アイオーンが前提されており，しかも，2, 6 ではキリストと聖霊が他の六つのアイオーンと共に第一級のアイオーンとされている(これは B の報告と一致)．ところが，ここではキリストと聖霊が既存の三十のアイオーンとは別の存在とみなされている．おそらく A は B をも知っていて，その細部における矛盾を無視して自らの中に包摂したのであろう．なお，A ではキリストと聖霊の機能とホロスの機能(2, 2 ; 3, 5)とが完全に一致している．つまり，それは，(1)固くすること，(2)他から切り離すことである．B では，スタウロス(ホロス)の機能はアイオーンたちを守ることにあり，これに対して，キリストと聖霊の機能は，A とほぼ同じように，(1)ソフィアをなぐさめこれを救うこと，(2)「胎児」をかたちづくり，それを切り離すことにある．

6)　'Αχαμώθ は「ソフィア」(知恵)のヘブライ語形 חָכְמוֹת(たとえば，箴言 9, 1)に由来するであろう．

かった」．これをキリストが憐れんで，ホロス（スタウロス）[7]を越えて自らを伸ばし，彼に固有な力をもって，彼女の「かたちをかたちづくった」(μορφῶσαι μόρφωσιν)．しかし，それは「存在においてのみであり，グノーシスにおいてではない」(κατ' οὐσίαν μόνον, ἀλλ' οὐ … κατὰ γνῶσιν)．こうして，キリストは再びプレーローマに帰るのである．とり残されたアカモート——彼女はキリストと聖霊から残された不死の香を持っていたので，父の名に因んで「ソフィア」とも，キリストのもとにある霊に因んで「聖霊」とも呼ばれる——は「光」キリストを熱心に求めるのであるが，ホロスに遮られて，それを捉えることができない．そのために，彼女は四種類の「パトス」に陥る．それは「リュペー」(悲しみ)，「フォボス」(恐れ)，「アポリア」(困窮)，とりわけ「アグノイア」(無知)である．しかし彼女には，彼女に「命を与えた者」に対する「エピストロペー」(立ち帰り)の「性質」が与えられている (以上 4, 1)．

　これが，物質の成立する原因となる．すなわち，エピストロペーから「この世とデーミウルゴスのあらゆる心魂 (ψυχή)」が，フォボスとリュペーからその他のあらゆるものが，彼女の涙からあらゆる湿ったものが，彼女の笑いから輝くものが，リュペーと「エクプレークシス」(狼狽)からこの世の身体的要素が生じたからである (以上 4, 2)．

　さて，アカモートはこれらのパトスからの救済をキリストに懇願する．キリストは，もう一度彼女のもとに下ることを憚って，代りにソーテールをつかわす．そして，父は彼に，彼の所有するあらゆる力を与え，アイオーンたちも同様にする．すなわち彼は，「彼女をグノーシスにおいてかたちづくり」(μορφῶσαι αὐτὴν μόρφωσιν τὴν κατὰ γνῶσιν)，彼女をパトスから癒し，それらを切り離した．しかし，彼はパトスそのものを滅ぼすことができなかったので，それらを非身体的パトスから非身体的「ヒュレー」(物質)に変えた．こうして，非身体的ヒュレーは身体の中に入っていき，二つの存在が生ずる．つまり，パトスから悪しき存在が，そしてエピストロペーから受難しうる存在が．こうして，ソーテールは「デーミウルゴス」(形成者)として働いたのである．一方，アカモートはソーテールの守護者である天使たちと交わって，彼らの「似像に

---

[7] 「ホロス」(境界)はその救済機能から「スタウロス」(十字架)とも呼ばれる．

従い」(καθ' ὁμοίωσιν)霊魂的胎児を孕んだ(以上4,5)[8].

　　アカモートの形成行為(5,1)　　こうして，三つのものが存在することになる．すなわち，バトスから物質的なものが，エピストロペーから心魂的なものが，アカモートが生んだものから霊魂的なものが——．アカモートは心魂的なものと物質的なものを形成し——前者を「右」と呼び，後者を「左」と呼ぶ——，すべてのものの「王」として「デーミウルゴス」を造った．

(iii)　物質界(I 5, 2-6 ; 6, 1 ; 7, 2)

　　デーミウルゴスと物質界の成立(5, 2-5, 3)　　デーミウルゴスは，非身体的なものから身体的なものを分けて，天と地を造り，心魂的なものと物質的なもの，右のものと左のもの，軽いものと重いもの，上るものと下るものの形成者となった．彼は七つの天を備えたので「ヘブドマス」(七つのもの)と呼ばれ，彼の母アカモートは「オグドアス」(八つのもの)と呼ばれる．こうして，プレーローマ中のオグドアスが心魂界においても保持された(以上5, 2)．

　　このようにして，デーミウルゴスは世界形成者となるが，しかし彼は，彼自身が造ったもの——天・人間・地——を知らなかったばかりか，彼が造ったものの「原型」(ἰδέα)，また彼の母をも知らなかった．彼は，創造の原因が実は彼

---

8)　キリストとイエス，ソフィアとアカモート相互の関係をめぐって，AとBがテオドトスの記事とかなり違っている．すなわち，Ex. Th., §23, 2 と§30-42 において，キリストはソフィアの子と考えられており，キリストはソフィアを残してプレーローマに帰る(これは Iren., *adv. haer.*, I 11, 1 におけるヴァレンティノスの考え方に一致している)．ソフィアは光を求めたので，キリストはアイオーンたちに願って，「光」イエスと天使たちを造る．彼らはホロスを横ぎってソフィアのもとに来る……．ここでは明らかに一人のソフィアが前提されているが，Aの中にもこの伝承が残っている可能性もある．たとえば，8, 4にアカモートがプレーローマの外側に迷い出たといわれており，これに迷える羊の譬えが適用されているからである．なお，マルコス派にも一人のソフィアを前提していると思われる箇所がある．すなわち，Iren., *adv. haer.*, I 15, 3 において，キリストがプレーローマに走り上り，「十二の数を満たした」と言われているが，これはソフィアが脱落して生じた場所にキリストが入ったことを意味しているらしい．これは，十二番目のアイオーンが欠けて十一のアイオーンのみが上に残ったという 16, 2 によって証明されるであろう．一方，16, 1 では十二のアイオーンの最後のアイオーン(ソフィア)が「迷える羊」とされており，この記事も一人のソフィアを前提している．A. Hilgenfeld, *Die Ketzergeschichte des Urchristentums*, Leipzig 1884(Nachdruck: Darmstadt 1966), pp. 372 f., Anm. 630 ; Stead, *JThS* 20, p. 87, 参照．

の母にあるにもかかわらず,彼のみがすべてであると思ったのである.しかし,彼の母——彼女はオグドアス,ソフィア,ゲー(地),エルサレム,聖霊,キュリオス(主)とも呼ばれる——は,「成就」に至るまで「中間の場所」を所有し,デーミウルゴスの上に,そしてプレーローマの下または外に存在し続けているのである(以上 5,3)[9].

人間の成立(5,5-6,1)　デーミウルゴスがこの世を造ったときに,「塵の人間を」(τὸν ἄνθρωπον τὸν χοϊκόν) も造ったのであるが,彼は人間を,乾いた地からではなく,見えざる存在から,物質の流動する部分からとったのである.更に彼は,人間に心魂的なものを吹き込む.そしてこれが,「像と似像に従って」(κατ' εἰκόνα καὶ ὁμοίωσιν) 造られたものなのである.その際,像に従って物質的なものが,似像に従って心魂的なものが存在する.それ故に,この存在は「命の霊」と呼ばれている.最後に,人間は「皮の衣」を着せられた[10].これが感覚的肉体なのである(以上 5,5).

さて,アカモートがキリストの天使たちを見て孕んだ胎児は,母と同質のもの,つまり霊魂的なものであるが,これをデーミウルゴスは知らなかった.しかも,これが秘かに彼の中に置かれていたのである.「これは,彼を通して,彼に由来する心魂とこの物質的からだの中に蒔かれ,これらの中に生れ,成長し,全きロゴスを受ける用意をする」.このことをデーミウルゴスは,彼が母を知らなかったと同様に,知らなかったのである.こうして人間は,心魂をデーミウルゴスから,からだを塵から,肉体的なものを物質から,霊魂的人間を母アカモートから所有するのである(以上 5,6).

こうして,人間には三つの存在がある.まず,物質的なもの(左)は必然的に滅びゆくもので,不死の息を受けることができない.次に,心魂的なものは,霊魂的なものと物質的なものとの中間にあって,それが志向するところに行く.そして,霊魂的なものが遣わされたのは,それが地上において心魂的なものと

---

9) 物質界を支配するディアボロス,ダイモーンに言及されている 5,4 は,そのあまりにも二元的傾向が A の三元的傾向に合致しないので,Sagnard, a. a. O., p. 173 ; L. Schottroff, Animae naturaliter salvandae, zum Problem der himmlischen Herkunft des Gnostikers, in: W. Eltester (ed.), *Christentum und Gnosis*, Berlin 1969, p. 88 と共に,二次的とみなさるべきであろう.

10) ここでは創世記 2, 6-7 ; 3, 21 と 1, 26 が結びつけて解釈されている.

結びついて，形成され，道行きにおいてそれと共に教育され，上方に進みゆくためである．その際，心魂的なものには「感覚的教育手段」が必要である．そのために，この世が備えられたのである（以上 6.1）[11]．

下のキリスト（6,1 ; 7,2）　ソーテールは，この心魂的なもののところに，それを救うために来臨した．彼はアカモートから霊魂的なものを，デーミウルゴスから心魂的なキリストを着て，オイコノミア（経綸）からからだをとった．しかし，彼は物質的なものを受けなかったのである（以上 6,1）．

もっとも，デーミウルゴスがキリストをも自らの息子として，しかし心魂的なものとして流出し，彼について預言者たちを通して語った，という人々もいる．「それは，ちょうど水が管を通って流れるように，マリアを通って来て，その上に，受洗の際，プレーローマに由来したすべて（のアイオーン）から生じたあのソーテールが，鳩の形で下り立った」．そして，アカモートの霊魂的種子も彼の中にあった．つまり，キリスト・イエスは，次の四つの要素から成り立っており，プレーローマの中のテトゥラクテュス（四つのもの）の原型を保っている．すなわち彼は，アカモートに由来した霊魂的なもの，デーミウルゴスに由来した心魂的なもの，オイコノミア，ソーテールから成立している．そして，この四つの要素中，まずソーテールは受難しなかった．彼は元来捉えられず，見られえなかったからである．そして，それ故に彼がピラトゥスのもとに連れてこられたとき，彼に下った「キリストの霊」はとりあげられたのである．次に，「母に由来する種子」（アカモートに由来した霊魂的なもの）も受難しなかった．これもまた元来受難できず，霊魂的なものであって，デーミウルゴス自身によってさえ見られえないものであったからである．そして，受難したものは，

---

11) 5,6によれば，人間は，霊魂・心魂・身体（塵に由来）・肉体（物質＝皮の衣に由来）という四つの要素から成り立っており，ここでいわれている三つの存在（霊魂・心魂・物質）と矛盾するように見えるが，5,6の四つの要素は創世記の解釈から導入されたもので，Aの真意は——後述のように——三つの存在にあるであろう．

なお，6,2-4の人間観は，6,1 ; 7,5のそれに明らかに矛盾するものと思われる．なぜなら，後者においては人間を構成する要素として，あるいは人間存在のあり方を特色づける概念として，霊魂・心魂・物質が考えられているのに対し，6,2-4では，霊魂的，心魂的，物質的人間の三「種族」が別々に考えられていて，それぞれの運命が本質的に決定されている．従ってわれわれは，Schottroff, in : Eltester (ed.), a. a. O., pp. 84-96 と共に，6,2-4はAとは異質の教説として削除すべきであろう．

キリストとオイコノミアだけである．ただし，このことがあったのは，母アカモートが下のキリストを通して上のキリストの原型を現わすためである．すなわち，上のキリストはスタウロス(ホロス)に自らを広げ，アカモートを「存在において」(κατ' οὐσίαν)形成したのだから．そして，地上におけるこれらの出来事はプレーローマにおける出来事の像なのである(以上 7, 2).

いずれにしても，「霊魂的なもののすべてがグノーシスにおいてかたちづくられ，完成されるときが成就である」(6, 1).

(iv) 万物の完成(7, 1. 5)

宇宙の回復(7, 1)　種子が完成されると，彼らの母アカモートは中間の場所を離れてプレーローマに入り，すべてのアイオーンから生じたソーテールを新郎として迎える．これが新郎と新婦であり，新婦の部屋が全プレーローマである．一方，**霊魂的なものは心魂を脱ぎ捨ててプレーローマに入り，新婦としてソーテールの天使たちに委ねられる**．他方，デーミウルゴス自身は母ソフィアの場所に，すなわち中間の場所に移動する．義なる心魂もまた中間の場所に安息する．こうして，これらのすべてが起ると，この世に隠されていた火が輝き出し，発火して，すべての物質を焼き滅ぼす．それは消耗し，無に帰するのである(以上 7, 1).

人間の回復(7, 5)　人間には「三つの種族」(τρία γένη)，霊魂的なもの，塵的なもの，心魂的なものが存在した．それはちょうど，アベル，カイン，セツが存在したようなものである．そして，それらは「三つの本質」(τρεῖς φύσεις)なのであって，ただ，「個人においてではなく，種族において」(οὐκέτι καθ' ἕν, ἀλλὰ κατὰ γένος)なのである．そして，完成が来ると，これらの中，塵的なものは朽ち果てるところに行く．心魂的なものは，よりよきものを選べば，中間の場所に安息するであろう．しかし，それがより悪しきものを選べば，それもまた(悪しきものに)類似したところに行くであろう．もっとも，心魂も「本質において善きものと本質において悪しきもの」(φύσει ἀγαθαί, φύσει πονεραί)に区別される．善きものは種子を受けることができるが，悪しきものはそれを受けることができない．これに対して，アカモートが今に至るまで心魂の中に蒔き続けている霊魂的なものは，乳児のままで遣わされたものであるから，ここ

において教育され，成長せしめられ，後に完成されて，ソーテールの天使たちに花嫁として委ねられるであろう．そして，彼らの心魂は，「必然的に」(κατ' ἀνάγκην) デーミウルゴスと共に中間の場所に安息する (以上 7, 5)．

2 グノーシス神話の構造

以上われわれは，神話の展開を，テクストに批判を加えながらも，できるだけそれに則して辿ってきた．次にわれわれは，このような神話の中からその構成要素として重要と思われる諸概念を摘出し，それを成立史的に論じながら，神話全体の構造を確認しておきたい．

(i) ソフィア

ヴァレンティノス自身に帰される断片や神話論の中においては，一人のソフィアしか存在していなかった．すなわち，プレーローマを構成する三十のアイオーンの中の一つであるソフィアが，その外側に脱落し，スキア (影) と共にキリストを生むが，キリストはプレーローマに帰り，スキアと共にとり残されたソフィアがデーミウルゴスを生んで，これにこの世の形成が帰されるのである[12]．そして，このような一人のソフィアに関する伝承は，マルコス派やテオドトス派のみならず，上に指摘したようにわれわれのプトレマイオス派の一部にも前提されているように思われる．

さて，プトレマイオス派はこのようなヴァレンティノス的一人のソフィア像を，これもヴァレンティノスに固有の三元的宇宙観との関わりにおいて，思弁的に首尾一貫したものに発展せしめる．すなわち，プレーローマの外側に迷い出たソフィアは，その神性に則してプレーローマに帰り，その反神的「意図」(エンテュメーシス) に則して，アカモートとして，プレーローマの外側に，いわゆる「中間界」にとどまる．そして，彼女の「立ち帰り」(エピストロペー) からデーミウルゴスが心魂的存在として，彼女にとりついたパトスから物質的存在が生ずる．このデーミウルゴスが心魂的実体と「七つの天」，更には人間を形成することになるのである．こうして，ソフィア-アカモートによって，プ

---

[12] 上記 138 頁以下，参照.

レーローマ界の外界に，中間界と物質界が導入されるのである[13]．

(ii) 人　　間

これに即応して，人間もまた「三つの存在」から成り立つ．それは，アカモートに由来する霊魂的なもの，デーミウルゴスに由来する心魂的なもの，及び物質的なものである．しかし，その際に人間は，「霊魂」という「本質」(φύσις)に規定されること自体によって，つまり「本質において」(φύσει)「救われるもの」(σῳζόμενοι)ではない[14]．霊魂は「心魂と物質」の中に「種子」として「蒔かれ，成長する」もの(5, 6)，否，それらと共に「形成され，教育され」るべき(6, 1 ; 7, 5)「乳児」(7, 5)なのである．すなわち，霊魂は人間に救済の確実性を与えるが，それは人間(心魂)と共に形成されねばならぬ本質なのである．従って，霊魂を受け，それを形成するか否かは人間の決断と行為にかかっている．人間の中でこれを受け，形成するものは霊的人間であり，それを退けるものは物質的人間であろう．この限りにおいて，「三つの本質」とは，「個人においてではなく，種族において」存在するといわれる(7, 5)．いずれにしても，プトレマイオス派に関する限り，本質的決定論は認められないであろう[15]．

(iii) キリスト・イエス

ヴァレンティノスにおいても，ソフィアから生れたといわれるキリストのほかに，イエスというもう一人の存在が想定されてはいる(Iren., *adv. haer.*, I 11, 1)．しかし，ここではキリストとイエスの関係が未整理のままに残されていた[16]．これがプトレマイオス派になると，上に述べた三元的人間観に即応して，三人のキリストないしはイエスが考えられることになるのである．

---

13) ソフィアの宗教史的背景については，Stead, *JThS* 20, pp. 75-104, 参照．

14) φύσει σῳζόμενοι の定式は, Clem. Alex., *strom.*, II 10, 2 ; 115, 1 f. ; IV 89, 4 ; V 3, 3 に見出される(これらの箇所について，詳しくは，J. Bernard, *Die apologetische Methode bei Klemens von Alexandrien. Apologetik als Entfaltung der Theologie*, Leipzig 1968, pp. 158 ff., 参照)．しかし，ここに定式化されて論駁の対象とされているグノーシス主義の決定論的救済論(とそれに伴う Libertinismus)は，上述した 6, 2-4 に妥当する可能性はあるが，ヴァレンティノス派全体の特色ではない．上記 103 頁，注 17) も参照．

15) Schottroff, in : Eltester (ed.), a. a. O., pp. 65-97, bes. 83-87, 参照．

16) 上記 139 頁以下，参照．

第一は，プレーローマの秩序を保つために，聖霊と共に流出したキリスト．彼はプレーローマの外に脱落したソフィアを，彼女のエンテュメーシスから切り離すことによってプレーローマの内側に救済する．第二は，プレーローマ内の三十のアイオーンから天使たちと共に造られたイエス・ソーテール．彼はエンテュメーシス（アカモート）を彼女のパトスから切り離し，アカモートを救うと同時に，彼の天使たちとアカモートから霊的種子を生ましめる．第三は，デーミウルゴスに由来するキリスト．これはオフィス派のイエス観と並行するが[17)]，いずれにしてもこのキリストがマリアの胎を通って地上に現われ，受洗の際にソーテールを受け，オイコノミアからからだをとるが，彼の中にはアカモートに由来する霊魂的なものも存在したという．こうして，キリスト・イエスは，アカモートに由来する霊魂的なもの，デーミウルゴスに由来する心魂的なもの，オイコノミアに由来するからだ，更にプレーローマから下ったソーテールという四つの要素から成ると説明される．そして，この「四」はプレーローマ内のテトゥラクテュスに対応するものであるという．――とにかく，ここでもキリストは，プレーローマ内部のキリスト，中間界に関わるイエス・ソーテール，物質（人間）界に関わるキリストという三人が要請されてくる．そして，下のキリストもまた，――ソーテールを除外すると――霊魂・心魂・からだという三つの要素から成り立っているのである．ここでソーテールは，上・中・下にわたる三つの世界を結びつける機能を果たし，同時にこれを入れて「四」の数を確保するために導入されたものであろうし，キリストに「肉体」($\sigma\acute{\alpha}\rho\xi$)ではなく「からだ」($\sigma\hat{\omega}\mu\alpha$)が要請されたのは，「肉体」ないしは「物質」($\check{\upsilon}\lambda\eta$)という「滅びゆくもの」はキリストと無関係であるという反この世的な人間理解に即応するものであろう[18)]．

---

17) Iren., *adv. haer.*, I 30, 11. 上記 129 頁，参照．
18) 以上のように，プトレマイオス派においては，神性の断片であるソフィアーアカモートが人間の堕落の起源でありながら同時に人間と神性との結びつき点でもあるのに対して，キリストーソーテール―下のキリストはこの結びつき点を「形成して」（この概念については後述される）救済する役割を果たしている．このような救済史におけるソフィアとキリストの機能上の区別は，すでに同種の区別を知っているバルベロ・グノーシス派，オフィス派，そしてヴァレンティノス自身の教説の上に立てられたプトレマイオス派においてむしろ当然であろうが，しかし，プトレマイオス派にさえも，ソフィアとキリストが等置されている箇所を見出すことができるのである．たとえば，4, 1 で

(iv) グノーシス

こうして，プトレマイオス派においては，ヴァレンティノスのあの三元論が宇宙論・人間論・キリスト論の中に貫徹される．そして，これを貫く救済論的モチーフが，——少なくともプトレマイオス派においては——まさに「グノーシス」(γνῶσις)なのである．つまり，根源的存在は知られざることを知らない「無知」(ἄγνοια)に由来する，知られざる根源的存在を知ろうとする根源的「意図」が諸悪の原因であり，ここから存在の秩序，いわゆる「かたち」(μορφή)が失われるが，それは，(a)「存在において」(κατ' οὐσίαν)のみならず，(b)「グノーシスにおいて」(κατὰ γνῶσιν)形成され，(c)それが再び「対」(συζυγία)となることによって完成される．そして，この(a), (b), (c)の諸段階が，プレーローマ界，中間界，物質界においてくり返されることになるのである[19]．

さてわれわれには，この「グノーシスにおいてかたちづくられる」というプトレマイオス派におけるグノーシス神話論のライトモチーフは，バルベロ・グノーシス派から導入されたもののように思われる．たとえば，『ヨハネのアポクリュフォン』BG 75, 10-13 に，「母(=ソフィア)が……彼女の子孫(=人間)の中にかたち(μορφή)をとる(=かたちづくられる)」という文章があり，これは，われわれの見解によれば，『ヨハネのアポクリュフォン』の原本における最後の文章に当たる[20]．つまり，バルベロ・グノーシス派の究極目的は，神性の断片としてのソフィアがグノーシスによって人間の中に「かたちづくられる」ことにあった．これをプトレマイオス派は自己の神話論のライトモチーフに採用し，ソフィア-アカモートに由来する「霊魂的なもののすべてがグノーシスにおい

はソフィアが「キリスト」とも呼ばれ，5, 3 ではアカモートが「主」とも言われている．このこともまた，元来グノーシス主義においてキリスト像は二次的であったことを暗示するものではなかろうか．ソフィアとキリストとの『ヨハネのアポクリュフォン』における関係については，下記 196 頁以下，参照．

19) W. Foerster, Die Grundzüge der ptolemaeischen Gnosis, *NTS* 6, 1959/60, pp. 18-20, 参照．なお，フェルスターによれば，プトレマイオス派の「存在における」形成と「グノーシスにおける」形成との関係は，シモンに帰されている『大いなる宣教』(上記 116 頁以下，参照)の「可能性」と「現実性」(Hipp., *ref.*, VI 12, 2 ff.)との関係に類似するというが，後者では人間の内なる可能性としての神性が現実とならないで滅びることができるのに対し，前者では神性(霊的なるもの)がグノーシスによって形成されるときにはじめて終末が来ることができる点で相違する．

20) 下記 201 頁以下，参照．

てかたちづくられ，完成される」(6,1)と言い換えることになるのである．以下においてわれわれは，この過程をわれわれの神話の中に辿ってみることにしよう．

　まず，プレーローマは三十のアイオーンから成立しているが，根源的存在プロパテールの不可知性を知らせようとするヌースの意図がエンノイアによって妨げられ，諸アイオーンが「はじめのない根を知ろうと求めた」(2,1)ことにプレーローマの秩序に乱れが生じ，それは，このような「意図」(エンテュメーシス)を実行に移したソフィアによって極みに達する．つまり，彼女はプレーローマの外に脱落し，「かたちなき」存在となる(2,4)．その際，プレーローマとソフィアの間を遮ったホロスが，一方においてプレーローマの存在を「かたちづくり」(a)，他方においてソフィアを固くする．この後に，プレーローマの内側にキリストと聖霊が生ずるが，これは諸アイオーンの秩序を回復し，彼らにプロパテールが「知られざることを知らせる」ためであった(2,5)．こうして，諸アイオーンはその「かたち」(μορφή)においてのみならず，「知識」(γνώμη)においても(b)，「同一」(ἴσος)となった(c)，といわれる(2,6)[21]．

　さて，中間界にとどまるエンテュメーシス－アカモートには，キリストが遣わされて，彼女の「かたちをかたちづくった」(μορφῶσαι μόρφωσιν)が，それは「存在においてのみであり，グノーシスにおいてではない」(κατ' οὐσίαν μόνον, ἀλλ' οὐ … κατὰ γνῶσιν: 4,1)(a)．そのために，アカモートはプレーローマに帰ったキリストを求めるが果たさず，種々のパトスに，とりわけアグノイア(無知)にとりつかれる．それ故に，キリストはイエス・ソーテールを彼女のもとに遣わして，「彼女をグノーシスにおいてかたちづくる」(μορφῶσαι αὐτὴν μόρφωσιν τὴν κατὰ γνῶσιν: 4,5)が(b)，彼女はなおプレーローマに帰ることができない．

　アカモートによって造られたデーミウルゴスは天と地を形成するが，その際彼は，自ら造ったものを知らなかったばかりか，彼が造ったものの「原型」

---

21) Foerster, *NTS* 6, p. 19 は，(a)をプレーローマ内に三十のアイオーンが形成された状態に想定するが，われわれはそれを，「万物(＝諸アイオーン)を固くする力」ホロスによってソフィアの脱落が防がれた時点に見たい．なぜなら，以下の叙述においても，(a)はそれ以前に起った存在の欠落を前提しているからである．

(ἰδέα)，また彼の母アカモートをも知らなかった．彼は形成の原因が実は彼の母にあるにもかかわらず，それを知らなかったばかりか，彼のみがすべてであると思ったのである(5, 3)．

最後に，デーミウルゴスは人間を造るのであるが，その際にも彼は，彼を通じアカモートによって人間の中に霊的種子が蒔かれたことを知らなかった(5, 6)．とにかく，人間には霊魂的なるものが存在するのである(a)．

すべてのものの完成は，キリスト・イエスのもたらすグノーシスによって導入される(b)．ここではじめてアカモートは中間の場所を離れてプレーローマに入り，イエス・ソーテールと対となり(c)，霊魂的人間も物質界を離れてプレーローマに入り，ソーテールの天使たちと対になり(c)，デーミウルゴスはヘブドマスから母アカモートがかつていた場所すなわち中間界に入り，心魂的人間も物質界を離れて中間界に安息する．そして，物質界は火によって焼きつくされて無に帰し，こうして，終末は「霊魂的なもののすべてがグノーシスにおいてかたちづくられ，完成されるときに」来るのである(6, 1)．

以上要するに，プトレマイオス派の教説によれば，「無知」(ἄγνοια)によって霊的秩序が乱れ，そのために心魂と物質が生じたのであるから，これらの中に存在する人間は，内なる霊の「認識」(γνῶσις)によって，上なる霊の中に救済され，こうして霊的秩序が回復される，ということになるのであろう[22]．そして，これを客観化したプトレマイオス派の神話においては，バルベロ・グノーシス派やオフィス派におけるごとき旧約的素材の解釈が後景に退き，代って新約的素材の解釈が前景に出る[23]．こうして，キリスト教グノーシス主義の典型としてのヴァレンティノス(プトレマイオス)派がその全貌を現わすことになるのである．

---

22) このことは，ヴァレンティノス派自身によって Iren., adv. haer., I 21, 4 に簡潔に要約されている．この本文は上記 102 頁以下に訳出されている．
23) 3, 1-6; 6, 3-4; 7, 3-4; 8, 1-6. この部分は本節1「神話の展開」の中で省略されている．

第2章 ナグ・ハマディ文書の
グノーシス主義

1 ナグ・ハマディ文書の発見とグノーシス主義研究史上におけるその意義

課 題

「グノーシス主義」(Gnosticism)は,キリスト教と並列または接触して,主としてヨルダン川東岸,サマリア,シリア,小アジア,エジプトに成立した固有な宗教思想である.この思想はキリスト教の成立と微妙な関係にあるために,新約聖書学,キリスト教史学をはじめ,西洋古典学,宗教史学,オリエント学の各分野において広く研究の対象とされてきたが[1],従来その資料の大部分が主としてギリシア語及びラテン語の間接資料であり,コプト語の直接資料も数少なかったために[2],この宗教思想の実体を正確に把握することが比較的困難であった.従って,1945/6年にエジプトのナグ・ハマディにおいて発見され,1956年以来そのテクストが出版されつつあるコプト語グノーシス文書は,13のパピルス・コーデックスを含み,その文書数が少なくとも53にのぼるだけに,グノーシス主義研究史上に一時期を画するものと言われるのである.このいわゆる「ナグ・ハマディ文書」の大部分(Cod. II-XIII),つまり12のコーデ

---

[1] グノーシス主義の研究史について,代表的なものは,H. Jonas, *Gnosis und spätantiker Geist* I: *Die mythologishe Gnosis*, 1. Aufl., 1934; 3. Aufl., Göttingen 1964, pp. 1-91; C. Colpe, *Die religionsgeschichtliche Schule. Darstellung und Kritik ihres Bildes vom gnostischen Erlösermythos*, Göttingen 1961, pp. 9-68; R. Haardt, *Die Gnosis. Wesen und Zeugnisse*, Salzburg 1967, pp. 9-29. 詳しくは,下記337頁以下,参照.

[2] この間接資料は,W. Völker(ed.), *Quellen zur Geschichte der christlichen Gnosis*, Tübingen 1932 に,コプト語資料は,C. Schmidt, W. C. Till(ed.), *Koptish-gnostishe Schriften* I: *Die Pistis Sophia. Die beiden Bücher des Jeû. Unbekanntes altgnostisches Werk*, 2. Aufl., Berlin 1954; W. C. Till(ed.), *Die gnostischen Schriften des koptischen Papyrus Berolinensis 8502*, Berlin 1955 に収録されている.ただしここでは,ヘルメス文書,マンダ教,マニ教の資料は省略する.

ックスは現在カイロのコプト博物館にあり，一つのコーデックス（Cod. I）だけチューリッヒのユング研究所にあるが，後者もテクストが出版され次第コプト博物館に移されることになっている．なお，今までのところ，少なくとも53の文書の中，15の文書が公けにされているに過ぎないが（本書399頁の付記，参照），全文書の内容は大体分かっており[3]，何よりもテクストが出版されている15の文書によって，従来のグノーシス主義研究を大きく補うことができるのである．われわれは以下において，まず全文書の内容を表示し，それをキリスト教との関係で分類する．次にこの分類に従って，既刊のテクストの研究状況を報告する．そして最後に，この文書のグノーシス主義研究史上における意義，とくにグノーシス主義の起源に関する問題について若干の考察を試みたい．

1 ナグ・ハマディ文書の内容

コーデックス	番号	通し番号	頁，行	題　　名	既刊	内容
I	1	1	A, 1–B, 10(+B, 11–12)	使徒パ〔ウロ〕の祈	○	C
	2	2	1, 1–16, 30	ヤコブのアポクリュフォン（原題無し）	○	C
	3	3	16, 31–43, 24	真理の福音（incipit）	○	C
	4	4	43, 25–50, 18	復活に関する教え	○	C
	5	5	51, 1–138, 25	三部の教え（原題なし）	○	C
II	1	6	1, 1–32, 9	ヨハネのアポクリュフォン	○	B
	2	7	32, 10–51, 28	トマスによる福音書	○	C
	3	8	51, 29–86, 19	ピリポによる福音書	○	C
	4	9	86, 20–97, 23	アルコーンの本質	○	B

---

3) 1970年10月現在で最も正確な紹介は，M. Krause, Der koptische Handschriftenfund bei Nag Hammadi, Umfang und Inhalt, *MDAIK* 18, 1962, pp. 121–132; Ders., Zum Koptischen Handschriftenfund bei Nag Hammadi, *MDAIK* 19, 1963, pp. 106–113; Ders., Der Stand der Veröffentlichung der Nag-Hammadi-Texte, in: U. Bianchi (ed.), *Le origini dello gnosticismo*, Leiden 1967, pp. 61–89; J. M. Robinson; The Coptic Gnostic Library Today, *NTS* 14/3, 1968, pp. 354–401; Ders., The Coptic Gnostic Library, *NTS* 16/2, 1970, pp. 185–191; K. Rudolph, Gnosis und Gnostizismus, ein Forschungsbericht, *ThR* 34, 1969, pp. 127 ff., 参照．
なお，J. Dorrese, *Les livre secrets des gnostiques d'Égypte*, Paris 1958（増補英訳：*The Secret Books of the Egyptian Gnostics*, New York/London 1960），及び主としてこれに依った内容紹介，荒井献「コプト語グノーシス文書研究の現状」『宗教研究』第169号，1961年，103–113頁と，A. Helmbold, *The Nag Hammadi Gnostic Texts and the Bible*, Michigan 1967 は不正確である．

コーデックス	番号	通し番号	頁, 行	題 名	既刊	内容
	5	10	97, 24–127, 17	この世の起源について(原題なし)	○	B
	6	11	127, 18–137, 27	魂の解明	○	C
	7	12	138, 1–145, 19 (+145, 20–23)	闘技者トマスの書	○	C
III	1	13	1, 1–40, 11	ヨハネのアポクリュフォン	○	B
	2	14	40, 12–69, 20	エジプト人の福音書	○	B
	3	15	70, 1–90, 13	聖なるエウグノストス	△	B
	4	16	90, 14–119, 18	イエス・キリストの知恵	△	B
	5	17	120, 1–147, 23	救主の対話	△	C
IV	1	18	1, 1–49, 28	ヨハネのアポクリュフォン		B
	2	19	50, 1–81, 終行	エジプト人の福音書(原題失). 大いなる[見え]ざる[霊に関するエジプトの]聖なる書 (incipit)		B
V	1	20	1, 1–17, 18	[聖なる]エ[ウグノストス]	△	B
	2	21	17, 19–24, 9	パウロの黙示録	○	C
	3	22	24, 10–44, 10	ヤコブの黙示録(I)	○	C
	4	23	44, 10–63, 32	ヤ[コ]ブの黙示録(II)	○	C
	5	24	64, 1–85, 33	アダムの黙示録	○	A
VI	1	25	1, 1–12, 22	ペテロと十二使徒の行伝	○	E
	2	26	13, 1–21, 32	雷: 全きヌース	○	A
	3	27	22, 1–35, 24	真正な教え	○	C
	4	28	36, 1–48, 15	われらの大いなる力の概念	○	B
	5	29	48, 16–51, 23	プラトン『国家』558 B–589 B(原題なし)	○	F
	6	30	52, 1–63, 32	オグドアスとエンネアスについて(原題欠)	○	D
	7	31	63, 33–65, 7 (+65, 8–13)	唱えられた(感謝の)祈(incipit) (筆記者の付言)	○	D
	8	32	65, 14–78, 43	アスクレピウス 21–29(原題なし)	○	D
VII	1	33	1, 1–49, 9	セームの釈義	○	A
	2	34	49, 10–70, 12	大いなるセツの第二の教え	○	C
	3	35	70, 13–84, 14	ペテロの黙示録	○	C
	4	36	84, 15–118, 7 (+118, 8–9)	シルウァヌスの教え (筆記者の付言)	○	E
	5	37	118, 10–127, 27 (127, 28–32)	セツの三つの柱 (筆記者の付言)	○	A
VIII	1	38	1, 1–132, 9	ツォストゥリアノス		A
	2	39	132, 10–140, 27	ピリポに送ったペテロの手紙		C
IX	1	40	1, 1–27, 10	メルキセデク		C
	2	41	27, 11–29, 5	ノレアの思い		A
	3	42	29, 6–74, 30	真理の証言(原題なし)		C
X	1	43	1, 1–68, 18	マルサネス		A
XI	1	44	1, 1–21, 35	グノーシスの解釈	△	C
	2	45	22, 1–44, 37	(原題なし)		C

コーデックス	番号	通し番号	頁，行	題　名	既刊	内容
XI	3	46	45, 1–69, 20	アロゲネス		A
	4	47	69, 21–72, 33	ヒュブシフ〔ロネー〕		A
XII	1	48	15, 1–34, 28	セクストゥスの金言（原題なし）		F
	2	49	53, 19–60, 36	真理の福音（の一部）（原題なし）		C
	3	50	断　片	（原題なし）		
XIII	1	51	35, 1–50, 24	三体のプロテノイア	○	B
	2	52	50, 25–80, 34	この世の起源について（の一部）（原題なし）	○	B

〔記号の説明〕　A：非キリスト教的グノーシス文書
　　　　　　　B：キリスト教化しつつあるグノーシス文書
　　　　　　　C：キリスト教化したグノーシス文書
　　　　　　　D：ヘルメス文書
　　　　　　　E：キリスト教文書
　　　　　　　F：非キリスト教・非グノーシス文書
　　　　　　　○：校訂本既刊のテクスト(1980年3月現在)
　　　　　　　△：校訂本近刊のテクスト
　　　　　　　incipit：文書初頭の言葉(題名に適用)〔以下の「研究状況」は1970年10月現在〕

2　テクストの研究状況

Aグループ　　既刊のテクストの中でこのグループに属すると言われている文書は，今のところ『アダムの黙示録』(V：5)のみである[4]．この文書がグノーシス主義の研究にとって重要な意義を有するのは，諸宗教に並行する要素を非常に多く持っていることにある．われわれはここにまず，ユダヤ教の多くのモチーフ——とくに始源物語のモチーフ——のほかに，いわゆる「洗礼教団」(Taufsekten)と関連するものも見出すことができる．そしてここで注意すべきは，洗礼教団の一つであるマンダ教団に見られるグノーシス主義がキリスト教以前のユダヤ教における非主流的洗礼運動とその源を共有するであろうことが，マンダ教学の側から確かめられていることである[5]．もっとも，この文書において，洗礼は精神化されて「グノーシス」と等置されており(85, 25 f.)，それと，やはり精神化された意味における「律法」が並行関係に置かれている(85, 3 ff.)．このほかに注目すべきは，77, 27 ff. に挿入されている，「フォーステール」(φωστήρ)と名付けられた救済者の十四の誕生物語であり，この中にはイラ

---

4)　テクストは，A. Böhlig, P. Labib (ed.), *Koptisch-gnostische Apokalypsen aus Codex V von Nag Hammadi im Koptischen Museum zu Alt-Kairo*, Halle/Saale 1963.

5)　K. Rudolph, *Die Mandäer* I : *Das Mandäerproblem*, Göttingen 1960, pp. 91–95, 175, 参照．

ンに由来する材料，たとえばミトラの誕生物語(80, 13. 24-25)も含まれていることであろう．しかしわれわれは，この部分に利用されている材料から性急にグノーシス主義の源泉地を結論することは許されない．むしろわれわれはこの材料から，この文書の著者が，ヘレニズム混交宗教の枠内にあって，救済者の誕生物語に関するどのような表象を知っていたか，ということを見るべきであろう．とくに，これらの諸表象は，十四番目の，つまり最後の「王無き」世代，すなわち，本来のグノーシス主義者の世代に登場する「アロゲネース」(ἀλλο-γενής)によって凌駕され，止揚されるのであるから(82, 19-83, 4)．従って，この部分はグノーシス主義の成立史に対してではなく，諸トポスの変形に対する示唆を与えるものである．これに対して，ユダヤ教との並行関係の方がグノーシス主義の歴史的起源を確定するためにより重要であろう．なかんずくマンダ教との並行関係をも確認しうるのであるから[6]．

さて，この文書のテクストの編者の一人ベーリッヒ(A. Böhlig)は，この文書をキリスト教以前に成立したグノーシス文書とみなし，この点を非常に高く評価する．そしてその論拠として，この文書には「イエス」や「キリスト」について一度も言及されていないにもかかわらず，救済者フォーステールが天的諸権力によって認められず，しかも，それらによって迫害されるというモチーフが存在すること(なかんずく 77, 16-18)を指摘する．そして彼は，この箇所に「受難する救済者の表象」を認め，これをキリストの受難ではなく，「受難するメシアのより古い表象」と結びつけ，更に，この文書の中にはユダヤ教とイランの宗教が利用されているという事実に立脚して，ここにユダヤ教のメシアとイランにおけるゾロアスターの第三子「サオシュアント」(Saošyant)との結合を見出そうとするのである[7]．しかし，キリスト教成立以前に行なわれたこの

---

[6] K. Rudolph, in: *ThLZ* 90, 1965, pp. 359-362; R. Haardt, Zwanzig Jahre Forschung der koptisch-gnostischen Schriften von Nag-Hammadi, *Theologie und Philosophie* 42, 1967, p. 397, 参照．

[7] Böhlig, Labib, a. a. O., pp. 90-93; A. Böhlig, Die Adamapokalypse aus Codex V von Nag Hammadi als Zeugnisse jüdisch-iranischer Gnosis, *Oriens Christianus* 48, 1964, pp. 44-49; Ders., Jüdisches und Iranisches in der Adamapokalypse des Codex V von Nag Hammadi, in: *Mysterion und Wahrheit*, Leiden 1968, pp. 154-161. この見解は Rudolph, in: a. a. O.; G. W. MacRae, The Gnostic Apocalypse of Adam, *The Heythrop Journal* 6, 1965, pp. 27-35, bes. p. 34 によって支持されている．

ような結合を証明するためには，ユダヤ教の中にキリスト教成立以前の時代に受難のメシアに関する表象が存在しなければならない．そして，そのような表象は紀元後2世紀以前に認められないのであるから[8]，ベーリッヒの仮説には説得力がないと結論せざるをえないであろう．一方，グノーシス主義の救済者像をイランの宗教のサオシュアントその他から導入するという宗教史学派以来の伝統的見解は，すでにコルペ(C. Colpe)やシェンケ(H.-M. Schenke)によって否定されているのである[9]．にもかかわらず，ベーリッヒがこれと対決していないことは学者としての怠慢の誇りを免れえないであろう．ここから逆に，問題の箇所にはやはりイエスの受難への暗示を想定すべきであるという見解が提出される．とくに，ほかならぬこの箇所に「人間の肉体」とか「聖霊」というキリスト教的概念が集中的に用いられているから，というのである[10]．

われわれには，77, 16-18において問題になっている「受難」が「救済者」(Salvator)に関わるものなのか「救われた者」(salvati)に関わるものなのか不明であるし，また，「肉体」や「聖霊」の概念が排他的にキリスト教的概念であると断ずることができないように思われる[11]．しかし，この文書にキリスト教的要素が全く無いとも思われない．突然「ロゴス」が登場する「第十三の王国」は，文脈から見て，キリスト教を暗示する可能性は残るであろう．いずれにし

---

8) K. Schubert, *Die Religion des nachbiblischen Judentums*, Wien 1955, p. 69; R. Haardt, in: *Wiener Zeitschrift für die Kunde des Morgenlandes* 61, 1967, p. 159, 参照．

9) Colpe, a. a. O., bes. p. 164; H.-M. Schenke, *Der Gott 》Mensch《 in der Gnosis. Ein religionsgeschichtlicher Beitrag zur Diskussion über die paulinische Anschauung von der Kirche als Leib Christi*, Göttingen 1962. 詳しくは，下記319頁，参照．

10) R. Haardt, in: a. a. O.; A. Orbe, in: *Gregorianum* 46, 1965, pp. 169-172; J. Daniélou, Judéo-Christianisme et Gnose, in: *Aspects du Judéo-Christianisme*, Paris 1965, pp. 139-164; Ders., in: *RevScRel* 54, 1966, pp. 31 f.; R. Kasser, Textes gnostiques: Remarques à propos des éditions récentes du Livre secret de Jean et des Apocalypses de Paul, Jacques et Adam, *Muséon* 88, 1965, pp. 71-98, bes. 91-93; Ders., Bibliothèque gnostique V: Apocalypse d'Adam, *RevScPhTh* 16, 1967, pp. 316-333, bes. 316-318; H.-M. Schenke, in: *Orientalische Literaturzeitung* 61, 1966, pp. 23-34, bes. p. 32; R. McL. Wilson, *Gnosis and the New Testament*, London 1968, pp. 130-139, bes. p. 139, 参照．

11) L. Schottroff, Animae naturaliter salvandae, zum Problem der himmlischen Herkunft des Gnostikers, in: W. Eltester (ed.), *Christentum und Gnosis*, Berlin 1969, pp. 73, 82 f., 参照．

ても，この文書においてフォーステールは，その前型をセツに持ち，「キリスト」とは無関係に救済者としての機能を十分に果していることは認められなければならないであろう．とすれば，この文書のグノーシス主義及びフォーステール像はキリスト教とは独立に，しかしキリスト教以後の時代に成立したと結論せざるをえないことになるのである[12]．なお，この文書において「救済者」と「救済さるべき者」(salvandi)は，その由来と本質を共に天的至高者に有する限り，「救われた者」は「本質において救われた者」(φύσει σωζόμενοι)と特徴づけられうる．しかし，彼らにも「グノーシス」の受容または拒否という決断が前提されている限りにおいて，彼らの救済は単に決定論的に「自然的」(naturhaft)にではなく，「実存的」(existenziell)に生起するものである[13]．

Bグループ　まず『ヨハネのアポクリュフォン』(II：1；III：1；IV：1)が明らかにこのグループに属する．この文書にはもう一つの異本がベルリン・コーデックス(BG)にもあるので，これらの四つの異本を文献批判的に比較研究し，これらの新旧を確定することができるのである[14]．われわれは，IIとIVがIIIとBGよりも古いというギヴェルセン(S. Giversen)の仮説に反対して[15]，その関係は逆であること，すなわち，IIIとBGの方がIIとIVよりも古いという結論に達した．更に，これらの写本の原型を復元してみると，ここでは「ソフィア」が，潜在的にではあるが救済者の役割を果しており，それがBG, IIIからII, IVに移行するに従って，次第に自己を「キリスト」化していく過程が追跡される[16]．とすれば，Bグループに属する文書の研究がグノーシス主義の起源を確定する決め手となるであろう．そして，この文書に関する限り，ソフィアからキリストへの変化過程が確認されるとすれば，ここでもやはりグノーシス主義のユダヤ教周辺——ここでは知恵文学——起源説が有力になるであろ

---

12) 詳しくは，下記173頁以下，参照．

13) Schottroff, in: a. a. O., pp. 84-86, 参照．

14) テクストは，M. Krause, P. Labib(ed.), *Die drei Versionen des Apokryphon des Johannes in Koptischen Museum in Alt-Kairo*, Wiesbaden 1962; Till(ed.), op. cit.

15) S. Giversen, *Apocryphon Johannis. The Coptic Text of the Apocryphon Johannis in the Nag Hammadi Codex II with Translation, Introduction and Commentary*, Copenhagen 1963, pp. 276-281.

16) S. Arai, Zur Christologie des Apokryphons des Johannes, NTS 15/3, 1969, pp. 302-318, bes. p. 318. 下記198頁以下，参照．

う.なお,この文書におけるソフィアのキリスト化が洗礼を場として行なわれたであろうことを,われわれは証明できるのである[17]。

同様のことを,われわれは『エジプト人の福音書』(III:2;IV:2)についても確かめることができる[18]。ただし,ここではソフィアが「光」の対（つい）として一回言及されているに過ぎず,その代りに,イエスの前型と見られるのは「セツ」である.すなわち,「大いなるセツ」が,至高者「アウトゲネース」(αὐτογενής)の意志により,五つの光から救済者としてこの世につかわされ,「洗礼」によってその機能を果たすのであるが,その際セツは,「生けるイエスを着」,「十三のアイオーンの諸権力が(イエスを)釘づけにした」といわれているのである[19]。

同様にこのグループに属する文書に,いわゆる『この世の起源について』(II:5;XIII:2)がある[20]。この文書にもヘレニズム世界の諸地域から非常に多くの素材が導入されている.その基本的枠は旧約聖書における始源物語のグノーシス的解釈であるが,そのほかに,ギリシア的(カオス,タルタロス,エロース,アモールとプシュケー),エジプト的(フェニックス),イラン的・マニ教的(アルコーンの誘惑)諸要素が豊富に認められるのである.しかし,ここでも注目すべきは,この文書におけるキリスト教的要素の位置であろう.ここに登場するキリスト像(153, 25-29)は,文脈との直接的関係がないために,すでにテクストの編者によって後期の付加とみなされている.こうして,この文書におけるキリスト像も,『ヨハネのアポクリュフォン』におけると同様に,二次的とみなさるべきであろう.ただし,この文書においてキリストは,間接的に救

---

17) この問題について筆者は,1966年10月,ウィーン大学において,„Die Taufliturgie und die Entstehung der gnostischen Christologie" と題して講演を行なった.これは近く,修正・加筆の上,フォークト(J. Vogt)祝賀論文集の中に収録・公刊されるはずである.

18) テクストは, J. Doresse, 'Le livre sacré du grand Esprit invisible' ou 'L'Évangile des Égyptiens', texte copte édité, traduit et commenté d'après le codex I de Nag'a-Hammadi/Khénoboskion, *Journal Asiatique* 254, 1966, pp. 317-435.

19) H. -M. Schenke, Das Ägypter-Evangelium aus Nag-Hammadi-Codex III, *NTS* 16/2, 1970, pp. 196-208; A. Böhlig, Christentum und Gnosis im Ägypterevangelium von Nag Hammadi, in: Eltester (ed.), a. a. O., pp. 1-18, 参照.

20) テクストは, A. Böhlig, P. Labib (ed.), *Die koptisch-gnostische Schrift ohne Titel aus Codex II von Nag Hammadi*, Berlin 1962(頁数・行数もこのテクストに従う).

済者の役割をも演ずるソフィア＝「命」＝「教育者」との直接的関係がない[21]．

C グループ　これに属するいわゆる『真理の福音』(I:2)においても[22]，そのキリスト論は二次的であることが証明される．なぜなら，明らかにグノーシス的な人間論と，それに対応する宇宙論に対比して，ほかならぬキリスト論にはグノーシス的要素が明確な形では認められず，むしろ，ヨハネ福音書のキリスト論との並行関係が前景に出ているからである．なお，この文書は一般的に認められているように，いわゆる「福音書」の文学類型には入らず，むしろ，「洗礼の際に行なわれる説教」(Taufhomilie)であろう．ここにもキリスト論が洗礼の祭儀と深い関係にあることが明らかである．しかしわれわれは，この文書がヴァレンティノス派，またはヴァレンティノス自身の作品であるとする通説[23]をとることができない．ヴァレンティノス派的性格をこの文書に全く認めない[24]こともまた不可能であるが，いずれにしても，そのキリスト論に関する限りヴァレンティノス派的とは言えないであろう．なおこの文書には，「グノーシス」を受容することによって「救われている」という「直接法」(Indikativ)と，「だからこそよき業を！」という「命令法」(Imperativ)との間に，一つの緊張関係が保持されている[25]．

『復活に関する教え』(I:3)をも，テクストの編者は，『真理の福音』と共に，ヴァレンティノスまたはその派に帰するが[26]，われわれはこの説にも必ずしも従うことができない．この文書の主題は，グノーシスの受容によって生起する

---

21) 詳しくは，下記212頁以下，参照．
22) テクストは，M. Malinine, H.-Ch. Puech, G. Quispel (ed.), *Evangelium Veritatis*, Zürich 1956 ; M. Malinine, H.-Ch. Puech, G. Quispel, W. C. Till (ed.), *Evangelium Veritatis (Supplementum)*, Zürich 1961．
23) 代表的なものは，上記テクストの編者(チューリッヒ版「序文」参照)，及び，K. Grobel, *The Gospel of Truth. A Valentinian Meditation on the Gospel*, New York 1960 と J. E. Ménard, *L'Évangile de Vérité, Retroversion grecque et commentaire*, Paris 1962．
24) H.-M. Schenke, *Die Herkunft des sogenannten Evangelium Veritatis*, Göttingen 1959．
25) 詳しくは，S. Arai, *Die Christologie des Evangelium Veritatis. Eine religionsgeschichtliche Untersuchung*, Leiden 1964．下記299頁以下，参照．
26) テクストは，M. Malinine, H.-Ch. Puech, G. Quispel, W. C. Till, R. McL. Wilson (ed.), *De Resurrectione (Epistula ad Rheginum)*, Zürich 1963．

「霊的復活」(πνευματικὴ ἀνάστασις : 45, 40 f.)にある．しかし，このような復活観は少なくとも『真理の福音』には認められないし，この種の復活観がたとえヴァレンティノス派に存在しても，その他の派にもかなり広く認めることができるからである[27]．いずれにしても，この文書において霊的復活は，この世において生起するものではあるが，しかし，その完成はなお未来(死後?)に置かれており，その限りにおいて，少なくともいわゆる「放埒主義」(Libertinismus)は全く認められないのである．

『ヤコブの手紙』(I : 1)は手紙の形式で開示される「秘教」(ἀπόκλυφον)である[28]．すなわち，復活のキリストが 550 日目に昇天を前にしてペテロとヤコブ(主の兄弟?)に伝えた秘教を，ヤコブが一信徒に書き送る．ここには，明らかに三元的(πνεῦμα-ψυχή-σῶμα)人間観が前提されており，「肉体」(σάρξ)に対する敵視が見られる限り，確かに――テクストの編者が主張するように――ヴァレンティノス派の思想に近いが，ソフィアに関する思弁が認められず，また，キリストの十字架の救済的意味が強調されて，『真理の福音』の救済観にかなり近づいている．とにかく，この文書のキリスト論は典型的にヴァレンティノス派的ではないことが注目に価するであろう．

これに対して，『ピリポによる福音書』(II : 3)は[29]，一般に認められているように，明らかにヴァレンティノス派のものであろう[30]．なぜなら，この派に固有な思想のほかにも，この派に特徴的な礼典――バプテスマ，クリスマ，ユーカリスティア，ニュンフォーン等――に関する証言がこの文書に多く含まれているからである．ここで注目すべきは，キリスト教側の反異端論者がグノーシ

---

27) S. Arai, a. a. O., pp. 125–128, 参照．M. L. Peel, *The Epistle to Rheginos. A Valentinian Letter on the Resurrection. Introduction, translation, analysis and exposition*, London 1969, pp. 167 ff. も，われわれと共に，この文書と『真理の福音』との関係を否定するが，この文書をヴァレンティノス派の後期の段階に帰している．

28) テクストは，M. Malinine, H. -Ch. Puech, G. Quispel, W. C. Till, R. Kasser (ed.), *Epistula Jacobi. Apocrypha*, Zürich 1968.

29) テクストは，W. C. Till (ed.), *Das Evangelium nach Philippos*, Berlin 1963.

30) 代表的なものは，R. McL. Wilson, *The Gospel of Philip. Translated from the Coptic text, with Introduction and Commentary*, London 1962 ; J. E. Ménard, *L'Évangile selon Philippe*, Paris 1964 ; Ders., *L'Évangile selon Philippe. Introduction, texte, traduction, commentaire*, Paris 1967.

ス主義に対して攻撃している種類のいわゆる「放埒主義」が，たとえばこの文書の証言する「ニュンフォーン」（「新婦の部屋」の秘儀）や接吻の秘儀には認められないことである。ここではむしろ，「禁欲主義」(Enkratismus)が強調されている。なお，この文書には作者不明のグノーシス的訓言——この中には若干のイエスの語録も含まれている——が，ある程度の統一性を持った思想に基づいて収録されている。これが「グノーシス的詞華集」と呼ばれる所以であるが，最近は，この文書における思想の統一性が強調され，これを「訓言集」とみなさない傾向が強くなっている[31]。

さて，学界のみならず広くジャーナリズムからも最も注目された文書である『トマスによる福音書』(II:2)もこのグループに属する[32]。この文書は——ライデン版によれば——114のイエスの語録集であるが，共観福音書のイエスの語録に並行するもの，それに類似するもののほかに，未知のイエスの語録もあるために，とくにこの文書と共観福音書の語録の間に想定される伝承史的関係をめぐって，なかんずく新約聖書学者の研究意欲をかき立てたのである。ここで彼らの間に意見が分れるのはむしろ当然であろう。一方において，この文書の語録には殆ど信憑性のあるものがないという説に対して[33]，他方において，それは福音書における語録伝承とは独立する伝承に依っており，しかもその最古の層は前者よりも以前の伝承に遡ると主張される[34]。われわれの見解によれば，この文書はその大部分の語録を共観福音書に依っているが，しかし，ごくわずかではあるが，前者の伝承が後者の伝承とは独立した伝承に由来することも否定できないであろう。この中間的見解は，この文書の語録をコプト語訳新約聖書の語録と比較考察した最近の研究の成果とも一致する[35]。このような伝

---

31) 詳しくは，下記273頁以下，参照。

32) テクストは，A. Guillaumont, H.-Ch. Puech, G. Quispel, W. C. Till, Y. 'A. A. Massīh (ed.), *Evangelium nach Thomas* Leiden 1959; J. Leipoldt (ed.), *Das Evangelium nach Thomas. Koptisch und Deutsch*, Berlin 1967.

33) 代表的なものは，E. Haenchen, *Die Botschaft des Thomas-Evangeliums*, Berlin 1961.

34) 代表的なものは，G. Quispel, *Makarius, das Thomasevangelium und das Lied von der Perle*, Leiden 1967.

35) W. Schrage, *Das Verhältnis des Thomasevangeliums zur synoptischen Tradition und zu den koptischen Evangelienübersetzungen*, Berlin 1964.

承史的研究のほかに、この文書の宗教史的位置づけの試みも行なわれているが、未だ決定的成果はあげられていない。トマスの神学に関する研究も若干なされているが、この分野でも、これを典型的にグノーシス的な神学とみなすか、シリアの「禁欲主義」に位置づけるか、意見が大きく分れている[36]。われわれは、どちらかと言えば、前者の立場に与するものである[37]。

前述した『アダムの黙示録』と共に Cod. V に属する二つの『ヤコブの黙示録』も C グループに入れることができるであろう[38]。すでに知られているように、グノーシス主義の中には新しく与えられた黙示を主の兄弟ヤコブによって権威づけようとするユダヤ人キリスト教的伝承があった。われわれの黙示録もこの伝承の系統に連なるものであろう。

第一の黙示録(V:3)には、明らかにヴァレンティノス派の性格が認められる。とくにここには、ソフィアとアカモートに関する教えが存在するからである(たとえば 35, 7 ; 36, 6. 8)。中でも、『ヨハネのアポクリュフォン』でわれわれが確認したソフィア像との関連で、35, 5-9 の言葉が注目に価する。「わたしはしかし、朽ちざるグノーシス(γνῶσις)に呼びかけた。すなわち、父の中なるソフィアに」。このほか、この文書には、おそらく洗礼における教理問答を前提とする——やはりヴァレンティノス派と並行する——祭儀定式が認められる(33, 16-34, 18 ; 34, 26-35, 19)。なお、31, 17-26 に見出される仮現的キリスト論——キリストは受難しなかった——は、ナグ・ハマディ文書に今までのところこのようなキリスト理解が確認されていないだけに、注目に価するであろう。

第二の黙示録(V:4)には非常に多くの詩形で綴られた啓示の言葉が含まれている。その中でわれわれの興味を引くのは 58, 14-18 に見出されるヤコブのキリスト論であろう。「彼(=キリスト)は聖霊(πνεῦμα)であり、見られざる者であった。彼は地上にくだって来なかった。彼は処女(παρθένος)であった」。ここでは、キリストが「聖霊」または「処女」と等置されている。一方、この二つの概念は、他のナグ・ハマディ文書——なかんずく『ヨハネのアポクリュフォン』——において、「ソフィア」と等置されているので、われわれはここに

---

36) 注 33)と注 34)の文献に代表される意見.
37) 詳しくは、下記 229 頁以下、240 頁以下、257 頁以下、参照.
38) テクストは、注 4)と同じ.

もソフィアの「キリスト化」を見出す可能性を有することになるのである．なお，この文書に描写されているヤコブの殉教の場面はユダヤ教の石打ち刑における法的手続きに驚く程一致している[39]．ただし，この文書がグノーシス文書であることは明らかであるとしても，これを既知の特定の派に帰すべき決定的な根拠がない．

最後に，やはり Cod. V に属する『パウロの黙示録』(V：2)[40]は，「子供」の姿をしたイエスによりエリコでパウロに与えられた黙示という文学形式をとっている．しかし，この文書の主題は II コリント 12, 2 を敷衍したいわゆる「魂の天への旅」(Himmelreise der Seele)である．パウロは第三の天にひきあげられ，ここから「霊」に導かれて，まず第七の天に至る．この間彼は，第四と第七の天で死人の魂が裁かれている情景を見る．第七の天では「老人」に迎えられ，第八の天(Ogdoas)に至ることの不可能性を知らされるが，パウロは——おそらく十字架の——「しるし」を示すことによって，第八から第十の天にまで至るのである．なお，第七の天で，パウロは老人に答えて，彼の旅の目的を明らかにする．第一は，彼がもと来た場所に帰ること，第二は，こうして死人をバビロン捕囚から解放すること．われわれはここに，「魂の天への旅」そのものは必ずしもグノーシス主義に固有な表象ではないとしても，人間(本来的自己)の由来と目的の一致，魂の肉体からの解放というグノーシス的救済観を確認できるであろう．この文書は，「カイン派」ないしは「グノーシス派」が知っていたと言われる『パウロの昇天』(Epiph., *pan.*, 38, 2, 5. ただし原本は伝えられていない)と同定されうる可能性はある．

3　グノーシス主義研究史上における意義

第一に，ナグ・ハマディ文書は，従来主として間接資料から知られていたグノーシス主義の基本的性格を，決定的に変えるものではない．それは，(1)人間の本来的自己と至高者との同質性の認識，(2)その前提としての本質的二元論，(3)その手段としての啓示者または救済者像，に要約されるであろう[41]．

---

39) 詳しくは，上記 71 頁以下，参照．
40) テクストは，注 4)と同じ．
41) グノーシス主義の定義に関して，詳しくは，下記 346 頁以下，参照．

ただし，キリスト教側から提供されていた間接資料は，その論争的性格の故に，これらの基本的性格の中，特定の点だけを強調していること，また，その一部に誤解があることが，ナグ・ハマディ文書の発見によって明らかにされつつあることは事実であろう．つまり，キリスト教側が強調する点は，まず，(2)に基づく思弁的・神話的宇宙論である．しかし，これはナグ・ハマディ文書に，少なくとも共通する特色とは言い難い．次に，キリスト教反異端論者の攻撃するグノーシス主義のいわゆる仮現的キリスト論，つまり(3)に関する事柄である．しかし，この種のキリスト論はナグ・ハマディ文書ではむしろ例外的存在である．最後に，反異端論者はグノーシス的「異端」の(2)と(3)の点を批判するあまり，グノーシス主義の最も決定的性格，つまり(1)の点を十分に衝いていないのである．この点も，ナグ・ハマディ文書の発見によって明らかにされた事実であろう．すなわち，われわれの文書において，至高者と人間との同一性は，かならずしも「自然的」ではなく，むしろ「実存的」である場合が多いのである．従ってここには，「すでに」(schon)と「いまだ」(noch nicht)の本質的緊張関係が保持されており，これに対応して，「直接法」に基礎づけられた「命令法」も存在するのである．それ故に，キリスト教反異端論者が攻撃するグノーシス主義者のいわゆる「放埒主義」も，ナグ・ハマディ文書には全く欠如していることも決して偶然とはいえないであろう．反異端論者が指摘するように，グノーシス主義者は「本質において救われた者」(φύσει σῳζόμενοι)であるとしても，彼らにも決断が要請されており，その具体化として禁欲の倫理が勧められこそすれ，必ずしも決定論的放埒が許されているわけではないのである．

　第二は，グノーシス主義の起源をめぐる問題に対するナグ・ハマディ文書の貢献である．従来，グノーシス主義は，(1)キリスト教，(2)ギリシアの宗教思想，(3)シリア-イランの宗教，(4)ユダヤ教からそれぞれ導入され，論争されてきた．そして，いわゆる宗教史学派以来，(3)のシリア-イラン起源説が圧倒的支持を受けていた．このような「導入説」(Ableitungstheorie)そのものに問題があるとしても，とにかくナグ・ハマディ文書の発見によって，(4)に近いユダヤ教周辺成立説が有力視されてきたのである．より正確に言えば，非主流的ユダヤ教(たとえば洗礼教団)，あるいはむしろ，ディアスポラのユダヤ教を含むユダヤ教と他のヘレニズム諸宗教思想の接触地——ヨルダン川東岸，サ

マリア，シリア，小アジア，エジプト——が，グノーシス主義の成立地とみなさるべきであろう[42]。

　第三に，グノーシス主義における救済者の起源の問題である．これは第二の問題と密接な関係を有するものであるが，まず，ナグ・ハマディ文書にも「キリスト」が圧倒的に多く救済者として登場することは認められなければならない．しかもわれわれは，このキリスト像がグノーシス神話論において二次的であることを確認した．しかし，このことからグノーシス主義における救済者像がすべてキリスト教に由来するという結論を引き出すことは許されない．なぜなら，われわれは同時に，『アダムの黙示録』からキリストとは無関係な救済者としてセツ-フォーステール の存在を，『エジプト人の福音書』からセツが「キリスト化」されている事実を，そして『ヨハネのアポクリュフォン』からキリストの前型としてソフィアの存在を，それぞれ明らかにしたからである．ここで想起すべきは，すでに30年前にグノーシス主義に関する古典的研究を公けにしたヨナス(H. Jonas)が，グノーシス主義をその救済者像から，イラン的「男性型」とシリア-エジプト的「女性型」に分類していることである[43]。現在われわれは，前者——これは「イラン的」というよりはむしろ「パレスチナ-イラン的」といわるべきであろう——にセツ-フォーステール像を，後者にソフィア像をあてはめることができる．そして，セツもソフィアも，少なくともユダヤ教を度外視しては考えられないことに注意すべきであろう[44]。

　以上の結果として第四に，グノーシス主義が反異端論者の主張するごとき「キリスト教の異端」では必ずしもないことが，ナグ・ハマディ文書の発見によってますます確かめられつつあると言えるであろう．すなわち，グノーシス主義は，原初的・正統的キリスト教から後期になって派生した「異端」では必ずしもないのである．それは，少なくともキリスト教とは独立に成立し，自らにキリスト教的要素を——テクストの転釈によって——採用しつつ，キリスト教グノーシス主義を形成した．ただし，キリスト教と独立して存在したグノーシス主義が，キリスト教成立以前の時点に遡るか否かの問題については，なお

---

42) グノーシス主義成立の問題に関して，詳しくは，下記351頁以下，参照．
43) Jonas, a. a. O., pp. 320-362.
44) グノーシス主義における救済者の問題に関して，詳しくは下記352頁以下，参照

慎重な検証を必要とする．今のところ，キリスト教グノーシス主義の前形態としてのグノーシス主義は，キリスト教そのものの成立と並行すると見るのが最も適当と思われる[45]．

　最後に注目すべきは，ナグ・ハマディ文書の発見によって，洗礼の祭儀とグノーシス主義の密接な関係が確認されつつあることであろう．従来グノーシス主義は一つの思想運動とみなされて――もちろんこれも事実の一側面ではあるが――，これに見られる祭儀的要素が見過ごされていた．この要素は，今までの資料では主としてヴァレンティノス派に認められるものであっただけに，これが軽視されていたことは止むをえなかったのであるが，ナグ・ハマディ文書の発見によって，少なくとも洗礼の祭儀はこの派だけに限られるものではないことが明らかになったのである．しかも，グノーシス主義に本来的な救済者像が自己の中にキリスト像を吸収する「場」はおそらく洗礼の祭儀に求めらるべきであろうというわれわれの見解が正しいとすれば，この確認はグノーシス主義の研究にとって重大な意義を有するものとなるであろう．

　以上，われわれの報告は，ナグ・ハマディ文書の中既刊のテクスト――それは全体の中三分の一に満たない――に基づいてなされたものであるから，われわれの結論も当然仮説的なもの，中間的なものであるに過ぎないことを断わっておかなければならない．

　以上の概観をふまえた上で，われわれは既刊のテクストの中で代表的な文書の各々について，主としてその救済者(キリスト)理解とグノーシス主義の起源の問題に焦点を合わせながら，検討を試みる．

---

45)　ここでわれわれが念頭に置いているのは「魔術師」シモンの場合(上記104頁以下，参照)である．しかし，パウロのいわゆる「敵対者」の思想と2世紀以後のキリスト教グノーシス主義とは必ずしも連続しない．この点に関しては，H.-Fr. Weiß, Paulus und die Häretiker, zum Paulusverständnis in der Gnosis, in: Eltester (ed.), a. a. O., pp. 116-128, bes. pp. 125 f., 参照.

2 『アダムの黙示録』におけるフォーステール

課題

『アダムの黙示録』(Cod. V：5)[1]は，テクストの編者，とくにベーリッヒ(A. Böhlig)によれば，キリスト教起源前に成立した「イラン的・ユダヤ的」グノーシス文書であるといわれる．そして彼は，この文書に救済者として登場する「フォーステール」(φωστήρ)を，主としてイランのゾロアスター教における「サオシュアント」(Saošyant)とユダヤ教の「受難するメシア」から導入するのである．われわれは以下において，この文書の内容を概観し，フォーステールが登場する文脈を確定した上で，ベーリッヒ説に——ゾロアスター教のサオシュアント像そのものとの対比において——検討を加え，最後に，これを批判しつつ，われわれに独自なテーゼを提出するであろう．

1 「黙示」の内容

『アダムの黙示録』は，アダムが眠っている間に彼の前に現われた三人の人々から啓示された黙示を，セツとその子孫に与えるという文学形式をもって書かれている．そして，その内容はほぼ次の通りである．

アダムとイブは栄光の中を歩んでいる．彼は彼女から「永遠なる者，神のグノーシスの言葉」を教えられる．彼らは創造神，諸権力以上の存在である．これに対して，創造神「諸権力のアルコーン」が憤って，彼らを二つのアイオーンに分離する．その結果，栄光とグノーシスが失われる (64, 20-28)．

しかし，グノーシスは消失したのではなく，それは，「大いなるアイオーンの種子 (σπορά)」セツ人 (グノーシス主義者) の中に入る (64, 28-65, 9)．

一方，アダムとイブは創造神と彼の諸権力の奴隷となって，その心を曇らされる．しかし，彼らが眠っている間にこのような奴隷関係が断ち切られる．すなわち，創造神と諸権力に属さない三人の人々がアダムの前に立って，アダム

---

[1] テクストは，A. Böhlig, P. Labib (ed.), *Koptisch-gnostische Apokalypsen aus Codex V von Nag Hammadi im Koptischen Museum zu Alt-Kairo*, Halle/Saale 1963.

を死の眠りから醒し，アダムとイブから「アイオーンとあの人の種子」がセツ人のもとに出ていったことを告げ知らされる (65, 9-66, 14)．

アダムとイブはこの言葉を聞いて溜息をつく．それを見て創造神は，自分だけが彼らの「主」ではないことに気がつき，彼らを盲目にし，彼らに性欲を起させる．こうして，人間のもとに弱さと死がもたらされる．アダムは，彼が死の力のもとに陥ったことを知り，セツに，彼が三人の人々から聞いたことを告げ知らせる (66, 14-67, 14)．

すなわち，「全能の主」($παντοκράτωρ$) が，すべての「肉体」($σάρξ$) を，イブのグノーシスを受け継いだセツ人をさえも，洪水によって地上から抹殺しようとする．しかし，セツ人は大いなる天使によって，「命の霊 ($πνεῦμα$) ある場所 ($τόπος$)」に導き入れられるであろう．その結果，洪水はセツ人以外の人間を滅ぼすに止まる．もっとも，創造神は，「デウカリオン」ノアと彼の箱船に入ったものをも救う．創造神はノアを信頼し，彼の子孫をも，創造神に従順な種族として造られたものと思い込む．しかし，セツ人が地上に現われて，ノアのもとに来る．これが創造神の意にかなわなかったので，彼はノアに対し，ノアが彼に顔をそむけたことを叱責し，ノアに弁解を求める．これに対してノアは，彼らが創造神に逆って造られた者ではないが，グノーシスに由来せざるをえない存在であること，そして彼らは彼らにふさわしい場所に連れて行かれ，そこに「聖なる住い」を与えられて，ただグノーシスによってのみ満たされるであろうことを告白する．それから地は，ノアの三人の息子，セム，ハム，ヤペテに分割される．そしてノアは彼らに，創造神に対して顔をそむけないように諭す．ハムとヤペテの子孫の中四千人がセツ人の中に移され，彼らはセツ人によって悪から守られる (67, 22-73, 24)．

ハムとヤペテの残りの子孫は十二の王国を創る．彼らは創造神の意志に逆って，「大いなる人々」を告白する．それに対して創造神は火をくだし，これらの人々を滅ぼそうとする．しかし，大いなるアイオーンから火の雲が現われ，また，アブラサウス，サルボ，ガマリエルの三天使が下降して，彼らを火から救い，天使たちのもとに連れ戻す (73, 25-76, 7)．

三度目に，「グノーシスのフォーステール」が，ノアの子孫，ハムとヤペテの子孫をも救うために来臨する．彼らは「死の権力」のもとに服しているが，

「永遠なる神のグノーシス」を心に思う者は救われる．フォーステールは地上に来て，「彼」の「しるしと奇跡」により，諸権力を恥じ入らせる．創造神はこれに対して怒りにもえ，「人」の「肉体」を罰し，その言葉を偽りの言葉と断ずる (76, 8-77, 27)[2]．

「人」の由来を問う諸権力に対し，彼の誕生に関する十四の説明がなされる (77, 27-83, 4)．

人々は諸権力と戦い，「真理のグノーシスをもって神を知った人々」を讃美して，彼らの業の誤謬を悔い改める．天から声があって，「聖なる洗礼と生ける水の上に立つ」彼らが，水を汚した罪を叱責され，神の言葉は「書物」のごときものではなく，「グノーシスの知恵と天使たちの教えにおいて永遠に認識する人々の不死と真理の言葉」であることが告知される (83, 4-85, 16)．

以上要するに，黙示の主要内容は三つの部分から成り立つ[3]．第一は，創造神が，イブのグノーシスを受け継いだセツ人をも，洪水によって滅ぼそうとするが，彼らは「大いなる天使」によって「命の霊ある場所」に導き入れられる．第二は，更に創造神が，ノアの子らをも火によって滅ぼそうとするが，彼らもまた「大いなるアイオーン」がくだした三人の天使的存在によって救われる．第三は，救済がノアの子孫，とくにこの世の中に捕えられているハムとヤペテの子孫にも拡げられる．そして，この最後の救済を果たすのがフォーステールなのである．

われわれは次に，このフォーステール像を正確に読みとるために，彼が登場する文脈を翻訳しておこう．

---

2) この箇所は，「三度目に」来臨したフォーステールの救済行為を報じているが，L. Schottroff, Animae naturaliter salvandae, zum Problem der himmlischen Herkunft des Gnostikers, in: W. Eltester (ed.), *Christentum und Gnosis*, Berlin 1969, pp. 71 f., Anm. 17 によれば，上記「火の雲」による救済と「三天使」による救いとを二度の救いとみなすので「三度目に」はこの文書の文脈に合わない，正しくは「四度目に」と記されるべきであるという．

3) Schottroff, in: ibid. によれば，それは四つの部分から成り立つことになる．

2 76, 8-83, 4 の翻訳

　再び，三度目に，大いなる栄光の中にグノーシスのフォーステールが過ぎ行くであろう．彼がノアの子孫(σπέρμα)とハムとヤペテの子から(何ものかを)残すために，彼が実をもたらす場所を残すために．そして彼は，彼らの魂(ψυχή)を死の日から救うであろう．なぜなら，死せる地から生じたすべての被造物(πλάσμα)が，死の権力(ἐξουσία)のもとに服するであろうから．しかし，永遠なる神のグノーシス(γνῶσις)を心の中に思う者は滅びないであろう．なぜなら，彼らは霊(πνεῦμα)をこの同じ王国からではなく，彼らは(それを)永遠なる天使(ἄγγελος)から受けたのであるから．〔　　〕フォーステール〔　　〕死〔　　〕セツから〔　　〕，そして，彼はしるしと奇跡を行う．彼らの諸権力と彼らのアルコーンを恥じ入らせるために．そのとき，諸権力の神は狼狽して言うであろう，「何ということだ，この人の力は．彼がわれらより偉大であるとは」．それから彼は，この人に対して大いなる怒りにもえるであろう．そして，栄光が来るであろう．そして，それが選んだ聖なる家々にあるであろう．そして，諸権力はそれを彼らの目で見ないであろう．また，彼らはフォーステールをも見ないであろう．それから彼らは，聖霊(πνεῦμα)がその上に来た人の肉体(σάρξ)を罰するであろう．それから，天使(ἄγγελος)たちと諸権力のすべての世代(γενεά)がこの名を偽り(πλάνη)とみなして言うであろう，「彼(または，偽り?)はどこから来たのか」．あるいは，「すべての〔権力〕が見出したことのない偽りの言葉はどこから来たのか」(76, 8-77, 27)．

　第一の王国が彼について言う，「彼は〔　　〕から生じた．〔　　〕それが彼を担った．〔　　〕天に霊(πνεῦμα)が．彼は天で育てられ，あの栄光と力とを受けた．彼は彼の母の胎に来た．こうして，彼は水の上に来たのである」(77, 27-78, 5)．

　しかし，第二の王国が彼について言う，「彼は大いなる預言者(προφήτης)から生れた．そして，大鳥が彼に来て，生れた幼児を捉え，彼をある高い山に連れて行った．そして彼は，天の鳥によって育てられた．ひとりの天使(ἄγγελος)がそこに現われ，彼に言った，『立ちなさい．神があなたに栄光を帰したのです』．そして，彼は栄光と力とを受けた．こうして，彼は水

の上に来たのである」(78, 6-17).

　第三の王国が彼について言う,「彼は処女(παρθένος)の母の胎(μήτρα)から生れた. 彼と彼の母が彼の町(πόλις)から追い出された. そして, 彼らは荒野に連れて来られた. 彼はそこで育った. 彼は来て, 栄光と力とを受けた. こうして, 彼は水の上に来たのである」(78, 18-26).

　〔第四の〕王国が〔彼について〕言う,「彼は生じた〔　　〕処女(παρθένος)〔　　〕彼ら〔　　〕彼女を〔追跡した〕. 彼とフェールサリスとサウエールと彼が遣わした軍勢(στρατιά)が. しかし, ソロモンがダイモーン(δαίμων)の軍勢(στρατιά)を送って, 処女(παρθένος)を追跡した. そして彼らは, 彼らが追った女ではなく, 彼らに与えられた処女(παρθένος)を見出した. 彼らは彼女を連れて来た. ソロモンが彼女を受けいれた. 処女(παρθένος)は孕んで, あの場所に子を生んだ. 彼女はそれを荒野の狭間で育てた. 彼が育てられていたとき, 彼は種子(σπέρμα)の栄光と力とを受けた. それによって彼は生れたのである. こうして, 彼は水の上に来たのである」(78, 27-79, 18).

　しかし, 第五の王国が彼について言う,「彼は天の雫から生じ, 海(θάλλασα)に投げ込まれた. 淵が彼を受けいれた. それが彼を生み, 高く揚げた. 彼は栄光と力とを受けた. こうして, 彼は〔水の上に来たのである〕」(79, 19-27).

　第六の〔王国が〕彼について〔言う〕,「彼は下にある〔露の〕ゆえに〔生じた〕. こうして彼が花を拡げるために. 彼女は花に対する欲望(ἐπιθυμία)によって孕み, あの場所(τόπος)に彼を生んだ. パンテオーン(Πανθεών)の天使(ἄγγελος)たちが彼を育てた. 彼はあの場所で栄光と力とを受けた. こうして, 彼は水の上に来たのである」(79, 28-80, 9).

　しかし, 第七の王国が彼について言う,「彼は雫である. 彼は天から地に来た. 彼は竜(δράκων)によって洞穴に連れて行かれ, 子供となった. 霊が彼のもとに来て, 彼を高みへ, そこから雫が生じた場所へ連れて行った. 彼はあの場所で栄光と力とを受けた. こうして, 彼は水の上に来たのである」(80, 10-20).

　しかし, 第八の王国が彼について言う,「雲が地上におりて来て, 岩

(πέτρα)を覆った. 彼はそれから生じた. 彼を〔天にある〕天使(ἄγγελος)たちが〔育てた. 彼は〕栄光と〔力とを〕あの場所で〔受けた. こうして〕彼は〔水の〕上に来たのである」(80, 21-29).

しかし, 第〔九の〕王国が彼について言う, 「九人のピエリデス(Πιερίδες)から一人が離れ, 高い山の上に来た. 彼女はそこに坐って時を過し, その結果, 彼女は自らに欲情して(ἐπιθυμεῖν), 男女になろうとした. 彼女は欲情(ἐπιθυμία)を満たし, 彼女の欲情(ἐπιθυμία)によって孕み, 彼が生れた. 欲情(ἐπιθυμία)を越えた天使(ἄγγελος)たちが彼を育てた. 彼はあの場所で栄光と力とを受けた. こうして, 彼は水の上に来たのである」(81, 1-14)

第十の王国が彼について言う, 「彼の神が欲情(ἐπιθυμία)の雲を愛し, 彼を彼の掌中に生んで, 自分を越えて雫から雲へ投げ込んだ. そして, 彼が生れた. 彼はあの場所で栄光と力とを受けた. こうして, 彼は水の上に来たのである」(81, 15-24).

しかし, 第十一の王国が言う, 「父が〔自分の〕娘に欲情した(ἐπιθυμεῖν). 彼女は彼女の父〔によって〕孕み, 彼女〔   〕外の荒野(ἔρημος)に〔 〕. 天使(ἄγγελος)が彼をあの場所で育てた. こうして, 彼は水の上に来たのである」(81, 24-82, 4).

第十二の国が彼について言う, 「彼は二つのフォーステール(φωστήρ)から生じた. 彼はそこで育てられ, 栄光と力とを受けた. こうして, 彼は水の上に来たのである」(82, 5-10).

しかし, 第十三の国が彼について言う, 「彼らのアルコーン(ἄρχων)のすべての誕生はロゴス(λόγος)である. そして, このロゴス(λόγος)が場所で命令を発した. 彼は栄光と力とを受けた. こうして, 彼は水の上に来たのである. これらの諸権力の欲情(ἐπιθεμία)が満たされるために」(82, 11-19)

しかし, 王無き世代(γενεά)は言う, 「神が彼をあらゆるアイオーン(αἰών)から選んだ. 彼が促して, 真理の汚れ無きもののグノーシス(γνῶσις)を, 彼を通して生ぜしめた」. 彼女(=王無き世代)が言った, 「異なるアエール('Αήρ)から, 大いなるアイオーン(αἰών)から, 〔大いなる〕フォーステール(φωστήρ)が出て来た. 〔   〕彼が選んだあの人々の世代(γενεά)が輝く. その結果, 彼らは全アイオーン(αἰών)を輝かす」(82, 20-83, 4).

3 ベーリッヒ説

以上のテクストにおけるフォーステール像を，ベーリッヒは次のように「宗教史的に」導入する．

この文脈においては，光の預言者の伝道と受難が叙述の対象とされている．われわれはまずイエスの受難に関する示唆を考えたくなるであろう．しかし，われわれのテクストには，イエスに対する言及が一度もなされておらず，彼の名さえもが一度も出てこない．とすれば，この表象がキリスト教成立以前のものであるという想定に，より蓋然性があることになろう．ここにおいて，後期ユダヤ教グノーシス主義に無条件に影響を与えたイランの宗教に注目しなければならない．そして，ほかならぬイランにおけるヘレニズム期のマゴス伝承が，われわれのテクストに対して比較の可能性をもたらすのである．すなわち，この伝承において，非常に多くの場合，セツとゾロアスターが等置されている．ここにはまた，後続して登場する救済者たちに関する教えも存在する．ゾロアスターに関しては，彼の種子がある湖に落ちると，そこで水浴していた三人の処女が順次に孕んで，彼女らが千年の間隔をおいて三人の世界更新者を生み出したと報告されている．このような表象は，ゾロアスターの息子たちがカンサオヤ湖に保護されて，その中から生れたという古い伝承に遡る．彼らの名はフシェタル(Hušetar)，フシェタルマー(Hušetarmah)，サオシュアント(Sao-šyant)という．そして，この最後のサオシュアントが実際の世界更新者なのである．彼は悪に打ち勝ち，正義の国を打ち立て，死人をよみがえらせるであろう．同様にして，マニ教徒のいわゆる「第三の使者」——彼はこの世において救済行為を行う——も，イランの終末論的神話論に深く根ざしているのである．われわれがイランの宗教における三つに区切られた時間のシェーマを考慮に入れれば——その第二期にゾロアスターが登場し，彼の業をサオシュアントが継続して最後の第三期をもたらす——，われわれは『アダムの黙示録』に前提されている時間区分の基底を見出したことになる．

他方において，天的存在としてのゾロアスターの表象もまた，天的セツとの結合を可能にする．キリスト教時代のグノーシス主義者たちは，キリストなるイエスをセツの後裔とみなしている(Epiph., *pan.*, 39, 3, 5)．そしてここで，彼の奇跡的誕生が強調されているのである．われわれのテクストにおいては，お

そらくユダヤ教グノーシス主義とイランの思想との合体が成し遂げられているものと思われる．フォーステールは，この世を思い，なお救済を必要とする人間たちのもとにやって来る．ハムとヤペテの子らは，彼らがセツに対してとった態度によって，いかに彼らがこの世の虜になっているかを示した．キリスト教著作家テオドール・バル・コナイ (Theodor bar Konai) の作品には，来るべき救済者に関するゾロアスターの預言が記録されている (Bidez-Cumont, Les Mages hellénisés II, pp. 126 ff.)．これがおそらく，ゾロアスターと彼から出た第三の使者とをお互いに結びつけている箇所とみなされるであろう．ゾロアスターは言う，「私が彼であり，彼が私である．私は彼の中におり，彼が私の中にいる」．しかも，この預言の中には救済者の業とその受難が指示されている．テオドール・バル・コナイによってキリスト教的に修正されたこの部分にも，受難するメシアの表象の影響が想定さるべきではなかろうか．そしてそれ故に，ここには救済者像に関するユダヤ教の思想が作用しているのではなかろうか．最近，受難するメシアの表象がラビ以前の時代にすでに存在していたことが証明されているのであるから (J. Jeremias, παίς, ThWNT V, pp. 676 ff.)，このこともまた，以上の説明を擁護することになるであろう．とくに，彼を高き者，知られざる者，受難する者として示すメシアの表象が，まさにグノーシス主義の世界観に適合するのである．フォーステールの高い地位が，彼をして救済の業を果たさしめる．彼の隠されている本質が，諸権力をして彼に敵対せしめる．同様に，彼の受難が，二元的戦いに適する．マニ教徒たちの第三の使者がその本質においてミトラの特色を帯びており，こうして，イラン的・マニ教的伝承の若干の流れが，彼をミトラと等置していることが理解できるのである．他方，マニ教もまた，彼らの受難するフォーステールを持っている．なぜなら，ほかならぬ殺されたマニが「フォーステール」と名づけられているのであるから．

　フォーステールにおける神性と人性の二重性について言えば，それは創造神が彼に対してとる態度の中に現われている．つまり，創造神はこの「人」について，「われわれより偉大である」と言う．ここで，われわれは直ちに，『この世の起源について』(Cod. II: 5; XIII: 2)[4]における同様の言表を想起するであ

---

4) 『この世の起源について』に関しては，下記212頁以下，参照．

ろう(155, 25 ff.)．このほかに目立つのは，諸権力がフォーステールを知らないことである．このことについても，『この世の起源について』に並行記事がある(156, 7 ff.)．彼らはフォーステールを知らないのであるから，彼に関する言表を「偽り」とみなし，その由来を問うことになる．

さて，救済者の誕生に関する十四の答については，ベーリッヒは次のような想定を下している．

ここには，ある種の組織的な叙述が確認できる．つまり，フォーステールを生む者が，順次に，より高次の存在とみなされているのである．(1)人間存在(一〜四)，(2)物理的・物質的存在(五〜八)，(3)神的存在(九〜十一)，(4)高次の自然科学的・哲学的存在(十二〜十四)．まず，最初の四つの場合，生みの親は男たちであり，第三の場合にのみ処女がその役割を果す．次に，物理的・物質的存在が登場する(五〜八)．第九の場合は，グノーシス主義者におけるソフィアに類似したタイプに属する．第十から第十四までは，神的存在が生みの親である．

さて，第一の場合，天で子が育てられるという考えは注目に価する．それは，その後に天からくだるセツであろうか．荒野に遁れる処女という表象が，三，四，十一に出てくる．四において，ソロモンが父であるという考えが目立つ．しかし，彼は大いなるマゴスと考えられているらしく，それゆえにフォーステールを生むのにふさわしいのであろう．婦人がその姿を変えて追跡を免れたという表象は，『この世の起源について』(164, 25 ff.)からもわれわれは知っている．雫が子を生む能力があるという思想は古代において広く知られている．『この世の起源について』の心魂的人間も海で生れた(161, 22 ff.)．救済者が洞穴で生れたという表象は黙示文学から知られている．第六の露も雫と同様に考えられていたらしい．雫の縮合としての雲という概念は，神が旧約聖書において多くの場合雲から現われることを思えば，驚くに足りない．こうして，一〜四と，五〜八とが，それぞれ特定のタイプを形成している．

次の六つの場合も，同様に二つのグループに分れる．九〜十一には欲情の概念が確認される．すなわち，九は自らに欲情するミューズ，十は雲に欲情する神，十一は娘に欲情する——おそらく神的——父がそれである．そしてこれらに，グノーシス的・哲学的意味づけが決定的である誕生の叙述が続く．第十二

における二つのフォーステールは太陽と月であろう．そしてこれらは，光と闇との中間に位置することによって，やはり仲保者の性格を有するフォーステールを生み出すのによく適しているであろう．同じように，ロゴスもまた仲保者の役割を有する．しかし，アエールもこのような性格を持っていることは当然であろう．なぜなら，これは細かい空気の集合体と考えられているからである．ヒッポリュトスは，次のように指摘している．「ペルシア人は，神を光るもの (φωτεινός)，集合したアエールの中なる光(φῶς)であると言う」．ここに再びイラン的性格が示されているであろう．仲保者は法的側面と宇宙的側面を有する．ミトラは，この両方の関係において仲保者である．

子が生れ，育てられた場所は，荒野か山か洞穴である．そして，この三者には共通して孤独の性格がある．しかも，オリエントについて知識を有する者には，この三者の間にほとんど意味上の差異がないことが明らかであろう．

養育者は天使，つまり，助けを与える中間的存在であり(「パンテオーンの天使」はギリシアの影響を示す)，それは，二では鳥，一と七では霊である．

王無き世代によって発言されているフォーステールの表象が最も繊細である．この領域に属する人々が最も純粋で，全アイオーンを輝かす．人間には，天に上昇する十四のグループがあり，それに即応する十四のフォーステールがいるのであろうか——5)．

以上から明らかなように，ベーリッヒはフォーステールの宗教史的背景として，イランの影響下にあるユダヤ教グノーシス主義を想定している．ここで，サオシュアント，ミトラ，「第三の使者」等の系列に属する救済者と，ユダヤ教の「受難する」メシア像が結びついて，われわれのフォーステールになった，と言うのである．サオシュアントはゾロアスター教の終末観において重要な位置を占めており，ミトラは——ミトラ教の起源について諸説があるけれども——6)，イランに固有な宗教であるマツダ教の中でその救済者としばしば等置

---

5) Böhlig, Labib, a. a. O., pp. 90-93 ; A. Böhlig, Die Adamapokalypse aus Codex V von Nag Hammadi als Zeugnisse jüdisch-iranischer Gnosis, *Oriens Christianus* 48, 1964, pp. 44-49 ; Ders., Jüdisches und Iranisches in der Adamapokalypse des Codex V von Nag Hammadi, in : A. Böhlig, *Mysterion und Wahrheit* (Gesammelte Schriften), Leiden 1968, pp. 154-161, 参照．

6) 小川英雄「ミトラ教の起源について」『宗教研究』199号，1969年，91-116頁，参照．

されていることは事実である．また，マニ教も，それ自体はマニによって紀元後3世紀に創立された宗教ではあるが，その伝承の若干のものがイランの宗教に遡源されることは否定できない．ここから，ベーリッヒがこの文書の思想に，なかんずく救済者フォーステールに，キリスト教成立以前におけるイランの宗教を前提することになる．しかし，果してこのような想定は正当であろうか．われわれは次に，われわれ自身の立場からこれを検討しなければならない．そしてそのためには，——サオシュアントを中心とする——イランの宗教に関する正確な知識を必要とするであろう．

4 イランの宗教における救済者

まず，サオシュアントが登場するまでのゾロアスター教の宇宙論を，その経典『アヴェスタ』(Avesta)から要約すれば，ほぼ次の通りである[7]．

宇宙全体は，光の天界，七層の地界，闇の地下界から成り立っている．そしてそれは，善と悪という二つの原理が互いに抗争する戦いの場なのである．善の原理は，マツダー・アフラ(Mazdā Ahura)，ゾロアスター自身の作と言われる『ガーターズ』(Gāthās)のいわゆる「賢明な主」，後に多くの場合「アフラ・マツダー」(Ahura Mazdā)と呼ばれる存在である．この言葉から，今日一般的に用いられている「オールマツ」(Ōhrmazd)が生じた．彼の敵対者が「アングラ・マイニュー」(Angra Mainyu)，後のいわゆる「アーリマン」(Ahriman)である．

両者の抗争の歴史は，3千年を一期とする四期にわたって継続する．従って，宇宙の歴史は1万2千年続くことになる．このような宇宙の歴史の個々の段階，ないしは各時期の内容は次のごとくになる．

前史 二つの原理が分離される．アングラ・マイニューがアフラ・マツダーの存在を認めると，前者は後者を襲おうとするが，結局は後者によって退けられる．そして，両者は9千年にわたる戦いに合意する．

第一期(1-2999年) アフラ・マツダーは霊的存在を創造する．それは，天使

---

7) H. von Glasenapp, Zarathustrische Religion, in: H. von Glasenapp, *Die nichtchristliche Religionen*, Frankfurt 1957, pp. 294-296 に適切な要約がある．詳しくは，H. S. Nyberg, *Die Religion des alten Iran*, Osnabück 1966 (Neudruck der Ausgabe 1938), pp. 188-327; G. Widengren, *Die Religionen Irans*, Stuttgart 1965, pp. 60-110, 参照．

たち，善き諸霊，「フラヴァシス」(Fravašis)，つまり，人間の霊的原型である．これらの存在はすべて，超越的存在の中にある．

第二期(3000-5999年)　霊の創造が物質の創造に移行する．すなわち，霊的存在が地上の存在に移り，そこで人間の原型――「原人」(Urmensch)――としての「ガヨーマルト」(Gayōmart)と動物の原型としての「牡牛の魂」の支配下に，完全な，罪無き状態を形成する．アングラ・マイニューは善神の優位を認め，狼狽して対抗策に出るが，アフラ・マツダーが聖なる呪文「アフラヴァイルヤー」(Ahuravairya)を唱えると失神してしまう．

第三期(6000-8999年)　アングラ・マイニューはこの世に侵入し，原人と原牛を殺害する．こうして，彼によって創られた悪霊が全地に拡がる．しかし，原人の種子から最初の一対(つい)の人間が，原牛の種子から家畜が生ずる．その結果この世において善と悪とが混合してしまう――．

さて，われわれのサオシュアントは，これに後続する最後の時期，すなわち第四期に登場する．ただし，その登場の仕方が，『アヴェスタ』や『パーラヴィ』(Pahlavi)テクストなどに本文上の相違があるので，それらを無理に統一することは危険であるが，ヴィデングレン(G. Widengren)に従って再構成することを許されれば，ほぼ次の通りである[8]．

第四期(9000-12000年)　アフラ・マツダーは，人間を救うためにゾロアスターを地上につかわす．こうして，宇宙の歴史の最後の3千年はゾロアスターによって導入される．そして，最初の千年が経過し，ゾロアスターが死んだ後も，彼の種子は生き残り，99999の「フラヴァシス」の中に保存される．そして，その場所は明らかに「カサオヤ」(Kasaoya)湖である．より後期に成立したしかし『アヴェスタ』の神話に立脚したテクストによれば，「エレダトフェドリー」(Erədatfedrī)と呼ばれる処女が湖で水浴していて，ゾロアスターの種子を孕み，「アストヴァート・アルタ」(Astvat-Arta)を生んだ．『アヴェスタ』の「ヤスツ」(Yasts) 13, 142は次のように歌っている．

　　　彼女は生むであろう，
　　　デヴェンと人間から(来る)

---

8) Widengren, a. a. O., pp. 105-108.

すべての苦難を克服するであろう者を.

こうして,カサオヤ湖から「アフラ・マツダーの使者」(ヤスツ19, 95)アストヴァート・アルタが登場する.これが,われわれのサオシュアントなのである.もっとも,「スパンド・ナスク」(Spand-Nask)によると,ゾロアスターには三人の息子があり,第一子「ウクシュアト・アルタ」(Uxšyat-Arta)が第二の千年間,第二子「ウクシュアト・ネマー(Uxšyat-Nəmah)が第三の千年間,そして最後に第三子アストヴァルト・アルタ(Astvart-Arta)がサオシュアントそのものとして終末をもたらすことになっている.他方,ベーリッヒが言及しているゾロアスターの三人の息子フシェタル,フシェタルマー,サオシュアントは『パーラヴィ』テクスト中の「ブンデシン」(Bundešin) 32, 8に記録されている.

  人も知るごとく,ツァルタトゥート(Zartatūt=ゾロアスター)の三人の息子,すなわち,フーシェーダール(Hūšēdar),フーシェーダールマー(Hūšēdarmah),ソーシュアンス(Sōšyans=サオシュアント)はフヴォーヴ(Hvōv)から出た.つまり,ツァルタトゥートはフヴォーヴの近くに三回来て,その度に種子が地上に出た.天使ネールョーサング(Nēryōsang)が種子の輝きと力とを受けて,それを注意深く天使アナーヒート(Anāhīd)に渡した.そして,間もなくそれは母と交わるであろう[9].

いずれにしても,サオシュアントという名は「化身した正義(または真理)」という象徴的意味を持っている.彼は「アシャー」(Aša:「正義」または「真理」)の担い手で,彼自身肉体的にこの世に属するが,正しくは真実であり,「ウシュターナー」(Uštānā:「命の霊」)を有し,「アメシャー・スペンタ・アシャー」(Aməša Spenta Aša:「聖なる不死なるもの・正義」の受肉とみなされているのである.

このサオシュアントは,第一に,「アシュタ・アフラ・マツダース」(Ašta Ahura Mazdās),すなわち「アフラ・マツダーの使者」という役割を持っている.こうして,彼はゾロアスターの地上における機能を引き継ぐ.次に,彼は

---

9) T. Boslooper, *The Virgin Birth*, London 1962, p. 156 より引用.

戦いに打ち勝つ救済者の役割を果す．彼は，アングラ・マイニュー，「アカ・マナー」(Aka Manah：「悪しき思い」)，アエーシュマ(Aēšma：「偽りの言葉」)等の敵対者を滅ぼし，この世に至高の状態を回復する．この意味で彼は「フラシュオー・チャレタ」(frašō čarəta)，つまり「変貌をもたらす者」とも呼ばれる．この場合，「変貌」とは「命」のそれであり，——『パーラヴィ』テクストによると——それは「死人の甦り」を意味するのである．こうして，サオシュアントは，第三に，この世に不死の世，終末の時をもたらす者となる．彼は，死人を「揺り起し」，すべての人々を復活せしめる．そして最後に，「この世を永遠に不死なるものとする目的を有する」「変貌」が起るであろう(「ブンデシン」228, 1 ff.)．この終りの時に審判が行われ，善なる者と悪しき者が分離されるのである．

　さて，ベーリッヒはフォーステールの宗教史的背景として，サオシュアントのほかに，なかんずくシリアのキリスト教著作家テオドール・バル・コナイの書『ツクニンの年代記』(Chronik von Zugnin)をあげている．その際彼は，ゾロアスターによって預言されている救済者の「業と受難」を重視していたのであるが，しかし，「受難」の表象は少なくともサオシュアント像にはないのである．そのために，ベーリッヒはここに，「受難する」神の僕としてのユダヤ教の「メシア」概念を導入せざるをえなかったのであろう．

　いずれにしても，この関連においてわれわれにとって興味深いのは，むしろ，同じ『ツクニンの年代記』に記録されている救済者誕生の記事である．なぜなら，この背後には，ベーリッヒがあげているもう一つの仲保者像ミトラの誕生物語が想定されるからである．しかも，イランにおいては，パルティア時代(250年-)以後になると，パルティアのいわゆる「王理念」(Königsideologie)を支えるマツダ教における救済者「大王」が，ミトラと等置される場合が多くなってくる．いずれにしても，『ツクニンの年代記』に記録されている「大王」の誕生物語を要約すれば次の通りである[10]．

　世界の王，世界の救済者が，火のかたちで，輝く星として「勝利の山」におり立ち，ここで洞穴から「光の柱」に包まれて，「光」の本質として誕生する．

---

10) Widengren, a. a. O., pp. 210-214, 参照．

彼はこの世に終末をもたらす大王である．彼は，地上の母から生れるが，しかし，星と稲光によってこの世にもたらされた，受肉したミトラなのである．マゴスたちは，毎年3日にわたる沐浴と祈りの中に，この救済者＝大王の来臨を待ち望み，天をうかがってそのしるしを，つまり輝く星を発見しようと努力する．彼が生れると，彼らは勝利の洞穴に入り，大王に彼らの王冠をささげ，それを彼の足下に安置する――．

以上の報告の中には，ヴィデングレンが想定するように，ベツレヘムで処女マリアから生れたイエスに関するキリスト教の伝承と，救済者＝大王の奇跡的降誕に関するイラン系のマゴス神官伝承が交錯しているであろう．そして，全体としてみて，後者の伝承がドミナントであることは否定できないであろう．しかもその背後に，「岩から生れた」ないしは「洞穴で生れた」光の神ミトラに関する神話があることも容易に想定されるところである[11]．

さて，ベーリッヒが好んで引き合いに出しているマニ教の特色は，他ならぬイランの神話を反宇宙的「現存在の姿勢」(Daseinshaltung)[12]で再解釈し，独自な神話論を展開したことにあるであろう．中でも，ゾロアスター教的二元論，その一部からこの世が成立したといわれる巨大な怪獣に関するイランの民間信仰的表象，原人ガヨーマルトに関するゾロアスターの教えがそれである．マニ教の教理は，極めて思弁的な，そして，少なからずグロテスクな神話論の中に展開されるのであるが，その大筋を示せば，ほぼ次のごとくになるであろう[13]．

根本的に，そして，本質的に対立する二つの原理として，光と闇が存在する．闇が光に欲情し，光の一部を奪い，それと結合する．失われたものを奪い返そうとする光と，それを渡すまいとする闇との戦いの中に，宇宙の歴史が進行する．従って，宇宙の各部分――星辰，植物，動物，人間等――の中に，それぞれの程度に応じて，光の断片が含まれることになる．このような宇宙の救済の歴史は，この世の中に分散している光の全体が徐々に集められ，光の世に還帰する歴史ということになる．そしてそれは，光の世からつかわされる使者たち，

---

11) ミトラの誕生物語については，M. Vermaseren, *Mithras. Geschichte eines Kultes*, Stuttgart 1965, pp. 59-63, 参照．

12) H. Jonas, *Gnosis und spätantiker Geist* I, 3. Aufl., Göttingen 1964, p. 80.

13) マニ教について詳しくは，G. Widengren, *Mani und Manichäismus*, Stuttgart 1961, 参照．

なかんずく,「第三の使者」と呼ばれる「ヴァーマン」(Vahman)のこの世に対する直接的干渉によって生起するのである．こうして,光と闇は決定的に分離されて原初の状態を回復し,闇はもはや光に欲情することができない．——ベーリッヒによれば,この第三の使者が,マニの死後,彼と等置されて,ほかならぬ「フォーステール」の呼称を帯びた,というのである．

以上われわれは,ベーリッヒがフォーステールの宗教史的背景に想定したイラン系の宗教における救済者像を概観した．しかし,このような救済者像からわれわれのフォーステールを統一的に説明できるであろうか．われわれは最後に,以上の知識に立脚して,ベーリッヒのフォーステール観を批判し,われわれに固有なテーゼを打ち出さなければならない．

5 フォーステール——ベーリッヒ説批判——

第一に,フォーステール登場の背景になっている宇宙観について言えば,ゾロアスター教自体においては,——上に確認したように——宇宙の歴史を四つの時期に分割して考えているが,これに対してベーリッヒは三分割説をとっている．この際彼は,おそらく宗教史学派に伝統的な「ガヨーマルト-ゾロアスター-サオシュアント」による三分割を念頭に置いているのであろうから,それ自体としては間違っていない．ただ,ゾロアスター教における宇宙史の分割とわれわれの『アダムの黙示録』におけるそれとを比較してみると,両者には必ずしも正確な対応を認めることはできないのである．ベーリッヒはおそらくわれわれの文書の宇宙観に,「アダム-セツ人-フォーステール」による三分割を考えているのであろう．彼が,サオシュアントとフォーステールの対応のほかに,ゾロアスターとセツ人の等置を引き合いに出しているからである．しかし,この文書においてセツ人が救済者的役割を果すのは,第一期においてであって,イランの宗教におけるゾロアスターのように第二期においてではない．しかも,この文書の第一期における本来的救済者は「大いなる天使」であってセツ人はノアとの関係においていわば端役以上の役割を果していないのであるまた,この文書の第二期における救済者は「大いなるアイオーン」からつかわされた三人の天使たちであって,ここで「天的セツ人」は救済者としての機能を全く有していない．このほかにも,サオシュアントがゾロアスターの子であ

るのに対して，フォーステールがセツ人の子であることを予想させる箇所をこの文書の中に確認できないであろう．この文書においてはむしろセツ(人)とフォーステールが等置されているようにも思われるのである[14]．

このように，内容に立ち入って考察すれば，ゾロアスター教の宇宙観とこの文書のそれに正確な対応は認められないのであるが，ともかく宇宙史ないし救済史の三分割に関する限り，両者の間に形式的な一致が存在することは否定できないであろう．ただし，ショットロフ(L. Schottroff)のように，この文書における救済行為が，「三度」ではなく，四度行われていると見れば[15]，ベーリッヒの三分割説そのものが全く崩れ去ることになるであろう．

なお，ベーリッヒが言及しているゾロアスターの三人の息子フシェタル，フシェタルマー，サオシュアントは紀元後9世紀に成立した『パーラヴィ』テクストにのみ登場する表象であるから，これをキリスト紀元以前のゾロアスター教の説明に持ち出すことは無理であろう．

第二に，フォーステールの業と受難に関連して，ゾロアスター教におけるサオシュアントが受難したという考えは全く見出されない．ベーリッヒは，──先に言及したように──おそらくこのことを意識して，フォーステール像の宗教史的背景に，サオシュアントとユダヤ教の受難するメシア「苦難の僕」との結合を想定したのであろう．しかし，後者の表象が「ラビ以前の時代」に遡るというのは，ベーリッヒが主張するように「最近の」学説ではないのである．神の「苦難の僕」とメシアが結びつけられるのは，早くとも紀元後2世紀以後であることは，すでにシューベルト(K. Schubert)によって証明されており[16]，また，福音書における受難するキリストはユダヤ教における受難する「神の僕」を前提してはおらず[17]，使徒行伝3-4章に集中的に登場する「神の僕」キリスト論も決して伝承の初期の段階に属さない[18]というのが，むしろ「最近の」学

---

14) Schottroff, in: a. a. O., p. 79, 参照.
15) Schottroff, in: a. a. O., pp. 71 f., Anm. 17, 参照.
16) K. Schubert, *Die Religion des nachbiblischen Judentums*, Wien 1955, p. 69; R. Haardt, in: *Wiener Zeitschrift für die Kunde des Morgenlandes* 61, 1967, p. 159, 参照.
17) たとえば，F. Hahn, *Christologischer Hoheitstitel. Ihre Geschichte im frühen Christentum*, 3. Aufl., Göttingen 1966, pp. 54-66, 参照.
18) E. Haenchen, *Die Apostelgeschichte*, 5. Aufl., Göttingen 1965, z. St.; H. Conzelmann, *Die Apostelgeschichte*, Tübingen 1963, z. St.; U. Wilkens, *Die Missionsreden*

説であろう．われわれは今のところ，われわれのフォーステール像がキリスト教成立以前のイラン-パレスチナにおける救済者像から導入しうるというベーリッヒ説を積極的に支持しうる資料を一つも有しないのである．

これに対して，若干の学者たちは，フォーステール像の背景に新約聖書におけるイエス・キリストの業と受難を見出そうとする[19]．確かに，「しるしと奇跡」は新約聖書的用語法に属するし，「聖霊がその上に来た肉体」はイエスの受

---

der Apostelgeschichte. Form- und traditionsgeschichtliche Untersuchungen, 2. Aufl., Neukirchen 1963, pp. 163-168, 参照．

19) オルベ(A. Orbe)は，フォーステールの受難にキリスト教を前提する(in: Gregorianum 46, 1965, pp. 169-172)．同様に，ダニエル(J. Daniélou)は，この文書におけるキリスト教との並行記事をキリスト教の影響なしには考えられないと主張し，これを『ヨハネのアポクリュフォン』と同様に，「ユダヤ人キリスト教」に帰する(Judéo-Christianisme et Gnose, in: Aspects du Judéo-Christianisme, Travaux du Centre d'études supérieures spécialisé d'histoire des religions de Strasbourg, Paris 1965, pp. 139-146)．カセ(R. Kasser)は，この文書が最終的に成立するまでに至るかなり複雑な前史を想定する．アルカイックなセム的・グノーシス的詩歌が最も厳密な意味における「セツに対するアダムの黙示録」の原型である．これに，第二のアルカイックなセム的（またはイラン的）詩歌が挿入され，十四人の人物——または同一人物の十四の化身——を説明する．この第二の詩歌は，その中で歌われている人物を同定するために修正され（「処女の胎」から生れた第三の人物はおそらくキリストであろう），拡大されて，現在の『アダムの黙示録』が成立した，というのである(Textes gnostiques: Remarques à propos des éditions récentes du Livre secret de Jean et des Apocalypses de Paul, Jacques et Adam, Muséon 88, 1965, pp. 71-98, bes. 91-93)．シェンケ(H.-M. Schenke)は，ベーリッヒによるこの文書のキリスト教紀元以前成立説に直接反対して，この想定を「全く間違っている」と断じ，この文書を，キリスト教を前提する「グノーシス主義の後期の作品」に帰する．彼はこの文書に対するキリスト教の影響を，「聖霊」(77, 17 f.)，フォーステールの「肉体」の処罰(77, 16 ff.)，彼の「名」(77, 19; 83, 5 f.)，「聖なる洗礼」(84, 7; 85, 24 f.)等の概念に見出す．そして彼は，この文書の中にイエスに対する明確な指示が欠けている事実を，「アダムの黙示録」というフィクションに基づいた枠づけに帰し，明らかにキリスト教の影響下に成立した『アルコーンの本質』の末尾にも，この文書におけると同様に，キリスト教的要素と明確に同定しうるものが欠けていることを指摘する(in: Orientalische Literaturzeitung 61, 1966, pp. 23-34, bes. p. 32)．——以上，J. M. Robinson, The Coptic Gnostic Library Today, NTS 14/3, 1968, pp. 377 f., 参照．このほかにも，ハールト(R. Haardt, in: a. a. O., pp. 153-159, bes. 158 f.)とウィルソン(R. McL. Wilson, Gnosis and the New Testament, London 1968, pp. 130-139, bes. p. 139)は，ベーリッヒの想定を疑問視して，この文書に対するキリスト教の影響を主張する．なお，ベーリッヒ説を積極的に支持するのは，ルドルフ(K. Rudolph, in: ThLZ 90, 1965, pp. 359-362, bes. pp. 361 f.)，慎重にではあるが支持するのは，マックリー(G. W. MacRae, The Gnostic Apocalypse of Adam, The Heythrop Journal 6, 1965, pp. 27-35, bes. p. 34)である．

洗の記事を予想させる．しかし，これらの用語法が排他的に新約聖書的であることは立証できないし，ここで受難する「肉体」がフォーステールのものなのか，セツ人のものなのか，文脈からは必ずしも明らかではないのである[20]．われわれには，ここで受難の表象をフォーステールから排除することはできないと思われる．しかし，だからと言って，ここにキリスト像の影響のみを想定することは許されないであろう．なぜなら，キリストの受難とは独立に，後期ユダヤ教には，たとえばメシア的「神の僕」の受難に関する伝承が形成されているからである．そして，これらの伝承がキリスト紀元以前に遡らないとすれば，いずれにしても，それがフォーステール像に与えた影響もまた，キリスト教成立以後の時代に想定さるべきであろう[21]．

さて，フォーステールの由来に関する十四の発言についても，ほぼ同様のことが妥当するように思われる．

まず，第七の「洞穴」は確かにミトラの誕生を思わせるが，この表象は当時広くヘレニズム-ローマ世界に拡がっていたのであるから[22]，とくにイラン的

---

20) Schottroff, in: a. a. O., p. 73 によれば，77, 1-22 において受難するのは，フォーステール(Salvator)ではなく，グノーシスに達した人々(salvati)であるという．確かに，77, 16-18 の受難する「肉体」は「人の」肉体であって，「フォーステールの」肉体とはいわれていない．しかし，第一に，76, 28-77, 1 には欠文が多いために，「フォーステール」と「人」との関係が必ずしも明らかでない．そして第二に，Schottroff, ibid. が認めているように，この文書において「フォーステール」の名称は，Salvator にも salvati にも与えられているのである．しかも，77, 23-26 で，「人」の由来が問われているのに対して，82, 28 から明らかなように，それに続く箇所では明らかに「フォーステール」の由来が答えられている．以上の理由から，「受難」の表象をフォーステールから排除することは，この文書の文脈と思惟方法に忠実とはいえないであろう．なお，ベーリッヒは最近になって「前キリスト教的グノーシス」(vorchristliche Gnosis)という用語法を，「キリスト生誕以前のグノーシス」(Gnosis ante Christum natum)という意味にではなく，「2世紀のキリスト教的グノーシスに先行するグノーシス」の意味で用いたと弁解している．A. Böhlig, Christentum und Gnosis im Ägypterevangelium von Nag Hammadi, in: Eltester (ed.), a. a. O., p. 2, Anm. 5. これは彼もわれわれの見解を受けいれざるをえなくなっている証拠ともなろう．これに対して，ルドルフは，われわれの見解を大幅に受けいれながらも，なお，『アダムの黙示録』とマンダ教文書との並行関係に固執して，この黙示録を——おそらく「キリスト教成立以前のグノーシス」という意味での——vorchristliche Gnosis 文書とみなしている．K. Rudolph, Gnosis und Gnostizismus, ein Forschungsbericht, ThR 34, 1969, p. 166.

21) この結論に関する限り，Schottroff, in: a. a. O., p. 83 と同一見解をとる．

22) 小川英雄，上掲論文，参照．

とは言えないであろう．雫が海に落ちてフォーステールが生れたという考えも，サオシュアントの誕生に並行はするが，しかし，アプロディーテーの誕生にも同様の特色が認められる．概してベーリッヒは，われわれの箇所の説明にイラン的表象を好んで導入するが，しかし，一読して明らかなように，ここには発言の素材としてギリシア的モチーフがより多く用いられている．「露」(五，六，七，十)，「パンテオーン」(六)，「ピエリデス」(九)等がそれである．処女降誕のモチーフも(三，四，九)，当時のグレコ・ローマン世界に広く認められるであろう[23]．そしてわれわれの場合，それはミトラ教よりもイシス宗教に近いように思われる．なぜなら，世界の救済者ホルスを生んだ処女イシスは，迫害を受けて「荒野」に遁れたといわれているからである[24]．要するに，少なくとも一から十二までは，フォーステールの誕生に関して種々の宗教史的素材が広く用いられているということである．もちろん，どの場合でも超地上的誕生が語られているということで一貫してはいるが，少なくとも「欲情」のモチーフは真の救済者の誕生にはふさわしくない．また，「こうして，彼は水の上に来たのである」というリフレイン――これは一から十三までの末尾にくりかえされる[25]――が，何らかの意味における悪しきものとの「混交」(Vermischung)を示唆するものとすれば[26]，一から十二ないしは十三で説明される救済者は一段低く価値づけられているように見える．

これに対して，十四の「王無き世代」は明らかにグノーシス主義者の世代を意味する[27]．とくに，神がグノーシスをフォーステールによって生ぜしめたと

---

23) Boslooper, a. a. O., pp. 167-188, 参照.

24) Plutarchos, *de Iside et Osiride*, 3, 参照.

25) もっとも，これに対応する「彼は栄光と力とを受けた」というリフレインは十一においてのみ欠けている．これはおそらく筆記者のミスであろう．Schottroff, in: a. a. O., p. 75, 参照.

26) Schottroff, ibid., 参照.

27) 「王無き世代」という概念は，他のグノーシス文書にも出てくる．たとえば，『イエス・キリストのソフィア』92, 6 f. における「自分の上に支配を持たない世界」，『この世の起源について』173, 2. 6 の「王無き」(これはギリシア語の αβασίλευτος に当る．Hipp., *ref.*, V, 8, 30 参照) と 175, 14 の「無王性」．そして，「王無き」という呼称は，これらの箇所で，グノーシス主義者，とくに彼らの中最高の段階に属する人々の性質を示す．『この世の起源について』173, 2 の「王無き」人々は，四種類の「聖徒たち」の中最高位にある人々を指す．R. Haardt, in: a. a. O., p. 157, Anm. 13; Schottroff, in: a.

言われているし(82, 23-25),「大いなるアイオーンからフォーステールが出て来た」(82, 26-28)という発言は，この文書全体の文脈に最もよく適合するからである．しかも，この世代に属する人々が「全アイオーンを輝かす」(83, 3-4)のである．そして，あのリフレインはこの十四にだけ欠けている．つまり，「王無き世代」は，それに先行する第一から第十三の「王国」とははっきり区別され，最高の位置にひきあげられているのである．

しかしわれわれは，ショットロフ(L. Schottroff)のように[28]，第十三の王国をもそれに先行する第一から第十二の王国と一つにして，「王無き世代」に対立させることにはためらいを感ずる．われわれには，われわれの記事の文脈から見て，最初の「十二の王国」がひとまとまりになっているように思われる．なぜなら，フォーステールが来臨したのは，なかんずく「ハムとヤペテの子ら」を救うためであって，しかも彼らが，「十二の王国」を創るであろうと言われているからである(73, 25-27)．とすれば，フォーステールの由来について尋ねる諸権力の問に答える第一から第十二の王国というのは，ハムとヤペテの子孫が創った国，つまり，この世の諸々の国を指しているのではなかろうか．上に確認したように，一から十二までは種々の素材が用いられていることがこれに対応する．

とすれば，「第十三の王国」は何を意味するのであろうか．これは，とりわけアレクサンドリア系のユダヤ教ないしはキリスト教——この文書の最終的成立地がエジプトであることは事実である——のことではなかろうか．ここに突然「ロゴス」が登場して，それが救済者と等置されているからである[29]．

とすれば，われわれの箇所においても，その全体がキリスト教成立以前に完成されたとは結論できなくなるであろう．われわれの想定が正しいとすれば，第十三の発言からキリスト教を暗示している可能性を全く排除することができ

---

a. O., p. 74, 22, 参照.

28) Schottroff, in : a. a. O., pp. 73-79.

29) 「ロゴス」が絶対的に用いられて，救済者の役割を果すのは，ヨハネ1, 1-18とアレクサンドリアのフィローンにおいてである．両者の並行記事はR. Bultmann, *Das Evangelium des Johannes*, 15. Aufl., 1959, z. St., 参照．なおロゴス賛歌(ヨハネ1, 1-18の原型)のアレクサンドリア起源説については，Bultmann, a. a. O., z. St.; E. Stauffer, Probleme der Priestertradition, *ThLZ* 81, 1956, pp. 145 f.; S. Schulz, *Komposition und Herkunft der Johannäischen Reden*, Stuttgart 1960, p. 66, 参照.

ないからである．しかも，第十四の発言はそれを超絶するグノーシス主義を示唆する．ただし，ここから第十四のフォーステールが第十三のロゴスの影響下にあるとは言えないであろう．つまり，後者は前者の成立に不可欠ではないのである．これは「フォーステール」というグノーシス救済者像がキリストと無関係にも成立しえたということであろう．そして，同様のことが，すでに見たように，紀元後8世紀の作品『ツクニンの年代記』についても妥当するとすれば，これは決して偶然とは言えないのではなかろうか．

　以上，フォーステールの受難と誕生に関する記事を検討した結果，われわれは次のような結論に達するであろう．フォーステール像から若干のキリスト教的要素を排除することはできないけれども，この救済者像はキリストと無関係にも成立しえた．しかし，それが成立した年代はキリスト教紀元後であろう．そして，われわれのこのような結論を，マニ教文書『トマスの詩篇』における救済者に関する最近の研究が支えてくれるであろう．それによれば，あの「第三の使者」も，イエス・キリストとは無関係に，しかし，キリスト教以後に成立した表象である[30]．とすれば，われわれの救済者が，マニと共に，ほかならぬ「フォーステール」の呼称で呼ばれていることはむしろ当然といえるであろう．

　最後に，この文書の成立地，ないしは成立の環境について言えば，まずこの文書の中に，全体として，ユダヤ的要素が圧倒的に多いことに注目すべきであろう．この文書の全体が創世記の「始源物語」(Urgeschichte)に拠っていることは明らかであるし，なかんずくこの文書の中で洗礼のモチーフが前景に出ていることが目立つ．フォーステールの由来に関する十三の王国の発言の中でくりかえされるリフレイン「こうして，彼は水の上に来たのである」も，このことを予想させる．そして，ちょうどそれが第十四の「王無き世代」の発言の中で止揚されているのと同じように，この文書の結論部(85, 19-32)においては，「洗礼」が精神化されて「グノーシス」に等置されている．

　　アダムがその子セツに啓示し，その子がその子孫(σπέρμα)に教示した黙

---

[30] C. Colpe, Die Thomaspsalmen als chronologischer Fixpunkt in der Geschichte orientalischer Gnosis, *Jahrbuch für Antike und Christentum* 7, 1964, pp. 77-93, 参照．

示 (ἀποκάλυψις) がこれである。これが，アダムがセツに与えた，アダムの隠された (ἀπόκρυφον) グ・ノ・ー・シ・ス (γνῶσις)，す・な・わ・ち，彼らの聖なる洗礼である。彼らは永遠のグノーシス (γνῶσις) を，ロゴスの子 (λογογενής) らを通して，また，聖なる種子から生れた不滅のフォーステール (φωστήρ) たち，聖なるイエセウス，〔マツ〕ァレウス，〔イエセデケウス〕を通して知る．

ア〔ダム〕の黙〔示〕録 (ἀπ〔οκάλυ〕ψις)

とすれば，この文書はグノーシス主義の一派，いわゆる「セツ派」に属することは明らかであるにしても，この文書成立の宗教史的背景には，後期ユダヤ教の分派，いわゆる「洗礼宗団」(Taufsekten) を想定すべきであろう．ここには，イラン的要素が多く認められるだけではなく，ここから「マンダ教」(Mandäismus) のような典型的グノーシス宗教が成立しているのであるから[31]．

---

31)「洗礼宗団」とマンダ教の関係については，K. Rudolph, *Die Mandäer* I: *Das Mandäerproblem*, Göttingen 1960, p. 174, 参照．

3 『ヨハネのアポクリュフォン』における
ソフィア・キリスト論

課　題

本節の課題は,『ヨハネのアポクリュフォン』におけるキリスト論が二次的であることを文献批判的に論証することにある．つまりわれわれは,現存する四つの写本の背後に想定される原本においては,キリストが登場せず,その代りにソフィアが潜在的にではあるが救済者の役割を果していること,そしてこのソフィアの持つ救済者の役割が,写本の上で次第にキリストに吸収されていき,最後にキリストが救済者として写本に定着することを,その過程を追跡しながら論証してみたいのである.

なお,現存する四つの写本には互いに相違する箇所が認められるのであるが,われわれはこれらの四つの異本を二つのグループに分けることができる．つまり,第一のグループはカイロ・コーデックスⅡとⅣ(以下,Ⅱ, Ⅳ と略記)であり,第二のグループはカイロ・コーデックスⅢとベルリン・コーデックス8502番(以下,Ⅲ, BG と略記)である．なぜなら,第一のグループに属する二つの写本は共に長く,しかもⅡとⅣの相違は少なく,第二のグループに属する二つの写本は共に短く,しかもⅢとBGの相違が少ないからである．そして,第一のグループと第二のグループは,長さにおいても内容においても,互いに大きく異なっている．従ってわれわれは,以下において,原則としてⅡとⅢを文献批判的に比較し,必要に応じて,ⅣとBGを参照していきたい[1].

さて,『ヨハネのアポクリュフォン』とは,ヨハネに復活のキリストによって啓示された秘教という意味である．そしてこの文書は,このような啓示文学の特色として,文学的には二つの部分から成り立っている．第一は秘教そのも

---

1) テクストは, M. Krause, P. Labib(ed.), *Die drei Versionen des Apokryphon des Johannes im Koptischen Museum in Alt-Kairo*, Wiesbaden 1962(Cod. Ⅱ, Ⅲ, Ⅳ); S. Giversen(ed.), *Apocryphon Johannis. The Coptic Text of the Apocryphon Johannis in the Nag Hammadi Codex Ⅱ with Translation, Introduction and Commentary*, Copenhagen 1963(Cod. Ⅱ); W. C. Till, *Die gnostischen Schriften des koptischen Papyrus Berolinensis 8502*, Berlin 1955(Cod. BG).

のであり，第二は秘教の枠であるが，後者は秘教の前(プロローグ)と後(エピローグ)に置かれ，更にそれは秘教の内部にも——特にその前半に，ヨハネとキリストの問答の形で——しばしば登場する．後者をわれわれはディアローグと名づけておく．

われわれは，この文書を一読すれば直ちに気がつくことであるが[2]，この文書のキリスト像またはキリスト教的思想は，上述の枠の部分に圧倒的に多く現われ，本来の秘教の部分には極めて稀にしか登場しない．この事実からすでに，枠そのものが二次的であるという印象を受けるのであるが，われわれは慎重を期するために，まず秘教そのものの中に現われるキリスト像を考察の対象としたい．

1 アポクリュフォンにおけるキリスト

「μετροπάτηρ の独り子」，「Χριστὸς αὐτογενής」，「万物のかしら」等と呼ばれるキリストが登場する II と III のテクスト (II 6, 10-9, 24; III 9, 10-14, 9)は，後述するその他の箇所よりはお互いに異なるところが少ない．その内容を要約すれば次の通りである．

バルベロが神を見つめて(III)，あるいは逆に神がバルベロを見つめて(II)，バルベロは光を生む[3]．神はこの新しく生れた光を喜び，それを χρηστός でも

---

[2] 本書(BG)の内容については，上記 126 頁以下，参照．

[3] この関連において II(IV) と III(BG) のどちらが古い見解であろうか．Giversen, a. a. O., p. 233 は，「バルベロが見られざる霊(つまり神)を見ることができたということは考えられない」から，II は BG よりも古いととる．この想定は，II のこの箇所の見解が，それに先行する箇所——ここでは四つの写本に共通して「見られざる霊」を主題にしている——に内容的に合致する限りにおいて正しいであろう．しかし，文脈に合わない III(BG) の見解が，首尾一貫した II の見解よりも古風であるとも想定されうるであろう．われわれはここで，II(IV) の編集者が，われわれがこの節全体で確認するように，III(BG) の——II(IV) の編集者から見て——矛盾している，または都合が悪いと思われる箇所を，彼らの独自の思想に従って修正する傾向を持っていることに注意しなければならない．その上，III の見解が II のそれよりも古風であると思われるのは，ここに前提されている一種の想像妊娠のモチーフが，消極的な意味だけではなく(いわゆる『この世の起源について』155, 14-19)，積極的な意味でも(シモン派の場合: Hipp., ref., V 18, 6; ヴァレンティノス派の場合:『ピリポによる福音書』§112)登場するからである．これは，マニ教の思想においても重要な意味を持つ．G. Widengren, *Mani und Manichäismus*, Stuttgart 1961, p. 60, 参照．

って塗油した後に、それが Χριστός と呼ばれる。それからキリストによって νοῦς と意志と言葉が生ずる。キリストは言葉によって万物を造る。神はキリストを万物の父の座につけ、あらゆる力を彼に与え、神に内在する真理をも彼の下に置いたので、キリストは万物を把握できるようになる。神は更に四つの光を生じさせる。これらの光はそれぞれ三つのアイオーンを持つ。こうして、4×3＝12 のアイオーンが出揃うが、その最後にソフィアが位置するのである。次に、再び神によって第一の全き人間「アダマース」、つまりアダムが生ずる。キリストはアダムを第一の大いなる光の上に置き、アダムの子セツを第二の光の上に置く。第三の光はセツの子孫、つまり聖徒たちの魂の居住地であり、第四の光は、正しい道を知ってはいるが、今ではなく後になってその道に向う魂の居住地である。彼らのすべては、見られざる神、特にその霊を称賛する。

以上の文節中、II 6, 23-7, 21a(III 9, 24-11, 8a)、つまり、光の χρηστός をもっての塗油、および、キリストの言葉による創造の記事は、後期の付加のように思われる。

まず文体上の理由をあげれば、キリストの塗油を含む II 6, 23-7, 21a(III 9, 24-11, 8a) は上記の II 6, 10-9, 24(III 9, 10-14, 9) の文体的統一を妨げる。つまり、II 6, 22(III 9, 23) は——II 6, 23-7, 21a(III 9, 24-11, 8a) をとび越えて——II 7, 21b(III 11, 8b) に矛盾なく結合するのである。しかも、この箇所から——ただし II 6, 23-9, 24(III 9, 24-14, 9) の内部においてのみ——「光」ないし「アウトゲネース」は「キリスト」と結びついて登場する。そしてこの「キリスト」という呼称は、「光」ないし「アウトゲネース」にやはり後期に付加されたように思われる。このことは、「光——それはキリストである——」(II 7, 30 f.; 8, 15) とか「アウトゲネース——キリスト」(II 8, 23; 9, 1 f.) とかいう表現が繰り返し用いられていることから見て、比較的容易に推定されるであろう。

次に内容上の理由であるが、II 6, 23-26(III 9, 24-10, 4) に「霊」(πνεῦμα) と呼ばれる神が「光」を χρηστός で塗油し、それを「全き者」(τέλειος) とした、という記事があり、その後から「光」が「キリスト」と呼ばれることになるので、ここには明らかに Χριστός を χρηστός から説明しようとする試みが認められるのである[4]。われわれはこの記事を、ヨルダン川におけるイエス受洗の記事(マルコ 1, 9-10 par.) のグノーシス的修正解釈であると想定したい。もしこの想定

が正しいとすれば，ここに突然，新約聖書的モチーフが登場することになり，ここに二次的な傾向を認めざるをえないのである．同様のことが II 7, 10-11 にも妥当する．つまり，ここで用いられている「言葉によってキリストが万物を造った，神的アウトゲネースが」という表現は，ヨハネ 1, 3(「万物がこれ(＝言葉)によってできた」のヴァリエーションの響きを持つ．その上，この表現は II 9, 7-8(III 13, 13)の内容に矛盾する．なぜなら，ここでは，キリストではなく「見られざる霊」が万物を造った，と言われているからである．

　以上の理由から，次の結論を下すことができるであろう．「光」または「アウトゲネース」が問題となっているテクスト II 6, 10-9, 24(III 9, 10-14, 9)に，「クレーストス」＝「クリストス」とその「言葉」が登場する部分，つまり II 6, 23-7, 21a(III 9, 24-11, 8a)が後期に付加され，上記テクストの全体が「キリスト」化された．

　この箇所のほかに秘教そのものの中で「キリスト」は一度も登場しない．ただ，次の二箇所は一応の検討を要するであろう．

　BG 46, 15 ff. par. に，「見られざる霊」がソフィアに彼女の「欠如」を回復するために，彼の「対」(σύζυγος)を送った，という記事がある．ティル(W. C. Till)によると[5]，この「男性的・処女的霊」と呼ばれる (39, 5 par.) ソフィアの「対」が，「処女的・見られざる霊」と呼ばれる (32, 7 f.) キリストを意味しうる，という．『イエス・キリストのソフィア』では，キリストが明らかにソフィアの対となっている (94, 19 f.; 102, 7) こともこの説の傍証となるであろう，というのである．しかし，われわれはこの見解を支持することができない．なぜなら，32, 7 f. で「処女的・見られざる霊」が実際に「キリスト」と等置されているかどうかという問題そのものが本文批判上明らかでないし[6]，ソフィアの対はこ こ以外にこの文書では一度も登場しないからである．

　次に，BG 51, 8 ff. によると，神がソフィアの願いをいれて，アルコーンたちによって造られたが動くことができないでいるアダムに命を与えるために，

---

[4] Till, a. a. O., p. 40; Ders., The Gnostic Apocryphon of John, *Journal of Ecclesiastical History* 3, 1952, p. 17, 参照．
[5] Till, *Die gnostischen Schriften* …, p. 46.
[6] BG 32, 7 f. の並行記事 III 11, 6 では明らかに両者が等置されていない．

「アウトゲネースと四つの光」を送った，といわれる．とすれば，II と IV の並行記事にある「五つの光」(II 19, 19 ; IV 30, 1)の中の一つが「アウトゲネース」であるという可能性が考えられるであろう．しかし，これらの箇所の並行記事に当る III 24, 2 f. には「四つの光」が登場する．どのテクストが最も古いのであろうか．この問に答えるために，まず BG と III とを比較してみよう．

BG 51, 9-11	III 24, 1-4
彼は聖なる決議に従って	彼は聖なる決議に基づいて
アウトゲネース (αὐτογενής) と	彼らを，つまり彼の
四つの光を	四つの光を
第一のアルコーン (ἀρχών) の	天使 (ἄγγελος) たちの姿 (τύπος) で
天使 (ἄγγελος) たちの	第一のアルコーン (πρώταρχων)
姿で送った．	のもとに送った[7]．

ここにわれわれは二つの可能性を想定することができる．第一は，III の筆記者が，BG にある「アウトゲネース」を読み落した．第二は，BG の筆記者が III にない「アウトゲネース」を BG の中に書き加えた．われわれには第二の可能性により大きい蓋然性があるように思われる．なぜなら，「アウトゲネース」がこれ以後 BG のテクストに全く現われないからである．BG の筆記者はおそらく，もともとテクストにはなかった「アウトゲネース」をここに挿入することによって，彼に救済者の役割を演じさせようとしたのではないか．そしてこのことは，II と IV にも，もしここで「五つの光」に「アウトゲネース」が前提されているとすれば，当然妥当することになるであろう[8]．とすれば，

---

7) これは本文に修正を加えた訳である．本文では「彼は聖なる決議に基づいて，彼らを彼の四つの光と共に (mīn)，天使たちの姿で第一のアルコーンのもとに送った」となっているが，II, IV, BG の並行記事から，われわれは mīn (「と共に」) を īn (複数を表わす前置詞) に修正し，「彼らを，つまり彼の四つの光を……」と訳すべきであると思う．

8)「五つの光」に関連して，Till, a. a. O., p. 142 は，II と IV の筆記者が pnūte (「神」: BG 51, 8) の短縮形である pti を ptiu (「五つ」) に誤記した可能性があると言うが，われわれにはむしろ，II と IV の筆記者が III 23, 23-24, 1 にある「五つの光」を読んで，それを，つまり「四つの光」ではなく「五つの光」を問題の箇所に置き，こうして III にある「五つの光」と「四つの光」の矛盾を修正し，同時に BG の並行記事 (「アウトゲネースと四つの光」) にも合わせた，と想定した方がよいように思われる．

なお，このような後期の修正を思わせる「アウトゲネース」あるいは「五つの光」を一応度外視しても，III と BG の方が II と IV よりも古いことが分る．なぜなら，III 24, 3「天使たちの姿 (τύπος)」が II 19, 20 では「天使たちの場所 (τόπος)」になっているが，

IIIに近い該当テクストの原形では、もともと、キリストにはもちろん、アウトゲネースにはおそらく、言及されていなかったと結論せざるをえないであろう。

要するに、キリストによって啓示された文学形式の枠内で展開される秘教そのものの原形には、キリスト自身は一度も登場しなかったということになる。

2 アポクリュフォンとその枠の縫合部におけるキリスト

われわれは次に、最も興味深い、そしてこの研究にとっては最も重要な部分、つまり、II 30, 11-31, 25 (IV 46, 23-49, 6) と III 39, 11-13 (BG 75, 10-13) を比較考察してみよう。この部分がわれわれにとって重要なのは、III 39, 11-13 が秘教そのものの最終部分に当り、文章の主語も三人称単数であるのに、これに対応すると思われる II 30, 11 ff. は秘教の枠となるエピローグの文頭に属し、文章の主語がここから一人称単数「わたし」に変わるからである。その上、この部分の主題は III (BG) において「父のような母」が「かたちをとる」ことであるのに対し、II (IV) では、キリストが「闇の世」に「下降する」ことにあるのである。われわれは、II と IV よりも古いと思われる BG と III から考察してみよう。

BG 75, 10-13	III 39, 11-13
さて、ほむべき者、父のような母、この憐みに富む者が、彼女の子孫 (σπέρμα) の中にかたち (μορφή) をとるであろう。	さて (οὖν)、幸いなる (μακάριος) 父のような母、この憐みに富む者が、彼女の子孫 (σπέρμα) と共にかたち (μορφή) をとるであろう。

ここで「父のような母」とは明らかにソフィアのことである。なぜなら、ソフィアはこの文書において最もしばしば「母」と名づけられているだけではなく、彼女が――キリストではない！――「父」と共に人間に対する救済行為の中で重要な役割を演じているからである。これは次の箇所から裏づけられる。

われわれには、τύπος の方が τόπος よりも古いと思われるからである。第一に、τύπος を τόπος と誤記することは他のコプト語テクスト――たとえば『真理の福音』23, 3――でも起っているし、第二に、II と IV の、この箇所に後続するテクストにおいて、第一のアルコーンの目をごまかす「光」のとった「天使たちの姿 (τύπος)」が当然のこととして前提されている。

(1) ソフィアの願いをいれて,「憐みに富む者」父(III 23, 23 ; BG 51, 6 f.)がヤルダバオトにアダムへ彼の「霊」を吹き込んでアダムを立ち上がらせるようにさせる(III 23, 19-24, 9 ; BG 51, 1-17).

(2) 父が「母」ソフィアにその霊を送り,人間を眠りから,つまり認識不可能な状態から覚醒させる.ソフィアはこうして長い間人間(σπέρμα)のために働く.それは,霊が来るときに,それが人間を回復するため,あるいは,彼らがもはや欠如に悩むことのないようにするためである(III 32, 9-22)[9].

(3) BG 71, 5-13によれば,母なるソフィアは父の救済行為に,つまり人間に霊または「エピノイア」を送る行為に参与する[10].

さて,「母」(maau)にかかる「父のような」とわれわれが訳した形容詞句 injôt(III 39, 12 ; BG 75, 11)は何を意味するのであろうか.「父のような母」とは父の性質を持っている母という意味であろう.父の最も本質的な性質は人間との関わりにおいて彼が憐みに富むということである.すでにわれわれが見たように,「憐みに富む」父(III 23, 23 ; BG 51, 6 f.)が天のアダムに霊を吹き込ませた.「幸いなる」(μακάριος)父はその後に「憐みに富む善行者」(BG 52, 18. 24, 25-25, 1 をも参照)として地上のアダムに霊つまり「エピノイア」を送る.すなわち,「父のような母」とは,その「憐みに」父と同じように「富む」母のことである[11].そして,父にかかる形容詞句「憐みに富むところの」(ete naše pefnae)は,実際にわれわれが今問題にしている箇所だけではなく,その前にも(BG 71, 6. III 36, 20 をも参照?)母なるソフィアにかけられているのである(ete naše pesnae).このように父と母の性質が同じ形容詞句で特徴づけられる

---

9) この箇所のBGの並行記事(63, 16-64, 13)はIIIによって修正されなければならない.この場合もIIIがBGより古い.

10) この箇所のIIIの並行記事には欠文が多く,BGによって復元せざるをえない.

11) われわれが「父のような母」と訳したmaau injôtを, Krause, Labib, a. a. O., z. St. は „Vater-Mutter" と, Till, a. a. O., z. St. は „Vatermutter" と訳している.しかしこれらの訳はmaau injôtを「男女」的・中性的存在——たとえば『この世の起源について』161, 31 の「ヘルマフロディテース」——と見るような印象を与えるので,適訳とは言えないであろう.冠詞のない名詞の前に in がつくと,それは形容詞句となってそれに先行する名詞にかかる (W. C. Till, *Koptische Grammatik*, 2. Aufl., Leipzig 1961, § 144, 参照)のであるから,われわれの場合も,「父のような母」(väterliche Mutter)と訳すのが文法的にも正しい.

のは決して偶然ではない．なぜなら，すでに触れたように，父と母は共に人間の救いのために行動しているからである[12]．しかも，母はここで，III 24, 25；BG 52, 17 における父と同じように，「幸いなる」とも特徴づけられている．

では次に，その「子孫」(σπέρμα)と「共に」(III 39, 13)またはその「中に」(BG 75, 13)「かたちをとる」(či μορφή)とは何を意味するのであろうか．この表現は一般的に，ソフィアはキリストの中で人間のかたちをとる，と意味づけられている[13]．このような意味づけは，III と BG の最終的編集者の意図には確かに合致するかもしれない．それはこの箇所に後続する枠，つまりエピローグから見てほぼ明らかであろう．しかし，われわれがここで問題にしているのは，現存する写本におけるこの表現の意味ではなく，その原本における意味である．

この関連において第一に注意すべきことは，či μορφή という概念はギリシア語の μορφεῖσθαι に当り，それが二義的である，ということである．この概念は確かに，「(人間の)かたちをとる」という意味にも用いられるが，それを越えて——なかんずくヴァレンティノス派の場合——「元来のかたち」つまり「プレーローマのかたちをとる」，特に「かたちづくられる」，「回復される」という意味にも用いられるのである[14]．しかし，この用法はヴァレンティノス派だけに限られず，『真理の福音』27, 15-31；『イェウの二つの書』(ブルース・コーデックス) 9 ; 49，更に新約聖書のコプト語(サヒド方言)本文・ガラテヤ 4, 19 に至るまで妥当するのである．特に後者は，われわれの箇所と文体上の並行関係を保つ．

BG 75, 10-13	ガラテヤ 4, 19
母が……彼女の子孫(σπέρμα)の中にかたちをとる(či μορφή)．	キリストがあなたがたの中にかたちをとる(či μορφή)……

ここから，či μορφή は広く終末論的意味にも用いられていたことが分るであろう．

---

12) この点を強調するのが，H. -M. Schenke, Nag-Hammadi-Studien III : Die Spitze des dem Apokryphon Johannis und Sophia Jesu Christi zugrundeliegenden gnostischen Systems, *ZRGG* 14, 1962, pp. 357 ff. である．

13) Schenke, a. a. O., p. 357 ; W. Foerster, Das Apokryphon des Johannes, in : *Gott und Götter. Festgabe für E. Fascher*, Berlin 1958, p. 139.

14) F. -M. -M. Sagnard, *Le gnose valentinienne et le témoignage de Saint Irénée*, Paris 1947, p. 394. 上記 153 頁以下，参照．

われわれの見解では, či μορφή の第二の意味が, 第一の意味よりもよく, 用語法の上だけではなく[15], 内容的にもこの文書の原本に近い思想に合致する. つまり, われわれの箇所よりも前に(III 32, 8-22), 霊が人間界に送られ, ソフィアは聖霊またはプレーローマが最終的に来るまでその備えをするという記事があり, ここで, 聖霊が来るときに人間(σπέρμα)の欠如(ὑστέρημα)が「回復される」(taho)であろう, といわれる[16]. これはわれわれの箇所——ソフィアが人間と共に, またはその中に, かたちづくられるであろう, つまり人間が回復されるであろう——を指示するものではなかろうか.

次に, われわれの箇所の後に, つまり III 39, 19-21; BG 76, 1-5 に, 次のような記事がある[17].

BG 76, 1-5	III 39, 19-21
ところで(δέ), 母はもう一度わたしの前に来た. しかし, 彼女はこれをこの世(κόσμος)で行なったのである. (こうして)彼女はその子孫(σπέρμα)を回復した.	この母がもう一度わたしの前に来た. 彼女がこの世(κόσμος)で行なったこと, (それは)彼女が欠如(ὑστέρημα)を回復した(ことである).

秘教の枠, つまりここではエピローグに出るこの文章をわれわれは二次的と見るが, ここでわれわれの注意を引くのは, 上述した III 32, 8-22 とわれわれの箇所がここでもう一度, しかもそれが過去の事実として繰り返されていることである. つまり, ソフィアは「欠如」(III)あるいは「子孫」(BG)を回復した(taho). これはわれわれの箇所に対する回顧的指示とみなしてよいであろう.

以上二つの箇所から, われわれは, われわれの箇所における či μορφή を taho の意味に, つまり「回復する」または「回復される」の意味にとるべきだ, ということになる. しかもこの taho はこの文書においても[18], 他の文書においても[19], 救済論的・終末論的術語として用いられていればなおさらのことである

---

15) III 12, 3; BG 32, 12, 参照. この文書では第一の意味ではむしろ či τύπος が用いられている. II 1, 27 f.; 14, 23 par., 参照.
16) III 32, 8-22 に並行する II 25, 9-15 には「ソフィア」が欠けている.
17) これに並行する記事は II と IV に全くない.
18) 上記の箇所のほかに, III 21, 9. 11. 15; BG 47, 5. 13.
19) 『イェウの二つの書』9, 13; 49, 13;『真理の福音』22, 14-19; 41, 5-7.

以上から，われわれの箇所は次のように解釈さるべきであろう．父と同じように「幸いなる」「憐みに富む」母なるソフィアは，その子孫と共に，またはその中に，かたちづくられる，すなわち，こうして人間は回復されるであろう．この文書の原本は，秘教だけから成っていて，おそらくここで終っていたのである．

さて，このような意味を持つ III 39, 11-13 (BG 75, 10-13) に対して，II 30, 11-31, 25 (IV 46, 23-49, 6) はどのような関係を持つであろうか．一見して，III と BG に対して II と IV はここで並行関係を持たないかのように見える[20]．特に，III と BG の該当箇所がたった三行しかないのに，II と IV の記事は五十行以上もあるからである．しかし，われわれはこの両箇所に並行関係を見る．まず III と II を比較してみよう．

III 39, 11-13	II 30, 11 ff.
さて (οὖν)，幸いなる (μακάριος) 父のような母，この憐みに富む者が，彼女の子孫 (σπέρμα) と共に (BG: の中に) かたち (μορφή) をとるであろう．	さて，わたしは万物の全きプロノイア (πρόνοια) で，わたしの子孫 (σπέρμα) の中に姿を変えた……

ここでわれわれが，III の ⲉⲓ μορφή を上述の第一の意味にとれば，ソフィアはその子孫の中で人間のかたちをとることになり，それに対して II では，キリストがその子孫の中に姿を変えたのであるから，共に受肉というモチーフで対応する．しかも，われわれが先に考察した，ソフィア——特に父と聖霊——の任務は，この箇所に後続する II 30, 15-31, 25 (IV 46, 28-49, 6) ではキリストの任務として詳しく述べられているのである．

キリストは三度「光の国」(30, 23) から「闇」(30, 17. 25. 36) つまり「地下の内部」(30, 26 ; 31, 1) に下降して行った．しかし最初の二度は，「混沌の土台が揺いだ」(30, 19 f. 27 f.) けれども，彼はそこから「光の根」(30, 30) に帰って行った．三度目に彼は「牢獄」つまり「からだ (σῶμα) の牢獄」(31, 4) の中に入って行き，そこに眠っている者を「呼ばわり」(31, 5)，その「目を覚し」(31, 22)，彼を「封印した」(σφραγίζειν) (31, 23)．

---

20) たとえば，Giversen, a. a. O., pp. 270, 272 はこのように見る．

ここにおいて，なかんずくキリストの三度目の来臨において，キリストの人間に対する救済行為が主題となっている．しかしこれは，われわれが先にIIIとBGについて見たように，ソフィアが父と共に本来の秘教の中で行なった救済行為に正確に対応するものである．しかも，すでにその一部をわれわれが見たように，IIIとBGに潜在的にではあるが救済者の機能を持って登場するソフィア像は，それぞれの箇所のIIとIVにおける並行記事では，あるいは修正を加えられ，あるいは削除されて，ここのキリスト来臨の記事と合致するように書き直されている[21]．それに加えて，ここ，特にII 30, 11-31, 11において，しかもここにおいてのみ，キリストは繰り返して自分を「プロノイア」と呼ぶ(30, 12. 24 f. 35；31, 11)．ところが，この呼称は本来の秘教ではバルベロの呼称であった(II 4, 32；5, 16；6, 5. 22. 30；7, 22)．そして，プロノイアは元来ソフィアであったとすれば[22]，ここでキリストは明らかに自己をソフィアと等置していると見てよいであろう．従って，ソフィアが潜在的に(III 39, 11-13)，あるいは明らかに(III 39, 19-21)救済者の役割を果すわれわれの箇所が，IIとIVではキリスト教化されるか，あるいは削除されている事実も決して偶然ではないであろう[23]．

以上の想定が正しいとすれば，われわれはギヴェルセン(S. Giversen)に反対して[24]，II 30, 11-31, 25 (IV 46, 23-49, 6)はIII 39, 11-13 (BG 75, 10-13)のキリスト教的拡張解釈である，というテーゼを提出できるのである．つまり，アポクリュフォンとその枠の縫合部におけるキリスト像も二次的である．

---

21) 注16)と注17)を見よ．更にIII 32, 18と39, 21ではtahoが用いられているが，それに対応するII 25, 13；31, 13ではsoohe(「立ち上らせる」)が用いられており，特にII 31, 12 ff. では「立ち上らせる」主格が「霊」なる「キリスト」になっている．一方，BG 71, 5-13に対応するII 27, 33-28, 5にも「母」なるソフィアがない．

22) Schenke, a. a. O., p. 356, 参照．

23) なお，G. W. MacRae, Sleep and awaking in gnostic texts, in: U. Bianchi (ed.), *Le origini dello gnosticismo*, Leiden 1967, pp. 496-502 も，II 30, 11-31, 25にあるキリストの三度の来臨の記事を二次的とみている．なぜなら，この記事に先行する父(とエピノイア)のヤルダバオト(とその霊)に対する三度にわたる戦いが，キリストの戦いとしてここに要約されているからである，という．ただ，マックリーはこの論文で上述の戦いにおけるソフィアの位置を見落している．

24) Giversen, a. a. O., p. 272.

3 アポクリュフォンの枠におけるキリスト

(1) エピローグ

秘教のエピローグは，IIIでは上述の39, 11-13，つまり秘教の最終部に引き続いて，次の言葉をもってはじまる．

> はじめてわたしは全き(τέλειος)アイオーン(αἰών)のところに上昇した．しかし(δέ)，わたしはあなたにこのことを言おう．あなたがこれを書きつけ，あなたの同じ霊(ὁμόπνευμα)に密かに与えるためである．この奥義(μυστήριον)は揺がない種族(γενεά)のものである(III 39, 13-18)．

このIIIのエピローグにおける最初の文章はおよそのところIIの並行記事(31, 25-31)に一致する．ただし，IIでは，上述のように，IIIにおける秘教の最終部(39, 11-13)に並行する30, 11-31, 25ですでにエピローグが始まっているのであるから，上に引用したIII 39, 13-18に対応するII 31, 25-31は，当然エピローグの文頭ではなく，その途中に置かれていることになる．

さて，一見するとIIIのエピローグの導入句(「はじめてわたしは……上昇した」)は，II 30, 11-31, 25(IV 46, 23-49, 6)で詳しく報告されているキリストの下降を前提しているように見える[25]．しかし，われわれはこのエピローグにキリストの下降を前提する必要はないのである．なぜなら，IIIとBGの編集者から見ると，III 39, 11-13. 19-21(BG 75, 10-13 ; 76, 1-5)の中に，エピローグにおけるキリストの「上昇」に対して，キリストではなくソフィアの「下降」が前提されているからである．

もっともわれわれは，IIのエピローグはもとより，IIIのエピローグもまた二次的とみなす．なぜなら，第一に，エピローグへの導入部で突然起る主語の変化(三人称→一人称)が目立つからである．次にわれわれは，III 39, 19-21(BG 76, 1-5)に，秘教そのものにおける救済者ソフィアを，秘教の枠における

---

25) Giversen, ibid. はこのようにとって，Till, a. a. O., p. 141と共に，BGの短いエピローグは，IIの長いエピローグを短縮したものであるという結論を下す．つまり彼は，BG 75(Giversen, ibid. には "78" とあるが，これは "75" のミスプリントであろう)，10-15プラス76, 1-5を「II 30, 11-31, 25の非常に短い——そして不完全な——ダイジェスト」とみなすのである．これに対してわれわれはすでに，事態は逆であって，II 30, 11-31, 25をIII 39, 11-13の二次的・キリスト教的詳述であることを確認した．

啓示者・救済者キリストに結びつけようとする編集者の意図を見出すことができるのである[26]．このようなIIIとBGの編集者の意図を越えて，IIとIVの編集者は，救済者としてのソフィア像(III 39, 19-21；BG 76, 1-5)を全部消し去り，こうして救済者としてのキリスト像を前景に出す．とすれば，IIとIVの全体が，「救済者(σωτήρ)……イエス・キリスト．アーメン」という言葉で終わっていることもむしろ当然であろう．そして，この「救済者……イエス・キリスト」という言葉は，IIIとBGの並行箇所には無いのである．

こうしてわれわれは，四つの写本におけるエピローグ全体が二次的であるという結論に達するわけであるが，このことはそのままプロローグにも妥当するのである．

(2) プロローグにおけるキリスト

プロローグは次の言葉をもって始まっている．

III 1, 1-3	II 1, 1-4
救済者(σωτήρ)の教えと言葉．	救済者(σωτήρ)の教えと言葉．
そして彼は奥義(μυστήριον)を啓示した．	彼は奥義(μυστήριον)を啓示した．
それは沈黙の中に	それは沈黙の中に，つまりイエス・キ
隠されている．	リストの中に隠されている．彼はそれ
	を注意してヨハネに教えた．

この文書の記者は巻頭において，本文書の主題は「救済者」が啓示した「奥義」であることを告知する．そして，すでにこの巻頭から，IIは救済者がキリストであることを説明しているのである．もっとも，プロローグにおけるIIとIIIの間には，エピローグにおいてわれわれが確認した程の相違はない．ただ，プロローグにおいて目立つのは，ここに登場するキリスト像が，IIのエピローグにおけるそれと実によく対応していることである．われわれはすでにキリストがIIのエピローグにおいて自己を父と母に等置していることを見た．ここのプロローグでは全写本において――ただしIIIでは該当箇所が欠文――キリ

---

[26] 上述のように，ここでは，III 39, 11-13(BG 75, 10-13)――ソフィアがその子孫の中にかたちづくられるであろう――を受けて，ソフィアはその子孫を回復した，と言われるが，その前に，「母(＝ソフィア)がもう一度わたし(＝キリスト)の前に来た」と言うことによって，ソフィアとキリストの関係づけが行われている．

ストが次のように告知する.

> わたしは父である．わたしは母である．わたしは子である (II 2, 13 f.; IV 3, 6-8；BG 21, 19 f.).

このキリストの自己宣言はしかし，秘教そのものにおけるアダムの称賛と明らかに矛盾するのである．

> わたしはあなたを称え，敬うであろう．……父と母と全き力なる子とを (II 9, 9-11. III 13, 14-16；BG 35, 17-20 をも参照).

文脈から見てここでは，父が神，母がバルベロないしはソフィア，子がアウトゲネースないしはキリストである．つまり，II 2, 13 f. に見られる三体論的定式は，ここではキリストだけに適用されてはいないのである．

更に，われわれは次の点に注目しなければならない．この文書全体は——少なくともプロローグとエピローグによれば——ヨハネに与えられたキリストによる奥義の啓示ということになっているが，このヨハネがプロローグにおいてキリストに次のことを問うのである．

> なぜ救済者 (σωτήρ) が差し向けられたのか．なぜ彼がこの世 (κόσμος) に父によって送られたのか．彼を送った父はどのようなかたであるのか．われわれがそこに行くであろう各アイオーン (αἰών) はどういうところなのか (II 1, 21-25. IV 2, 1-4；BG 20, 8-14 をも参照).

この問に対する答が秘教の内容となるのであるが，しかし，「この問はヨハネのアポクリュフォンにおいてほんの一部だけ，しかも不明瞭にしか答えられていない．救済者はこの世への来臨についてはせいぜい暗示程度のことがなされているだけである」[27]．しかもこの暗示は，III と BG のエピローグに与えられているに過ぎない．もっとも，キリストの来臨については II と IV で十分に答えられている．しかし，それも再びエピローグにおいてだけである．このことは，秘教の枠が二次的であることを自ら明らかにすることになるであろう．

---

27) Foerster, a. a. O., p. 134.

その上，新約聖書を暗示する箇所は，すでにわれわれが見た秘教そのものにおける若干の箇所——これをわれわれはすべて二次的と見た——を除けば，エピローグとプロローグにだけ存在するのである[28]．

(3) ディアローグにおけるキリスト

ここでは，最初に文学的問題に注目してみよう．ヨハネはここで，約十回程，キリストによる秘教の啓示を，問でもって中断する．しかし，この問に対するキリストの答は，しばしば問の射程をはるかに越えて，自ら答としての性格を失い，むしろ一つの論文としての性格を帯びてしまう．ここからディアローグは，本来の秘教に対する，後期の，しかもかなり無器用な付加と見てさしつかえないであろう．

次に内容の問題．プロローグおよびエピローグと同じように，ここでもキリストは「救済者」として登場し，一人称単数「わたし」で発言する．このような一人称で語る「救済者」は，本来の秘教とみなすこともできる二つの箇所に現われる．その第一は，II 22, 9 (III 28, 16-17 ; BG 57, 20-58, 1)，つまりキリストの答の最後の部分，ヨハネによる次の問の直前の部分である．

　　　わたしはしかし(δέ)彼らを，彼らが(知恵の木＝エピノイアから)食べるように，彼らを据えたのである．

われわれにはこの文章が，文体的にも内容的にも二次的，つまり二次的編集の影響下にあるように思われる．第一に，主語が「わたし」になっており，第二に，これに後続する箇所(II 23, 24-35)で，キリストが自己を知恵の木と結びつけるが，これに対するIIIにおける並行記事(30, 14-21)には，そのような結合が行われていないからである．

この記事では第一に，III 30, 17-19 によると，「鷲のかたち」をしたエピノイアがアダムに，知恵の木から食べるようにと勧める．しかしこれは，キリスト

---

[28] II 1, 6 par.＝マルコ 1, 19 ; 3, 17 ; 10, 35 ; マタイ 4, 21 ; 10, 2. II 1, 7 f. par.＝行伝 2, 46. II 1, 13-17 par.＝ヨハネ 7, 12. 47. II 1, 21-23 par.＝ヨハネ 3, 17. II 1, 30 par.＝マタイ 3, 16 ; ルカ 3, 2 ; ヨハネ黙 4, 1 ; 7, 36 ; 16, 11 ; ヨハネ 1, 51. II 2, 13-15 par.＝マタイ 28, 19. II 2, 16-17 par.＝ヨハネ黙 1, 19 (以上プロローグ). II 31, 15. 24-25＝ヨハネ 21, 20-24. II 31, 32 f.＝ヨハネ黙 1, 19 (以上エピローグ).

がそれを勧めたことになっている上に引用した句(II 22, 9; III 28, 16-17)に明らかに矛盾するのである．そして第二に，II 23, 26-31 によると，「鷲のかたち」をしたキリストが自己を知恵の木，つまりエピノイアに現わし，人間を深い眠りからめざめさせた，と言われており，これはあの句(II 22, 9)によく合うのである．ここからわれわれは，II 22, 9(III 28, 16 f.; BG 57, 20-58, 1)と II 23, 26-31(IV 36, 23-29)に，キリストをエピノイアに等置し，そうすることによって救済者キリストを枠に合致させようとする，なかんずく II と IV の編集者の意図を確認できるのである．実際にエピローグではキリストと「霊」なるエピノイアが等置されている(II 31, 10-14)．

4 結 論

以上のすべてから，われわれは次の結論に達する．キリストが登場するあらゆる箇所，つまり，秘教そのものの若干の箇所，その枠のすべての箇所は後期の付加である．従って，この文書の原本には元来キリスト像はなかった．III の編集者がまず，プロローグ，ディアローグ，エピローグという枠づけをすることによって，秘教のみをその内容とする原本のキリスト教化に着手し，秘教の「光」ないしは「アウトゲネース」をキリストと結びつけた．BG の編集者は III を——それに適当な修正を加えつつ(たとえば「四つの光」に「アウトゲネース」を加える)——採用する．II と IV の編集者は枠を拡げ，秘教の中でソフィアが父と共に潜在的に持っていた救済者の機能をキリストに帰し，こうしてヨハネのアポクリュフォン全体をキリスト教化したのである．つまり，この文書のキリスト論にはソフィア像が先行し，キリスト論そのものは二次的となる[29]．

---

29) 以上，更に詳しくは，S. Arai, Zur Christologie des Apokryphons des Johannes, NTS 15/3, 1969, pp. 302-318, 参照．

4 いわゆる『この世の起源について』における創造と無知

課　題

　その著 Gnosis und spätantiker Geist[1]によってグノーシス主義の研究に一時代を画したヨナス(H. Jonas)が，最近，„Gnosis und moderner Nihilismus" と題する論文を公けにしている[2]．この中で彼は，ニーチェから前期ハイデッガーにまで認められる実存主義哲学におけるニヒリズムの古典的表現を，グノーシス主義の人間観に見出そうとしているのである．ここでもしも，グノーシス主義の創造論はその人間観に対応するものとすれば[3]，ヨナスの上記論文の立論が正しいか否かは別として，グノーシス主義の創造論に否定の観点から接近することはむしろ事態に即していると思われるのである．

　さて，グノーシス主義において創造を論じた原資料は必ずしも多くはない．1945/6年のナグ・ハマディ文書発見以前にこれに当る原資料としてわれわれは，『ポイマンドレース』[4]，『ピスティス・ソフィア』[5]，『ヨハネのアポクリュフォン』(Cod. BG)[6]等を持っている．しかしこれらのものは——『ポイマンドレース』を別として——いずれも文学形式から言って広義の啓示文学に属しており，これらの中に固有の創造論，統一的創造論を見出すことはできない．ところが，ナグ・ハマディ文書の中には，上記『ヨハネのアポクリュフォン』の三つの異本があるほかに，いわば固有の創造論とも言える『アルコーンの本

---

1) H. Jonas, *Gnosis und spätantiker Geist* I: *Die mythologische Gnosis*, Göttingen, 1. Aufl., 1934; 2. Aufl., 1954; 3. Aufl., 1964.

2) H. Jonas, in: *Kerygma und Dogma* 6, 1960, pp. 155 ff.; Ders., Gnosticism and Existentialism, in: Ders., *The Gnostic Religion. The Message of the Alien God and the Beginnings of Christianity*, 2. Aufl., Boston 1963, pp. 320 ff.

3) S. Arai, *Die Christologie des Evangelium Veritatis. Eine religionsgeschichtliche Untersuchung*, Leiden 1964, pp. 61 ff., 参照.

4) A. D. Nock, A. J. Festugière (ed.), *Hermes Trismégiste* I, Paris 1945.

5) C. Schmidt, W. C. Till (ed.), *Koptisch-gnostische Schriften* I: *Die Pistis Sophia. Die beiden Bücher des Jeú. Unbekanntes altgnostisches Werk*, 2. Aufl., Berlin 1954.

6) W. C. Till (ed.), *Die gnostischen Schriften des koptischen Papyrus Berolinensis 8502*, Berlin 1955.

質』(Cod. II : 4)[7]）とわれわれがここで扱ういわゆる『この世の起源について』(Cod. II : 5 ; XIII : 2)[8]）という二つの文書が存在する．両文書は，創造論というテーマだけではなく，その内容においても一致している．しかし，両文書を注意深く比較してみると，『起源』が『本質』よりも叙述が長く，複雑で整理されておらず，思考方法も前者が後者よりプリミティーブである．これらの点から見て，われわれは一応，『起源』が『本質』よりも以前に成立したものと見てよいであろう．両文書ともコプト語写本は3世紀から4世紀初頭のものであるから，『起源』は遅くとも3世紀には成立していた．更に，後述するように，この文書にはキリスト教的な部分が非常に少ないことから見ても，またその他の部分にも後期に修正されたり補筆されたりした箇所がかなり多く認められるので，この文書の原本の成立はかなり古い時代に遡ると見てよいであろう．もしも，エイレナイオス『異端反駁』I 30, 1-15 に再現されているオフィス派の創造論[9]）がこの文書の創造論を更にキリスト教化したものであるとすれば[10]），この文書の原本の成立は2世紀中期よりも後ではない．われわれは以下において，まずこの文書のテクストの内容を分析して原本文と思われる部分を統一的に復元し，その後に，この文書の創造論の中で否定の概念がどのような役割を果しているかを確認してみたい．なお，後期に挿入されたと認められる部分は〈 〉の中に入れて付言するにとどめた[11]）.

---

7) H. -M. Schenke, Das Wesen der Archonten, in : J. Leipoldt, H. -M. Schenke, *Koptisch-gnostische Schriften aus den Papyrus-Codices von Nag-Hammadi*, Hamburg 1960, pp. 68 ff. この文書のテクストについては，本書巻末の「付記」(399頁)も参照.

8) A. Böhlig, P. Labib(ed.), *Die Koptisch-gnostische Schrift ohne Titel aus Codex II von Nag Hammadi*, Berlin 1962. 以下，この文書から引用の際に付される頁数は，上記編者の付した頁数に従う．これはコーデックスそのものに付されている頁数と異なるので注意されたい．たとえば145, 24 は，コーデックスでは 97, 24 に当る．

9) 上記127頁以下，参照．

10) A. Böhlig, Gnostische Probleme in der titellosen Schrift des Codex II von Nag Hammadi, in : Ders., *Mysterion und Wahrheit* (Gesammelte Schriften), Leiden 1968, pp. 127 f., 参照．

11) 資料批判はほぼ Böhlig, Labib, a. a. O., z. St. に従った．なお，「キリスト教的」箇所が二次的であることについては，A. Böhlig, Religionsgeschichtliche Probleme aus der Schrift ohne Titel des Codex II von Nag Hammadi, in : Ders., a. a. O., pp. 120, 123 ; Ders., Gnostische Probleme …, p. 130, 参照．

1 テクストの内容分析

　この文書の課題は，はじめに「カオス」があったと唱える人々を反駁して，はじめから存在したものは「光」，ないしはそこからつかわされる「ピスティス」であり，カオスはこのピスティスから生じたソフィアの業「帷」の結果成立した，光に対する闇に過ぎないことを証明することにある．しかし，この文書の内容はこの課題をはるかに越えている．すなわちこの文書には，人間の「本質」(φύσις)と，それに否定的にかかわるカオスの根源および由来が創造論的に展開されているのである．とすれば，この文書の究極の目的は，その結論の部分——終末と回復(173, 32-175, 17)——からも推察されるように，「各人がそこから出て来たところに帰って行くことが必要である」こと，「各人がその行為(πρᾶξις)とその認識(γνῶσις)によってその本質(φύσις)をあらわす」べきことを知らせることにある．

(1) 課題(145, 24-146, 2)

　この世の神々や人々は，カオスの以前に何ものも存在しない，と言っている(Hes., *theog*., 116 ff. 参照)が，わたしはそれに対して，彼らが，カオスの状態(στάσις)とその根源を知らないために，迷ったことを証明したい．人々が一般に認めているように，カオスは闇である．しかし，闇は影に由来するものであり，それは二次的なものに過ぎないのである．

(2) 始源史とヤルダバオト(Jaldabaoth)の第一の反抗(146, 2-151, 32)

　ピスティスから一つの像が出た．その名をソフィアという．そのソフィアが一つの「帷」(παραπέτασμα)となって，天と人間の間を隔てる．真理のアイオーンの内側は「光」であって，その外側は影である．この影のことを人々は闇と呼ぶ．この闇の上に一つの「力」(δύναμις)が現われ，諸力が闇をカオスと呼んだ．これが神々の世界である．こうしてカオスは，実はピスティスの第一の「業」(ἔργον)であることが明らかになる．さて，闇は自分より強い者が存在することを認め，嫉妬を生む．嫉妬には霊が欠けているために流産となる．次に闇から憎悪が，更に物質(ὕλη)が生まれる．ピスティスが物質に現われ，ここに起ったことが誤謬であることを認める．彼が物質の支配者を望んだとき，水

4 いわゆる『この世の起源について』における創造と無知

中から一つのアルコーンが現われる．彼は獅子の形をしており，両性を持っているが，どこから来て，どこへ行くかを知らない．彼の名がヤルダバオトである．ヤルダバオトはピスティス自身を見ず，その水上に映った像を見ただけである．ピスティスは「光」に帰る．

ヤルダバオトは自分だけが存在するものと考える．彼は水上に漂う霊の中に現われ，乾いた土地と水とを分ける（創世記 1, 6-8 参照）．そして彼は物質から天と地とを造り，次に自分の妻プロノイア・サムバタス（Pronoia Sambathas），およびアスタファイオス（Astaphaios）とソフィア（Sophia）に至る男女六対のアルコーンを造る．これらのアルコーンはピスティスの意にかなう．彼らの性質が「不死の人」の所有にあるからである．ヤルダバオトは彼らのために美しい天をも造る．しかし，天と地は「揺り動かす者」（＝カオス？）によって揺り動かされる．ピスティスは彼をタルタロスに投げ込み（*theog.*, 679 f.; 700 ff. 参照），ソフィアが秩序を回復する．

秩序が回復されたかに見えたとき，ヤルダバオト・アルキゲネトル（Archigenetor）が立ち上る．神々と天使たちが彼を誉め称えたので，彼は高慢になる．そして彼は言う，「わたしはだれをも必要としない．わたしは神である．わたしのほかにだれも存在しない」（イザヤ 46, 9 LXX）．これに対して，ピスティスは再び秩序を回復するために，つまり，ヤルダバオトのほかに大いなる存在があることを知らしめて彼を罰し，悔い改めさせるために，水の上に自分の像を映す．こうして，ピスティスは再び「光」に帰る．ヤルダバオトの息子サバオト（Sabaoth）は直ちに悔い改めるが，ヤルダバオトは悔い改めない．

〈(3)　サバオトとその国 (151, 32-155, 17)〉
〈サバオトは第七の天国にあげられ，その左右に聖霊とキリストを据える．〉

(4)　ヤルダバオトの第二の反抗 (155, 17-166, 6)

ヤルダバオトはピスティスの像を水上に見て，自分の愚行を恥じ，彼の上に「不死の光の人」がいることを知るが，それでもあのイザヤ 46, 9 の言葉を唱え，無知なる者（ἀνόητος）としてピスティスを軽侮する．ヤルダバオトが「光」に姿を現わせと叫ぶと，オグドアス（Ogdoas）から光が現われて，地を駆け廻る．そ

のとき，「人」の像が現われる．ヤルダバオトとその妻プロノイアはこの像を見たが，ほかの諸力は「光」だけを見る．さて，プロノイアはこの「人」の像を抱こうとする．しかし，「人」の像は彼女を憎む．彼女が闇にあるからである．そのために，彼女は「光」の血を地上に流す．この日から，「人」の像は「光のアダム」，訳すれば「光の血の人」と呼ばれる[12]．そして地は，「光のアダム」を越えて，「聖なるアダマス（Adamas）」（複数）を拡げる[13]．その意味は「聖なる鋼(はがね)」である[14]．あの血からエロースが生ずる．エロースも両性を持つが，男性はヒメロス，女性は血の魂である．前者は「光」からの火，後者はプロノイアからの実体である[15]．エロースはすべての神々と天使たちに自己を現わし，彼らから全世界に性交・欲望が拡がり，結婚・誕生・死が拡がる．性交を求めるのがブドウ酒である．それ故に，エロースは次にブドウの木を生じ，次いでリンゴの木，イチジクの木，その他が生ずる．最後に，義（δικαιοσύνη＝ソフィア？）がパラダイスの木を造る．この木は太陽と月の運行の彼方，山と荒野のただ中，東の端に置かれる．命の木と知識の木はパラダイスの北に置かれる（創世記2参照）．知識の木は魂を悪霊の眠りから覚ますため，命の木はこの世の終りに聖徒たちの魂を不死にするためのものである．更にオリーブの木が創られる．これは王と義と大祭司（メルキセデク？）に油を注ぐためである．エロースから花の世界が，イバラからバラが生ずる．「光」はこれを喜ぶ．

さて，光のアダムは2日間地上にいて，オグドアスに帰ろうとするが，それが不可能になる．彼は下降によって欠如にとりつかれたからである．〈下のソフィアはピスティスから力を得て，太陽，月，星，時間を造る．〉

諸力はヤルダバオトを軽侮し彼を非難する．それに対し，ヤルダバオトは再び立ち上り，イザヤ46，9の言葉を唱える．ヤルダバオトは諸力に提案し，諸力にかたどって，しかし外観は光のアダムのかたちに似せて人間を造る（創世

---

12) 一種のVolksetymologieにより，אדם(人)とדם(血)を結びつけている．Böhlig, Labib. a. a. O., p. 59; H. -M. Schenke, Vom Ursprung der Welt, ThLZ 84. 1959, p. 254, Anm. 55, 参照．

13) 地に拡がるAdamasとは光の核としての人間の魂？ Schenke, ibid., 参照．

14) ヘブライ語のאדמה(地)がギリシア語化されるとἀδάμας(鋼)となる．Böhlig, Labib, a. a. O., p. 60, 参照．

15) このようなエロース概念の背景にアプレイウスのアモールとプシュケー神話が想定されている．Böhlig, Labib, a. a. O., p. 62, 参照．

記1,26参照)．それは光のアダムが人間を愛して諸力に害を加えないようにするためである．しかし，これらのこともすべてピスティスの先見(πρόνοια)に従って行われたものである．ソフィア-ゾエー(Sophia-Zoê)〈が来て，彼らの無知のはかりごとをあざ笑う．彼女〉が〈諸力の造った人間の教育者としてもう一人の〉人間を造る．彼女が光の水玉を水に投げると，まずその中から女のからだが現われる．水玉がこのからだの中に12箇月いた後に両性を持った人間が生れる．この人間は，ギリシア人によれば「ヘルマフロディテース」(Hermaphroditês)と呼ばれ，その母は，ユダヤ人によれば「命のイブ」と呼ばれる．その息子つまり人間は，諸力によって「獣」(θηρίον)と名づけられる[16]．

ヤルダバオトはアルコーンたちと共に地上の人間を創造し，その原型に従って彼を「アダム」と名づける．このアダムは霊がないので流産してしまった．彼らはアダムを40日間器の中に横たえる．ソフィア-ゾエーが彼に息を吹きかけると，彼は動くことができるようになった．しかし，彼はまだ立ち上ることができない．アルコーンたちはこのことを聞いて安息する．彼らはアダムをパラダイスに置いて天に帰る．

ソフィア-ゾエーはその娘イブを教育者としてアダムに送る．イブはアダムに命を吹き入れる．アダムは立ち上り，目を開く．アダムはイブを「生けるものの母」(創世記3,20参照)としてほめたたえる．

諸力はこのことを聞き，イブのもとに大天使たちを送る．彼らはイブを見て驚き，彼女を犯そうとする．彼らはそうすることによって彼女から彼らに服従する子孫を得ようとしたのである．一方，彼らはアダムに忘却の眠りを送り，アダムに，イブは彼のあばら骨から造られたと思いこませようとする(創世記2,21 ff.; 3,16参照)．イブは諸力の目をくらませ，彼女の像をアダムのもとに残して，自ら知識の木に入り，知識の木となる．諸力は目をさまし，アダムの

---

16) このイブ＝命の教育者も volksetymologisch に説明される．ヘブライ語の חוה (イブ)という名前がアラム語の動詞 חוא (教育する)と結びつけられ，両者が再び語幹 חיא (生きる)と結びつけられる．更に，「獣」はアラム語で חיוא である．「教育者」は動詞 חוא の分詞形 חויא として形づくられるであろう．また，同一の子音をもって，חויא (蛇)と書くこともできる．Böhlig, Labib, a. a. O., p. 73 f.; Böhlig, Gnostische Probleme …, p. 129; Ders., Urzeit und Endzeit in der titellosen Schrift des Codex II von Nag Hammadi, in: Ders., a. a. O., pp. 141 f.

もとにイブ(実際はイブの像)がいるのを見て，彼女を犯そうとする．こうして彼らは自分のからだを汚すが，彼らはそのことを知らない．イブの像はアベルとその息子たちを孕む．このような諸力の行為は，人間を運命(είμαρμένη)に投げ込もうとするヤルダバオトの先見(πρόνοια)によるものであるが，しかし，これを越えて神の経綸(οίκονομία)が存在する．

〈以上三種類の人間またはアダムの型は，お互いに次のような関係にある．第一の霊的(πνευματικός)光のアダムは「光の人」の像として創造の第一日に，第二の心魂的(ψυχικός)ヘルマフロディテースはソフィアーゾエーによって創造の第四日に，第三の塵的(χοϊκός)地上の人間はヤルダバオトによって創造の第八日に造られた．地上の人間は心魂的人間の教えにより知識に満ちているが，万物は無知にある.〉

(5) アダムの堕落とアルコーンたちの追放(166, 6-169, 35)

アルコーンたちは，アダムとイブが家畜のように無知の中に迷い出たことを見て喜ぶ．しかしアルコーンたちは，アダムとイブが光のアダムから見離されていないのを見て心配し，彼らに知識の木の実を食べることを禁ずる．ところが，獣が来て，イブに，アルコーンたちが嫉妬から，つまり人間がこれを食べて彼らの一人のようになることを恐れ，それを嫉妬して，これを食べるのを禁じたことを教える．これを食べれば，アダムとイブは善き人と悪しき人の区別を知るようになるであろう．このような教育者としての獣の言葉を信じて，アダムとイブはこれを食べる．彼らはその心(νοῦς)に知識によって光を受ける．そして，彼らはアルコーンたちの本質を知る．

アルコーンたちは，アダムとイブの覚醒を知って，彼らに攻めかかる．アダムとイブは身を隠す．イブはアルコーンたちに，教育者の勧めによって知識の木の実を食べたことを告白する．アルコーンたちはアダムとイブの子孫を呪い，この時からアルコーンたちが嫉妬から，アダムとイブ，およびその子孫たちに対して本当の敵対者となる．

アルコーンたちはアダムの知識を試すために，彼のもとに獣たちを連れて来てそれに名をつけさせる．彼らはアダムが光と闇の区別を知り，彼らと同じになったことに驚き，彼が命の木の実を食べて不死になり，彼らの審き人になる

ことを恐れて，アダムとイブを楽園から追放する．アルコーンたちはケルビムとその火の剣をもって楽園を守る（以上，創世記 3 参照）．

アルコーンたちはアダムを妬み，時を縮めようとするが，はじめから定められている運命（εἱμαρμένη）によって，それが妨げられる．逆に，悪を行う者の時が 10 年間短縮され，930 年となる．これが，憂い（λύπη）・悪（πονηρός）・試練（πειρασμός）の時である．

ソフィアーゾエーはアルコーンたちを天国から追放し，彼らを悪霊に格下げしてしまう．

〈(6) 天国の象徴としてのエジプト (169, 35-171, 1)〉[17]

〈(7) 地上におけるアルコーンたちと罪なき諸霊の活動(171, 2-173, 32)〉[18]
〈天から追放されたアルコーンたちは人間を偶像崇拝に追いやる．こうして，この世は無知と忘却に陥る．彼らはすべて「真の人」が来るまで迷いの中にある．

「不死の人」が咎なき霊，小聖者をこの世に送る．諸力は彼らを犯そうとするが果さない．聖者たちは地上の教会（ἐκκλησία）に現れる．救済者（σωτήρ）がその一つ一つを造ったものである．オグドアスの王たちのもとにある三人の王がこの世を分割統治する．彼らが隠されたものを啓示して，カオスの諸力に関する知識を明らかにする．

ロゴスがつかわされて，知られざることに関する知識を啓示する（マタイ 10, 26；マルコ 4, 22；ルカ 8, 17 参照）．彼は隠されたものとカオスの七つの諸力と偶像崇拝の本質を明らかにして，諸力を死に定める．すべての全き人（τέλειος）がアルコーンたちによって造られた物（πλάσμα）の中で自己を宣べ伝え，真理

---

17) ここでは，たとえば，死んでも生きるフェニックスの例があげられ，エジプトにある三羽のフェニックスが三人のアダムに対応することが示される．この箇所には，この文書の原本のエジプト化が認められる．Böhlig, Labib, a. a. O., z. St.; Böhlig, Religionsgeschichtliche Probleme …, pp. 121 f.; Ders., Urzeit und Endzeit …, pp. 145 ff., 参照．

18) この箇所に，突然まとまって「救済者」，「ロゴス」また「教会」が登場する．従ってここにも，151, 32-155, 17（サバオトとその国）と共に，この文書の原本のキリスト教化が認められるであろう．Böhlig, Labib, a. a. O., z. St., 参照．

(ἀλήθεια)を啓示する.〉

(8)　終末と回復(173, 32–175, 17)

終末のしるしが起り，カオスの神々とヤルダバオトは追放される．天地は深淵の中に崩れ落ち，「光」が闇を切断し，闇に続いて生じた業(ἔργον)と欠如が解消する．こうして，原初が回復されるのである．「なぜなら(γάρ)，各人がそこから出て来たところに帰って行くことが必要だからである．なぜなら(γάρ)，各人がその行為(πρᾶξις)とその認識(γνῶσις)によってその本質(φύσις)をあらわすであろうからである」．

2　創造と否定

以上によって復元されたかなり複雑な創造神話を，われわれの主題に即して短くまとめてみると次のようになる．

まず，神話全体を通じて創造者の役割を演ずるヤルダバオトは，自分がどこから来てどこへ行くかを知らない．そこで，ヤルダバオトは第一の反抗を企てて，アルコーンたちを造る．それに対して，ピスティスが秩序を回復するために自分の像を水上に映すが，ヤルダバオトは悔い改めない．彼は無知なる者として第二の反抗に出，「不死の光の人」を求める．この「人」が水上に自分の像を映す．この「人」の像が「光のアダム」〈第一の霊的人間〉なのである．

次に，ソフィア-ゾエーが，ヤルダバオトによって造られる地上の人間のためにヘルマフロディテース(＝獣＝蛇)を造る．〈これが第二の心魂的人間である．〉

さて，ヤルダバオトはアルコーンたちと共に，〈無知のはかりごととして〉「光のアダム」のかたちに似せて「地上のアダム」を造る．〈これが第三の物質的人間である．〉アダムは霊を所有しないので動くことができない．ソフィア-ゾエーがその息を彼に吹き入れて動けるようにしてやり，更にその娘イブを彼のもとにつかわして命を与え，彼を立ち上らせる．これに対して，アルコーンたちはアダムに忘却の眠りを与え，イブの像を犯す．彼らはこうして自分のからだを汚したことを知らなかった．

アダムとイブ(の像)は無知の中に迷い出る．獣(＝教育者〈＝第二の人間〉)が

この二人に知識の木の実を食べさせる．アルコーンたちは，それによってアダムとイブが彼らと等しくなったこと，また彼らが命の木の実をも食べて不死になることを恐れて，彼らを楽園から追放する．しかし，逆にアルコーンたちはソフィア-ゾエーによって追放されて悪霊に格下げされてしまう．

やがて終末となり，ヤルダバオト自身が追放されて，原初が回復する．各人はその由来と結末を知り，その本質をあらわす．

以上のまとめから明らかなことは，この文書において創造が，無知という一つのモチーフによって導入され展開されているという事実である．つまり，ここにおいて創造とは否定の具体化である．この限りにおいて，グノーシス主義の人間理解と前期ハイデッガーに代表される近代ニヒリズムのそれに一つの類似性を見るヨナスの見解は正しいであろう．しかし，われわれの神話においては，否定の具体化としての創造の各段階において，神的本質（「光の人」），なかんずくその女性的属性（「ソフィア-ゾエー」）による救済行為がその都度介入してくる．しかも，第三のアダムの中には第一および第二のアダムとの，第二のアダムの中には第一のアダムとの実体的結合（かたち，息，命，アダマス，「光」）が保持されている．このことを，つまり人間が至高者と本質的に一つであることを知ることが，人間にとって救済となるのである．この限りにおいて，この文書の人間理解はむしろ近代の観念論に近いであろう．

とにかく，われわれの創造神話は，その素材を主として旧約聖書の創造物語に仰ぎながら，その意味を逆転することによって形成されている．たとえば蛇は，旧約において否定的存在であるのに対し，この文書では一種の救済者の役割を果している．楽園の二本の木の実は，この文書において救済論的に意味づけられている．旧約の神は，この文書のヤルダバオト（アルコーンたち＝悪霊のかしら）である．旧約において創造は，否定的力の克服であろう．この文書において創造は，無知という否定的存在の結果であり，その具体化なのである．新約聖書（なかんずく牧会書簡）と初期キリスト教の人々（なかんずく反異端論者）は，このようなグノーシス的創造論に対決し，旧約の創造論のキリスト教化を遂行したのである[19]．

---

19) 初期キリスト教の創造理解については，C. T. Armstrong, *Genesis in der alten Kirche*, Tübingen 1963, 参照．

5 古代教会の伝承における使徒トマス
—— その宣教と神学 ——

課　題

　いわゆる「ナグ・ハマディ文書」のコーデックス II：2 に当る『トマスによる福音書』は，最近，とりわけ新約聖書学の分野において，注目の的となっている．われわれはこの福音書を直接考察の対象とする前に，まず，この文書の著者とされている使徒トマスの古代教会伝承史上における位置を確認しておきたい．

　古代教会（3 世紀頃までのキリスト教）の伝承には，大別して三つの流れが存在したものと思われる．第一は，いわゆる Großkirche（正統的教会）の伝承であり，これは主として使徒ペテロと結びついている．第二は，いわゆる Judenchristentum（ユダヤ人キリスト教）の伝承であり，これは主の兄弟ヤコブに結びついている．第三は，シリアとその周辺にある教会の伝承であり，これは第二の伝承と交錯する場合があるが，その多くは使徒トマスと結びついている．はじめのふたつの伝承について，これまで多くの関心が払われ，研究も数多く発表されているが，第三の伝承については，資料の不足もあって，今日まであまり研究の対象とされていない．われわれは以下において，最近公けにされた『トマス行伝』に関するふたつの業績[1]を手がかりとし，ナグ・ハマディ文書に属する『トマスによる福音書』と『闘技者トマスの書』(Cod. II：7) を資料に加えて，古代教会におけるトマス伝承の伝播とその神学を，われわれに許される範囲で明らかにしたい．

1　トマスの伝承

　共観福音書において，トマスは，いわゆる十二使徒のリストの中に登場するだけである（マタイ 10, 3；マルコ 3, 18；ルカ 6, 15. 行伝 1, 13 をも参照）．とこ

---

1) A. F. J. Klijn, *The Acts of Thomas*, Leiden 1962; G. Bornkamm, Thomasakten, in: E. Hennecke, W. Schneemelcher (ed.), *Neutestamentliche Apokryphen* II, 3. Aufl., Tübingen 1964, pp. 297-372.

ろが，ヨハネ福音書において，彼は，またの名を δίδυμος と呼ばれ (11, 16 ; 20, 24 ; 21, 2)，特に 20, 24 ff. では，復活のキリストの身体に触れる「疑い深い」トマスとして特別の位置を与えられている．この特殊資料の「生活の座」(Sitz im Leben) についてはここで触れない[2]．とにかく，この資料と「デドモと呼ばれるトマス」という表現が，この後のトマス伝承形成の上に大きな影響を与えたことをここで注意しておきたい．

さて，Θωμᾶς は周知のように，תאום または תאומא のギリシア語形であり，元来は「双子」を意味する[3]．従って，新約聖書のシリア語写本 (Syr^s) では，当然 ὁ λεγόμενος δίδυμος は削除されている．そして，ここでは「トマス」が固有名詞としてではなく，普通名詞として用いられたらしい．ここから，普通名詞としての「トマス」が他の固有名詞と結びつく可能性が生ずる．注目すべきは，ヨハネ 14, 22 の Ἰούδας οὐχ ὁ Ἰσκαριώτης が，Syr^s では「トマス」または「ユダ・トマス」となっていることである．なぜユダとトマスが結びつけられたかは必ずしも明らかでないが[4]，とにかく，『トマス行伝』1 をはじめとして，エウセビオス『教会史』1, 13, 11 ; 2, 1, 6 (シリア語本文)，『アッダイの教義』5，エフライム『信仰論』7, 11，つまり，3 世紀以後のシリア教会と関係の深い諸文書において，使徒トマスが「ユダ・トマス」と呼ばれることが多いのは事実である．

更に，『トマス行伝』39 (S : シリア語本文) においてユダ・トマスが「メシアの双子・至高者の使徒」，『トマスによる福音書』序言においては「ディデュモス」と言われ，『闘技者トマスの書』においては，彼が救主により「わたしの双子の兄弟」と呼びかけられている[5]．つまり，これらの書においてトマスは，キリストの双子の兄弟に昇格しているのである．

実際に使徒トマスに結びつけられた伝承がおそらくシリアの周辺にすでに 2

---

[2] R. Bultmann, *Das Evangelium des Johannes*, 16. Aufl., Göttingen 1959, pp. 537 ff., 参照．

[3] Bultmann, a. a. O., p. 305 ; C. K. Barrett, *The Gospel according to St. John*, London 1956, p. 327, 参照．

[4] この問題については Klijn, a. a. O., pp. 158 f., 参照．

[5] H. -Ch. Puech, Das Buch von Thomas dem Athleten, in : E. Henneck, W. Schneemelcher (ed.), *Neutestamentliche Apokryphen* I, 3. Aufl., Tübingen 1959, p. 223, 参照．

世紀の中頃に存在していたことは,『トマスによる福音書』の発見によって明らかになった[6].この書の序言では彼が「生ける」イエスの隠された言葉の筆記者となっているばかりではなく,彼は語録13において,マタイ16,13-20の使徒ペテロの役割を――あるいはそれ以上の役割を――果しているのである[7].『トマスによる福音書』に収録されているイエスの語録の一部がQ資料成立の時代に遡源されうるというクイスペル(G. Quispel)等の仮説にわれわれは必ずしも同意することはできないが[8],いずれにしてもこの福音書が3世紀以後において,一方ではエジプトのキリスト教グノーシス諸派(特にナハシュ派)により,他方においてシリア教会とその周辺(特にマニ教)に広く用いられていたことは事実である[9].

特に,確実にシリアと結びつけられうる『トマス行伝』と『トマスによる福音書』には,後述するように,内的関連があるばかりではなく,前者が後者を知っていた可能性さえ認められるのである.上に言及した『トマスによる福音書』13(本書262頁以下,参照)と,以下の『トマス行伝』47(G:ギリシア語本文)とを比較してみるがよい.

> われわれに啓示されたイエスの隠された奥義.あなたはわれわれに実に多くの奥義を示された.あなたはわたしを,わたしのすべての仲間から引き離し,わたしに三つの言葉を語られた.わたしはそれに燃えている.しかし,わたしはそれを,他の人々に語ることができない.

このように,『トマスによる福音書』と『トマス行伝』に共通する伝承において,「イエスの双子」「ユダ・トマス」は,第一に,イエスの「隠された言葉」の受容者としての役割を与えられている[10].しかし,彼の役割は言葉の受容にとどまらず,その伝達にある.『トマスによる福音書』においてトマスは,少な

---

6) 下記242頁以下,参照.
7) 下記262頁以下,参照.
8) 下記246頁以下,参照.
9) 下記240頁以下,参照.
10) なお『闘技者トマスの書』も,復活のイエスが彼の双子の兄弟トマスに語った隠された言葉をマタイが書き記したことになっている.Puech, in: Hennecke, Schneemelcher (ed.), a. a. O., pp. 223 ff.; J. Doresse, *The Secret Books of Egyptian Gnostics* New York/London 1960, pp. 225 f., 参照.

くともイエスの言葉の「解釈」を促す者として(1)[11],一方『トマス行伝』においては明らかに宣教者として(1 ff.)登場するのである．以下においてわれわれは，このような伝承におけるトマスの宣教領域を確かめなければならない．

2 トマスの宣教

遅くとも3世紀以後に，トマスはシリアとその周辺において，エデッサ，バルティア，インド伝道の創始者とみなされている．

エウセビオス『教会史』1, 13, 11に保存されているエデッサ王アブガル五世（紀元前9-後46年）とイエスとの往復書簡[12]，およびそれを敷衍した『アッダイの教義』[13]によると，イエスはアブガル王の求めに応じて，彼が昇天した後に，ユ・ダ・・ト・マ・スをしてアッダイ（タダイ）を彼のもとに派遣させることを約束している．なお，『アッダイの教義』によると，アッダイの後継者アガイがアブガル王に殺されたため，アガイの後継者たるべきパルートを司教職に叙任する人がなく，パルートは30年にアンティオキアの司教セラピオンのもとでエデッサの司教に任じられる．この記事の中，アブガル王とイエスが手紙をとり交したということはもちろん伝説であるし，また，パルートが30年にセラピオンを訪れたことも事実に反する．後者がアンティオキアの司教職にあったのは188年から221年までであるからである．ここから，アブガル五世とは実はアブガル九世（177-214年在位）のことであろうと想定されるわけである[14]．いずれにしても，アブガル九世の頃に，つまり，2世紀から3世紀にかけて，エデッサにキリスト教が入っていたことは，クロニコン・エデセヌム（Chronicon Edesenum：550年頃）によって確かめられている．これによると，201年にエデッサ教会が破壊されたことになっており，ここの初代の司教はクーネであった（313年叙任）．なお，この書は，イエスの誕生（紀元前3-2年），マルキオン

---

11) ライデン版『トマスによる福音書』の本文(A. Guillaumont, H. -Ch. Puech, G. Quispel, W. C. Till, Y. 'A. A. Massīh (ed.), *Evangelium nach Thomas*, Leiden 1959)の語録1は，私見によれば序言に属することについては，下記257頁，注1），参照．

12) 抄録と簡単な説明がW. Michaelis, *Die Apokryphen zum Neuen Testament*, Bremen 1956, pp. 452 ff. にある．

13) Klijn, a. a. O., pp. 30 f., 参照．

14) F. C. Burkitt, *Urchristentum im Orient*, Tübingen 1907, p. 11, 参照．

追放(137/8年),バルデサネスの誕生(154年),マニの誕生(239/40年)についても証言している.もちろん,この書に記されていることのみを史実ととることは許されないであろう.たとえば,エフライム(373年没)は自らその正統性を主張して,自分たちをパルート派と呼んでいる[15].先に言及した『アッダイの教義』との関連から,3世紀には,エデッサ教会のいわゆる正統派が,アンティオキア教会の影響のもとに,その勢力を確立していたものと思われる.しかし,その当初またはそれ以前において,この教会の周辺には,マニ,バルデサネス,マルキオン等の勢力が強かったものと推定される.このほかに,ユダヤ教の勢力もかなり支配的であった.このことは,シリアのキリスト教初期の文学とみなされている『ソロモンの頌歌』,『クレメンス偽書』(その古い伝承の層)に明らかにあらわれている.とにかく,エデッサ教会が伝承をトマスに結びつけて,その使徒性を確保しようとしたことは事実であろう[16].

ほかの伝承はトマスを,あるいはパルティアと[17],あるいはインドと[18]結びつける.もっとも,インドに最初に伝道したのは,トマスではなくバルトロマイであったとする伝承もある.エウセビオス『教会史』5, 10によると,パンタイノスがインドに行って,かの地で人々がバルトロマイによって与えられたヘブライ語のマタイ福音書を持っていたのを発見する.以上はおそらく伝説であろうが,遅くとも紀元後300年以前に,キリスト教がパルティアからインドの北西部に入っていたことは事実であろう.バスラの司教ダビデが,295-300年に北西インドに行ったこと,ニカイア会議(325年)に出席した司教たちの中に,ペルシアとインドの司教・ペルシア人のヨハネスがいたことが知られているからである.南インドのキリスト教に関する最古の証言は,コマス・インディコ

---

15) Ephr., *adv. haer.*, XXII 5 (Klijn, a. a. O., p. 32, Anm. 1, 参照).

16) 以上,シリア特にエデッサにおけるトマスの役割については,Klijn, a. a. O., pp. 30 ff.; Ders., Thomasevangelium und das altsyrische Christentum, *VigChr* 15, 1961, pp. 146 ff., 参照.なお,キリスト教とシリア,エデッサとの関係については,B. Spuler, Syrien III: Altsyrische Kirche, *RGG* VI, 3. Aufl., 1962, Sp. 576 f.; W. Bauer, Edessa, *RGG* II, 3. Aufl., 1958, Sp. 307 f.; G. Quispel, *Makarius, das Thomasevangelium und das Lied von der Perle*, Leiden 1967, pp. 5-8, 参照.

17) Orig., *in Gen.*, III; PsClem., *recg.*, IX 26; Eus., *his. eccl.*, 3, 1; Rufinus, *his. eccl.* I 9, 2; Socrates, *his. eccl.*, I 19, 3 (Klijn, a. a. O., p. 27, 参照).

18) Ephr., *hymni disperi*, V-VII; *Carmina Nisibena*, XLII (Klijn, ibid., 参照).

プレウテス (Comas Indicopleutes: 535年没) によってなされている。南インド伝道はおそらく海路を経て行われたものであろう[19]。

さて,『トマス行伝』は,全体として見ると,トマスによる南インド伝道を前提にしているようである。彼は海路インドに行ったからである (3;4)。しかし,4章においてすでにこの前提に矛盾する記事が始まる。つまり,ここに登場するグンダフォロス王は北インドを支配していたからである[20]。ただし,62章から始まるミスダイオス王にかかわる記事は確かに南インドの事柄であろう[21]。とすれば,この文書はおそらく二部に分けて考えられねばならない。つまり,第一部は北インド伝道の記事で,トマスがパルティアに伝道したという伝承と関係があり,従って第二部より古い伝承の段階を示し,第二部はトマスが南インドにも伝道したことを示すために後期に付加されたものであろう。そして,この文書全体は,第二部の観点から編集されたのである[22]。とにかく,現在でも南インド・マルバール地方のいわゆる「シリアン・クリスチャン」,とりわけ「マル・トマ教会」がトマスを彼らの教会の創立者と仰いでいることは事実である[23]。

以上によって,使徒トマスが,シリアとその周辺の古代教会において,イエスの言葉の受容者,かの地の教会の創立者として,特別な位置を与えられていたことが明らかになった。次にわれわれは,このようなトマスに帰された神学の特色を問わなければならない。

---

19) 以上,古代教会のインド伝道については, A. Mingana, The Early Spread of Christianity in India, *BJRL* 10, 1926, pp. 435–514, bes. 443–447; J. N. Farquhar, The Apostle Thomas in North India, *BJRL* 10, 1926, pp. 80–111; Ders., The Apostle Thomas in South India, *BJRL* 11, 1927, pp. 20–50; H.-W. Genisch, Indien, IV: Missions- und Kirchengeschichte, *RGG* III, 3. Aufl., 1959, Sp. 708 f.; A. F. J. Klijn, *The Acts of Thomas*, pp. 27–29, 参照。

20) Γυνδαφόρος (G) または Gūndaphar (S) が,紀元前30–15年に,インド,パルティアの王であったことは貨幣の発見によって明らかになった。しかし,このことから『トマス行伝』の信憑性を結論することはできない。Klijn, a. a. O., pp. 160 f., 参照。

21) Μισδαῖος (G) または Mazdai (S) は,アルタクセルクセス三世の治下 (紀元後362年以降),西部シリアの総督の名に見出される。Klijn, a. a. O., p. 267, 参照。

22) Klijn, a. a. O., p. 28, 参照。

23) Genisch, a. a. O., Sp. 708; B. Spuler, Die Thomaschristen in Süd-Indien, in: Ders. (ed.), *Die morgenländische Kirche*, Leiden 1964, pp. 240–268, 参照。

3 トマスの神学

　この問題を叙述するに当り，われわれは資料として『トマスによる福音書』と『トマス行伝』を用いることにする．すでに指摘したように，両文書とも，おそらくシリアにおいて 2-3 世紀に成立したことはほぼ確実であり，しかも，これから示すように，両文書の神学的類似性はかなりの程度確認することができるのである[24]．しかし，両文書の文学的・神学的相互関係を確定することはきわめて困難である．なぜなら，現在われわれが所有しているコプト語の『トマスによる福音書』にもシリア語の『トマス行伝』にも，それぞれ伝承の層があり，その相互関係が非常に複雑だからである．それに加えて，まず『トマス行伝』の場合，S の方が全体として G よりも後期に成立した可能性が強い[25]．つまり，われわれの所有するシリア語本文は，——ギリシア語訳成立以後——漸く正統的神学に近づきつつあるシリア教会によって，元来のシリア語本文にその神学的立場から修正・加筆されつつある過程の一段階を示すものなのである[26]．一方，『トマスによる福音書』の方は，主として共観福音書のイエスの言葉が——いわゆるアグラファの真正性についてはここでは問わない——グノーシス的に解釈・修正されていく過程の一段階を示すものである[27]．とすれば両文書の背景にある個々の伝承がどこで交わるかという問題は，非常に興味ある問題であるが，現在のわれわれにはそれを解決するだけの資料がないのである．従ってここでは，コプト語の『トマスによる福音書』と，シリア語のものより古いとされているギリシア語の『トマス行伝』に現われた神学的特色を並記し，この段階における両者の関係を指摘するにとどめる．

---

24) 両文書に認められる並行記事は，たとえば次の通りである (Bornkamm, a. a. O., p. 298, 参照)．

トマスによる福音書	2	13	37
トマス行伝	136	37; 39; 47; 147	14

25) Bornkamm, a. a. O., p. 299 ; Klijn, a. a. O., pp. 13 f., 参照．
26) Bornkamm, ibid. ; Klijn, a. a. O., p. 14, 参照．
27) 下記 247 頁以下，参照．

(A) 『トマスによる福音書』[28]

この福音書記者の意図は,「生ける」イエスの「隠された言葉」を読者に示し,彼らに,「これらの言葉の解釈」を迫ることである(序言；1).従って,この文書の神学を明らかにする場合にも,われわれは常に,イエスの言葉を記者の意図に則して解釈していかなければならない.そして,その前提としてわれわれが知るべきは,この書の究極目的が,人間の起源と終末に関する認識にある,ということである.

  イエスが言った,「もし彼らがあなたがたに,『あなたがたはどこから来たのか』と言うならば,彼らに言いなさい,『わたしたちは光から来た.そこで光が自ら生じたのである.それ(＝光)は〔立って〕,彼らの像(εἰκών)において現われ出た』」(50).
  弟子たちがイエスに言った,「わたしたちの終りがどのようであるかをわたしたちに言ってください」.イエスが言った,「あなたがたはいったい(γάρ),終りを求めるために,はじめ(ἀρχή)を見出したのか.なぜなら,はじめ(ἀρχή)のあるところに,終りがあるであろうから.はじめ(ἀρχή)に立つであろう者は幸い(μακάριος)である.そうすれば,彼は終りを知るであろう.そして,彼は死を味わわないであろう」(18).

このような,人間のはじめであり終りである「光」はどこにあるのであろうか.それは,「父」とその本質において「同じ」である(61)「光の人」イエスの「ただ中にある」(24).そして,彼から「すべては出た」(77)のであるから,人間は,その光が実は人間の中に,自分自身の中にあることを,つまり,人間もまた本来「父」および「イエス」と「同じ」である(61；108)ことを,イエスを通して知らなければならない.とすれば,光とは人間の本来の自己であり,人間の由来と目的に関する認識とは,人間の本来の自己がその父と実体においてひとつであることの認識,つまり実体的同一性の自己認識である.

---

28) 『トマスによる福音書』の神学については,とりわけ,B. Gärtner, *Theology of Gospel of Thomas*, London 1961 ; H. E. W. Turner, The Theology of Gospel of Thomas, in: H. Montefiore, H. E. W. Turner, *Thomas and the Evangelists*, London 1962, pp. 79 ff.; E. Haenchen, *Die Botschaft des Thomas-Evangeliums*, Berlin 1961 ; Ders., Literatur zum Thomasevangelium, *ThR* 27, 1961/62, pp. 316-337, 参照.

この辺の消息が最も明らかになるのは,「光」が「み国」に置き換えられたときである.

　　イエスが言った,「単独なる者(μοναχός)と選ばれた者は幸い(μακάριος)である. なぜなら,あなたがたはみ国を見出すであろうから. なぜなら,あなたがたがそこから(来て)いるのなら,再び(πάλιν)そこに行くであろうから」(49).

　この「み国」または「父の国」は待っていても来ない.「ここに」「あそこに」あるものではない.「それは地上に拡がっている」(113). あるいは,「新しい世」はすでに「来た」(51). あるいは,「み国」は「天」にも「海」にもない. そうではなくて,

　　み国はあなたがたの内にある. そして,それはあなたがたの外に(も)ある. あなたがたがあなたがた自身を知るときに(ὅταν),そのときに(τότε)あなたがたは知られるであろう. そしてあなたがたは,あなたがたが生ける父の子らであることを知るであろう. しかし(δέ),あなたがたがあなたがた自身を知らないなら,あなたがたは貧困にあり,そして,あなたがたは貧困である(3).

　さて,このような自己認識というトマスの究極目的は,必然的に二元的宇宙観・人間観を前提するのである.

　　イエスが言った,「この天は過ぎ行く(παράγειν)であろう. そして,その上(の天)も過ぎ行く(παράγειν)であろう. そして,死人たちは生きないであろう. そして,生ける者たちは死なないであろう. あなたがたが死を食う日に,あなたがたはそれを生かすであろう. あなたがたが光にあるときに(ὅταν),あなたがたは何をするであろうか. あなたがたがひとつとなった日に,あなたがたはふたつになっている. しかし(δέ),あなたがたがふたつとなるときに(ὅταν),あなたがたは何をするであろうか」(11).

　ここにわれわれは,天・死・多様性が過ぎ行く領域に,生・光・統一性が不滅ないしは無為の領域に属するという二元的宇宙観を確認することができるで

あろう[29]。天さえも過ぎ行くのである。まして地もまた──。

　イエスが言った，「天は巻き開かれ(＝消え去)るであろう。そして，地もまたあなたがたの目前で。そして，生ける者(＝イエス)から生きる者は，死を見ないであろう」(111)．

このような宇宙観ないしは世界観は，トマスにおいて，人間観に対応する．

　イエスが言った，「この世(κόσμος)を知った者は，屍(πτῶμα)を見出した．そして，屍(πτῶμα)を見出した者に，この世(κόσμος)はふさわしくない」(56)．

　イエスが言った，「この世(κόσμος)を知った者は，からだ(σῶμα)を見出した．しかし(δέ)，からだ(σῶμα)を見出した者に，この世(κόσμος)はふさわしくない」(80)．

ここで，「屍」または「からだ」が，「自己」と同一視されてはならないであろう[30]．屍，からだが自己と同一なのではなくて，この世の本質としての「屍」または「からだを見出した者」と，人間の本質としての「自己を見出す者」が，共に「この世」にふさわしくないのである．

さて，この「屍」「からだ」[31]と「自己」は，更に「からだ」「肉体」と「魂」

---

29) なお，この語録11後半における「ひとつ」と「ふたつ」の関係は必ずしも明らかでない．この文書において確かに「ひとつ」が理想状態とみなされてはいるが(たとえば，22；106等)，しかし，「ふたつ」もまた理想的状態から必ずしも排除されていない(たとえば，23；30；48等)．トマスはむしろ，「ふたつ」または「二人」が，「対」の状態を保持しつつ，お互いに「ひとつ」または「一人」の存在を形成する，そのような状態を理想視しているようである．この点を指摘したのは，石川純「トマスの福音書における〈ひとつ〉と〈ふたつ〉の関係について」(未公刊リポート，東京大学教養学部教養学科，1970年)である．

30) R. M. Grant, D. N. Freedman, *The Secret Sayings of Jesus*, New York 1960, p. 155 はこの誤りを犯している．E. Haenchen, *Die Botschaft des Thomas-Evangeliums*, p. 50, Anm. 47, 参照．なお，Grant-Freedman の解釈は語録111b(上に引用した部分に続く箇所)の解釈と関連しているが，この箇所の本文をわれわれは Grant-Freedman とは──従ってライデン版とも──違った仕方で読む(異読については，下記261頁以下，注15参照)ので，111b を 56 や 80 の解釈のために引き合いに出すことはできない．

31) πτῶμα と σῶμα は，共に過ぎ去りゆくものとして，その間に本質的区別はない．両者の関係については，Haenchen, a. a. O., pp. 55 f., 参照．

「霊」に言い換えられて，これらが人間を形成する二要素とみなされる．

　　イエスが言った，「ひとつのからだ(σῶμα)によりかかっているからだ(σῶμα)はみじめ(ταλαίπωρον)である．そして，この両方によりかかっている魂(ψυχή)はみじめ(ταλαίπωρον)である」(87)．

　　イエスが言った，「魂(ψυχή)によりかかっている肉体(σάρξ)はわざわいである．肉体(σάρξ)によりかかっている魂(ψυχή)はわざわいである」(112)．

このような人間の相対立する二つの実体がいかにして生じたかという問から，創造論が要請されてくるはずであるが，この問題はわれわれの福音書において，他のグノーシス文書における程思弁的発展がない[32]．

　　イエスが言った，「肉(σάρξ)が霊(πνεῦμα)の故に生じたのなら，それは奇跡である．しかし(ἀλλά)，霊(πνεῦμα)がからだ(σῶμα)の故(に生じたの)なら，それは奇跡の奇跡である．しかし(ἀλλά)わたしは，いかにして(πῶς)この大いなる富がこの貧困の中に住まったかを不思議に思う」(29)．

次に，人間がその本来の自己(光・魂・霊)を非本来的自己(闇・からだ・肉)の中に発見し，それから救済されて，そのはじめと終りを知るために，その啓示者・救済者としてのイエスが要請されてくる．ここにわれわれは，トマスのキリスト論もまたその人間論に対応することを知るのである．

このキリスト論に関しては，改めて詳論されるので，ここでは説明を最小限にとどめたい[33]．『トマスによる福音書』においてイエスは，父または光から来て，父と「同じ」者(61)，「光の人」(24)であって，人間にその本来的自己を啓示し(5；17；19)，命を与える(序言；52；59；111)．ただし，ここでも注意しなければならぬのは，イエスは「肉(σάρξ)において現われ出た」(28)のであって，ここにいわゆる肉体仮現の思想を認めえないことである．この文書の中においてわれわれは，なぜイエスが否定さるべき肉をとって登場するのかという問に対する直接の答を発見することはできない．この問題は，後で触れるように，

---

32) グノーシス的創造論については，上記212頁以下，参照．
33) 下記257頁以下，参照．

『トマス行伝』では明らかに解決されている。『トマスによる福音書』においてはこの問題に，いわゆる汎キリスト論から間接的に接近せざるをえないのである．すなわち，イエスは「光」として「木」にも「石」にも存在する(77)．とすれば，イエスは「肉」にも，否，肉の中にこそ見出さるべきであろう．少なくとも，人間がイエスと「同じであるときに，彼は光(で)満たされるであろう」(61)ために．

　こうして，イエスにより自己を知り救済される人間は，光で満たされ，イエス「のようになるであろう」(108)．ここから，少なくともトマスは，イエスの「ディデュモス」つまり双子なのである(序言)．しかし，人間一般には，イエスと等しくなることは，なお未来に保留されている．すなわち，本来の自己を知った者は，彼がなおこの世にあり肉にある限り，このような非本来的自己と戦わなければならない．ここからわれわれは，この文書における禁欲の倫理を理解することができるであろう．

　まず，上に確認したように，救済される者の理想的状態は，「自己」が「父」＝「イエス」と「同じ」ようになることである．それは，人間がすべての多様性を超克して「統一」の状態に——比喩的に言えば「子供」の状態に——復帰することである．

> 　イエスは授乳された子供たちを見た．彼は弟子($\mu\alpha\theta\eta\tau\eta\varsigma$)たちに言った，「この授乳された子供たちはみ国に入る人々のようなものだ」．彼らは彼に言った，「わたしたちが小さければみ国に入るのでしょうか」．イエスは彼らに言った，「あなたがたがふたつのものをひとつにし($\H{o}\tau\alpha\nu$)，内を外のように，外を内のように，上を下のようにするとき，あなたがたが，男性と女性とをひとつのものにして，男性を男性でないように，女性を女性でないようにするならば($\H{i}\nu\alpha$)，あなたがたがひとつの目の代りに目をつくり，ひとつの手の代りにひとつの手をつくり，ひとつの足の代りにひとつの足をつくり，ひとつの像($\epsilon\H{i}\kappa\acute{\omega}\nu$)の代りにひとつの像($\epsilon\H{i}\kappa\acute{\omega}\nu$)をつくるときに($\H{o}\tau\alpha\nu$)，そのときに($\tau\acute{o}\tau\epsilon$)あなたがたは〔み国に〕入るであろう」(22)．

　このような「統一」(106；114)——「子供」(4；37；46)——というトマスの理想とする状態に達するために，それを可能性として与えられた人間は，禁欲の

倫理に従わなければならない。つまり，彼は親子・兄弟(55；101)，財産(63)，商売(64)を捨てなければならないのである。そして，彼は真の兄弟を愛すべきである。

　　イエスは言った，「あなたの兄弟をあなたの魂(ψυχή)のように愛しなさい。彼をあなたのひとみのように守り(τηρεῖν)なさい」(25)。

こうして，救済は「実体にあって」(φύσει)与えられているが，「行為において」(in actu)はじめて生起する[34]。それ故に，それに関わる人間にとって，「この世」と戦う苦難が「十字架」であり(55；68；69)，彼はこの世において「単独なる者」(μοναχός)(16；49；75.4；23をも参照)である。

以上に概観したように，『トマスによる福音書』の神学はその人間観から統一的に理解されるであろう。後者が実体的二元論を前提する限り，宇宙は，本来的自己に対立する非本来的自己の延長として過ぎ行く領域に属する。そして，救済は，本来的自己の非本来的自己からの救済である限り，そのために前者の啓示者・救済者としてのイエスが要請され，彼は同時に禁欲的倫理の教師として登場しなければならない。従って，ここでは人間自身に罪責はなく，イエスの十字架もまたそのゆるしまたはその終りとはならないで，禁欲生活に伴う人間の苦難と同義になる。こうして，旧約の過去は，救済史的にも予型論的にも，救済の現在と結びつかないのである(38；39；43；46；52；53；85)。

(B) 『トマス行伝』[35]

ここにおいても，救済は本来の「自己」の救済であり，それはイエスのもたらす「認識」によって与えられる。たとえば，トマスがインドに赴く途上最初に行なう王女の婚宴の場における奇跡に続いて，「使徒ユダ・トマスに似た主

---

[34] この意味で，グノーシス主義者を φύσει σωζόμενοι と特徴づけうるとしても，そこから直ちに――キリスト教側の反異端論者がしばしば非難の的とする――いわゆるグノーシス的 Libertinismus は出て来ないのである。この点に関し，ヴァレンティノス派や『アダムの黙示録』については，L. Schottroff, Animae naturaliter salvandae, zum Problem der himmlischen Herkunft des Gnostikers, in: W. Eltester(ed.), Christentum und Gnosis, Berlin 1969, pp. 65-97, 参照。

[35] Klijn, a. a. O., pp. 34-37；Bornkamm, a. a. O., pp. 300-305；Ders., *Mythos und Legende in den apokryphen Thomasakten*, Göttingen 1933, 参照。

イエス」が花嫁に性交を禁じ,「魂を神の前に清く保つ」ことを勧める(11-12)が,その意味を花嫁から聞き,それを真の結婚と信ずる花婿は,次のようにイエスを誉め称える.

> あなたはわたしに,わたしがわたし自身を求むべきこと,わたしが誰であったか,わたしは今誰であり,いかにあるかを知るべきことを示されました.それはわたしが,わたしがかつてあったように再びなるためであります.それをわたしは知りませんでした.しかし,あなたがわたしのそばに立たれました.そのあなたをわたしは認め,もはや忘れることができません(15).

ここに確認される,『トマスによる福音書』3と共通するグノーシス的自己認識の思想は,この文書全体を貫く救済論的根本モチーフなのである(34;43;112;144).そして,すでに上の引用からも推定されるように,この自己認識のモチーフは二元的人間観を前提しているのである.ただし,それは『トマス行伝』の場合,『トマスによる福音書』におけるように必ずしも一義的ではない.

ミュグドニア王の親類で友人であるカリスの妻は,その夫の問に答えて言う.

> そうです.彼(=トマス)は魂の医者(ἰατρὸς ψυχῶν)です.なぜなら,多くの医者は,解消するからだを(σώματα τὰ λούμενα)いやしますが,彼は朽ちざる魂を(ψυχὰς τὰς μὴ φθειρομένας)いやします(95).

ここでは,人間が朽ちるからだと朽ちざる魂から成り立っているとみなされている.そして,「からだの中に住む魂」と「穢れの中に住む魂」が並行して用いられている(30)限り,からだが穢れと同義になる.しかし他方において,からだがトマスによって「天の賜物の住家となるように」されたという賛辞があり(94),またそれが,魂と共に更生されるという思想がある(158).特にSでは,からだの創造に強調点が置かれ,Gと比較して,からだと魂の二元的対立関係が弱くなっている(34).このことは,からだのいやしの思想(37)でさらに明らかに示される.われわれはSの場合,前述したように,正統的立場からの修正・文章の挿入を予想しなければならないのであるが,それにしても,『トマス行伝』の場合のからだの思想は,『トマスによる福音書』の場合よりは否定

的に見られていないことを認めなければならない．とにかく，ここではからだは，朽ちる，あるいはより正確に言えば，朽ちうるからだである．そして同じことが，魂の思想についても言いうるであろう．

魂は，からだと対照的に，「解消」に定められていないことは，先の引用で明らかである(78 をも参照)．地上においてその本来の姿に返った魂(43；148)は，神に帰る(22)．しかし，これも可能性としてであって，魂もまた呪われることがあり(55)，審かれることもある(57)．とにかく，永遠の「命」(42)と「いやし」(10；49；95)を受けるのは魂であり，からだはたとえそれを受けても暫時的なものとみなされている限り，われわれがこの人間観に，やはり実体的二元論を認めることは許されるであろう．要するに，ここにおいて人間は，朽ちうるからだと，可能性として朽ちざる魂というふたつの実体から成り立っている．

なお，『トマス行伝』の中に魂の先在思想を認めるか否かは，ある程度，いわゆる「真珠の歌」(108-113)の解釈にかかっているであろう．もしここで，真珠を神の国のアレゴリーととり，それを探しに行く王子を人間の魂のアレゴリーととれば，ここに魂の先在思想を明確な形で認めることができないことになる[36]．しかし，前者を人間の魂と，後者をその救済者とみなし，両者をその本質においてひとつであると解釈すれば，魂の先在思想は当然前提されてくる[37]．

---

36) Klijn, a. a. O., pp. 276 ff.; Ders., The so-called Hymn of the Pearl (Acts of Thomas, ch. 108-113), *VigChr* 14, 1960, pp. 154-164; Ders., Das Lied von der Perle, *Eranos-Jahrbuch* 35, 1966, pp. 1-24. なお，この詩を Klijn と共にシリアのキリスト教の枠内に置くものに，G. Quispel, Gnosticism and the New Testament, in: J. P. Hyatt (ed.), *The Bible in the Modern Scholarship*, London 1966, pp. 252-271; Ders., *Makarius, das Thomasevangelium und das Lied von der Perle*, pp. 39-64 がある．

37) Bornkamm, *Mythos und Legende* …, pp. 111 ff.; Ders., Thomasakten, pp. 303 ff. 前注にあげたクイスペルの論文に対する反駁としては，H. Jonas, Response to G. Quispel, "Gnosticism and the New Testament", in: Hyatt (ed.), a. a. O., pp. 279-293. 滝沢武人「〈真珠の歌〉の宗教史的位置——G. Quispel 説をめぐって」『日本の神学』第9号，1970年，155-167頁は，この歌を前キリスト教的・イラン的グノーシス主義に帰する限り，クリーンやクイスペルの説を退けて，ボルンカムやヨナスの説をとるが魂の先在の問題について，この論文では触れていない．われわれはこの歌に関する立ち入った研究をしていないので，いずれにしても態度決定を保留するが，少なくとも歌の本文では真珠が元来王子に属していたものとは言われていない限り，この歌にキリスト教と無関係なグノーシス主義的雰囲気や魂の先在思想を前提しえても，それを証明することはできないように思われる．

いずれにしても、この歌は『トマス行伝』以前に成立しており、行伝記者がその書の中にいわば引用したのであるから、この歌の性格から行伝全体の思想を決定することは必ずしもわれわれには許されないであろう。ただ、この文書全体には、少なくとも前述の救済思想・人間観から、魂の先在が前提されていると見てよいであろう。しかし、それは前提されていても、本文に確認されうる主要な思想ではないのである[38]。

さて、「からだにある」人間は、独力で神を知ることはできない。トマスは若者に言う。

> われわれがからだにある限り、われわれは、神が将来われわれの魂に何を与えるかを、明言することができない(36)。

このような救済の不可能性は、この世を支配する悪魔(32)の存在によって決定的となる。われわれはここに再び、人間観と世界観の対照を見るであろう。悪魔は人間をその意志に従わせ(30 ; 32 ; 44)、彼自身を人間に結びつける(43 ; 46 ; 76 ; 77)。人間には、その自由意志によって悪魔と戦う可能性は残されている(34)。しかし、後者に属する者は「闇」に(28 ; 34 ; 119 ; 153)、「迷い」に(24 ; 37 ; 38 ; 39)あり、無「知」であり(38)、その奴隷である(142 ; 167)。つまり、からだにある人間は、禁欲の努力によって、少なくとも神との関係を保持することはできるが、彼が悪魔に服従する限り、神との関係を完全に絶たれている。

『トマス行伝』におけるキリスト論は、このような人間観・宇宙観に対応するであろう。キリストは受肉し、十字架上に死ぬ(10 ; 48 ; 76 ; 80 ; 143)。そうすることによってのみ、神が肉にある人間に、その現実と本来の自己を知らせ、それを生かすことができるからである(12 ; 28 ; 37 ; 80 ; 119)。トマスはキリストを次のように誉め称えるのである。

> あなたに栄光があるように。いつくしみ深き人、冷静なる人よ。かしこき言葉よ。われらに注がれたあなたのいつくしみに、栄光があるように。

---

38) ボルンカムは『トマス行伝』における魂の先在思想を強調し、クリーンは反対にそれがないと主張する。われわれは、それが——「真珠の歌」におけるとほぼ同じように——この文書に前提されていることは認めるが、それがこの文書に明確な形で出ていることを認めえないのである。

われらの上に用意されたあなたの同情に，栄光があるように．われらのために捨てられたあなたの権威に，栄光があるように．われらのために低くされたあなたのいと高きみ国に，栄光があるように．われらのために弱くなられたあなたの強さに，栄光があるように．われらのために人のかたちで現われたあなたの神性に，栄光があるように．われらのために，われらを生かすために死なれたあなたの人性に，栄光があるように(80)．

他方，キリストが受肉するのは，そうすることによって悪魔を欺き，彼の領域に入り込み(45)，彼の血によって「われわれを得る」(72)ため，つまり，悪魔に打ち勝つためである．こうして人間は，なお肉にあってもキリストを助け手として(39)，彼に結びついて(12；14；61；98；158)，神をある程度「見る」ことさえ可能となる(27；34；53)．こうして人間には，神の奥義と天国に参与し(13；25；49；61；81；144；166)，自由を得る(2；31；166)可能性が与えられるのである．従って，このような可能性を与えるキリストと，これにあずかる使徒トマスの間には，両者の間に本質的な区別がなくなってくる．事実，この文書において，多くの場合キリストとトマスが入れ代り(11；54；55；57；118；151)両者が双子の兄弟とされるのである．そしてトマスは，奥義の啓示者(39)・救済者(10；47；78)として，キリストと同一の機能を持つに至る．ただし，悪魔に打ち勝つ力はキリストにのみ保留されており，この点でトマスはキリストと同一ではない(65；160)．

最後に，『トマス行伝』の倫理観もまた上に述べた事態に対応することを指摘しておこう．キリストを通して——彼自身「ナジル」と呼ばれる(48)——本来の自己を知る人間は，非本来的なもの，朽ちゆくものの一切を捨てなければならない．それは，性交(12；14；28；34；51；52；66；67；84；103；124；135；144)，飲食(20；29；104)，美・富・地位(36；66；88；103；117；124)等々であるこうして，多様性に対して統一性が，朽ちる結婚に対して不滅の結婚が(14；124；135)，この世の富に対して天国の富が(36)，地上の地位に対して天国の権威が(103)勧められる．この意味でイエスは富に住み(88；117)，彼自身が真の富である(145)．それ故に彼は，なかんずく彼に従うトマスは，この世にあって「異邦人」($\xi\acute{\epsilon}\nu o\varsigma$)なのである(4；58；61；100；145；154)．

以上によってわれわれは，『トマス行伝』においてもその神学が人間論によって決定づけられていることを知る．それは究極的には実体的に二元的であるが，『トマスによる福音書』における程絶対的ではない．つまり，からだにも――とくにSの場合――ある程度の救済の可能性が認められ，従って自力による禁欲生活も勧められる．ここにわれわれは，後期ユダヤ教黙示文学の倫理的二元論との接触を仮定することができるであろう．『トマス行伝』に特徴的な悪魔論もこの系譜に属するかもしれない．これに対応して，キリスト論は二重の性格を帯びる．キリストの出来事は，一方において人間を肉体から解放するためであり，他方においてそれを，悪魔の意志を打ち砕くことによって決定的にするためである．この出来事を通して自己を知る人間は，それでもなお肉にある限り，キリストと共に禁欲生活を通して肉と戦わなければならない．

こうしてわれわれは，『トマスによる福音書』の神学と『トマス行伝』の神学との間に，ある程度の相違を認めなければならないが，それらが究極的にはひとつであることを確認するであろう．つまり，人間の救済とは，両文書において，その本来的自己の非本来的自己からの解放である．

古代教会における第三の伝承は，イエスの双子の兄弟・使徒トマスをして，シリア，パルティア，インドの宣教者たらしめ，イエス・キリストの福音を，伝承者の人間観によって修正しつつ，その独自の神学を確立した．しかし，このようなトマスの神学がなおもキリスト教史の中に存続しえたのは，第一の伝承の枠内においてである．つまり，シリア神学はアンティオキア神学と結びつくことにより，インドのキリスト教はニカイア信条のもとに立つことによって，なおキリスト教たりえたのである．他方，トマスの伝承がその固有の神学を発展しえたとき，すなわち，そのキリスト論が人間論の中に解消したときには，それはもはやキリスト教内にはなく，キリスト教的グノーシス主義――とくにナハシュ派――となるか，あるいはマニ教の一部となっていたのである．

6 『トマスによる福音書』
—— 特に福音書正典との関係について ——

1 古代教会の証言とテクストの発見

「トマスによって書かれた福音書」が遅くとも3世紀頃に存在していたことは，ヒッポリュトスが230年頃グノーシス主義の一派ナハシュ派に関する報告 (*ref.*, V 7, 20) の中でこの文書に言及し，その一部を引用していることから見ても明らかである．次いでオリゲネスも，彼の最初の『ルカによる福音書講解説教』の中で，数多くの異端的福音書のひとつに「トマスによる福音書」をあげている (*in Luc.*, I 5, 13 f.)．また，カイザリアのエウセビオスも「トマスの福音書」を異端的外典のひとつに数えている (*his. eccl.*, 3, 25, 6)．一方，エルサレムのキュリロスによると，「トマスによる福音書」はマニ教徒によって利用された，あるいは著わされたといわれる (*cat. myst.*, IV 36; VI 31)．以上のごとき，ナハシュ派またはマニ教の周辺に成立したといわれるトマスを著者とする福音書の内容については，上述のヒッポリュトスによる短い引用を通して以外に知られていなかった．彼は，ナハシュ派の「隠されていて同時に現わされており，過去と現在とそして同時に未来にあるものの祝福された本質」，すなわち，「人間の内側にあり，しかも求められている天国」について言及しているが，ここにおいて彼は，次のような注目すべきイエスの言葉を「トマスによって書かれた福音書」から引用している．

　　わたしを求める者はわたしを七歳以上の子供の中に見出すであろう．なぜなら，十四番目のアイオーンに隠されていたわたしがそこに現われるであろうから．

この言葉はこれだけで意味をなさないので，学者たちはこの言葉の意味を種々の文書——たとえば『イェウの第二書』，マニ教の『ケファライア』，ストア哲学者たちに伝えられているピポクラテスの神学，『イスラエルの哲学者トマスによる主の幼時の物語』など——に結びつけて解こうと試みた[1]．

ところが，1945/6年にエジプトのナグ・ハマディにおいて発見された少なく

とも53のコプト語グノーシス文書のひとつ(Cod. II)に,「トマスによる福音書」と後書きされた文書があったのである[2]．この文書は，実はイエスの語録——ライデン版によれば114個のイエスの言葉を含む——であって,「福音書」と名づけられてはいるが，新約聖書正典や外典のいわゆる「福音書」とは文学的性格を異にする．この文書には,「福音書」に必要な物語の部分が全くないのである．この意味で,「トマス福音書」は『トマスによる主の幼時の物̇語̇』の一部であるとする仮説もまた，この福音書の発見によって完全に覆されたわけである．しかし，その後の研究によって，この文書に収録されているいくつかのイエスの言葉とマニ教文書にあるイエスの言葉が極めて類似していることが確かめられており，また，先に引用したナハシュ派のいわゆるイエスの言葉に比較的に近い言葉もこの文書中に発見されたのである．

　　イエスが言った,「彼の日にある(＝高齢の)老人は,(生後)七日(目)の小さな子供に命の場所(τόπος)について尋ねることを躊躇しないであろう．そうすれば，彼は生きるであろう．なぜなら，多くの最初の者が最後の者となり，彼らが単独なる者となるであろうから」(4＝81, 5-10)[3]．

この言葉の意味は後述するが，とにかく子供に奥義が開示されるという思想に関する限り，ナハシュ派とわれわれの福音書は一致する．しかし，両方の言葉が正確に一致しないことは，二つの引用を比較すればすぐ分ることである．

2　オクシュリュンコス・パピルスとの関係

この文書の発見によって確定されたもうひとつの興味ある事実は，オクシュリュンコス・パピルス(OP)の一部が，実は『トマスによる福音書』(Th Ev)の一部であったことである．このギリシア語パピルスは，前世紀末から今世紀初頭

---

1) H.-Ch. Puech, Das Thomasevangelium, in: E. Hennecke, W. Schneemelcher (ed.), *Neutestamentliche Apokryphen* I, 3. Aufl., Tübingen 1959, pp. 199 ff., 参照．

2) テクストは，A. Guillaumont, H.-Ch. Puech, G. Quispel, W. C. Till, Y. 'A. A. Massīh (ed.), *Evangelium nach Thomas*, Leiden 1959 (ライデン版); J. Leipoldt (ed.), *Das Evangelium nach Thomas. Koptisch und Deutsch*, Berlin 1967 (ベルリン版)．

3) 4＝81, 5-10 は,（ライデン版）語録 4,（Cod. II の）81頁, 5-10 行の略．以下これに準ずる．

にかけてエジプトのオクシュリュンコスで発見され，その中に未知のイエスの言葉が収録されていることもあって学者たちの興味を引き，あるいはそれを『ヘブライ人の福音書』に，あるいは『エジプト人の福音書』に帰する種々の仮説が提出されていた．この文書の発見は，これらの仮説が少なくとも直接的には妥当しないことを明らかにしたのである．つまり，OP 645, 1-22；1, 1-3；655, 22-28 が，それぞれ Th Ev 1-7＝80, 10-81, 28；26-33＝86, 12-87, 18；36-40＝87, 24-88, 16 にほぼ正確に一致する．そして，比較的読みの困難な OP 645 は，現在 Th Ev によってある程度復元可能になったわけである．なお，OP 645；1；655 の各番はいずれも 3 世紀頃に筆写されたものであるが，その各々が同一の筆記者によるものではないので，各々が拠った原本が 3 世紀以前に存在していたことが推定されてよい．そしてその原本が——われわれが今問題にしている福音書であるか否かは別として——「トマスによる福音書」であったことが明らかになったのであるから，この福音書は遅くとも 2 世紀の末には成立していたことになるであろう．

　ここで問題になるのは，その原本がギリシア語か，あるいはその他の言語かということである．ギリシア語の OP とわれわれのコプト語福音書とを比較してみると，内容的には前者が後者よりも古いように思われる．特に OP 645 に対応する福音書の七つの語録には，前者を拡張した部分があり，しかもそこにグノーシス的傾向が認められる．また OP 655 A, 1-17 に相当する福音書 36＝87, 24-27 では，逆に前者が短縮されており，ここにもグノーシス的意図が認められるのである．つまり，少なくとも内容的には，ギリシア語本文を，——ややグノーシス主義化しつつ——コプト語に移したと見てよいであろう．しかし言語学的にはこれを裏づける確実な証拠がない．逆に，コプト語本文がギリシア語パピルスの原本になったと仮定する学者さえある．しかし他方，ギリシア語とコプト語本文両方の原本になったセム系の言語で書かれた——おそらくシリア語の——福音書を想定することもできる．少なくともコプト語福音書に認められるセム語的用語法，この文書の一部のテクストと西方テクストおよびシリア語『ディアテッサロン』との一致，シリア語の『ソロモンの頌歌』，『トマス行伝』との内容・用語法の類似などは，シリア語原典説の根拠とされてよいであろう．ただし，以上の諸見解はすべて仮説であるから，現在のところ，そ

のいずれとも断定できないが,われわれにはギリシア語およびシリア語原典説が有力のように思われる[4]. いずれにしても,コプト語福音書の原本は3世紀までにはエジプトかシリアの周辺で成立していたとみなしてさしつかえないであろう.

3 伝承の問題

Th Ev は

> これは隠された言葉である. これを生けるイエスが語った. そして,デドモ・ユダ・トマスが書き記した(序言).

これに続く,

> この言葉の解釈(ἑρμηνεία)を見出す者は死を味わわないであろう(1=80, 12-14).

という——ライデン版によれば——イエスの,——ベルリン版によれば——トマス自身の言葉から,すでにこの文書のグノーシス的秘教的性格が明らかである. この「生けるイエス」が,グノーシス的外典にしばしば登場する復活のキリストであるのか,生前のイエスであるのかという問題は議論の対象になっているが[5],いずれにしても福音書記者の関心はこの問題にはなく,それはもっぱらイエスの「隠された言葉」の「解釈」を迫ることにある. 使徒トマスは,特にシリアに成立した外典において,しばしば「ユダ」の別名を付加され,イエスの言葉の伝達者として登場する. 中でもシリア語(S)とギリシア語(G)の『トマス行伝』では,われわれの福音書におけると同様に,「ユダ・トマス」と呼ばれているばかりではなく,「キリストの双子の兄弟,至高者の使徒」と名づけられ,「彼は命の授与者の隠された言葉に与り,神の子の秘密の奥義を受けた」(S),また「キリストの双子の兄弟,至高者の使徒,キリストの秘密の言葉

---

[4] 以上の仮説とその文献は,E. Haenchen, Literatur zum Thomasevangelium, *ThR* 27, 1961/62, pp. 154-162 にあげられている. 最近では,M. Marcovich, Textual Criticism on the Gospel of Thomas, *JThS* 20, 1969, pp. 53-74, 参照.

[5] この問題については,下記257頁以下,参照.

を授かったあなたは，彼の秘密の言葉を受けている」(G)とあるごとく，使徒トマスはシリア地方において「生けるイエス」(*Th Ev*)または「命の授与者」(S)の「隠された言葉」(両文書)の保持者として，使徒たちの中で最高の地位を与えられていたことが分るのである[6]．事実，*Th Ev* においては，トマスが，マタイ福音書16章におけるペテロの役割を演じている(13＝82, 30-83, 14)．この関連において，*Th Ev* の中でシモン・ペテロ，マタイ，トマスと並び，マリア（マグダラの）(21＝84, 23-85, 19；114＝99, 18-26)，サロメ(61＝91, 23-34)，無名の女(79＝95, 3-12)等の女性が，イエスの対話者として登場するばかりではなく，これらの女性が高く評価されていることも注目に価する．このような女性観もまたグノーシス主義のそれに一致するからである．

さて，*Th Ev* におけるイエスの言葉は，種々の文学類型に属するのみならず，それらは——主として「イエスが言った」，「彼が言った」などの導入句によって——ほとんど無組織に結びつけられている．そして，この福音書は全体として，グノーシス的——少なくとも極めて秘教的・禁欲的性格を持っている．しかし，よく注意して読むと，ここに収録されているイエスの言葉の中に，少なくとも二つの層を認めることができるであろう．第一はグノーシス的層で，第二はそれより古いと思われるユダヤ人キリスト教的層である．これらの層を，主として新約聖書——多くの場合共観福音書——の伝承をユダヤ人キリスト教的・グノーシス主義的に修正した伝承と見るか[7]，あるいは，少なくとも伝承の第二の層を共観福音書の伝承と並ぶセム語系の伝承の継続と見るか[8]によっ

---

[6] 詳しくは，上記222頁以下，参照．

[7] Puech, a.a.O.; H. W. Bartsch, Das Thomasevangelium und die synoptischen Evangelien, *NTS* 6, 1959/60, pp. 224-261；R. M. Grant, D. N. Freedman, *The Secret Sayings of Jesus according to the Gospel of Thomas*, New York 1960; W. Michaelis, *Das Thomasevangelium*, Stuttgart 1960; B. Gärtner, *The Theology of the Gospel of Thomas*, London 1961；E. Haenchen, *Die Botschaft des Thomas-Evangeliums*, Berlin 1961; H. E. W. Turner, The Gospel of Thomas: its History, Transmission and Sources, in: H. Montefiore, H. E. W. Turner, *Thomas and the Evangelists*, London 1962, pp. 11-39. なお，R. Kasser, *L'Évangile selon Thomas*, Neuchâtel 1961 は，はじめにグノーシス的伝承があって，それにキリスト教的伝承が付加されたと見る．

[8] G. Quispel, The Gospel of Thomas and the New Testament, *VigChr* 11, 1957, pp. 189-207; Ders., Some Remarks on the Gospel of Thomas, *NTS* 5, 1959, pp. 276-290; C.-H. Hunzinger, Außersynoptisches Traditionsgut im Thomas-Evangelium,

て，学者たちの間に意見の相違がある．

　伝承の二つの層が Th Ev の中に存在する第一の証拠は，同一の言葉が，多少変形されて二度または三度登場すること，いわゆる「ドゥブレッテ」(Dublette) の存在である．

　　ふたりの者が同じ家でお互いに平和を保つならば，彼らは山に向って「移れ」と言うであろう．そうすれば，山は移るであろう (48＝89, 24-26)．
　　もしあなたがたがふたつのものをひとつにするならば，あなたがたは人の子らとなるであろう．そして，あなたがたが，「山よ，移れ」と言うならば，山は移るであろう (106＝98, 19-22)．

48 においては，マタイ 5, 9a；18, 19a；マルコ 11, 24 とマルコ 11, 23 とが結合されている．そしてこの結合は，ユダヤ人キリスト教の伝承が反映していると見られる『ディアテッサロン』にも認められる．106 においては，48 の「平和を保つ」が，グノーシス主義の特色を示す単独者の思想に合致するように[9]，「ふたつのものをひとつにする」に修正されており，マタイ 5, 9b の「神の子ら」は「人の子ら」に修正されている．ここにも，グノーシス主義における至高者を「神」(＝この世・悪の「創造神」)と呼ぶのを避ける傾向が認められる．つまり，48 はユダヤ人キリスト教の伝承に，106 はグノーシス主義の伝承にそれぞれ属し，前者が後者より古いというわけである．さらに 113 は 51 においてグノーシス化されており，110 は 80 と 81 のグノーシス的結合であろう．これに関連して興味深いことは，一方においてトマスが(13)，他方においてヤコブが(12)，マタイ福音書 16 章におけるペテロの主導権を掌握していることで

ThLZ 85, 1960, Sp. 843-846；Ders., Unbekannte Gleichnisse Jesu aus dem Thomas-Evangelium, in: *Judentum, Urchristentum, Kirche* (Festschrift für J. Jeremias), Berlin 1960, pp. 209-220；H. Montefiore, A Comparison of the Parables of the Gospel according to Thomas and of the Synoptic Gospels, in: Montefiore, Turner, a. a. O., pp. 40-78；赤城泰「〈原トマス〉仮説」『日本の神学』第 5 号, 1966 年, 26-37 頁；G. Quispel, *Makarius, das Thomasevangelium und das Lied von der Perle*, Leiden 1967, pp. 65-113 によれば，Th Ev は全体としてグノーシス的ではなく，その伝承は，ユダヤ人キリスト教的層と禁欲主義者(Enkratiten)の層から成り，この二層の伝承が「禁欲主義者」トマスによって編集されたものであるという．「付記」(下記 399 頁以下)も参照．

9) 上記 230 頁以下，参照．

あろう．前者は，前述したごとくシリアにおけるトマス崇拝に，後者はユダヤ人キリスト教におけるヤコブの地位に一致し，後者が前者よりも古い．またこの文書には，断食や安息日に対するやや肯定的なイエスの言葉(27)と否定的な言葉(53)が並存しているのである．

さて，上のユダヤ人キリスト教的伝承を積極的に評価する人々は，この伝承に属すると見られるこの文書のテクストのセム語的用語法，また，このテクストと『ヘブライ人の福音書』，『ディアテッサロン』，西方テクストとの部分的一致により，この伝承が，共観福音書の伝承，いわゆる「Q資料」と並ぶ，あるいはそれよりも古い，従っておそらくイエス自身に遡源される伝承の層に属しうるとの見解を主張する[10]．しかし，たとえこの文書のテクストのセム語的用法，西方テクストなどとの一致が証明されたとしても，それだけで必ずしもこのテクストに見られる伝承がQ資料よりも古い証拠にはならない[11]．一方，この文書におけるグノーシス的伝承を強調する人々は，上の見解を否定して，Th Evの背景に主として新約聖書の伝承を前提し，この伝承を，トマス福音書記者(以下，トマスと略記)が一定のグノーシス的立場と意図に従って取捨・選択・結合したと主張する．そしてトマスを，あるいはナハシュ派に[12]，あるいはヴァレンティノス派に[13]帰するが，この文書には，前者に見られる「原人」の思想も，後者に特徴的な宇宙論もない．ここから，この文書の背景に一定の伝承またはグノーシス主義の特定の派を仮定せず，この文書をひとつの目的を持って書かれたグノーシス的「使信」(Botschaft)と理解し，ここに収録されているイエスの言葉は，その使信に仕える限りにおいて，主として新約聖書の

---

10) 注8)にあげた文献のほか，なかんずく，G. Quispel, L'Évangile selon Thomas et le Diatessaron, VigChr 13, 1959, pp. 87-117; Ders., L'Évangile selon Thomas et le "Text Oriental" du Nouveau Testament, VigChr 14, 1960, pp. 204-215.

11) W. Krogmann, Heiland, Tatian und Thomasevangelium, ZNW 5, 1960, pp. 255-268; Ders., Heiland und Thomasevangelium, VigChr 18, 1964, pp. 65-73. さらに，Th Ev本文の中，セミティズムと認められる箇所が実は新約聖書のコプト語本文と一致する，すなわち，前者が後者に負っていることが認められるとすればなおさらのことである．W. Schrage, Das Verhältnis des Thomasevangeliums zur synoptischen Tradition und zu den koptischen Evangelienübersetzungen, Berlin 1964, pp. 11-17, 参照．

12) Grant, Freedman, a. a. O., pp. 71 ff.

13) Gärtner, a. a. O., bes. p. 272.

――おそらく口頭の――伝承の中から，グノーシス主義的に変形を加えられつつ定着されたものとの見解も出てくる[14]．しかし，あの「ドゥブレッテ」はグノーシス主義内部における変形または崩壊現象を示すに過ぎないのであろうか．最後に，この文書のユダヤ人キリスト教的伝承の背後に，少なくともグノーシス的ではないもうひとつの伝承を推定しうるが，それは証明されえないとする立場がある[15]．それはいかなる意味で証明されえないのか．いずれにしても，われわれはここで，Th Ev と新約聖書――特に共観福音書――におけるイエスの言葉との関連を問わなければならない．

4 福音書正典との関係

Th Ev におけるイエスの言葉は，福音書正典との関連において，二つのグループに分類されるであろう．その第一は，両者におけるイエスの言葉がほぼ一致する場合である[16]．

貧しい人たちは幸いだ．天国はあなたがたのものだから (54=90, 22-23).

これはルカ 6, 20 の並行記事であるが，ここでもルカの「神」がトマスによって「天」に置き換えられており，また，「貧しい人」は，トマスに固有な禁欲主義のひとつの理想態であるから，この言葉が形式的にはほとんどルカと一致しても，この言葉の聞き手は容易にトマス的に「解釈」できるのである．

第二は，福音書正典との並行記事であるが，それから相当変形している語録のグループである．この種類の語録は，Th Ev 中に収録されているイエスの言葉の約 60 パーセントを占めるので，この文書の研究にとっては最も重要な部分である．これらの言葉は，形式上さらに四つのグループに分類されてよい．その (1) は，この文書の言葉が福音書正典よりも短いもの，(2) は長いもの，(3)

---

14) Haenchen, *Die Botschaft* …, pp. 11 f.

15) O. Cullmann, Das Thomasevangelium und die Frage nach dem Alter der in ihm enthaltenen Tradition, *ThLZ* 85, 1960, Sp. 221-334 ; R. McL. Wilson, *Studies in the Gospel of Thomas*, London 1960, pp. 45 ff. ; Turner, a. a. O., bes. pp. 38 f.

16) このグループに属する語録には次のものがある．20 ; 26 ; 31 ; 34 ; 36 ; 41 ; 44 ; 46 ; 48 ; 55 ; 57 ; 62 ; 73 ; 86 ; 93 ; 94 ; 99 ; 100 ; 103 ; 104. なお，以下における語録の説明には上にあげた文献のほかに，J. Doresse, *L'Évangile selon Thomas ou les paroles secrètes de Jésus*, Paris 1959, 参照．

は，この文書におけるひとつの言葉の中に正典における種々の要素が，(4)は，二つの言葉が，結びつけられているものである．

(1) ある金持ちが多くの財産を持っていた．彼は言った，「わたしはわたしの財産を利用して，蒔き，刈り，植えて，わたしの倉を作物でいっぱいにしよう．いかなる欠乏にも悩まされないためである」．これが，彼の心の中で考えたことである．そして，その夜に彼は死んだ．聞く耳ある者は聞くがよい(63＝92, 2-10)．

このテクストは，ルカ 12, 16-21 より簡潔であるし，21 節の譬えの説明も無い[17]ので，文献批判的にはルカのテクストより古いとも考えられる．しかし内容的に見て，財産を敵視することは，54 の場合におけるように，トマス的倫理のひとつである．他方，これをルカの原意とは全く逆に解釈することもできるであろう．すなわち，「金持ち」をグノーシス主義者，「財産」を霊，「倉」をからだ(『ピリポによる福音書』§ 22 参照)ととれば，ルカのテクストにはない言葉「いかなる欠乏にも悩まされない」はグノーシス主義の理想的状態を指すこととなり(Iren., *adv. haer.*, I 21, 4 ; Ex. Th., § 21 ;『真理の福音』21, 14 ff. 参照)，からだに死ぬことによって，霊が解放されたことになる．このように解釈すれば，ルカ 12, 20 の「愚かな者よ……」がわれわれのテクストに欠けていることも説明がつくであろう[18]．

(3) ある人が客を持った．そして，彼が晩餐を用意して，客を招くために，彼の僕を送った．彼は最初の人に行って，彼に言った，「わたしの主人があなたを招いています」．彼は言った，「わたしは商人たちに(貸)金を持っています．彼らは今夜わたしのところに来るでしょう．わたしは出て行って彼らに指図を与えるでしょう．晩餐をお断わりいたします」．彼は他の人に行って，言った，「わたしの主人があなたを招きました」．彼は彼に言った，「わたしは家を買いました．人々は一日中わたしを必要としています．わたしには時間がないでしょう」．彼は他の人に行って，言った，

---

[17] 共観福音書における譬えの説明の部分が Th Ev にない語録は次のもの．9；51；64；65．

[18] Schrage, a. a. O., p. 132, 参照.

「わたしの主人があなたを招いています」．彼は彼に言った，「わたしの友人が結婚することになっています．そして，わたしは祝宴を催すでしょう．わたしは行くことができません．晩餐をお断わりいたします」．彼は他の人に行って，言った，「わたしの主人があなたを招いています」．彼は彼に言った，「わたしは土地(または，村)を買いました．わたしは行って小作料を受け取らねばなりません．わたしは行くことができないでしょう．お断わりいたします」．僕は行き，主人に言った，「あなたが晩餐にお招きになった人々は断わりました」．主人は僕に言った，「街頭に出て行きなさい．お前が見出した人々を連れて来なさい．彼らが晩餐にあずかるように．買主や〔商人は〕わたしの父の場所(τόπος)に〔入らないであろう〕(64＝92, 10-35)[19]．

この言葉にはマタイ 22, 1-9 の要素も混入しているが，全体として，マタイよりも古いと思われるルカ 14, 16-24 に類似する．そしてここには，最後の説明の句を別とすれば，ルカやマタイにある説明の枠もないし，ルカのテクストに見られるルカの筆によると思われる句[20]もない．従ってここでも，文献批判的に見れば，この言葉をルカよりも古い伝承段階に帰しうる可能性が出てくる．しかし第一に，譬えの材料がルカにおいては農業生活から，トマスにおいては商業生活から取られていることと，第二に，譬えの意味が，前者ではイエスへの無条件的信従にあるのに，後者では商いに関係する者は父の「場所」(τόπος)に入れないことにあるのは，後者の真正性を疑わしめる．特に，商業の否定と「場所」の表象とは極めてトマス的だからである．

　(2)および(4)　ひとりの人が二頭の馬に乗り，二つの弓を引くことは不可能である．ひとりの僕が二人の主人に兼ね仕えることは不可能である．あるいは，彼は一方を尊び(τιμᾶν)，他方を侮辱する(ὑβρίζειν)であろう．だれでも古い酒を飲んでから，すぐ新しい酒を飲もうと欲する(ἐπιθυμεῖν)ことはしない．また，新しい酒を古い皮袋(ἀσκός)に入れはしない．それがはり裂けないためである．また，古い酒を新しい皮袋に入れはしない．

---

19)　21 もこのグループに入るであろう．
20)　J. Jeremias, *Die Gleichnisse Jesu*, 6. Aufl., Göttingen 1962, pp. 176 ff., 参照.

前者が後者を壊さないためである．古い布ぎれを新しい着物に縫いつけはしない．裂け目ができるからである(47＝89, 12-23)[21]．

この言葉においては明らかに，ルカ 16, 13；マタイ 6, 24 とルカ 5, 36 f. 39；マルコ 2, 21 f.；マタイ 9, 16 f. とが結合されている．その前半，特に 89, 15-17 は，クイスペル(G. Quispel)によれば，ルカとマタイに共通の Q 資料とは別の，しかもそれより古い伝承に属するといわれる．τιμᾶν と ὑβρίζειν がアラム語 אהב と שנא の「エレガントな翻訳」だからというのである．しかし，これらの語は逆に，Q 資料の ἀγαπήσει, ἀνθέξεται；μισήσει, καταφρονήσει の「エレガントな要約」ともとることができる．また，Q 資料の長いテクストが Th Ev の短いテクストよりも新しい伝承の段階を示すとは限らない．伝承は後期に短縮される場合もありうるからである．その上，Th Ev においては，このテクストの前に Q 資料にはない言葉が付加されている．これはセム語的対句法ともとれ，この言葉自体としてはグノーシス的ではなく，イエスの口から出ても不思議ではない．しかし，福音書正典には少なくとも馬は出てこないし，「対句」も上述の言葉の類比として付加された，つまり Analogiebildung とも解しうる．さて，Th Ev 47 後半の言葉(89, 16-23)とルカ 5, 36 ff. には，共にマルコ 2, 21 f. に付加された部分を認めることができる．その一つは，古い酒を飲んですぐ新しい酒を飲もうと欲しない者の句(ただし，トマスのテクストがルカより短い)であり，第二は，新しい着物(トマスとルカ)を引き裂くことになる古い布ぎれ(トマス)または新しい布ぎれ(ルカ)の句である．クイスペルによれば，このトマスとルカに共通のテクストは，『ディアテッサロン』や西方テクストと一致し，Q 資料よりも古い特別の資料に属することになる．そして，トマスのテクストがルカより短く，また譬えが合理的でない(古い布ぎれが新しい着物を引き裂く？)から，前者は後者よりも古いと主張する．しかし，この譬えの非合理性は，新しいものがすでに来た，古いものはもはや必要でないというグノーシス的見解(Th Ev 51 参照)から説明できる．同様にして，「古い酒を新しい皮袋に入れてはならない」という，譬えとしては不合理な，また文脈上は論理的帰結ともとれるトマスの対句も，決して古い伝承形式を示すものではなく，グノー

---

21) このグループに入る語録は，39；65；76；78；79.

シス的見解の産物ととらるべきであろう[22]).

　以上のごとく，Th Ev に見られる，福音書正典におけるイエスの言葉を短縮・延長・結合したテクストには，文献批判的には古い伝承の段階を想定しうるが，内容批判的にはむしろ，グノーシス的——あるいは，少なくともトマス的——意図の反映が認めらるべきであろう．いずれにしても，Th Ev に関係のある福音書正典におけるイエスの言葉の数から見れば，マタイ福音書とルカ福音書がほぼ同数でその大半を占め，マルコ福音書とヨハネ福音書がそれに続く．そして，テクストとしてはルカ福音書が，内容的にはヨハネ福音書が最も Th Ev に近い．また，Th Ev におけるイエスの言葉と Q 資料は必ずしも一致せず，Th Ev とルカ福音書に共通なテクストがユダヤ人キリスト教文書のテクストと一致するとしても，それだけで，このテクストが福音書正典のテクストより古いという証拠にはならない．従って，福音書正典との関連で見る限り，Th Ev におけるイエスの言葉の背後には，主として福音書正典の——比較的西方テクストに近い，口頭の，あるいは記述された——伝承が存在したことはほぼ確実で，トマスはそれを，自己のグノーシス的意図に抵触しない限り，大体そのままの形で，内容が類似すると思われる場合は統合し，自己の意図に反する箇所には適当な変形を加えて，ひとつの語録を形成したものと思われる．

5 福音書正典にないイエスの言葉

　新約聖書には「書かれていない(イエスの)言葉」いわゆる「アグラファ」(agrapha)[23]) も，Th Ev に数多く収録されている．もっとも，その内の一部は，外典，教父文学，マニ教文書などにすでにある言葉，さらにはギリシアの格言に類する句である．たとえば Th Ev 22 と 37 は『エジプト人の福音書』に，2 と 104 は『ヘブライ人の福音書』に，72 と 82 はオリゲネスに，27 と 37 はアレクサンドリアのクレメンスに，4；5；38 などはマニ教文書に，そして，

　　　彼らパリサイ人は災いである．なぜなら，彼らは，牛のまぐさおけに横

---

22) Quispel, *NTS* 5, pp. 279, 281. これへの反論は Bartsch, *NTS* 6, pp. 251 ff.; Schrage, a. a. O., pp. 109-118, 参照.

23) J. Jeremias, *Unbekannte Jesusworte*, 1. Aufl., Zürich 1948 にはナグ・ハマディ文書が発見される以前の「アグラファ」が収録されている．

たわっている犬のようなものだから．なぜなら，犬は(それを)食わないし，牛にも(それを)食わせないからである(102＝98, 2-5)．

は，ルキアノスやイソップ寓話集に，それぞれ類似の句が存在する[24]．

今まで全く知られていないイエスの言葉も相当数 Th Ev にあるが，その大部分には，グノーシス的，あるいはトマス的傾向が強く出ている．50 その他，前節の「トマスの神学」に引用した語録のほとんどがこれに当るであろう[25]．

このような知られざるイエスの言葉の中にも，一見して必ずしもグノーシス的でない，従って真正なイエスの言葉とも受けとれる，あるいは，少なくともユダヤ人キリスト教的伝承に遡るように思われる語録も，少数ではあるが存在する．

> 父の国は，高貴な人を殺そうとする人のようなものである．彼は彼の家で(または，彼の鞘から)刀を抜き，彼の腕が強いかどうかを知るために，それを壁に突き刺した．それから彼は，高官を殺した(98＝97, 15-20)．

この譬えは，ルカ 14, 28-32 における邸宅の建築と王の戦争の譬えとその意味——キリストに従う前の「自己検証」[26]——を等しくする限りにおいて，その真正性を疑う理由はない．もっとも，この譬えの意味を，ルカの場合と同様に「自らに対する慰め」ととり——神(＝高貴な人を殺そうとする人)さえその目的を遂行する前に自力を試す，まして人間において……——，この言葉の真正性を主張する説[27]には従いえない．トマスにおいては，前節で述べたごとく[28]，「父の国」または「父」は，究極において，父を知った，人間の本来的「自己」を意味する．この自己を知る人が「高貴な人を殺そうとする人」であろう．とすれば，「高貴な人」または「高官」は，「この世」ないしは「肉体」を意味す

---

24) J. B. Bauer, Echte Jesusworte？ in: W. C. van Unnik, *Evangelien aus dem Nilsand*, Frankfurt 1960, pp. 108 ff.; Ders., Das Thomas-Evangelium in der neuesten Forschung, in: R. M. Grant, D. N. Freedman, *Geheime Worte Jesu: Das Thomas-evangelium*, Frankfurt 1960, pp. 201 f.; Leipoldt, a. a. O., p. 74, 参照．

25) 上記 229 頁以下，参照．

26) Jeremias, *Die Gleichnisse Jesu*, p. 195.

27) Hunzinger, in: *Judentum, Urchristentum, Kirche*, pp. 211 ff.

28) 上記 229 頁以下，参照．

る．つまり，父を知り，父の国に入ろうと決断した人間は，その目的を遂行するために，この世と肉体に打ち勝たねばならない，それを「殺」さねばならない．そのために常に自己の力を試すべきである．かくしてこの「自己検証」は，これも前節で指摘した[29]，トマス的禁欲の倫理に通ずるのである．もし，以上のごとくわれわれの解釈が正しいとすれば，この言葉にも，形式上からは真正性を仮定しえても，その中からグノーシス的意味を十分読み取ることができるのである．同様のことが Th Ev 8 にも妥当する．

　そして彼が言った，「人間は賢い漁夫のようなものである．彼は彼の網を海に投げ入れた．（そして）それを小さな魚で満たして海から引き上げた．それらの中に彼は，一匹の大きなよい魚を見出した．つまり，賢い漁夫がである．彼は小さな魚を全部海に投げ入れた．彼はためらわずに大きな魚を選んだ．聞く耳ある者は聞くがよい」(8＝81, 28-82, 3).

　この譬えも，その背景がガリラヤの海辺(マルコ 1, 16-20; マタイ 4, 18-22; ルカ 5, 1-11; マタイ 13, 47-48; 17, 27; ヨハネ 21, 1-14)であり，その意図がマタイ 13, 45 f. の真珠の譬えに類似する限り，その真正性が主張されてよい[30]．しかし，これもまた十分グノーシス的に解釈ができる．特に，多くの「小さな魚」と，その中から選ばれた「大きなよい魚」の区別はマタイにも見当らない．賢い漁夫は父＝自己を知った人間である．彼は父＝自己以外のすべてを捨て去る．ここで譬えのモチーフは，マタイよりもむしろヘミングウェー『老人と海』に類似する[31]．

　最後に，赤城泰氏がそのユダヤ人キリスト教的——従って，グノーシス的ではない——性格を強調する Th Ev 30 を検討してみよう．

　イエスが言った，「三(人)の神々がいるところ，(そこに)神々がいる．二人または一人がいるところ，わたしは彼と共にいる」(30＝87, 2-5).

---

29)　上記 233 頁以下．Haenchen, ThR 27, pp. 176, 309, 326; Ders., Die Botschaft …, pp. 60 f., Anm. 85, 参照．
30)　Hunzinger, a. a. O., pp. 217 ff.
31)　Haenchen, ThR 27, pp. 177, 311, 参照．同じことが Th Ev 107 の迷い出た一匹の「最大の」羊にも妥当するであろう．

この言葉の後半(87, 4b-5)にはマタイ 18, 20 に並行記事があるので分かり易いが，前半(87, 2-4a)の意味は一見不明である．そこで赤城氏はこれを次のように解釈する[32]．

まず，この言葉の前半は，これに当る OP 1, 23-24 にその原型が見出さるべきである．これは元来，次のような読みであった．

　　　三人(の者)がいるところ，彼らは神々である．

そしてこの言葉は，ユダヤ教の裁判の場面を念頭において読まるべきである．すなわち，この「三人」は，多神教的な意味の「三(人)の神々」ではなくて，ユダヤ人の間において彼らの法廷を成立せしめるに必要な最小限度の「三人(の裁判人たち)」なのである．「裁判人」は，神の指名によってその職に任じられ，かつ神の意志を代行する者であった．このような「裁判人」が「三人」いて合法的に法廷が開かれている場合，神は彼らにおいてそこに臨在するのである．次に，この言葉の後半においても，基本的な思想はユダヤ教の「神の臨在」(シェキナー)の思想である．それは，人数とは無関係に――従ってここではもはや「裁判人」のイメージに固執する必要がない――，律法に専心する者と共にある．これがマタイ 18, 20 の背景にもあるのだ，と言う．

さて，OP 1, 23-24 の読みに関する赤城氏の提案には確かに説得力がある[33]．しかし，Th Ev 30 の背後にユダヤ教のシェキナーの表象を指摘したのは赤城氏がはじめてではない[34]．しかもわれわれは，このような表象を仮定すること

---

32)　赤城泰, 前掲「〈原トマス〉仮説」．

33)　M. Marcovich, *JThS* 20, p. 68 も，おそらく赤城氏とは独立に，同じ読みをとっている．

34)　たとえば，Wilson, a. a. O., pp. 121 f. が赤城氏よりも 6 年前にこの表象を指摘している．なお，Marcovich, ibid. は，コプト語本文(*Th Ev* 87, 3)の「神々」を dittography ととり，これを「三人(の者)がいるところ，そこに神々がいる」と読む．こうして，これに当るギリシア語本文(*OP* 1, 23-24)を赤城氏と全く同じように復元し，語録 30 を「三人が(トーラー研究のために)いればそこに神が臨在する．しかし，わたしの弟子が二人または一人いるところに，わたしが三人目として(つまり，全体で神のシェキナーが)ある」と意味づける．しかし，この意味づけの最後の部分は，これに当るギリシア語本文(*OP* 1, 24-27)「そして，一人がただ一人いるところ，わたしは彼と共にいる」によっても，コプト語本文(「二人または一人がいるところ，わたしは彼と共に (nmmaf) いる」)によっても支持されないであろう．

なしに，トマスに固有な思想から統一的に，われわれの言葉を解釈することができるのである．

「三人(の者)」(*OP*)にしても，「三(人)の神々」(*Th Ev*)にしても，いずれにしても「三」という数は，*Th Ev* において「一」(または「二」)が理想的状態を示す限りにおいて，消極的概念であろう．それが「神々」の概念によってさらに強調される．ここでは，「分裂の場にイエスはいない」ということを言っているのではなかろうか．それに対して，「二人または一人がいるところ，わたしは彼(＝一人！)と共にいる」(87, 4b-5)．つまり，統一の場にこそ，本来の自己が，すなわちイエス自身が存在するのである．われわれはすでに，*Th Ev* 22 や 106 から，トマスにとって人間の理想的状況は，人間がすべての多様性を超克し，分裂の状態を脱して，統一の状態に復帰することにあったことを知っている．その意味で，「子供」(4；37；46)，さらには「単独なる者」(16；49；75)の状況が賞揚された[35]．この関連で 87, 4b-5 に相当する *OP* 1, 24-27 が注目に価する．

そして，一人がただ一人いるところ，わたしは彼と共にいる．

いずれにしても，三に対する二，とりわけ一という数は，少なくともトマスにとって重要である．マタイ 18, 20 の「二人または三人」がトマスでは「二人または一人」となっていることも，われわれは不用意に見逃してはならないであろう[36]．

以上のごとく「アグラファ」の大部分はトマス的・グノーシス的産物と思われ，その伝承の古さ，ないしは言葉の真正性が仮定される少数の語録も，少なくともトマス的・グノーシス的に解釈可能な語録である．ただし，これらの語録が福音書正典における伝承とは別の系列に属する──おそらく口頭の──伝

---

35) 上記 233 頁以下，参照．
36) この意味で，語録 30 のコプト語本文(「二人または一人がいるところ……」)とギリシア語本文(「一人がただ一人いるところ……」)の相違は，──赤城泰，前掲「〈原トマス〉仮説」34 頁の見る如き──単なる「修辞上の工夫」ではないであろう．ただし，先に触れたように(上記 231 頁，注 29，参照)，トマスにおいて，「ひとつ」と「ふたつ」が同時に生起するような状態が理想視されている限りにおいて，両テクストの相違は本質的ではない．

承に遡る可能性を，われわれは否定することができないであろう．この伝承に属するイエスの言葉の中，ごく少数のものがイエスに由来したと想定することも可能ではあるが，それを証明することは不可能である．全体として，*Th Ev* におけるイエスの言葉の真正性は極めて薄いものと結論せざるをえないであろう．

　いずれにしても，トマスがわれわれに求めるのは，「生けるイエスの隠された言葉」の伝承形式ではなくて，その「解釈」その内容である．それをわれわれはすでに概観したのであるが[37]，次節においてはそれを，キリスト論の視点からさらに深めてみたい．

---

[37] 上記229頁以下，参照．

7 『トマスによる福音書』におけるイエス

これは隠された言葉である．これを生けるイエスが語った．そして，デドモ・ユダ・トマスが書き記した(序言)．

そして彼が言った，「この言葉の解釈(ἑρμηνεία)を見出す者は死を味わわないであろう」(1)．

以上のごとき『トマスによる福音書』(以下，Th Ev と略記)開巻の言葉からも推定されるように，トマス福音書記者(以下，トマスと略記)の意図は，「生けるイエス」の「隠された言葉」を読者に呈示し，彼らに「この言葉の解釈」を迫ることにある[1]．従って，この文書においてイエスがどのように理解されているかという問題を明らかにする場合にも，われわれは常に，イエスの自己証言をトマスの意図に則して解釈していかなければならない[2]．そして，その前提としてわれわれが第一に知るべきは，トマス自身がわれわれに迫る解釈の究極目的は何かということである．このような記者の意図をわれわれは第5節において明らかにしたつもりであるが[3]，ここでその結論だけを述べれば，それは，至高者(Th Ev における「父」)と人間の本来の自己はその本質において一つであること，つまり，至高者と人間の同質性の認識であろう．このことが最

---

1) A. Guillaumont, H. -Ch. Puech, G. Quispel, W. C. Till, Y. 'A. A. Massīh (ed.), *Evangelium nach Thomas*, Leiden 1959 (ライデン版), p. 2 は，ここに引用した言葉の前半をトマスの序言，後半をイエスの語録1としているが，J. Leipoldt, *Das Evangelium nach Thomas. Koptisch und Deutsch*, Berlin 1967 (ベルリン版), p. 26 は，ライデン版の語録1をもトマスの序言の中に含めている (J. Doresse, *L'Évangile selon Thomas ou les paroles secrètes de Jésus*, Paris 1959, p. 89; E. Haenchen, Literatur zum Thomasevangelium, ThR 27, 1961/62, p. 318 も同様)．Th Ev におけるイエスの語録は，通常「イエスが言った」という導入句で始まるが，ライデン版の語録1は「彼が言った」で始まるので，この「彼」はおそらく「トマス」を受けるものと思われる．つまり，われわれには，ライポルド(ベルリン版)の見解が正しいように思われるのである．ただし，以下，本節における語録の番号は，従来通りに，標準版としてのライデン版に従う．

2) Haenchen, a. a. O., p. 319; Ders., *Die Botschaft des Thomas-Evangeliums*, Berlin 1961, pp. 37 f., 参照．

3) 上記 229 頁以下，参照．

も明らかに認められるのは、この文書に数多く収録されている「父の国」、「天国」または「み国」の譬えにおいてである。この「国」とは、トマスの意図に沿って解釈すれば、人間の本来の「自己」のことである。父を知ることは自己を知ることである[4]。すなわち、トマスの究極目的は、人間の自己認識にある[5]。このような自己認識の枠内において、イエスはどのように理解され、どのような姿をもって登場するであろうか。

1 「生ける」イエス

先に引用した Th Ev の序言の中でわれわれが最初に出会う「生けるイエス」という表現は、多くの学者たち——とくにゲルトナー (B. Gärtner)——によって、復活のキリストを指すものと解釈されている[6]。その主な理由は、「『生ける者』という別名がイエスの名前と共に用いられた場合、それは概してグノーシス的用語法であり、復活のイエスを示す」ことにある。そしてゲルトナーは、『イェウの第一書』やマニ教文書との直接的並行表現、『真理の福音』の間接的並行記事をあげる。更に彼は、旧約・新約両聖書においては、この表現が主として神または父に冠せられているが、すでに新約聖書では、それが父から復活のキリストに移されており（ヨハネ黙示録 1, 17 ff.; ルカ 24, 5）、このような父と子の区別の "levelling out" は外典行伝——特に『トマス行伝』と『ヨハネ行伝』——に明らかに現われることを指摘する。このような見解に対して、ヘンヘン (E. Haenchen) は、「生けるイエス」という表現が、復活前のイエスを、つまり地上のイエスを示すという反対テーゼを提出する[7]。彼によれば、新約聖書外典の中には実際に『復活者とその弟子たちとの対話』が存在すること、また、『イェウの第一書』では復活のキリストが「生けるイエス」と呼ばれてい

---

4) 語録 3; 9; 20; 76; 93; 96; 107; 109 を見よ。この問題について詳しくは、Haenchen, a. a. O., pp. 42 ff., 参照。

5) とくに、語録 3; 67 を見よ。この問題に関しては、Haenchen, a. a. O., p. 49, 参照。

6) B. Gärtner, *The Theology of Gospel of Thomas*, London 1961, pp. 98 ff.; R. M. Grant, D. N. Freedman, *The Secret Sayings of Jesus according to the Gospel of Thomas*, New York 1960, p. 105; H. E. W. Turner, The Theology of Thomas, in: H. Montefiore, H. E. W. Turner, *Thomas and the Evangelists*, London 1962, p. 87.

7) Haenchen, *ThR* 27, pp. 316 ff.

ること等は事実であるが，*Th Ev* はこのようなグノーシス的啓示文学とはその文学的性格を異にする．*Th Ev* は，なかんずく「共観福音書のイエス」の言葉，しかもその大部分は受難前のイエスの生涯から取り出されたイエスの言葉の中に，「グノーシス的救済の使信を見出す唯一の」福音書である．実際，ここには一度もイエスの復活については言及されておらず，ピリポ・カイザリアにおけるペテロの告白をその背景とする語録 13 は，明らかに地上のイエスを前提している．更にヘンヘンによれば，「生ける者」という別名が，*Th Ev* の中で，イエスと共に「父」にも冠せられているのは，むしろ，両者とも「真の命を所有し，それを授けることができるからである」．

われわれもまた，ヘンヘンと共に，「生ける（者）」という表現は，復活のキリストの称号であるよりはむしろ，人間に命を与えて死を味わわせない，つまり人間を自己認識に導くイエスの機能を意味するものととりたい．第一に，*Th Ev* 中のイエスの語録は，その大部分を共観福音書中の受難前のイエスの言葉に負っていることは疑いを入れず，第二に，「生ける者」は，「死者」の反対概念として(52)，または人間を「死」から救う者として(59)登場し，かくして第三に，「生ける者(＝父またはイエス)から生きる者(＝救済された人間)」は「死を見ない」者といわれている(111. 11 をも参照)からである．しかし，われわれがここで注意しなければならないことは，トマス自身にははじめから地上のイエスと復活のキリストの区別が存在していないことであろう．この意味において，少なくとも「命」に関する限り，*Th Ev* におけるイエスの機能は，ヨハネ福音書におけるそれとほぼ一致する．すなわち，後者においてもまた，イエスははじめから命の授与者または「命」そのものであり，彼を信じる者も現在命を持っている[8]．そして，このような機能に関する限り，ヨハネ福音書において子が父と一つであると同様に[9]，*Th Ev* においては「生ける」という称号が子と共に父に冠せられる(3；37；50；111)のである．更に，以上のごとき，イエスがはじめから命の授与者または命そのものであるという思想は，*Th Ev* と同様

---

[8] ヨハネ福音書における「命」については，R. Bultmann, ζάω, *ThWNT* II, pp. 871 ff., 参照.

[9] O. Cullmann, *Die Christologie des Neuen Testaments*, 2. Aufl., Tübingen 1958, pp. 316 ff., 参照.

におそらくシリアで成立したと思われる『ソロモンの頌歌』や『トマス行伝』，また，*Th Ev* と共にナグ・ハマディ文書に属する『真理の福音』等に共通した特色であることは注目に価するであろう[10]。

以上要するに，「生けるイエス」の「生ける」という表現は，*Th Ev* において必ずしも復活のキリストをも地上のイエスをも直接的には示さず，そのような歴史的出来事を基準とする区別を越えた，命の保持者・授与者としてのイエスの機能を示すものであろう．――「生けるイエスが語った……隠された言葉の解釈を見出す者は死を味わわないであろう」(序言；1)．

さて，かかる生けるイエスは，自己を「隠された言葉」――「わたしの言葉」(19)，「目がまだ見ず，耳がまだ聞かず，手がまだ触れず，人間の心に思い浮びもしなかったこと」(17)，「奥義」(62)――の中に啓示する．

> イエスが言った，「あなたの目の前にあるものを知りなさい．そうすれば，あなたに隠されているものはあなたに現われるであろう．なぜなら，隠されているもので明るみに出ないものはないからである」(5)．

このような「隠されているもの」または「奥義」の啓示者としてのイエスはすでにマルコ福音書(4, 11)に現われ，ヨハネ福音書においてそれは，信ずる者の罪を取り除き彼らに命を与えるイエスの十字架に完全に啓示される[11]．しかし，*Th Ev* の啓示概念がマルコやヨハネ福音書のそれと決定的に異なるのは，第一に，それが *Th Ev* において，福音書正典におけるようにイエス自身または原始教団によって説明されず，その解釈が聞き手に委ねられていること，つまり，それが福音書正典におけるように exoterisch ではなく，終始一貫して esoterisch であることであり，第二に，特にヨハネ福音書において十字架と密接に結びつけられた啓示が，*Th Ev* においては十字架と無関係になっていることであろう．ここにおいて「十字架」は，人間がこの世から脱け出るための一つの困難な道程に過ぎないのである．

---

10) Gärtner, a. a. O., pp. 98 ff., 参照．なお，『ソロモンの頌歌』，『トマス行伝』，*Th Ev* のシリア神学的類似性については，A. F. J. Klijn, Das Thomasevangelium und das altsyrische Christentum, *VigChr* 15, 1961, pp. 146 ff., 参照．

11) ヨハネ福音書における十字架の意味については，八木誠一『新約思想の成立』再版，新教出版社，1966年，232-234頁，参照．

イエスが言った,「その父と母とを憎まない者は,わたしの弟子であることができないであろう. わたしのように,その兄弟とその姉妹を憎む(ことのない)者,その十字架(σταυρός)をとる(ことのない)者は,わたしにふさわしくないであろう」(55)[12].

このような意味における啓示者イエスは,典型的にグノーシス的であり,それは,なおも十字架に救済的意味を見出そうとする『真理の福音』(18, 22 ff.; 20, 11 ff. 25 ff)や『ヤコブの手紙』(Cod. I: 1. 5, 31-6, 7)よりも,更にグノーシス的であると言えるであろう.

上のごとき啓示者イエスに対して,預言者は「死者」に過ぎない.

彼の弟子たちが彼(=イエス)に言った,「二十四人の預言者たちがイスラエルで語りました. そして,彼らは皆あなたにあって語りました」. 彼が彼らに言った,「あなたがたはあなたがたの面前で生きている者(=イエス)を除き,死人たち(=預言者たち)について語った」(52).

預言者のみならず, Th Ev においては,旧約の過去一切が——アダム(85)から洗礼者ヨハネ(46)まで——,救済史的にも類型論的にも,イエスとの関係において何ら積極的意味を持たない[13]. 人間はイエス以外に「聞くべき人を他に持っていない」(38)のである. パリサイ人(39; 102),律法学者(39),ユダヤ人(43),割礼それ自体(53)も,もちろん否定の対象になる.

このように,共観福音書のイエスは,その機能においてヨハネ福音書の枠に入れられ[14],更にそれが完全に非歴史化されて, Th Ev の中に「生ける者」,「啓示」者として登場する.「生ける者」から生きず,「自己を自分で見出す」ことはできないのである(111)[15].

---

12) 更に語録 68;69 を見よ. なお,これらの箇所については, Haenchen, ThR 27, p. 330; Turner, a. a. O., p. 115, 参照.

13) 新約聖書,特にパウロにおける「過去」の救済史的・類型論的意味づけについては,八木誠一,上掲書, pp. 201-207. Th Ev については, Turner, a. a. O., pp. 114 f., 参照.

14) Th Ev におけるヨハネ福音書的要素については, R. E. Brown, The Gospel of Thomas and St. John's Gospel, NTS 9, 1963, pp. 155 ff., 参照.

15) ライデン版 p. 55 は,語録 111 の後半を次のように訳している.

以上のごとく，Th Ev は，啓示者イエスの福音を第一に宣べ伝えるが，一方においてその内容は，イエスについての福音でもある[16]．つまり，この文書には「あなたは誰ですか」との弟子たちの問に答えるイエスの自己証言をも含むのである．以下において，Th Ev におけるイエスの性質を検討してみよう．

2 イエスは「誰」？

第一に，イエスの言葉が隠されているように，イエス自身もまた，彼に出会った人々，弟子たちにさえ認識されない．彼らは，「この時」(καιρός)において彼らの「面前にいる者」を知らなかったのである(91)．しかし，イエスは，彼の「奥義(μυστήριον)〔にふさわしい〕人々」(62)にとって，いかなる人であろうか．この問に関連して，興味深い問答が，マタイ福音書のピリポ・カイザリアにおけるペテロ告白(16, 13-20)の枠内で，語録 13 において展開されている．

イエスが彼の弟子たちに言った，「わたしを（誰かに）比べてみなさい．

　　… der Lebendige aus dem Lebendigen wird weder Tod noch (οὐδέ) ⟨Angst⟩ sehen; weil (ὅτι) Jesus sagt: Wer sich selbst findet, dessen ist die Welt (κόσμος) nicht würdig.

　この際，訳者は下線に当る本文を oud hoti と読み，これを oude ehote hoti の Haplographie とみなしている(p. 54)．

　これに対して，ベルリン版 p. 53 は，この箇所を次のように訳す．

　　… wer lebt durch den Lebendigen, wird (den) Tod nicht sehen; †nicht daß† Jesus sagt: Wer sich allein finden wird, dessen ist die Welt nicht wert.

ここでは，下線に当る本文を ouch hoti と読み，これをそのまま訳している．しかし，訳者はこの箇所を † †の中に入れていることからも分るように，これを文脈から見て，„zusammenhanglos" と断定し，これによって導かれる文章の内容に関し，„mit solcher Möglichkeit wird sonst von Thomas nicht gerechnet." と「解説」している(p. 76)．

　われわれはまず，翻訳としてはライデン版よりもライポルド訳を採用する．なぜなら，写本には oud hoti ではなく，明らかに ouch hoti が認められるからである．しかし，われわれはこの ouch hoti が，ライポルドの言うように „zusammenhanglos" でもなく，また，これによって導かれる文章の内容も，それが否定されている限り，Th Ev 全体において決して例外的なものではなく，むしろそれに典型的な思想と言えるように思われる．すなわち，「生ける者(＝イエス)から(ebol hin)生きる者は，死を見ないであろう」とイエスが言う以上，「『自己を（イエスからではなく）自分で(ouaf)見出すであろう者は，この世にふさわしくない』とイエスが言うことはない(οὐχ ὅτι)」のである．

16) Grant, Freedman, a. a. O., p. 105, 参照．

(そして)わたしが誰と同じであるかを言ってみなさい」。シモン・ペテロが彼に言った、「あなたは義なるみ使(δίκαιος ἄγγελος)と同じです」。マタイが彼に言った、「あなたは哲学者(φιλόσοφος)、賢者と同じです」。トマスが彼に言った、「先生、わたしの口は、あなたが誰と同じであるかを言うのに、全く堪えないでしょう」。イエスが言った、「わたしはあなたの先生ではない。なぜなら、あなたは、わたしが量った湧き出ずる泉(πηγή)から飲み、酔いしれたからである」。

そして、彼(＝イエス)は彼(＝トマス)をとらえて退き、三つの言葉を彼に言った。

さて、トマスが彼の仲間たちのもとに来たとき、彼らは彼に尋ねた、「イエスはあなたに何を言われましたか」。トマスが彼らに言った、「わたしがあなたがたに、彼がわたしに言われた言葉のひとつを言えば、あなたがたは石を取り、わたしに投げつけるであろう。そして、火が石から出、あなたがたを焼き尽すであろう」。

ここにおいて先ずわれわれの注意を引くのは、マタイはもとよりペテロさえもが、イエスの自己証言を聞くに価しないことである。彼らをも含めてトマスの仲間は、イエスが彼に言った言葉の一つを聞けば、火で焼き尽されてしまうといわれる。神またはイエスの本質——多くの場合、その「真の名」(τὸ ἀληθινὸν ὄνομα)——が知られないという思想は、ゲルトナーが指摘するように、旧約聖書にもあるし、グノーシス宗教の周辺に認められる[17]。われわれはこれに、後期ユダヤ教黙示文学、ユダヤ教の神秘思想、特にエジプトで発見されたギリシア語とコプト語のいわゆる『魔術文書』(Zauberpapyri)も加えることができるであろう[18]。なお、イエスがトマスに言った「三つの言葉」をめぐってはいろいろな仮説が提出されている。ギヴェルセン(S. Giversen)はこれを、イエスがトマスに向って語った言葉「わたしは道であり、真理であり、命である」(ヨハネ 14,6)に、ピュエシュ(H.-Ch. Puech)は『バルトロマイ福音書』のコプト語

---

17) Gärtner, a. a. O., pp. 121-123, 125-128, 参照.
18) S. Arai, *Die Christologie des Evangelium Veritatis. Eine religionsgeschichtliche Untersuchung*, Leiden 1964, pp. 67-69, 参照.

本文断片にあるイエスの名「父・子・聖霊」に，グラント (R. M. Grant) とフリードマン (D. N. Freedman) はナハシュ派の隠された言葉 Caulacau, Saulasau, Zcesar (Hipp., ref., V 8, 5) に結びつける．シッパース (R. Schippers) は，ここでトマスが天にあげられた主を見たであろうと想定し，ドレス (J. Doresse) は，『闘技者トマスの書』(Cod. II : 7) にあるごとく，ここでイエスが彼と双生のトマスに両者の本質が一つであると語ったと想定する．ゲルトナーはこの関連において，『ピスティス・ソフィア』(13)に出るイエスの叫び声 iaw iaw iaw とその解釈，マニ教文書『ケファライア』の「三つの言葉」(5, 26 ff.)，ヴァレンティノス派に属する『テオドトスからの抜萃』(Ex. Th., 31, 1 ff.) にある「名」(υἱος, μορφή, γνῶσις) をあげる．クリーン (A. F. J. Klijn) は「三つの言葉」を『トマス行伝』の「隠された奥義」(22 ; 45 ; 47) と関連せしめ，これはシリア教会の洗礼式に唱えられた言葉であることをエフラエムとアンティオキアのイサークによって確かめる[19]．いずれにしても，われわれの当面の問題で最も関心をひくのは，「わたし (=イエス) はあなた (=トマス) の先生ではない．なぜなら，あなたは，わたしが量った湧き出ずる泉から飲み，酔いしれたからである」という発言であろう．この言葉の後半の背景にはヨハネ 4, 14 の「湧き出ずる」「泉」があり，更に 7, 37 ff. において，「泉」が「聖霊」と結びつけられていることはわれわれの知るところである．そして，このような表象の並行記事は，ユダヤ教，ユダヤ人キリスト教の諸文書に数多く発見されている．特に『ソロモンの頌歌』において，主の「泉」または「口」は，「聖霊」として(1)，あるいは「ロゴス」として(20)，良き意味の「酔う」状態と結びつけられている．しかもそれは，真実に認識に達した者，「安息」を見出した者の状態を示すのであ

---

[19] ギヴェルセンの説については，Wilson, a. a. O., p. 112, Anm. 1, ピュエシュの説については，Grant, Freedman, a. a. O., p. 127, シッパースの説については，Haenchen, *Die Botschaft* …, p. 36, Anm. 5 ; Doresse, a. a. O., p. 141 f. ; Gärtner, a. a. O., pp. 121 ff. ; A. F. J. Klijn, *Acts of Thomas*, Leiden 1962, p. 240, 参照．石川純「トマスの福音書における〈ひとつ〉と〈ふたつ〉の関係について」(未刊行リポート，東京大学教養学部教養学科，1970年)は，三つの言葉をトマス福音書全体の思想から次のように推定している．「わたし (=イエス) はおまえ (=トマス) と同じである」(これは上掲ドレスの推定と一致)；「わたしはおまえをだれよりも愛する」；「わたしはおまえにすべてを与える」．とにかく，われわれはここで確実な言葉をあげることは不可能であるが，われわれの知る限り，石川の推定が一番事態に即しているように思われる．

る[20]．ここから語録13前半の意味も明らかになる．すなわち，知れるトマスにとってイエスはもはや先生ではない．両者の区別は解消するのである．

> イエスが言った，「わたしの口から飲む者は，わたしのようになるであろう．そして，わたしが彼になるであろう．そして，隠されたものが，彼に現われるであろう」(108)．

さて，このようなイエスと，知れる人間に共通なものは，*Th Ev* においてどのように規定されているであろうか．それは「光」の概念をめぐって明らかになる．

> 彼の弟子たちが言った，「あなたがおられる場所(τόπος)についてわたしに教えてください．なぜなら，わたしたちがそれを探すことがわたしたちに必要だからです」．彼が彼らに言った，「耳ある者は聞くがよい．それは光の人のただ中にある光である．そして，彼は全世界(κόσμος)を照らしている．彼が照らさないならば闇である」(24)．

イエスの「場所」は，「光の人」の中にある「光」であり，われわれは，この「光」が，特にグノーシス思想において，人間の本来の自己を形成する実体(Lichtfunke)を意味することを知っている．つまり，イエスは人間とその実体において一つである．この思想が更に強調されると次のごとくになるであろう．

> イエスが言った，「わたしは彼らすべての上にある光である．わたしはすべてである．すべてはわたしから出た．そして，すべてはわたしに来た．木を割りなさい．わたしはそこにいる．石を持ち上げなさい．そうすればあなたがたは，わたしをそこに見出すであろう」(77)．

かくして，エレミアス(J. Jeremias)がかつてこの言葉(オクシュリュンコス・パピルス 1, 24-31)に与えた解釈(イエスによる労働の賞賛)が[21]，少なくと

---

20) Gärtner, a. a. O., pp. 131 ff., 参照．
21) J. Jeremias, *Unbekannte Jesusworte*, 2. Aufl., Gütersloh 1951, p. 89. ただし，その第三版(改訂版) *Unbekannte Jesusworte*, 3. Aufl., Gütersloh 1963, pp. 100 ff. において，エレミアスはこの言葉を，「イエスによる労働の賞賛」ではなく，「主の臨在」

も *Th Ev* の枠内では妥当しないことが明らかになった．イエスが木にも石にもいるという表現は，イエスが「光」として——典型的にグノーシス的に——「すべて」の原因であり帰結であることの比喩的表現に過ぎない．もちろん，このいわゆる「汎キリスト論」は，*Th Ev* がストア哲学におけるような自然啓示を承認しているものでないことは，彼の「この世」または「肉」に対する二元論的・否定的態度を見れば明白であろう[22]．

一方において，このような，イエスと人間の本来の自己に共通な実体は，*Th Ev* によれば，父から与えられたものである．そしてこの意味において，イエスにとって父は，究極において彼と「同じ者」である．

　　イエスが言った，「二人が寝台の上で休むであろう．一人が死に，一人が生きるであろう」．
　　サロメが言った，「あなたは誰なのですか．一人から出たような人よ．あなたはわたしの(寝)台にのぼり，そしてわたしの食卓から食べました」．イエスが彼女に言った，「わたしは同じ者から出た者である．わたしは父のものから与えられている」．(サロメが言った)，「わたしはあなたの弟子です」．(イエスが彼女に言った)，「それ故にわたしは言うのである，『彼が同じであるときに，彼は光(で)満たされるであろう．しかし，彼が分けられているときに，彼は闇で満たされるであろう』」(61)．

この難解な語録を，われわれは次のように理解する．人間の生死を預言する

(die Gegenwart des Herrn) と解釈し直している．
　22)　*Th Ev* におけるイエスのこの世と肉体に対する否定的態度については，語録 42；81；87；110；112 を見よ．なお，この問題については上記 230 頁以下，参照．Doresse, a. a. O., pp. 188 f. は，「木」が十字架を，「石」が墓を暗示すると言うが，Grant, Freedman, a. a. O., p. 168 や Turner, a. a. O., p. 115 も指摘するように，ドレスの説は，テクストへの読み込みの感が強い．Grant, Freedman, a. a. O., p. 168 は，『イブの福音書』(Epiph., *pan.*, 26, 3, 1) を並行記事にあげている．「万物の中にわたしは撒き散らされている．そして，あなたが欲する所のどこからでも，あなたはわたしを集める」．
　エレミアスは前掲 *Unbekannte Jesusworte*, 3. Aufl., pp. 101 ff. において，*OP* 1, 24-31 は，伝承史的に見て，われわれの語録 77 よりも古く，マタイ 28, 20 と並ぶものとし，後者の中に前者に対する「神秘的・汎神論的思想の影響」を仮定する．しかし，われわれの見解では，少なくとも *Th Ev* に見られる「汎キリスト論」は「汎神論」と直接結びつかない．

イエスに出会ったサロメは，彼を男女から生れた普通の人間ではないように思う．彼はあたかも「一人から」生れたごとくである．にもかかわらず，イエスは彼女の寝台にのぼり，彼女と共に食事をする普通の人間でもある．彼女はイエスに彼が誰なるかを問わざるをえない．イエスは彼女に答える．彼は，彼と「同じ者」から生れた，彼には父に所属するものから与えられている，と．つまりイエスは，サロメが想像したごとく，「一人」から生れた者，父を自分と「同じ者」と呼ぶ人であった．サロメはイエスに弟子たることを告白する．イエスは弟子サロメに言う．人間が父＝イエスと「同じ」であるときに，すべてのものが「ひとつ」であるときに[23)]，光で満たされる．そして，人間がこの光から分けられているときに，闇で満たされる．──

ここで「同じ」を意味するコプト語の šēš がギリシア語の ἴσος に当るとすれば[24)]，次のような二つの興味深い事実を指摘できるであろう．第一には，「わたしは同じ者から出た者である」という言葉は，ヨハネ 5, 18「イエスが……神を自分の父と呼んで自分を神と等しいもの(ἴσος)とされた」と結びつく[25)]．つまり，語録 61 は，ヨハネ 5, 18 をイエスの自己証言と化した，と言うことができるであろう．この事実は注目に価する．なぜならば，少なくとも新約聖書においては，イエス自身が自分を父と「等しい者」とは言っておらず，両者が等置される場合でも，多くはイエスを信ずる者のイエスに対する信仰告白(ヨハネ 20, 28)，ロゴス賛歌(ヨハネ 1, 1 ff.)，別れの言葉(ヨハネ 17, 11. 22)，キリスト賛歌(ピリピ 2, 6 ff.)，旧約聖書の引用(ヘブライ 1, 8 ff.)，「主」との同義語として(テトス 2, 13; II ペテロ 1, 1)である．クルマン(O. Cullmann)によれば，イエスが神の称号を与えられるのは，彼が「主」にあげられること(パウロの手紙，II ペテロ)，あるいは彼自身が神の啓示であるという思想(ヨハネ，ヘブライ)との関連においてのみ起る[26)]．イグナティオスの場合，イエスの称

---

23) 「ひとつ」または「統一」の思想については，語録 22 ; 37 ; 114 を見よ．なお，この問題に関しては，上記 231 頁以下，A. F. J. Klijn, The 'Single one' in the Gospel of Thomas, *JBL* 81, 1962, pp. 271 ff., 参照．

24) W. C. Crum, *Coptic Dictionary*, Oxford 1939, p. 606 a ; R. Kasser, *L'Évangile selon Thomas*, Neuchâtel 1961, p. 131, 参照．

25) Grant, Freedman, a. a. O., p. 158, 参照．

26) Cullmann, a. a. O., p. 323, 参照．

号として「神」が多く用いられ(*Sm*., 1, 1 ; *Eph*., 1, 1 ; 7, 2 ; 15, 3 ; 19, 3)，後代の
キリスト論への傾向を示してはいるが，なお彼の場合には，この称号が「経綸
的・三一的」(ökonomisch-trinitarisch)[27]な信仰告白の枠内で用いられたもの
と見てよいであろう．これに対して，*Th Ev* の場合には，すでに見たごとく，
人間と至高者との実体における同一性がその救済思想の根本にあり，それが父
とイエスとの関係にも投影されて，父はイエスと「同じ者」と呼ばれたものと
思われる．実際，語録 61 においては，人間の理想的状況を示す šēš＝ἴσος が名
詞化されて，父の名称 petšēš＝ὁ ἴσος (直訳すれば ὅς ἴσος ἐστίν) とされているの
である．そして，イエスが人間と父とに実体的に同一である限りにおいて，両
者と「同じ」であること，これが šēš という言葉から知りうる興味ある第二の
事実であろう．実際，ヴェルナー (M. Werner) が指摘するごとく，ἴσος が ὅμοιος
と並用されて，父と子の関係を説明したのは，多くの場合，グノーシス主義と
その周辺においてであった[28]．いわゆる ὁμοούσιος の語法と思想が果してグノ
ーシス主義から採用されたものであるか否かの問題はしばらくおくとしても，
もしも *Th Ev* が 150 年頃に成立したとすれば[29]，この šēš は，ἴσος→ὅμοιος 思想
のキリスト教史上における最初の証言の一つとなるであろう．

　いずれにしても，*Th Ev* において，イエスは「女から生れなかった者」(15)
である．もっとも，ここでもイエスが「わたしの母」という言葉を一度だけ用
いているが，この言葉が何を意味するかは，テクストの毀損のため，残念なが
ら明らかでない．とにかく，ここでトマスが強調したいのは，文脈からいって
割礼の場合(53)と同様に，精神化された象徴的「真の母」であると考えてよい
であろう．

　　〈イエスが言った〉，「わたしのように，その父とその母とを憎まない者
　　は，わたしにとって〔弟子〕であることができない．わたしのように，〔その
　　父〕とその母とを愛さ(ない)者は，わたしにとって〔弟子〕であることがで

---

27) F. Loofs, *Leitfaden zum Studium der Dogmengeschichte* I, 5. Aufl., Halle 1951,
p. 76, 参照.
28) M. Werner, *Die Entstehung des christlichen Dogmas*, 2. Aufl., Tübingen 1953,
pp. 592 ff., 参照.
29) 上記 242 頁以下，参照.

きないであろう．なぜなら，わたしの母は〔　〕．しかし，〔わたしの〕真の〔母〕はわたしに命を与えた」(101)．

以上に見たように，Th Ev においてイエスは，第一に知られざる者であり，知者にとっては「父」そのものであって，究極的には人間の本来的自己と同一である．この間の消息は語録50に明らかに語られている．

　　イエスが言った，「もし彼らがあなたがたに，『あなたがたはどこから来たのか』と言うならば，彼らに言いなさい，『わたしたちは光から来た．そこで光が自ら生じたのである．それ(＝光)は〔立って〕，彼らの像(εἰκών)において現われ出た』．もし彼らがあなたがたに，『あなたがたは誰であるか』と言うならば，言いなさい，『わたしたちは彼の子であり，生ける父の選ばれた者である』．もし彼らがあなたがたに，『あなたがたの中にある父のしるしは何か』と問うならば，彼らに言いなさい，『それは運動であり，安息(ἀνάπαυσις)である』」．

つまりここで，光とは明らかに父であり，人間は光の子らである．そして，「それ(＝光)は〔立って〕，彼らの像において現われ出た」という表現における「光」は，イエスが一方において「光」と呼ばれているのであるから(24)，おそらくイエスのこの世への顕現態を示すものであろう．この関連においてわれわれは，最後にTh Ev における「肉」のイエスの思想を検討しなければならない．

3　「肉の」イエス

　　イエスが言った，「わたしはこの世(κόσμος)のただ中に立った．そして，彼らに肉(σάρξ)において現われ出た．わたしは彼らが皆酔いしれているのを見出した．わたしは彼らの中に一人も渇ける者を見出さなかった．そして，わたしの魂(ψυχή)は人の子らについて苦痛を受けた．なぜなら，彼らは彼らの心の中で盲目であり，見ることがないからである．彼らは空しくこの世(κόσμος)に来，再び空しくこの世(κόσμος)から出ようとしている．今，彼らは確かに酔いしれている．彼らが彼らの酔いを振い落したときに，そのときに彼らは悔い改める(μετανοεῖν)であろう」(28)．

この言葉の中,「わたしは……彼らに肉において現われ出た」という言葉をめぐっては学者の意見が二つに分れている。Th Ev が発見される以前に,オクシュリュンコス・パピルスの該当箇所(OP 1, 11-22: Λέγει Ἰησοῦς· ἔ[σ]την ἐν μέσῳ τοῦ κόσμου καὶ ἐν σαρκὶ ὤφθην αὐτοῖς …)がイエス自身に遡源される可能性をエレミアスが主張している[30]。Th Ev が発見された後は,この言葉がイエスの ipsissima vox であることを主張する学者はさすがにないが,なおエレミアスの旧説を受けいれつつ,この語録の中に真正なイエスの言葉からグノーシス的訓言への移行を見る人々に,ピュエシュ,ウィルソン(R. McL. Wilson),ギヴェルセン,グラントとフリードマン等がいる[31]。他方において,ゲルトナーとターナー(H. E. W. Turner)は,われわれの言葉の中に,グノーシス的復活のキリストの地上への顕現態,つまりキリストの仮現を見ようとする。彼らによれば,なかんずく ὤφθην の用語法は,新約聖書においても,神的存在の地上への顕現の描写に用いられる慣用語(term. techn.)であり,また,ゲルトナーは並行記事として『真理の福音』31, 4 ff. と『ピリポによる福音書』105, 28 ff. (§ 26)をあげている[32]。これらの説に対してヘンヘンは,われわれの語録の真正性についてはゲルトナーと共に懐疑的であるが,しかしゲルトナーやターナーのごとくここにキリスト仮現説を見ないのである[33]。

さて,われわれには,このヘンヘンの説が最も事態に即しているように思われる。まず,ὤφθην は確かに新約聖書において復活のキリストと結びつけられているが,少なくともコプト語の aeiouōnih は,この用語法だけに限定されない[34]。これはむしろ,先に引用した語録50「それ(=光)は〔立って〕,彼らの像

---

30) Jeremias, *Unbekannte Jesusworte*, 2. Aufl., p. 68.
31) H.-Ch. Puech, Das Thomasevangelium, in: E. Hennecke, W. Schneemelcher (ed.), *Neutestamentliche Apokryphen* I, 3. Aufl., Tübingen 1959, pp. 221 f.; Wilson, a. a. O., pp. 41 ff.; S. Giversen, *Sandhedens Evangelium. De gnostike handkrifter fra Nildalen*, Copenhagen 1957, p. 68; Grant, Freedman, a. a. O., p. 140. もっとも,グラントとフリードマンは,この語録が全体として,ヘルメス文書における啓示者の顕現の描写(Corp. Herm., 1, 27)に近いことを付言している。なおエレミアスは,前掲書,第三版においては,この言葉について全く言及していない。
32) Gärtner, a. a. O., pp. 141 ff.; Turner, a. a. O., pp. 87 f.
33) Haenchen, *ThR* 27, pp. 355 f.
34) Crum, a. a. O., p. 486 a; Kasser, a. a. O., p. 148, 参照.

において現われ出た(afouōnih abal)」との関連において理解さるべきで，ここではむしろ，先在のロゴスの肉体における来臨を意味するように思われる．事実，この意味においては，ラテン語形においてではあるが，『ペテロ行伝』20にも用いられているのである．"Motus dominus misercordiam suam, in alia figura et effigie hominis videri." また，Th Ev 全体がグノーシス的であっても，ὤφθην の用語法から，直ちに仮現説を引き出すことは許されない．この用語法は，エレミアスによって確かめられているように，新約聖書における伝承の比較的に古い段階に属し，ここではもちろん仮現論は認められないばかりではなく[35]，ゲルトナーが提出する並行記事中，少なくとも『真理の福音』31, 4 ff. には，何ら仮現論的筆を認めることができないのである[36]．Th Ev に見られるこの定式は，教理史的にはハルナック(A. v. Harnack)やリーツマン(H. Lietzmann)のいわゆる「霊的キリスト論」(pneumatische Christologie)に属し[37]，このキリスト論の型は，すでに新約聖書(ローマ 8, 3；ピリピ 2, 6；Ⅰテモテ 3, 16；Ⅰヨハネ 4, 2；Ⅱヨハネ 7)に現われ，また第 2 世紀から第 3 世紀にかけて正統教会からグノーシス諸派に至るまで広く行きわたっていたのである[38]．Th Ev においては，すでにわれわれも見たごとく，イエスが木にも石にも発見されると言われ(77)，これを知る人間がなお肉にある限り，それを伝えるイエスもまた肉にあることは当然のこととして前提されていると見てよいであろう．ここでは，救済する知識の伝達者としてのイエスが問題なのであって，そのイエスがいかなる姿を有するかはいまだ十分な反省の対象とはされていない．もっとも，だからと言って Th Ev 全体を，クイスペル(G. Quispel)のように[39]，グノ

---

35) Jeremias, *Unbekannte Jesusworte*, 2. Aufl., p. 68, 参照．

36) 『真理の福音』31, 4 ff. のゲルトナー訳が正しいとは思われない．詳しくは，S. Arai, Lesung und Übersetzung des Evangelium Veritatis. Zum Verständnis seiner Christologie, *NovTes* V, 1962, pp. 215 ff., 参照．

37) A. v. Harnack, *Lehrbuch der Dogmengeschichte* I, 5. Aufl., Tübingen 1931, pp. 212 f.; H. Lietzmann, *Geschichte der alten Kirche* II, 2. Aufl., Berlin 1953, pp. 116 ff.; N. D. Kelly, *Early Christian Doctrines*, 3. Aufl., London 1965, pp. 142 ff.

38) たとえば，『バルナバの手紙』12, 10；『トマス行伝』72；『イザヤの昇天』3, 13；『ペテロ行伝』20；『ソロモンの頌歌』7, 46．更に詳しい用例は，Arai, *Die Christologie*…, p. 87, Anm. 7, 8, 9, 参照．

39) G. Quispel, Das Thomasevangelium und das Alte Testament, in: *Neotestamentica et Patristica* (Festschrift für O. Cullmann), Leiden 1962, pp. 243 ff.; Ders.,

ーシス的でない，なかんずく語録 28 を「反グノーシスである」と断定することはできない．すでに見たように，少なくともその救済論は確実に霊肉二元的人間論を前提しており，イエスは霊魂を救済する知識の伝達者だからである．われわれは，いわゆるグノーシス的キリスト論を一つの図式の中に無理にあてはめたり，それを無理に除こうとする一種のドグマ主義に陥ってはならないであろう．グノーシス的キリスト論にも種々の型が存在するのである[40]．

以上要するに，トマスはイエスを，人間にその本来的自己が父と同一であることを知らせ，人間に「命」を与える者として理解しており，イエスを，知らざる者には認識しえざる者として，知者には父と同一なる者，それ故に「自己」と同一なる者として登場せしめる．教理史的なキリスト論の型から言えば，*Th Ev* におけるイエスは「霊的キリスト論」に属するが，トマスの関心が徹頭徹尾実体的「自己認識」にある所に，いかなる意味においても「歴史」はイエスと結びつかない．従って，人間の罪とその贖いを根本モチーフとする救済史観も，過去の出来事を予型として生かす予型論も，*Th Ev* の中には全く認められないのである．このようにして，*Th Ev* はわれわれにグノーシス的キリスト論の一つの型を提供するのである．

Makarius, das Thomasevangelium und das Lied von der Perle, Leiden 1967, pp. 63-113, bes. p. 71 f. なお，K. Grobel, How Gnostic is the Gospel of Thomas? *NTS* 8, 1961/62, pp. 367 ff. もクイスペルの説に近い．

40) グノーシス的キリスト論の種々の型については，C. Colpe, *Die religionsgeschichtliche Schule. Darstellung und Kritik ihres Bildes vom gnostischen Erlösermythos*, Göttingen 1961, pp. 203 ff.; P. Weigandt, *Der Doketismus im Urchristentum und in der theologischen Entwickelung des zweiten Jahrhunderts*, Diss. Heidelberg 1961, pp. 4 ff. 下記 319 頁以下，参照．

8 『ピリポによる福音書』における
イエス・キリスト

1 テクスト

　ナグ・ハマディ文書の中,「ピリポによる福音書」と後書きされた文書は,『トマスによる福音書』と同様, コーデックスIIに含まれている. コプト語の一方言 Saïdisch に Achmimisch と Subachmimisch の調子をいくらか持つ言語で記された写本そのものは, すでに 1956 年に他の文書と共に写真版が発表されており[1], 追ってその独訳もなされたが[2], 最近に至って, 転写テクストに独訳を対照した, いわば定本とも呼ばるべきものが出版された[3]. ただ残念なことに, この版の編者ティル(W. C. Till)はテクストの原典を見ておらず, 前述の写真版のみによったため, 写真の不鮮明箇所を誤って転写したり, また欠文の補正も必ずしも正確ではなく, 従って訳文にもかなり不正確な箇所が存在する. この点を指摘したのは, ナグ・ハマディ文書の原典全体に目を通し, その転写を自ら行なった唯一のコプト語学者クラウゼ(M. Krause)である. 彼はティル版の中, 誤謬および不正確な箇所をリストにして発表した[4]. ただし, クラウゼのリストにもまた異議があるのは当然で, その代表的なものは, テクストを最初に独訳したシェンケ(H.-M. Schenke)の論文である[5]. 以下, 私訳は主としてティル版に基づき, クラウゼおよびシェンケの指摘をも十分考慮に入れてなされたものである.

　なお, 英訳には, ティルと協力して行なわれたウィルソン(R. McL. Wilson)

---

1) P. Labib(ed.), *Coptic Gnostic Papyri in the Coptic Museum at Old Cairo* I, Cairo 1956.

2) H.-M. Schenke, Das Evangelium nach Philippus, *ThLZ* 48, 1959, Sp. 2-26. Nachdruck, in: J. Leipoldt, H.-M. Schenke, *Koptisch-gnostische Schriften aus den Papyrus-Codices von Nag-Hammadi*, Hamburg-Bergstedt 1960, pp. 33-65, 81 f. R. Haardt, *Die Gnosis. Wesen und Zeugnisse*, Salzburg 1967, pp. 203-207 (抄訳) も参照.

3) W. C. Till(ed.), *Das Evangelium nach Philippos*, Berlin 1963.

4) M. Krause, in: *ZKG* 75, 1964, pp. 168-182.

5) H.-M. Schenke, Die Arbeit am Philippus-Evangelium, *ThLZ* 90, 1965, Sp. 322-332.

のもの[6]，ティルとは独立になされたド・カタンザロ(C. J. de Catanzaro)のものがあり[7]，仏訳にはメナール(J. E. Ménard)のものがある[8]．

さて，テクストの原語については，他のコプト語テクストについて言われるように，元来はギリシア語で書かれたものと一般に想定されているが[9]，原語からしてコプト語でなければ理解不可能な文章もある[10]．また，この文書が予想している読者が元来「ヘブライ人」であったらしいこと，更に彼らにはセム語——特にシリア語——の知識が前提されているので[11]，『トマスによる福音書』の場合のように，原典はシリア語であった，あるいは少なくともシリア語圏で書かれたとも考えられる[12]．われわれは，この文書のギリシア語原典説をなお捨て難いが，いずれにしてもこの文書は元来シリア語を予想する地域で成立し，それがコプト語に翻訳され，さらにそれにコプト語による加筆が重なって，現在われわれの所有する福音書の形をとったのではないかと思われる．

この文書の成立年代について言えば，現在の形のコプト語福音書がほぼ4世紀に筆写されたものであることはパレオグラフィーから明らかであるから[13]，それより後代のものではないが，原典が何時頃書かれたかという問に対する正確な答は今のところ与えられていない．「ピリポの」または「ピリポによる」「福音書」についてはエピファニオスが証言しており，その一部を引用してい

---

6) R. McL. Wilson, *The Gospel of Philip*, London 1962.
7) C. J. de Catanzaro, The Gospel according to Philip, *JThS* 13, 1962, pp. 36-71.
8) J. E. Ménard, *L'Évangile selon Philippe*, Paris 1964 (Ménard, I と略記); Ders., *L'Évangile selon Philippe. Introduction, texte, troduction, commentaire*, Paris 1967 (Ménard, II と略記).
9) Leipoldt, Schenke, a. a. O., p. 34; H. -G. Gaffron, *Studien zum koptischen Philippusevangelium unter besonderer Berücksichtigung der Sakramente*, Diss. Bonn 1969, pp. 24-32.
10) たとえば§109と110．Leipoldt, Schenke, z. St.; Wilson, a. a. O., z. St., 参照
11) 「ヘブライ人」については，§6; 46; 102，「シリア語」については，§19; 47; 53, 参照．
12) シリア語原典説は，K. Grobel, in: *JBL* 83, 1964, pp. 317-320．シリア語圏成立説は，Ménard, I, p. 69; Ders., Le Milieu syriaque de l'Évangile selon Thomas et de l'Évangile selon Philippe, *RevScRel* 42, 1968, pp. 265 f.; K. Rudolph, Gnosis und Gnostizismus, ein Forschungsbericht, *ThR* 34, 1969, pp. 154 f.
13) Wilson, a. a. O., p. 3; Gaffron, a. a. O., p. 24, 参照．

るのであるが[14]、この引用がわれわれの福音書とは一致しないので、エピファニオスの証言で成立年代を決定するわけにはいかない。しかし、この文書に前提されている教説が——後で詳説するように——ヴァレンティノス派のそれにかなり近いこと、使徒教父、護教論者、とりわけ反異端論者の作品との並行記事、新約聖書正典を前提している事実、その他から、この文書の原典が2世紀後期には成立していたと見てほぼ間違いないであろう[15]。

2 文学的性格

この文書は「ピリポによる福音書」と後書きされているが、実際には「ピリポ」にも正典「福音書」の文学的性格にもほとんど関係がない。コプト語グノーシス文書の一つ『ピスティス・ソフィア』によれば、ピリポはトマスとマタイと並んで、復活のキリストを通してイエスの真正な言葉を受け、それを筆記し伝承した者の一人に数えられており(44, 33-45, 3)、前述したように、エピファニオスもピリポ福音書がグノーシス主義者の間で読まれていたことを証言しているのであるが、この文書には「使徒ピリポ」の名が一度出てくるだけで(§91)、彼がこの文書を書いた事実についてはその暗示さえない。それに加えて、パレオグラフィーから、「ピリポによる福音書」という後書きの部分は、本文とは別に、しかも後期に書き加えられたものとさえ想定されるのである[16]。他方この文書には、正典の福音書に前提されているイエスの生涯に関する記述は全くない。ある種のテーマに従って訓言が結合されているだけで、その限り、つまり訓言集という観点から見れば、この文書の文学的性格は『トマスによる福音書』のそれに近い。しかし、同福音書と違う点は、この文書はイエスの言葉ばかりではなく、あるいは、それはむしろ比較的少数で[17]、そのほとんどは無名者の訓言なのである。それ故に、たとえばシェンケは、この文書に「グノ

---

14) Epiph., *pan.*, 26, 2-3. H. -Ch. Puech, Das Philippus-Evangelium, in: E. Hennecke, W. Schneemelcher (ed.), *Neutestamentliche Apokryphen* I, 3. Aufl., Tübingen 1959, p. 195, 参照.

15) Wilson, a. a. O., p. 3; Gaffron, a. a. O., p. 70, 参照. Ménard, I, p. 68 は、主としてマニ教との関係から3世紀成立説をとる.

16) Leipoldt, Schenke, a. a. O., p. 82, 参照. ただし、これはかならずしも確実な証拠がない. Rudolph, *ThR* 34, p. 151.

17) §23; 26; 34; 53; 57; 69; 72; 89; 123 等.

ーシス的訓言と思想の詞華集」という別名を与えた[18]．しかし，シェンケによる訓言の分け方，およびこの文書を「詞華集」と性格づけることには異論があり[19]，更には，この文書の思想は特定のテーマによって貫かれているという理由から，これをむしろ「論文」とする見方さえある[20]．シェンケ自身は「論文」説をはっきり退けるが，おそらく彼に加えられた批判を考慮に入れて，また，『トマスによる福音書』の Logion と混同されることを避けるために，各訓言を Spr. とする彼の前説を修正して，§で示すことを提唱している[21]．私見によれば，この文書には確かに訓言集的性格が強く，これを論文とみなすことには賛成できないが，しかし，シェンケのごとく，この文書の「神学」を云々することは「意味なき企て」とは見ていない．この文書の各訓言には，確かに「神学」とは言えないまでも，多少の矛盾を含みながらもなお統一的思想が前提されていることは事実である．以下において，われわれはこの文書からイエス・キリストに関する教説を取り出すわけであるが，その前に，その前提となる思想的傾向について触れておきたい．

3 思想的性格

1966年4月に，イタリアのメッシーナにおいて「グノーシス主義の起源」を主題とする国際コロキウムが開かれた．この学会の最終日に，「グノーシス主義」(Gnosticism)の定義が従来各国・各人において一定していなかったことから起る意見の混乱を防ぐために，この概念に関する定義案が参加者全員によって採択された[22]．筆者もグノーシス主義の定義とその起源をめぐる報告を行な

---

18) Leipoldt, Schenke, a. a. O., p. 33.
19) Wilson, a. a. O., pp. 8 ff.; Ménard, I, pp. 18 ff.; Ders., II, pp. 3 ff.; Gaffron, a. a. O., pp. 13-23.
20) Krause, *ZKG* 75, p. 181.
21) Schenke, *ThLZ* 90, Sp. 324 f. われわれも本節において§を採用した．
22) Propositions concerant l'usage scientifique des termes gnose, gnosticisme etc., in: U. Bianchi, Le colloque international sur les origines du gnosticisme (Messine, Avril 1966), *Muséon* XIII, 1966, pp. 154 ff.; Ders. (ed.), *Le origini dello gnosticismo. Colloquio di Messina, 13-18 Aprile 1966*, Leiden 1967, pp. 20-32; C. Colpe, Vorschläge des Messina-Kongresses von 1966 zur Gnosisforschung, in: W. Eltester (ed.), *Christentum und Gnosis*, Berlin 1969, pp. 129 ff., 参照．

い，学会による定義の採択に一応の貢献をしたつもりであるが[23]，その際，グノーシス主義の定義に必要かつ十分な三つの性格を強調した．(1)救済手段としての，至高者と人間との実体的同一性の認識(グノーシス)．(2)絶対的・実体的二元論．(3)グノーシスの啓示者，または人間の魂の救済者．

さて，この文書に，まず(1)の性格が支配的であることは明らかである．

　　この世(κόσμος)の農業は四つの事柄(εἶδος)から(成り立っている)．人々はそれらを，水と土と風(πνεῦμα)と光によって，刈り取り，倉に収める．そして，神の農業は同じように四つから，(つまり)信仰(πίστις)と希望(ἐλπίς)と愛(ἀγάπη)と知識(γνῶσις)から(成り立っている)．われわれの土は信仰(πίστις)である．その中にわれわれは根を入れる．水は希望(ἐλπίς)である．それによって〔われわれは〕育てられる．風(πνεῦμα)は愛(ἀγάπη)である．それによってわれわれは成長する(αὐξάνειν)．しかし(δέ)，光は知識(γνῶσις)〔である〕．それによってわれわれは〔成熟する〕(§ 115)．

神の経綸を農業の譬えで説明することは，新約聖書正典でもしばしばなされている(たとえば，マタイ 13, 37 ff. par.；I コリント 3, 6 ff.)．しかし，この訓言で最もわれわれの関心を引くことは，これが明らかに I コリント 13 章のいわゆる「愛の賛歌」を前提していることであろう．パウロが，「このように，いつまでも存続するものは，信仰と希望と愛と，この三つである．しかし(δέ)，その中最も大いなるものは愛である」(13 節)と言うのに対して，この文書の著者は，「しかし(δέ)」信仰と希望と愛より大いなるものは「知識〔である〕」(127, 29-30：ティル版による頁数・行数を示す)と断言する．これは I コリント 13 章，特にその 13 節に対する明らかなグノーシス的挑戦と見てよいであろう[24]．この文書の著者によれば，「愛」はむしろ「知識」の結果なのである．

　　しかし(δέ)，知識(γνῶσις)によって自由に(ἐλεύθερος)なった者は，愛(ἀγάπη)の故に，知識(γνῶσις)の自由(ἐλευθερία)をまだ受けいれることの

---

23) S. Arai, Zur Definition der Gnosis in Rücksicht auf ihren Ursprung, in: Bianchi(ed.), a. a. O., pp. 181-189.
24) Wilson, a. a. O., p. 166, 参照.

できない人々に（仕える）僕なのである（§110）．

では，知識の対象は何であろうか．それは，積極的に言えば「自己」，人間に本来的な自己なのである．

すべてを所有する者のすべてが，自己を認識するとは限らない．自己を認識しない者は(μέν)，彼らが所有するものを享受し(ἀπολύειν)ないであろう．しかし(δέ)，自己と知り合いになった者は，それを享受する(ἀπολύειν)であろう（§105）[25]．

ここにわれわれは，『トマスによる福音書』でも[26]，『真理の福音』でも[27]，共にその中心的教えとみなされる自己認識のモチーフに出逢うのである．まず自己を認識しなければ，人間の一切は空しい．この自己（＝魂：ψυχή）はキリストの来臨以前に（§70），人間が生ずると同時に（§9），否，それ以前に存在した．

主が言われた，「彼が生まれた以前に存在するものは幸い(μακάριος)である．なぜなら，存在したものは，存在し，存在するであろうから」（§57）．

ここで「彼」とは人間一般を指し，「もの」とは人間の本来的自己を意味することは明らかであろう．永遠に存在するものは，現実の人間発生以前にあった，つまり先在の自己なのである．ここから当然，人間の起源の問題が思弁の対象となる．

まず，アダムとイブが人間の原型として登場する．

イブがアダムの中にあったとき，死は無かった．彼女が〔彼から〕離れた

---

25) Schenke, *ThLZ* 90, Sp. 331 は，われわれが「自己」と訳した ou（人称代名詞複数形）を „es" で訳し，これを「すべて」(ptērf) にかけているように思われる．しかし，ptērf の f は男性単数形であるから，この訳は正しくない．一方，最後の文章(124, 22)の「それ」(複数)は，Wilson, a. a. O., p. 165 の訳に前提されているように「自己」(複数)ともとれるが，むしろ「彼らが所有するもの」(複数)ととった方がよい．「彼らが所有するもの」と「それ」は共に「享受する」の目的語と見た方が，文章上からも意味上からも，通りがよいからである．なお，私見をウィルソン自身が口頭で認めた．

26) 上記 229 頁以下，参照．

27) S. Arai, *Die Christologie des Evangelium Veritatis. Eine religionsgeschichtliche Untersuchung*, Leiden 1964, pp. 21 ff., 参照．

とき，死が生じた．彼女が再び(πάλιν)入りこみ，彼が彼女を受けいれれば，死は無いであろう(§71)[28]．

これと同じように，

もし女が男から離れなかったら，男と共に死ななかったであろう．女の分離が死のはじめ(ἀρχή)となったのである……(§78)．

このように，人間が男女一対となって形成する「ひとつ」の状態が人間の本来的・理想的状態なのである．従って，(現実の)人間の創造者は，統一から分離をもたらす者として批判の対象になる(§121，§13；99 をも参照)[29]．

こうして認識の対象は，消極的には，分離をもたらす「悪の根」ということになるであろう．

木もまたそのようなものである．その根が隠されている限り(ὡς)，それは芽を出し，生きている．その根が現われると，木は枯れる．この世(κόσμος)に生まれたすべてのもの，目に見えるもののみならず(οὐ μόνον)，隠されているものもまた(ἀλλά)，そのようなものである．なぜなら(γάρ)，悪の根が隠されているかぎり(ἐφ' ὅσον)，それ(=根)は強い．しかし(δέ)，それが知られると，それは消えうせる．しかし(δέ)，それが示されると，それは消えてしまう．それ故にロゴス(λόγος)は言う，「すでに(ἤδη)斧(ἀξίνη)は木の根に置かれた」と．それは切りとることはしないであろう．人が切りとるものは，再び(πάλιν)芽を出すであろう．そうではなくて(ἀλλά)，斧(ἀξίνη)は地面を掘り下げて根をさらけ出す．しかし(δέ)，イエスはすべての場所(=この世)の根を切り離した．それに対して(δέ)，他の

---

28) もっとも，§80 では，アダムが ψυχή と母なる πνεῦμα から，§83 では，「処女(παρθένος)の土」と πνεῦμα から成っている，と言われる．この πνεῦμα がおそらく §71 のイブに当るのであろう．なお，『ヨハネのアポクリュフォン』Cod. III, 25, 6–11 par. では，πνεῦμα ないしは Ἐπίνοια が明らかにイブである．また『アダムの黙示録』64, 20 ff. においては，アダムが，諸権力によってイブから切り離されたときに，グノーシスが喪失したといわれている．

29) J.-E. Ménard, Das Evangelium des Philippus und der Gnostizismus, in: W. Eltester (ed.), *Christentum und Gnosis*, Berlin 1969, pp. 48 f., 参照．

人々は(ただ)一部分(κατά, μέρος)を(切り離しただけである). それに対して, われわれの各人は, その中にある悪の根を掘り出し, (それを)その根と共に各人の心から引き裂くべきである. しかし(δέ), それは, われわれがそれを知るときに, 引き裂かれる. われわれがそれを知らないならば, それはわれわれの中に根をはり, われわれの心の中にその実を結ぶ. それはわれわれの主人であり, われわれはその僕である. それはわれわれを捕え(αἰχμαλωτίζειν), われわれが欲し(ない)ことをさせ, われわれは欲することをしない. われわれがそれを知らなかったら, それは力がある. それが存在するかぎり(ὡς), それは力を及ぼす(ἐνεργεῖν) (§123).

ここでは, マタイ 3, 10 par. の「木の根」は「悪の根」と解釈され, 更にそれは「知るときに, 引き裂かれる」と解釈されて, 完全にグノーシス的な Logion となる. そして, 現実に悪の根がわれわれを支配しているのは, この事実に対するわれわれの無知から来るのである. だから無知は悪の奴隷であり, 知識(グノーシス)は悪からの自由である. そして, この結論もヨハネ 8, 32 の——本文改訂を経た——解釈から導き出される.

ロゴスが言った, 「あなたがたが真理(ἀλήθεια)を知れば, 真理(ἀλήθεια)があなたがたを自由にする」と. 無知は奴隷である. 知識(γνῶσις)は自由(ἐλευθερία)である. われわれが真理(ἀλήθεια)を知ると, われわれは真理(ἀλήθεια)の実(καρπός)をわれわれの中に見出すであろう(§124).

こうして, 認識の積極的対象は人間の本来的自己ないしは真理, 消極的対象はそれを非本来的たらしめるもの, つまり「悪の根」ということになるであろう.

さて, 現実にわれわれは, その本来的自己を所有しつつも, なお「悪の根」の中にある. ここから, この文書の思想の, そしてグノーシス主義一般の第二の性格, つまり物質的二元論が前景に出る. これがこの文書では次のような二つの相対立する概念——子と僕(§2), 命と死(§3), 夏と冬(§2;7;109), この世(κόσμος)とアイオーン(αἰών)(§7;11;127)または神の国(§25), 復活と死(§21), 魂(ψυχή)とからだ(σῶμα)(§22), 天人と地人(§28), 自然と霊(πνεῦμα)

(§30)，全き人と地の人(§40)，ガラス器と陶器(§52)——で特色づけられ，肉(σάρξ：§23；62；63；105；123)とこの世(κόσμος：§7；10；11；13；15；25；30；34；53；60；61；67；85；87；93；99；122；123；127)は消極的あるいは否定的にしか評価されない。

もっとも，この文書の人間論とそれに対応する宇宙論には，「全き人」と現実の人間，「あの世」と「この世」の間に，中間の人間・中間の場所(μεσότης)が予想されており(§63；107)，この限りにおいてはヴァレンティノス派の思想に近いと言えるであろう。しかし，少なくとも§63から判断すると，この文書においてはμεσότηςもまたヴァレンティノス派におけるように中間的価値を持たず，「この世」と共に「悪しき所」と言われる。一方，§107においては，シェンケの訳に最も明瞭に示されるように[30]，「すべてのものを得て(も)，この場所(＝この世)から〔離れられない〕者」が行く所となっている。その他にも，この三元論を予想させる章句がないわけではない[31]。いずれにしても，このμεσότηςの故にこの文書の思想を直ちにヴァレンティノス派と結びつけることは危険であろう。なぜなら，いわゆるバルベロ派やオフィス派にもこの三元論は確かめられるからである[32]。

なお，§10に次のような注目すべき発言がある。

> 光と闇，命と死，右と左はお互いに兄弟である。それらをお互いから引き離すことは不可能である。それ故に，善も善くはなく(οὔτε)，悪も悪しくはなく(οὔτε)，命も命ではなく(οὔτε)，死も死ではない。

もっとも，このいわば二元論否定のように響く発言も，これに後続する文章から推定すると，「この世」における善悪・生死の相対性を主張しているものとみてよいようである[33]。

それ故に(διὰ τοῦτο)，その各々ははじめからある始源(ἀρχή)に解消す

---

30) Schenke, *ThLZ* 90, Sp. 331.
31) たとえば§119の「家畜」，「奴隷」，「子供」はそれぞれ「肉的」，「心魂的」，「霊的」人間を意味する？ §11；125も？
32) 上記123頁以下，参照。
33) Wilson, a. a. O., p. 72, 参照。

るであろう．この世(κόσμος)から越えたものは，解消することなく，永遠である．

とすれば，ここにもやはり「この世」から越えたものと「この世」に属するものとの二元論が存在すると見てよいであろう．

さて，以上のような思想的前提から，グノーシス主義の第三の特色である「啓示者」または「救済者」イエス・キリストは，この文書においてどのように描写され，どのような意味を与えられているであろうか．

4 イエス・キリスト

父(神)と子(イエス)の関係は，『真理の福音』38, 4-40, 29 で詳説されているように[34]，この文書においても「名」の概念を通して結びつけられている．

> ただ一つの名をこの世(κόσμος)の人々は発音できない．父が子に与えた名を．それはあらゆるもの(=名)よりも崇高である．それは父の名である．なぜなら(γάρ)，子は，もし父の名を持たなかったら，父にならなかったであろうから(§12)．

つまり子は，父からその名を与えられることによって，父になることができた．子は父と，その名を媒介としてひとつとなる[35]．もっとも，子が父の所有物を完全に所有するのは，§37 によると，成人してからのことであるらしい．

> 父が所有するものは子に属する．そして，子が小さい限り(ἐν ὅσον)，子は(父の)所有物を委託され(πιστεύειν)ない．彼が成人すると(ὅταν)，父は子にその所有のすべてを与える．

この章句における「子」は，あるいはイエスではなく，グノーシス主義者一般を意味しているかもしれない[36]．しかし，グノーシス主義一般において，小さい子がいわば理想的状態とみなされているので[37]，ここで「彼が成人すると」

---

34) 『真理の福音』38, 4 ff. については，S. Arai, a. a. O., pp. 62-72. 下記 300 頁以下参照．
35) 更に §20 ; 96, 参照．
36) Wilson, a. a. O., p. 102.

とは,「イエスが成人してヨルダン川で受洗するとき」という意味にとった方が, 他の章句にも合致するようである. つまり, この文書においては——少なくとも§17によると——イエスが処女から生まれた事実は否定され[38], それに対して, イエスの受洗が前景に出されているからである.

　　イエスは〔その栄光を〕(受洗の際に)ヨルダン川で現わした. 万物の以前に〔あった〕天〔国の〕プレーローマ(πλήρωμα)が(ここに)再び(πάλιν)生まれた. 以〔前に〕油注〔がれた〕者は, 再び(πάλιν)油注がれた. 以前に救われた者を, 再び(πάλιν)救った(§81)[39].

「以前に油注がれた者……」とは——前述の§37から推して——以前から父の子であった者が受洗によって実際に子となった, という意味であろう.「以前に救われた者……」とはおそらく——後述するクリスマ(塗油式)から推して——「油注がれた者……」と同義であるか, または十字架から復活へ救われたことを意味するかもしれない. もし後者の意味が正しいとすると, この箇所はグノーシス主義の「根本ドグマ」と言われる Salvator salvatus の証言として興味あるが, いわゆるこの「ドグマ」は少なくともこの文書全体の中では「根本」的ではない[40].

さて, イエスはこの世にどのような顕現形態をもって来たのであろうか. この問に対する明瞭な答を, われわれはこの文書の中に見出すことができない. ただ二箇所において,「イエス」(§69) または「真理」(§67) が——§69のシェンケによる復元が正しいとすれば[41]——

　　この世 (κόσμος) に τύπος と εἰκών をもって来た.

ここで「τύπος と εἰκών」には二つの意味が含まれているようである. 第一

---

37) たとえば,『トマスによる福音書』22;『真理の福音』13, 18-34. もっとも,『真理の福音』19, 30 ff. では, 子が成人した後に父を知ることが前提されている.
38) ただし, §83ではイエスの処女降誕が肯定されている. その意味づけについては後述.
39) Krause, ZKG 75, p. 177; Schenke, ThLZ 90, Sp. 330 による.
40) Salvator salvatus については, 下記323頁以下, 参照.
41) Leipoldt, Schenke, a. a. O., p. 51.

に，イエスはこの世において彼の実体，つまり「真理」——§26によると「ロゴス」——をそのままの形で現わさないで，それに接する人々の状態に応じて現わした．

> 彼は，彼が〔実際に〕そうであったように現わさなかった．そうではなくて(ἀλλά)，彼は，彼らが彼を見ることができるように現わした．

つまり，大いなる者には大いなる者として，小なる者には小なる者としてである(§26)．このようなイエスの顕現形態に関する思想は多くのグノーシス文書の中に確かめることができる[42]．第二に，そしてこの意味が§76と79の文脈に合うのであるが，イエスは，ἀποκατάστασις(§67)またはπλήρωμα(§69)の先取りではあるが，なおこの世においてはその象徴である——後述する——クリスマまたはニュンフォーン(初夜の秘儀)の中で自己を現わした．

> 彼らがεἰκών を通して再び生まれることは真に(ἀληθῶς)ふさわしいことである(§67)．

いずれにしても，われわれは，ここから直ちにキリストのいわゆる「仮現」(docetism)を結論することはできないであろう．特に§26には明らかに地上のキリストのからだ(σῶμα)が，§72には(復活の)キリストの肉体(σάρξ)が予想されているからである．

イエスの地上における生涯とその業に関しては，この文書にはほとんど記述されていない．ただこの文書には，イエスとマグダラのマリアに関する注目すべき記事がある．

> 三人(の婦人)がいつも主と共に歩いた．彼の母マリアと彼女の姉妹と，人々が彼の伴侶(κοινωνός)と呼ぶマグダラ(のマリア)である．なぜなら(γάρ)，マリアは彼の姉妹で彼の母で彼の伴侶(κοινωνός)だからである(§32)．

イエスの母と彼女の姉妹とマグダラのマリアはヨハネ福音書でも共に登場し

---

42) たとえば，『イエス・キリストのソフィア』78, 11–79, 9，『ピスティス・ソフィア』2–6.

ており（ヨハネ 19, 25. マタイ 27, 55 ff.; マルコ 15, 40 ff. をも参照），また，マグダラのマリアがグノーシス文書——たとえば『ピスティス・ソフィア』，『(マグダラの)マリアの福音書』，『トマスによる福音書』——の中で，高いあるいは最高の位置を与えられていることは有名である．これはおそらく，ヨハネ 11, 5 に基づくグノーシス的思弁に由来するものであろう[43]．ただ，マグダラのマリアがイエスの κοινωνός であったとは，いかなる意味であろうか．シェンケはここにヴァレンティノス派のキリスト論との並行記事を読みとろうとする．つまり，この派の教説によれば，三人のキリストがいた．それは，「聖霊」の「対(つい)」(σύζυγος)としての「キリスト」，下の「ソフィア」の対としての「救い主」(Σωτήρ)，地上の「イエス」がそれである(Hipp., ref., VI 36, 4 参照)．もし最初の二人のキリストに対(つい)がいたとすれば，地上のイエスにもそれを，つまりここではマグダラのマリアを要請するのは自然である，というのである[44]．しかし，この説がどれ程事態に即しているか，われわれには必ずしも明らかでない．とにかく，マグダラのマリヤに関するもう一つの記事を検討してみよう．

「不妊」と呼ばれるソフィア，彼女は天使たち(ἄγγελος)の母である．そして，〔キリストの〕伴侶(κοινωνός)はマグ〔ダラのマリア〕である．〔主はマリアをどの〕弟〔子(μαθη〔τής〕)よりも愛し〕た．彼は彼女の〔口にしば〕しば接吻した(ἀσπάζεσθαι)．彼の〔弟子たち(μαθητής)〕が彼女に来て，〔彼女〕を〔非難し〕た(〔ἐπιτι〕μᾶν)．彼に彼らは言った，「なぜあなたはわたしたちよりも(παρά)彼女を愛するのですか」．主は彼らに答えて言った，「なぜわたしは彼女を愛するようにあなたがたを愛さないのであろう」(§ 55)．

シェンケはこの章句の前半を次のように訳している．「『不妊』と呼ばれるソフィア，彼女は天使たち(ἄγγελος)の母であり，救い〔主〕(Σω〔τήρ〕)は彼〔女〕を〔どの〕弟〔子〕(μαθη〔τής〕)よりも愛〔した．そして彼〕は……」[45]．しかしこ

---

43) Wilson, a. a. O., p. 97.
44) Leipoldt, Schenke, a. a. O., p. 34; H.-M. Schenke, *Der Gott 》Mensch《 in der Gnosis*, Göttingen 1962, p. 11. Wilson, a. a. O., p. 97; Ménard, in: a. a. O., p. 49 もほぼ同じ見解である．なお，ヴァレンティノス派のキリスト論について，詳しくは，上記 141 頁以下，とくに 151 頁以下，参照．
45) Schenke, *ThLZ* 90, Sp. 328.

の訳は，前述したヴァレンティノス派のキリスト論に合わせるため，ソフィアを救い主の対と読んだことが明らかで，本文からこれを読みとることは困難である．本文からも，前述の§32との関連からも，これを「キリストの伴侶はマグダラのマリアである」と読んだ方がよい．いずれにしても，この記事の主題と思われるイエスのマグダラのマリアに対する接吻は，§31——接吻により「恩恵」(χάρις)を通して孕むといわれる——との関連から，後述する礼典ニュンフォーンのプロト・タイプと見なすべきであろう．

さて，イエスの十字架は，この文書においてどのように解釈されているであろうか．

　　聖餐(εὐχαριστία)がイエスである．なぜなら(γάρ)，人々はそれをシリア語で(-σύρος) Pharisatha と呼び，これは「拡げられたもの」を意味するからである．なぜなら(γάρ)，イエスはこの世(κόσμος)に対して十字架にかけ(σταυροῦν)られるものとして来たからである (§53).

シェンケによると，この訓言はシリア語の語源から理解すべきであるという[46]．すなわち，Pharisatha はシリア語の PRJST' に由来し，これは「裂かれたパン」を意味する．シリア語の動詞 PRS と PRŠ は同音で，一方が「分かつ」，「パンを裂く」，他方が「拡げる」の意味を持つ．従って，「εὐχαριστία＝Pharisatha＝裂かれたパン」が同時に「拡げられたもの」を意味し，イエスはこの世にその手を，拡げられる」＝「裂かれる」ため，つまり「十字架にかけられる」ために来た．要するにシェンケによれば，ここで十字架が聖餅と解釈されていることになる[47]．しかし，ウィルソンは，シェンケのシリア語源説を受けいれつ

---

[46] Schenke, ibid. Gaffron, a. a. O., pp. 182 f., 364, Anm. 48 もシェンケ説を支持している．

[47] なお，§19によると，「イエス」は，シリア語の「メシア」とギリシア語の「キリスト」に対して，「隠された名」を，「ナザレ人」は「隠されたものの現われた名」を，§47によると，「メシア」は「キリスト」と「測られた者」を，「イエス」はヘブライ語で「救済」を，「ナザレ人」は「真理」(ἀλήθεια)を，それぞれ意味する．§19で「イエス」が「隠された」と意味づけられているのは，「イエス」に当るギリシア語が存在しなかったからであろう．「ナザレ人」＝「隠されたものの現われた名」は，Leipoldt, Schenke, a. a. O., p. 41 によればシリア語の NZR＝「隠す」と，Wilson, a. a. O., p. 84 によれば§25と関係がある．なお，「ナザレ人」＝「真理」は，R. M. Grant, Two Gnos-

つも，「イエスはこの世を十字架にかけるために来た」と読む[48]．いずれの読みも文法的には可能であり[49]，また私見によれば，シェンケのシリア語源説がウィルソンの読みにも通ずるように思われる．つまり，Pharisatha＝「裂かれたもの」，「拡げられたもの」が，「十字架にかけられたもの」であると共に[50]，それはこの世を「拡げ」，「裂き」，「十字架にかけるもの」であるという意味も含まれているのではなかろうか．とすれば，この十字架理解は『真理の福音』における十字架観にも通じるばかりではなく[51]，前述の§123および81とも思想的につながるのではなかろうか．いずれにしても，十字架に関するもう一つの章句も，少なくとも礼典と関連していることは注目すべきであろう．

使徒（ἀπόστολος）ピリポが言った，「大工ヨセフが庭（παράδεισος）に木を植えた．彼がその仕事（τεχνή）のために木を必要とした（-χρεία）からである．彼は，彼が植えたそれらの木から十字架（σταυρός）を造った人である．そして，彼の種子が，彼が植えたものにかかった．彼の種子はイエスであったが（δέ），植物は十字架（σταυρός）である（§91）．

この訓言に正確に一致する並行記事はまだ発見されていない．しかし，これに後続する§92と関連づけて解釈することがもし許されるとすれば，「十字架」（§91）は「オリーブの木であり，それからクリスマが彼（＝イエス）によって復活のためにつくられた」（§92）となる．§91において「種子はイエスであった」のであるから，イエスが木に「かかって」（§91），「クリスマが復活のためにつくられた」（§92）ことになる．とすれば，ここでも十字架が礼典に関連づけられており，しかも，この十字架解釈は『真理の福音』のそれとほぼ一致するので

---

tic Gospels, *JBL* 79, 1960, p. 7 によれば，ヴァレンティノス派の定式 Jesus Nazaria＝「真理の救済者」(Iren., *adv. haer.*, I 21, 3) から理解される．§47の「メシア」＝「測られた者」は，Leipoldt, Schenke, a. a. O., p. 46によれば，シリア語でMSHが「測る」を意味することから導き出される．

48) Wilson, a. a. O., pp. 113 f. ティル，ド・カタンザロ，メナールも同様．
49) ただし，われわれは，「拡げられたもの」との対比において「十字架にかけられたもの」をとる．
50) Gaffron, a. a. O., p. 183によれば，6世紀のヤコブ教会において聖餅は十字架の形に裂かれたという．
51) S. Arai, a. a. O., pp. 105, 111, 117. 下記311頁以下，参照．

ある．なぜなら，後者においてイエスの死は「多くの人々の命」であり(20, 13-14)，しかも「彼(=イエス)は父の命令(διάταγμα)を十字架(σταυρός)にかけた(=告知した，または植えつけた)」(20, 25-27)との発言があるからである[52]．——とにかく，この文書において十字架は，その事実性には何の興味も持たれておらず，もっぱら救済論的・象徴的解釈の対象とされているに過ぎない．

次に，十字架から復活への過程は§72に描かれている．

「わが神，わが神，主よ，あなたはどうしてわたしをお見捨てになったのですか」．彼はこれを十字架上で言った．なぜなら(γάρ)，彼は〔　〕生まれた〔　〕あの場所を離れたからである．神によって〔主?〕は死人から〔よみがえらされた?〕彼は，彼がそうで〕あった〔ようになった?〕しかし(ἀλλά)，〔彼のからだは全く〕完全で(τέλειος)〔あった〕．〔彼は〕肉体(σάρξ)を〔持っている〕．しかし(ἀλλά)，〔この肉体は〕真の(ἀληθινή)肉体(σάρξ)〔である〕．〔それに対して，われわれの肉体は〕真の(ἀληθινή)ものではなく，そう〔ではなくて〕(ἀλ〔λά〕)，真の(ἀληθινή)ものの似像(εἰκών)としての〔肉体〕である．

この訓言には欠文が多くて，マルコ15, 34 par.のイエスの言葉が，ここでどのように解釈されているかを想定することは不可能に近い．ウィルソンはここで Iren., *adv. haer.*, I 8, 2 をあげ[53]，シェンケはこれを受けいれて，この記事の内容——ソフィアが堕落の結果「光」(=「キリスト」)に見捨てられ，プレーローマに帰ろうとするが「ホロス」(=「スタウロス」)にさえぎられたときに発した言葉だというヴァレンティノス派の解釈——に合致するように，この訓言を次のように翻訳している．「……つまり，彼はそこで，彼を〔聖霊〕から生んだもの〔か〕ら切り離されたのである」[54]．すなわち，ここでも十字架がホロスと解釈されている，というのがシェンケの意見であろう．しかし，欠文から「聖霊」を読みとるのは困難であるし[55]，ソフィアが聖霊から生まれたという思想はヴ

---

52) S. Arai, a. a. O., pp. 101-115. 下記 313 頁以下，参照．
53) Wilson, a. a. O., p. 135.
54) Schenke, *ThLZ* 90, Sp. 329.
55) Krause, *ZKG* 75, p. 177.

ァレンティノス派にはない．いずれにしても，この訓言の後半の意味はほぼ明らかであろう．つまり，復活のキリストの肉体は「真の」肉体で，われわれ人間の肉体とは異なるという思想である．この思想は§23からも——ここでは，われわれが肉体をもって復活することが肯定され，しかもその肉体，つまり神の国を継ぐ肉体はイエスの肉体(＝ロゴス)と血(＝聖霊)であると解釈されている——，Ⅰコリント15章，特に44節 σῶμα πνευματικόν の思想に連なるものであろう．その限りにおいて，この思想はヴァレンティノスのそれに近いとは言えるであろう[56]．

ところで，キリストの復活そのものについては次のような注目すべき訓言がある．

> 「主はまず死んで，(それから)よみがえった」と言う者は間違っている(πλανᾶθαι)．なぜなら(γάρ)，彼はまず復活し，(それから)死んだからである．もしある者がまず復活(ἀνάστασις)を得たなら，彼は死なないであろう[57]．……(§21)．

この訓言は，キリストが死んで，それからよみがえったという原始教会の告白定式(たとえば使徒行伝2,24)に対する反論であると共に，牧会書簡による反論の対象(Ⅱテモテ2,18)であるとも解釈できるであろう．いずれにしてもこの訓言は，先にあげた§72と内容的に矛盾する．なぜなら，前者では死→復活という順序が保持されており，後者ではその逆が主張されているからである．しかし，われわれはこの事実を次のように説明できるであろう．すなわち，§72には新約正典にある告白定式の影響が残っており，§21ではそれが完全にグノーシス化されている．グノーシス主義に特徴的な復活(生命)理解によれば，イエスははじめから，または受洗のときから「命」であり，つまり復活しているのであって，その後に十字架にかけられ，そのからだが死んだのである．従って，生が先で死が後であり，しかも生はいつまでも続くのである．このことは，キリストの復活が一般人のそれに当てられた§90に明らかであろう．

---

56) Tert., *carn.*, 15, 1 参照．この書の σῶμα, とりわけ σάρξ 観については, Gaffron, a. a. O., pp. 176 f., 参照．
57) Wilson, a. a. O., p. 153, 参照．

「人はまず死に，それからよみがえる」という人々は間違っている(πλανᾶσθαι).人が生きている間に復活(ἀνάστασις)を得ないならば，死んでも何も得ないであろう.このように，彼らはバプテスマ(βάπτισμα)についても語り，次のように言う,「バプテスマ(βάπτισμα)は大いなるものである.なぜなら，人はそれを受けると，生きるであろうから」と(§90).

なお，この訓言の後半には，おそらく正統教会の洗礼観に対する批判が含まれているであろう.なぜなら，——後述するように——この文書ではニュンフォーンやクリスマがバプテスマよりも大いなるものだからである.

さて，最後にわれわれは，この文書におけるイエス・キリストの意味づけについて検討してみたい.注目すべきは，この意味づけがこの文書ではほとんど礼典と結びつけられているので，われわれはここで同時にこの文書の礼典観をも問題にすることになるのである.ところで，ゼーゲルベルク(E. Segelberg)は，§68に基づいて，この文書には五つの礼典ないしは秘儀(μυστήριον)が存在することを指摘している.(1)バプテスマ(βάπτισμα)，(2)クリスマ(χρῖσμα)，(3)ユーカリスティア(εὐχαριστία)，(4)アポリュトローシス(sōte)，(5)ニュンフォーン(νυμφῶν)[58].われわれも，この順序に従ってキリストの機能と礼典の関係を探ってみよう.

(1) バプテスマ

§109によると，

> イエスはバプテスマ(βάπτισμα)の水を全きものにした.それ故に，われわれは水に潜りはするが(μέν)，しかし(δέ)，われわれは死に潜りはしない.われわれがこの世(κόσμος)の霊(πνεῦμα)に注ぎこまれないためである.風(πνεῦμα)が吹くと夏が来る.

更に，われわれはこのイエスによって完成されたバプテスマを受けることによって，「肉体(σάρξ)を脱ぎ」(§63),「生ける人を着て」，はじめてわれわれは「キリスト者」(χριστιανός)と言いうる(§59)[59].なお，ゼーゲルベルクは指摘

---

[58] E. Segelberg, The Coptic-Gnostic Gospel according to Philip and its Sacramental System, *Numen* 7, 1960, p. 191. Gaffron, a. a. O., pp. 100 ff. もこの分類に従って論述を進めている.

していないが，§54 もバプテスマと関係があるであろう．

> 主がレビの染色工場に行った．彼は七十二の色（χρῶμα）を取って，それを釜の中に投げこんだ．彼はそれを全部白色にして引き出し，そして言った，「このように，人の子は染色者〔として〕来た」．

ここでわれわれは，七十二の色はこの世の種々の穢れに染った人間，釜はバプテスマの水，白色は無垢の様をそれぞれ象徴するととる[60]．更に，この訓言がバプテスマと関係があることは，§43 で「神が染色者」と言われ，しかもそれがバプテスマと結びつけられている事実からも推定できるであろう．以上要するに，この文書においてキリストは，穢れを清めるバプテスマの完成者とみなされているが，それが罪のゆるしとは直接結びついていないことを指摘しておこう．

(2) クリスマ

この文書においてクリスマは，『真理の福音』におけるように[61]，バプテスマより高く評価されている[62]．

> クリスマ（χρῖσμα）はバプテスマ（βάπτισμα）より高い位置にある．なぜなら（γάρ），クリスマ（χρῖσμα）によってわれわれはキリスト者（χριστιανός）と名づけられたのであって，バプテスマ（βάπτισμα）によってではないからで

---

59) 更に詳しくは，Gaffron, a. a. O., pp. 126 ff., 参照．
60) Gaffron, a. a. O., pp. 127 ff. も同様である．なお，J. Daniélou, *The Bible and the Liturgy*, London 1960, pp. 49-53 によると，古代教会において——Tert., *res.*, 27 まで遡る？——受洗者は白衣を着た．もっとも，M. Black, *The Scrolls and Christian Origins*, London 1961, pp. 100 f.（ブラック『死海写本とキリスト教の起源』新見宏訳，山本書店，1966年，118頁）は，この説に批判的である．
61) 39, 9-35. E. Segelberg, Evangelium Veritatis. A Confirmation Homily and its Relation to the Odes of Solomon, *Orientalia Suecana* 8, 1959, pp. 3-42；S. Arai, a. a. O., pp. 108-111, 参照．
62) ただし，この文書においてクリスマとバプテスマの関係は必ずしも自明ではない．たとえば§97 では，§95 におけるクリスマと同様に，バプテスマが高く評価されているからである．Gaffron, a. a. O., pp. 151 f. によると，§95 でクリスマがバプテスマより高く評価されているのは，キリスト者という名がクリスマに由来する限りにおいてであって，この文書においてクリスマとバプテスマは，他の諸礼典と共に，それぞれに固有の奥義が認められているという．

ある．そして，キリストはクリスマ(χρῖσμα)の故にそう名づけられた．な
ぜなら(γάρ)，父が子に油を注いだからである．しかし(δέ)，子は使徒た
ち(ἀπόστολος)に油を注いだ．しかし(δέ)，使徒たち(ἀπόστολος)はわれわ
れに油を注いだ．油注がれた者は万物を所有する．彼は復活(ἀνάστασις)，
光，十字架(σταυρός)，聖霊(πνεῦμα)を所有するのである(§95)．

ここでは，「キリスト」と「キリスト者」の名は共に，バプテスマからではな
く，クリスマから導き出されたことが示されてその重要性が説かれ，しかも，
クリスマによってわれわれは，「万物」特に新しい命としての「復活」を所有す
ることが強調される．そして§92では，この「復活」を与えるクリスマがキリ
ストに由来することが指摘される．

しかし(ἀλλά)，パラダイス(παράδεισος)の中央にある命の木(=キリス
トの十字架：§91)はオリーブの木であり，そこからクリスマ(χρῖσμα)が彼
(=キリスト)によって復活(ἀνάστασις)のために生じた．

しかし，キリストによるクリスマの決定的意味づけは，§74に見出される．

聖霊によってわれわれは生まれたが(μέν)，しかし(δέ)，われわれはキリ
ストによってもう一度生まれた．われわれが生まれたとき，われわれはひ
とつになった．

これは前述の，霊として先在していたにもかかわらず「悪の根」によって分
裂した人間の本来の自己を，キリストが再び回復して統一にもたらすものとし
て意味づけたものであろう．

(3)　ユーカリスティア

聖餐式を前提とする章句はかなり多いが，それがキリストの機能と結びつけ
られている章句は，すでに引用した§53(ユーカリスティア=十字架)を別とす
れば，まず§15がある．──キリストが来る前に，この世には，パラダイスに
おけると同様に，食物がなかった．人間は獣と同じようにして暮しを立ててい
たのである．──

しかし(ἀλλά)，全き人キリストが来たとき，彼は天からパンを持って来

た．人間が人間の食物(τροφή)で暮しを立てる(τρέφεσθαι)ためである．

この章句の背景には明らかにヨハネ 6, 31 ff. があり，キリストを――聖餐のパンを通して――命のパンの授与者と解釈したものであろう．なお，ゼーゲルベルクが見落としている §93 もこの観点から理解さるべきである．

  キリストはあ〔の〕所から来て，そこ〔か〕ら食物(τροφή)を持って来た．そして，欲する人々に彼は〔命〕を与えた．彼が〔もはや〕死なない〔ためである〕．

ここでは明らかに，キリストがもたらした「食物」は「命を与える」と意味づけられている．この関連で注目すべきは §23 であろう．

  それ故に彼は言った，「わたしの肉を食べず，わたしの血を飲まないであろう者は命を所有しない」と．これは何を意味するか．彼の肉とは言葉のことであり，彼の血とは聖霊のことである．これを所有する者は，食物と飲物と着物とを所有する．

ここには，ヨハネ 6, 53 以下の解釈が認められるのであるが，それは，パンとブドウ酒による聖餐にあずかることによってのみ命が与えられ，しかもそれは言葉と聖霊によって成り立っているということであろう[63]．

(4) アポリュトローシス

これが果して礼典の一つとしてこの文書に前提されているかどうか，これを暗示する訓言が少ないので，われわれは決定的なことを言えない．しかし，ゼーゲルベルクが主張するように，先にあげた §68 の sōte がこれに当るとすれば，イエスの機能を叙述する章句の中で最も興味を引くものの一つ，すなわち §9 の中に，sōte の動詞形が用いられていることが注目に価するであろう．

  キリストはある人を(μέν)請け戻すため，ある人を救うため，ある人を贖う(sōte)ために来た．異邦の人々を彼は請け戻した．そして，彼らを自分のものにした．そして，彼につく人々を(他の人々から)引き離した．これ

---

 63) この章句に関するガフロン(H.-G. Gaffron)の解釈(a. a. O., pp. 178 ff.)は多少空想的である．更に §100; 108 参照．§26 については後述する．

らの人々(＝彼につく人々)を彼は彼の意志によって担保としてあったのである．彼が現われたとき，はじめて魂(ψυχή)を(担保として)預け入れたのではなく(οὐ μόνον)，彼が欲したときに，この世(κόσμος)の成立以来，彼は魂(ψυχή)を(担保として)預け入れたのである．彼が欲したときに，そのときに(τότε)彼ははじめて，それを取り去るために来た．なぜなら(γάρ)，それは担保にされていたからである．それは強盗の中に陥り，そしてそれは捕虜(αἰμάλωτος)にされていた．しかし(δέ)，彼はそれを救った．そして，彼はこの世(κόσμος)における善きものを救った．

ここで「異邦の人々」とは，先在したがこの世に——デーミウルゴスとアルコーンたちによって——捕えられ，自ら「異邦人」と感じている「魂」，つまり人間の本来の自己を意味することは明らかであろう．この訓言によれば，人間の魂はキリストによって担保として預け入れられたものである．従って，キリストの来臨の意味は，この魂を請け戻すこと，贖い出すこと(sōte)にある．こうして，ここではキリストが救済者として理解されていることは明らかであるが，しかしそれは——グノーシス主義において一般にそうであるように——人間の罪を救うものではなく，人間の本来の自己を，人間そのものではなくそれ以外のもの——デーミウルゴスとアルコーンたち——に由来し，人間を捕えている罪から救うものである[64]．

さて，われわれは最後に，この文書における最大の礼典[65]，ニュンフォーンの中でキリストが占める位置を検討しよう．

---

64) §70もこの観点から理解すべきであろう．「キリスト以前に，ある人々が出て来た．彼らが出て来た所に，彼らはもはや入って行くことができなかった(οὐκέτι)．そして彼らは，もはや出て行くことのできない(οὐκέτι)所に来た．彼は入って来た人々を連れ出し，出て行った人々を連れ戻した」．すなわち，キリスト来臨以前に，人間(の本来的自己＝魂)がプレーローマからこの世に出て来て，もはやそこに帰ることができない．彼はもはやこの世からプレーローマに帰ることができないのである．しかし，キリストが来て，この世に入って来ていたものをプレーローマに連れ出した．すなわち彼は，プレーローマから出て行った人々をそこに連れ戻したのである．なお，sōte は，§9のほかに，§68；76；47 にも見出されるが，これらがすべて独立したアポリュトローシスを前提しているかどうかは必ずしも明らかではない．Gaffron, a. a. O., pp. 185 ff., 参照．

65) 「ニュンフォーンはこれら(＝バプテスマとアポリュトローシス)より大いなるものである」(§76)．

(5) ニュンフォーン

シェンケによると、われわれが先に触れた§26の後半(106, 11-14)に、ヴァレンティノス派に特徴的なニュンフォーンの秘儀の前提となるキリスト理解が現われている。

> 彼(＝イエス)がユーカリスティア(εὐχαριστία)のあの日に言った、「(汝)、全き者(τέλειος)、光を聖霊(πνεῦμα)と結びつけた者よ。天使たち(ἄγγελος)をわれわれと、似像(εἰκών)と結びつけたまえ」。

ここでもし、「光」は「救い主イエス」、「聖霊」は「下のソフィア」、「似像」は天使たちによって人間に挿入されたイエスの「種子」(σπέρματα)とすれば、Ex. Th., 29-40に再現されているヴァレンティノス派のイエス、ソフィア、天使、人間の理解に全く一致することになる。つまり、この記事によると、光、救い主、イエスはその中に種子を持っており、彼がプレーローマを離れて下のソフィアに降るとき、天使たちを伴って行った。彼はソフィアに来て種子を流出し、ソフィアはこれを受けて、子供たちを流出する。最後にイエスはソフィアと、天使たちは人間の内なる種子と結合して、プレーローマに帰る。もっとも、この記事には、この文書にしばしば登場する「新郎」、「新婦」、「新婦の部屋」などの概念は出てこない。しかし、Ex. Th., 43-65によると、下のソフィアとその子供たちが、それぞれ「新郎」、すなわちイエスと天使たちに出会った後に、「新婦の部屋」プレーローマに入る。また、マルコス派を紹介するIren., adv. haer., I 13, 3-6によると、グノーシス主義者たちはそれぞれ「新郎」として一人の「天使」を持っており、天にのぼって「新婦の部屋」プレーローマに入ると、自分をその新郎なる天使にひき渡すという[66]。

とすれば、ニュンフォーンの秘儀とキリストが結びつけられていると思われる§82の意味も明らかになるであろう。

> 奥義(μυστήριον)を言うことが適当であろう。万物の父(＝イエス)は下

---

66) Leipoldt, Schenke, a. a. O., p. 43; Schenke, *ThLZ* 90, Sp. 365; Grant, *JBL* 79, p. 6; Wilson, a. a. O., p. 5, 91 ff. プトレマイオス派の場合については、上記149頁、参照。なお、Gaffron, a. a. O., pp. 184 f. によれば、これらの結合、ないしは対の形成が "εὐχαριστία" にあずかることによって生起するといわれる。

降した処女(παρθένος)(=ソフィア)と結びついた．そして〔火〕がある日に彼を照らした[67]．彼は大いなる新婦の部屋(παστός)を現わした．それ故に彼のからだ(σῶμα)があの日にできた．彼は，新郎(νυμφίος)と新婦(νυμφή)から成ったもののように，新婦の部屋(παστός)を出て行った．こうして，彼はすべてをその(=新婦の部屋)中でこれら(=新郎と新婦)によって備えたのである．そして，弟子たち(μαθητής)の各々はその憩いの場所に入ることが必要である．

ここで，「すべてを備えた」とは具体的に何を意味するであろうか．この問いにまず§69が答える．

> 彼(=イエス)が〔言った〕，「わたしは，〔下のものを上の〕ものと同じように，〔外のものを内の〕ものと同じようにするために来た[68]．〔わたしは〕それらをあの場所で，τύ〔πος〕と〔εἰκών〕を通して，〔結合するために来た〕．……彼が言った，「隠された所にいるわたしの父」．彼が言った，「あなたの部屋(ταμεῖον)に行って，あなたの戸を閉じなさい．(そして)隠された所にいるあなたの父に祈りなさい」．それは，彼らすべての内にあるもののことである．しかし(δέ)，彼らすべての内にあるものとはプレーローマ(πλήρωμα)のことである．彼によれば，彼の内には他のものは何もない．これが，彼らの上にあるものなのである．

つまり，イエスは人間の分裂した状態を元の理想的統合に引き戻すために，「すべてを備えた」のである．ここでわれわれは，われわれがさきに確認したことを想起しなければならない．人間の現実は分裂からはじまった．イブがアダムから(§71)，女が男から離れたとき(§78)，——この

> 分離が死のはじめ(ἀρχή)となったのである．それ故に，はじめからあった分離を再び取り除くために，彼ら両人を結合するために，そして分離の

---

67) 以上，( )内および〔 〕内の言葉は Leipoldt, Schenke, a. a. O., p. 53 による．Wilson, a. a. O., p. 146 によると，「万物の父」は「神」，「処女」はマリア，「からだができた」はキリストの「受肉」である．

68) 『トマスによる福音書』22 と一致．上記233頁，参照．

中に死んだ人々に命を与え，彼らを結びつけるために，彼が来たのである．そして，このことが秘儀を通して成就される．

　しかし(δέ)，妻はその夫と新婦の部屋(παστός)で結びつけられる．しかし(δέ)，新婦の部屋(παστός)で結びつけられた人々は，もはや離れることがない(οὐκέτι)であろう．それ故に(διὰ τοῦτο)，イブはアダムから離れた．なぜなら，彼女は彼と新婦の部屋(παστός)で結ばれなかったからである(§79)．

この章句との関連で，キリストの機能がアダムと結びつけられた§83も注目に価する．

　アダムは二人の処女(παρθένος)から，(つまり)聖霊(πνεῦμα)と処女(παρθένος)の土から生まれた．それ故にキリストは，はじめに起った誤りを正すために，処女(παρθένος)から生まれたのである．

この章句は，前述したキリストの処女降誕を否定する§17と矛盾するし，また，ここでニュンフォーンが前提されているかどうかは明らかではないが，しかしわれわれはここで，原始教会の伝承をアダム・キリスト・テュポロギーから解釈し，キリストの機能にアダムの誤りの訂正者としての役割を帰したことに注目すべきであろう．この類型論は，それ自体として見れば，パウロ(ローマ 5, 12-21)と，それを敷衍したエイレナイオスの有名な recapitulatio 論のそれに近い[69]．

なお，処女との関連では交わりに肉欲が禁じられ，その聖性が強調されていることを指摘しておきたい．

　それ(＝結婚)は，肉的(σαρκικόν)なものではなく，清いものである(§122)．

従って，前述した接吻に関する訓言(§55)も，霊的に解釈さるべきであろ

---

69) N. Brox, *Offenbarung, Gnosis und gnostischer Mythos bei Irenäus von Lyon*, Salzburg/München 1966, pp. 186-189, 参照．

う[70]．そしてもし，聖なる接吻がニュンフォーンの中核をなすものであったとすれば[71]，先にわれわれが触れたイエスとマグダラのマリアの関係も（§55），すべての人間がプレーローマにおいて結合され，ひとつとなる象徴的原型としての意味を有するものであろう[72]．

以上のように，この文書においてイエス・キリストは，穢れを清めるバプテスマの完成者（§54; 109），油を注ぐ者（§95），クリスマをもたらし，われわれをひとつにする者（§74; 92），命のパンの授与者（§15; 93），魂を贖い出す者（§9），ニュンフォーンの原型として（§55; 26）分裂を統一に戻す者（§69; 78; 82）等と意味づけられており，しかも，これらの機能はすべて，この文書に特徴的な五つの礼典と密接に結びつけられているのである．

この文書は §127 をもってその巻を閉じる．

> もし誰かが新婦の部屋（νυμφών）の子となるならば，彼は光を受けるであろう．もし誰かがこの場所（＝この世）にいて光を受けないならば，彼はそれを他の場所（＝プレーローマ）でも受けることがないであろう．あの光を受けるであろう者は，たとえ彼がこの世（κόσμος）に生きていて（πολιτεύεσθαι）も（κἄν），見られず，制せられず（οὔτε），誰もこのような人を煩わす（σκύλλειν）ことができないであろう．そして，たとえ彼がこの世から出て行っても，彼はすでに（ἤδη）似像（εἰκών）の中で真理（ἀλήθεια）を受けたのである．この世（κόσμος）はアイオーン（αἰών）になった．なぜなら，アイオーン（αἰών）は彼にとってプレーローマ（πλήρωμα）だからである．そしてそれは，このような仕方で，彼だけに現われた．それは闇の中や夜の（中に）隠されてはいない．そうではなくて（ἀλλά），全き（τέλειον）日の中，聖なる光の中に隠されているのである．
>
> 　　　　　　　　　　ピリポによる（κατά）福音書（εὐαγγέλιον）

---

70) §31 もこの観点から理解すべきであろう．「全き人々（τέλειος）は接吻によってはらみ，子を生むであろう．それ故に（διὰ τοῦτο），われわれはお互いに接吻する．われわれは，われわれの間にある恩恵（χάρις）によって妊娠する」．

71) Leipoldt, Schenke, a. a. O., p. 38; Segelberg, *Numen* 7, p. 198; R. M. Grant, The Mystery of Marriage in the Gospel of Philip, *VigChr* 15, 1961, pp. 129 ff.; Wilson, a. a. O., p. 96; Gaffron, a. a, O., p. 215, 参照．

72) ニュンフォーンの宗教史的位置に関して詳しくは Gaffron, a. a. O., pp. 191 ff., 参照．

9 『真理の福音』におけるキリスト論

いわゆる『真理の福音』(Evangelium Veritatis. 以下 EV と略記)がキリスト教的グノーシス文書に属することは疑いえないところであるが[1]，その宗教史的位置，特にそのキリスト論については未だに意見の一致がない．ギヴェルセン (S. Giversen)，ゲルトナー (B. Gärtner)，ブラウン (F. -M. Braun)，リングレン (H. Ringgren)，メナール (J. E. Ménard)，ツァンデー (J. Zandee)はこれをグノーシス(ヴァレンティノス派)的・仮現説的ととるが，シェンケ (H. -M. Schenke)，ヴァイガント (P. Weigandt)は逆に，グノーシス(『ソロモンの頌歌』)的ではあるが反仮現説的ととる．クイスペル (G. Quispel)，ライポルド (J. Leipoldt)，ヨナス (H. Jonas)，ウィルソン (R. McL. Wilson)，ファン・ウニク (W. C. van Unnik)はこれらの中間をとって，それをグノーシス(ヴァレンティノス派またはヴァレンティノス)的・や̇や̇仮現説的と理解する[2]．この問題に関し，われわれは以下において独自の見解を述べてみたい．

---

1) EV のグノーシス観については，なかんずく，J. E. Ménard, Die Erkenntnis im Evangelium Veritatis, in: W. Eltester (ed.), *Christentum und Gnosis*, Berlin 1969, pp. 59-64, 参照．
2) S. Giversen, *Sandhedens Evangelium. De gnostike handkrifter fra Nildalen*, Copenhagen 1957, pp. 66 f.; B. Gärtner, *The Theology of the Gospel of Thomas*, London 1961, pp. 124 f.; Ders., Evangelium Veritatis och Nya Testament, *Religion och Bible* 8, 1958, p. 63; F. -M. Braun, *Jean le théologien et son Évangile dans l'église ancienne*, Paris 1959, p. 119; H. Ringgren, Evangelium Veritatis och den valentianiska gnosis, *Religion och Bible* 8, 1958, pp. 41 ff.; J. E. Ménard, *L'Évangile de Vérité*, Paris 1962, pp. 26 f.; J. Zandee, *Het Evangelie der waarheid*, Amsterdam 1965, pp. 87-92; H. -M. Schenke, *Die Herkunft des sogenannten Evangelium Veritatis*, Göttingen 1959, pp. 25, 46; P. Weigandt, *Der Doketismus im Urchristentum und in der theologischen Entwickelung des zweiten Jahrhunderts*, Diss. Heidelberg 1961, pp. 93, 153; G. Quispel, Neue Funde zur valentinianischen Gnosis, *ZRGG* 6, 1954, p. 249; J. Leipoldt, Das "Evangelium Veritatis", *ThLZ* 82, 1957, Sp. 831; H. Jonas, *The Gnostic Religion. The Message of the Alien God and the Beginnings of Christianity*, Boston, 1. Aufl., 1958, p. 196; R. McL. Wilson, *The Gnostic Problem. A Study of the Relations between Hellenistic Judaism and the Gnostic Heresy*, London 1958, p. 163; W. C. van Unnik, The 'Gospel of Truth' and the New Testament, in: F. L. Cross (ed.), *The Jung Codex*, London 1955, p. 99.

1 先在の子

受肉以前のキリストと神の関係は，子と父の関係として 38, 4-40, 29 に詳述されている．ここで注目すべきは，両者が「名」によって関係づけられていることであろう．子は父から出た，または，父から生まれた者である (38, 6-10. 32 ff.) が，彼は「父の名」である (38, 6 f.; 39, 19 f. 25 f.; 40, 24 f.)．この名は父から出，父によって与えられたものである (38, 7 f. 10 f.; 39, 7. 18. 23) が，この名を媒介とする父と子の関係は，人間の父子関係のように自然的なものではない．つまり，この父子に共通する名は，見えず (38, 17; 39, 6)，名づけえず語りえず (40, 16 ff.)，従って人間の言葉 (λέξις) とは本質的に区別される (39, 3-6)．それ故に，この名は大いなる (38, 24. 26)，まことの (40, 5) 名，いわば一つの「奥義」(μυστήριον) (38, 19)，「本来の名」(čaëis ïnren) である (40, 8. 14)[3]．この限りにおいて，子だけが父を見 (39, 8; 40, 22)，彼を知る (39, 17)．つまり子は，言葉の本来の意味において「存在する」．ここから，子は父自身であるとさえ言われるのである (38, 9)．この「子」の役割は，自らの――それ故に，父の――「本来の名」を，その可能性において「全き者」に (40, 19)，神話的に言えば「アイオーン」に (38, 23 f.; 39, 22; 40, 27-29) 現わし，彼らの存在を，彼の存在と等しく，本来の「存在」たらしめる，つまり，現実として「全き者」にすることである．

以上に見られるいわゆる「名前－キリスト論」(Namenschristologie) の前提になっている本来的名と非本来的名の区別は，すでにストア哲学――特にクリュシッポス――における ὄνομα κύριον と ὄνομα προσηγορικόν，またラビ文献における שֵׁם הַמְפֹרָשׁ と שֵׁם כִּנּוּי の区別に見られるところであり[4]，前者は主と

---

3) M. Malinine, H. -Ch. Puech, G. Quispel (ed.), *Evangelium Veritatis*, Zürich 1956 (チューリッヒ版) p. 56; Ménard, a. a. O., p. 77 は，ここで čaëis ïnren を τὸ κύριον ὄνομα と対比させ，„der eigentliche Name" ないしは "nom propre" と訳す．これは文法的にも (W. C. Till, *Koptische Grammatik*, 2. Aufl., Leipzig 1961, § 117; W. C. Crum, *Coptic Dictionary*, Oxford 1939, p. 787 b 参照)，宗教史的にも (以下の本節参照)，正しい訳である．W. C. Till, Das Evangelium der Wahrheit, *ZNW* 50, 1959, z. St. と Schenke, a. a, O., z. St. の訳 „Namensherr" は，ren の前に前置詞 p- を前提するから必ずしも正しくない．

4) M. Grünbaum, Über Schem hammephorasch als Nachbildung eines aramäischen Ausdrucks und über sprachliche Nachbildungen, *Zeitschrift der Deu-*

して非主流派の後期ユダヤ教文献において「ヤハウェの天使」,「小ヤハウェ」,「ヤオエル・メタトロン」として神の創造に参与し,また,神の啓示を仲介する役割を果している[5].このような宗教史的背景から,『イェウの第二書』における定式「まことの名は……,その解釈は……」や「奥義」としての名の思想 (107, 3 ff.; 112, 20 ff.; 115, 10 ff.; 116, 5 ff.)[6],『ピスティス・ソフィア』における「小ヤオ」(12, 11), ヴァレンティノス派における「ヤオ」の表現(Iren., adv. haer., I 21, 3)[7], 更にはいわゆる『魔術文書』に見られる神々の救済的役割[8]が統一的に理解されるであろう.特に,ヴァレンティノス派——なかんずく,いわゆる「東方派」に属するテオドトス——は,子を父の「ロゴス」とも「名」

---

tschen morgenländischen Gesellschaft 39, 1885, pp. 543 ff.; M. Polenz, *Die Begrundung der abendländischen Sprachlehre durch Stoa*, Göttingen 1939, pp. 155 ff., bes. 163, 参照.

5) 特に『アブラハムの黙示録』10;『III エノク』13 ; 48. 前者については, C. H. Brox, *The Apocalypse of Abraham*, London 1919, z. St. 後者については, H. Odeberg, *3rd Enoch or the Hebrew Book of Henoch*, Cambridge 1928, pp. 82 ff., 参照. いわゆる Namenspekulation とそのユダヤ教的背景については, G. Quispel, De joodse actergrond von de Logos-Christologie, *Vox Theologica* 25, 1954, pp. 48 ff.; Ders., Christliche Gnosis und jüdische Heterodoxie, *Evangelische Theologie* 14, 1954, pp. 479 ff.; Ders., The Jung Codex and its Significance, in : Cross(ed.), a. a. O., pp. 62 ff.; Ders., Het Johannesevangelie en de Gnosis, *Nederlands Theologisch Tijdschrift* 11, 1957, pp. 171 ff.; Ders., L'Évangile de Jean et la Gnose, in : *L'Évangile de Jean*, Desclê de Brouwer 1958, pp. 197 ff.; J. Daniélou, *Théologie de Judéo-Christianisme*, Paris 1957, pp. 199 ff.; G. G. Scholem, *Major Trends in Jewish Mysticism*, 3. Aufl., New York 1954, pp. 40 ff.; Ders., *Jewish Gnosticism, Merkabah Mysticism and Talmudic Tradition*, New York 1960, pp. 43 ff., 参照.

6) G. G. Scholem, Über eine Formel in den koptisch-gnostischen Schriften, *ZNW* 30, 1931, pp. 170 ff., 参照.

7) Scholem, *Jewish Gnosticism* …, pp. 65 ff.; G. Quispel, Mandaeers en Valentinianen, *Nederlands Theologisch Tijdschrift* 8, 1954, pp. 145 f.; K. Müller, *Beiträge zum Verständnis der valentinianischen Gnosis*, Göttingen 1920, pp. 190 ff., 参照.

8) 「大いなる名」——K. Preisendanz(ed.), *Die griechische Zauberpapyri*, Berlin, 1. Bd. : 1928 ; 2. Bd. : 1931(*PGZ* と略記), I 228; III 263. 275; IV 1010. 1720. 2345 f. 3236 ; VIII 60 ; XII 60 ; XIII 840. 862. 880 ; A. M. Kropp(ed.), *Ausgewählte koptische Zaubertexte*, 3. Bd., Bruxelles 1930(*AKZ* と略記), § 119.「名づけえぬ名」——*PGZ*, III 591 f.; XIII 763.「語りえぬ名」——XIII 999.「まことの名」——III 669. 686; VIII 41. 45 ; *AKZ*, § 86.「本来の名」(τὸ κύριον ὄνομα)——Leidner Papyrus. J. 395, in : A. Dieterich, *Abraxas. Studien zur Religionsgeschichte des späten Altertums*, Leipzig 1891, XVI 45. なお, V. Stegmann, *Die Gestalt Christi in den koptischen Zaubertexten*, Heidelberg 1934, bes. p. 19, Anm. 4, 参照.

とも言い，この名と人間の本来的実体としての名が一つとなるところに人間の救済を見ており(Ex. Th., 31, 3 ff.)，その限りにおいて彼のキリスト理解はこの文書のそれにかなり近く立つと見てよいであろう．しかし，後期ユダヤ教に見られる Namenspekulation はエジプトの民間宗教やグノーシス主義の救済思想にだけ結びついたのではなく，新約聖書を通していわゆる正統的キリスト教にも影響を与えていることを見逃してはならない．それは新約聖書における洗礼定式に採用されており[9]，また，使徒教父においては名が創造の役割を果している[10]．とりわけ注目すべきはヨハネ福音書における名の思想であろう．ここではまず，名と言葉の区別はほとんどない(ヨハネ17,6)．しかも，父の名(12, 28)と人の子(12, 23. 17, 5 をも参照)はその栄光をかがやかせる($\delta o \xi \alpha \zeta \epsilon \iota \nu$)祈願の対象として同一である[11]．ここで言葉を名におきかえることを許されれば，いわゆるロゴス賛歌(1, 1-18. 特に1節と18節)は，そのまま EV の名前‐キリスト論の一つの要約となるであろう[12]．実際，言葉と名はフィローンにおいて等置されており(conf. ling., 26)，それはアレクサンドリアのクレメンスに至って，ロゴス賛歌解釈の中に採用敷衍されているのである(Ex. Th., 20)．もしロゴス賛歌のエジプト起源説が正しいとすれば[13]，われわれの名前‐キリスト

---

9) W. Heitmüller, *Im Namen Jesu. Eine sprach- und religionsgeschichtliche Untersuchung zum Neuen Testament, speziell zur altchristlichen Taufe*, Göttingen 1903, bes. 159 ff.; H. Bietenhardt, ὄνομα, *ThWNT* V, pp. 247 ff., 参照.

10) 1. Clem., 54, 2 f.; Herm., *vis.*, III 3, 5; *sim.* IX 14, 5. Did., X 3 をも参照. J. Panthot, *Le "nom" dans la théologie des Pères Apostoliques*, Diss. Louvain 1950, pp. 47, 82, 89, 参照.

11) 更に次の箇所を参照. 名＝神: 1, 12(3, 18; Ⅰヨハネ 3, 23; 5, 13). 父の名＝子の名: 17, 12(ヘブライ 1, 4). 名＝キリスト: Ⅲヨハネ7(使徒行伝 5, 41). キリストの名＝神の言葉: ヨハネ黙示録 19, 12 ff. なお，この問題については，G. Quispel, Het Johannesevangelie en de Gnosis, *Nederlands Theologisch Tijdschrift* 11, pp. 196 ff.; P. A. van Stenpvoort, Het Woord als aspect van de Heilsgeschiedenis in proloog van het vierde Evangelie, *Vox Theologica* 25, 1954, pp. 45 f.; Daniélou, a. a. O., pp. 201 ff.; H. Odeberg, *The Fourth Gospel*, Uppsala 1929, p. 334; C. H. Dodd, *The Interpretation of the Fourth Gospel*, Cambridge 1953, pp. 95 f., 参照.

12) *EV* とロゴス賛歌との関係については，E. F. Osborn, The Gospel of Truth, *Australian Biblical Review* 10, 1962, pp. 37-41 によっても指摘されている. ただし，筆者はこの論文の内容を *New Testament Abstracts* 8, 1963, p. 100 によって知ったに過ぎず，論文そのものは入手していない.

13) E. Stauffer, Probleme der Priestertradition, *ThLZ* 81, 1956, pp. 135-150;

論もその一つの敷衍としてエジプトの周辺で成立した可能性が強いであろう．このことは，先に言及した『魔術文書』やグノーシス文書のほとんどすべてがエジプトと関係がある事実によっても傍証されるのである．

いずれにしても，以上の考察によって，父の名として先在する子がその名を人間に現わし，人間をして本来の存在たらしめるという思想は，それ自体として必ずしもグノーシス主義に固有な思想ではないことを知った．しかし，このキリスト論が人間論ないしは救済論と直接的に関わるとき，問題は別の局面に展開するのである．

EV における人間の救済思想は，先在する「生ける者の生ける書」によって神話的に展開されている (19, 34-23, 18)．この「生ける書」はアイオーンが生ずる以前から存在し，その中に「生ける者」の名があらかじめ書き記されており，それが終りの時に真理の「文字」(sheei) としてアイオーンに現わされ (22, 35-23, 18)，彼の名が呼び出される[14]．その中に書き記されている名を持たない人間は，はじめから救済にかかわりのない「無知なる者」，「忘却の被造物」(πλάσμα) であり (21, 30-36)，「物質 (ὕλη) (から) の者」である (31, 4)．このいわゆる「天の書」の表象は，バビロニア神話からユダヤ教諸文書，新約聖書 (特にヨハネ黙示録) を経てその後の古代キリスト教文学に広く見出されるのであるが[15]，ここに見られる倫理的モチーフ (たとえば，ヨハネ黙示録 21, 27) は，EV において明らかにグノーシス的・決定論的モチーフに変化していることは明らかであろう．このような名前-キリスト論とグノーシス的人間論および救済論との結びつきに関する限り，すでに短く触れたように，EV とヴァレンティノス派のテオドトスがかなり近い関係に立つと言えるであろう．しかし，前者においては，後者における程度に名が人間の実体として把握されてはいないのである．

R. Bultmann, *Das Evangelium des Johannes*, 16. Aufl., 1959, z. St.; S. Schulz, *Komposition und Herkunft der Johanneischen Reden*, Stuttgart 1960, pp. 66 ff., 参照．

14) EV 23, 1 の lacuna は，チューリッヒ版のごとく innisō[into] ではなく，innish [eei into]oth と復元され，「彼の文字」と訳さるべきである．論証は，S. Arai, Zur Lesung und Übersetzung des Evangelium Veritatis. Zum Verständnis seiner Christologie, *NovTest* V, 1962, pp. 214 f., 参照．

15) L. Koep, *Das himmlische Buch in Antike und Christentum*, Bonn 1952; J. Daniélou, a. a. O., pp. 151 ff., 参照．

なお、ここで見逃してはならないのが、名と「かたち」(μορφή)との関係である。27, 15-31においては、人間が名を受ける、つまり救済されることと、「かたち」をとることとが同義である。ここにもわれわれは、ヴァレンティノス派や『ヨハネのアポクリュフォン』と共通する表象を見出すことができるであろう[16]。しかもこの文書においては、それを仲介する子もまた、父の「名」である限りにおいて「かたち」を持たなければならない (27, 28 ff.)。われわれはここに、先在の子がかたちをもって顕現さるべき一つの必然性を発見するのである。

2 言葉の顕現

先在のキリストは父の名とともに父の言葉 (λόγος, šeče) とみなされている[17]。それは父の「考えと心 (νοῦς) の中に」(16, 35 f.) また「沈黙の恩恵 (χάρις) の中に」(37, 10 f.) あり、父からはじめに「出て来た」(37, 9.16)。しかしこの言葉は、名の場合のようにそれと父または人間の関係を説明するためではなく、もっぱらその地上への顕現との関係で用いられているのである。注目すべきは、「父の愛が言葉においてからだ (σῶμα) となった」(23, 30 f.) という表現であろう。この意味は、EVにおける愛の思想 (33, 29-34 ; 43, 5-7) との関連から、次のごとくになると思われる。父は人間を愛して、彼らを救済するために、その言葉をからだとした。それ故に、「それ (=言葉) はすべてのかたちを受ける」(24, 4 f.)。「それは声だけではなくからだ (σῶμα) となった」(26, 8 f.)。他方において、この父の愛は「いつくしみ」(meht) とも言われる。「彼 (=父) は彼の隠されたもの――彼の隠されたものは彼の子である――を現わした。父のいつくしみによってアイオーンに彼を知らせるためである」(24, 11-16)。「これが彼らの求める福音 (εὐαγγέλιον) である。これを彼が完全な者に父のいつくしみを通し隠された奥義 (μυστήριον) として現わした」(18, 11-14)。むしろ、子はいつくしみそのものである (39, 26)。

以上のような、父が人間に対する愛またはいつくしみの故にその言葉をからだとして現わしたという思想は、グノーシス的と言うよりはむしろヨハネ的で

---

[16] 上記153頁以下、201頁以下、参照。
[17] EV では、λόγος (37, 8.11) と šeče (16, 34 ; 23, 20 ; 26, 5 ; pl. : 37, 3-7) が意味上の区別なく使用されている。

あろう(ヨハネ3,16; Iヨハネ4,9). もっとも，ヨハネ福音書においては父の愛の対象が人間のみならずこの世であり[18]，少なくともロゴス賛歌においては言葉が「肉体」(σάρξ)となる(1,14). この EV とヨハネ福音書との微妙な相違の原因については本節の最後に明らかにすることにしよう. われわれはまず，EV においてキリストの顕現体としての「肉体」がどのように理解されているかを検討しなければならない.

さて，この文書に肉体仮現説を認めるか否かは 31, 4 ff. の翻訳と解釈にかかっていると見てよいであろう. まず，この文章はチューリッヒ版の編者やその他のように「彼(=言葉)は比喩の肉体(σάρξ)で来た」と翻訳さるべきではない[19]. inousarx insmat はコプト語の用語法から見て，「比喩の肉体」ではなく，「肉体のかたち」である. それ故にここは，「彼は肉体のかたちをもって出て来た」と翻訳さるべきであろう[20]. この限りにおいて，われわれは少なくともこの文章からキリスト仮現説を読みとることはできないのである. しかし，この文章において果してロゴスの受肉が問題になっているのであろうか. この問題を意識しながら，上の文章の文脈を検討し，この文書におけるロゴス顕現の意味を宗教史的に考察してみることにしよう.

盲者の目を開く者は幸いである. そして彼は，すなわち急ぎ行く霊は，

---

18) ただし，ヨハネ文書においても，この世への愛(ヨハネ 3, 16a ; 4, 42 ; 6, 33 ; 12, 47 ; Iヨハネ 4, 14)は，信徒への愛(ヨハネ 3, 16b ; 13, 1b ; 3, 17 ; 12, 46 ; Iヨハネ 4, 8 ff.)へと変化していることは認められなければならない. この問題については, E. Stauffer, *Die Botschaft Jesu. Damals und heute*, Bern 1959, p. 47 (シュタウファー『イエスの使信——過去と現在』川島貞雄訳, 日本基督教団出版局, 1967年, 89頁) ; Ders., *Jesus, Paulus und wir*, Hamburg 1960, p. 39 ; H. Montefiore, Thou shalt love the Neighbour as Thyself, *NovTest* 5, 1962, pp. 164 ff., 参照.

19) チューリッヒ版のほかは, W. C. Till, *ZNW* 50, p. 177 ; Ders., in : *Orientalia* 27, 1958, p. 277 : „in einem (nur) scheinbaren (d. h. nicht wirklich materiellen) Fleisch" ; R. Haardt, *Die Gnosis. Wesen und Zeugnisse*, Salzburg 1967 : „in einem scheinbaren Fleisch" (ただし, ハールトはこの箇所に——ティルのようにはっきりと——仮現説を見出すことを躊躇している. Haardt, a. a. O., p. 324, Anm. 42参照) ; Zandee, a. a. O., p. 46 : "in schijnvlees" ; T. Säve-Söderbergh, *Evangelium Veritatis och Thomasevangeliet*, Uppsala 1959, p. 17 : "in liknese-kött" ; Giversen, a. a. O., p. 66 : "in kod of skikkelse" ; Ménard, a. a. O., p. 60 : Ἦλθε γὰρ ἐν σαρκὶ ὁμοιότητος (Car il vint dans une chair de similitude).

20) 論証は, S. Arai, *NovTest* V, pp. 215 ff., 参照.

彼に従った．彼を立ちあがらせるために．彼は地上に横たわっている者に
その手を与えたのちに，彼を足で立たせた．なぜなら，彼は身を起してい
なかったからである(30, 14-23)．

　この文章で「地上に横たわっている者」をキリストととれば，ギヴェルセン，
グラント(R. M. Grant)，ウィルソン，メナールのように，ここではキリスト
の復活が問題となっていると見るべきであろう[21]．しかし，シェンケやティル
(W. C. Till)と共に，「盲者の目を開く者」，「急ぎ行く霊」をキリストととり，
「地上に横たわっている者」を救済を必要とする人間とみなせば，ここにキリ
ストの復活を想定する必要がなくなる[22]．実際，ヨハネ福音書においても，イ
エスが「この世に来たのは……見えない人たちが見えるようになるためであ
る」(9, 39)．この意味で引用テクストを解釈した方が，それに先行する文章に
もよくつながるであろう．つまり，救済を必要とする人間がキリストを通して
「自己に来，目をさますことはよいこと」なのである(30, 11-14)．

彼は彼らに，父の知識と彼の子の啓示を聞きとる可能性を与えた．なぜ
なら，彼らが彼を見，彼に聞いたからであり，彼が彼らに自分を味わわせ，
嗅がせ，愛する子に触れさせるようにしたからである(30, 26-31)．

　ここでわれわれは容易に，復活のキリストがトマスにその手を示しそのわき
に触れさせるヨハネ20, 24 ff. をひきあいに出すことができる．しかし，見るこ
とと触れることはすでにIヨハネ1, 1-3 では復活者に限定されず，「命の言葉」
つまりキリストの出来事全体に関わる．その上，「見・聞・触」の定式は，古代
キリスト教文学において，それによって著者が地上におけるキリストの実在を
証明する定式の一つとして一般的に用いられているのである[23]．更に，われわ

---

21) Giversen, a. a. O., pp. 106 f.; R. M. Grant, *Gnosticism and Early Christianity*, New York/London 1959, p. 131; Wilson, a. a. O., p. 106; Ménard, a. a. O., pp. 152 f.
22) Schenke, a. a. O., z. St., Anm. 4a; Till, *ZNW* 50, z. St., Anm. 22. なお, Wilson, a. a. O., p. 670, Anm. 83 もこの可能性を認めている．この可能性は，『この世の起源について』164, 40 f. によっても支持されるであろう．ここでソフィアは，アダム(人間の原型)を目ざまし立ちあがらせる(touno=*EV* 30, 19)ために，娘イブを送る．「アダムが立ちあがった(tōoun=*EV* 30, 23)ときに，彼は目を開いた(=*EV* 30, 16)」．
23) Weigandt, a. a. O., pp. 87, 97, Anm. 242, 参照．

れのテクストにおける「自分を味わわせ」という表現を，18, 24 ff. との関連において十字架上で父の果実となったキリストを「味わわせ」の意味ととれば，少なくとも見・聞の出来事は十字架以前のことと見ることが許されるであろう．

　　彼は自分を現わし，把握しえない父について教えた．彼は彼らに考えの中にあることをふきこんだ．そこで彼は彼の意志を働かせた．多くの者が光を受けたのち，彼らは彼ら自身に向きを変えた．しかし，彼らは異なる者であった．そして，彼らは彼のかたちを見なかった．そして，彼らは彼を知らなかった．彼らは物質($ὕλη$)(から)の者である．なぜなら，彼は肉体($σάρξ$)のかたちをもって出て来たからである．他方，何ものも彼の歩行を妨げなかった．それ(=肉体または歩行)は不朽で捕ええないものだからである(30, 32-31, 8)．

復活のキリストが弟子たちに「自己を現わし……父について教え」るという形式は，ギヴェルセンに指摘されるまでもなく[24]，グノーシス的新約外典によく用いられる文学形式の一つである[25]．また，「不朽で捕ええないもの」という言葉で表現されるキリストの肉体(または歩行)の特殊性も，復活のキリストについて言われているともとれるであろう．この文書においてもキリストの十字架と復活に関連して次の記事があるからである．「彼は自己を死にまでもたらし，永遠の命をまとう．彼は，朽ちるべきぼろ布を脱ぎ捨てたのちに，朽ちざるものを着た．それを誰も彼から取り去ることができない」(20, 28 ff.)．そして，グローベル(K. Grobel)とともに[26]，「朽ちざるもの」に行伝2, 31を，「捕ええないもの」にヨハネ20, 19. 26を並行記事としてあげ，ここでは共に復活のキリストの持つ特殊なからだについて問題にされていることを強調できるであろう．パウロもまた，同様の復活思想を持っている(Iコリント15, 42-46)．しかし，少なくともヨハネ福音書において「永遠の命」は必ずしも復活以後に限定されていない(11, 25. 10, 18をも参照)．イエスの肉体が復活以前に特殊

---

[24] Giversen, a. a. O., p. 106.
[25] この文学形式は，ギヴェルセンの指摘する『ピスティス・ソフィア』と『ヨハネのアポクリュフォン』のほか，『フリール・ロギオン』，『使徒たちの手紙』，『ストラスブール・コプト語パピルス』，『ヤコブの手紙』(Cod. I : 1)にも前提されている．
[26] Grobel, a. a. O., z. St., Anm. 124, 332, 334.

性を持つという考えは，すでにパウロが採用した伝承の中に認められ（ピリピ 2,7；ローマ 8,3)[27]，これはその後に，少なくともヴァレンティノス（または彼の派）のキリスト論に登場する[28]．従ってここでもわれわれは，上にあげたテクストの文脈から肉体の不滅性と捕ええない性質を復活以前のキリストに想定することも許されるのである．少なくともあの「異なる者」，つまり救済者を「見ず」「知らない」「物質（から）の者」の概念は，復活前のイエスとのかかわりにおいて用いられるグノーシス的概念であることも考慮されなければならない[29]．とにかく，「異なる者」，「物質（から）の者」がキリストの「かたち」を知らず，それを見なかったのは，彼が「肉体のかたち」をもって来たからであるとすれば，ここには肉体の仮象性よりもむしろその事実性が強調されていると見てよいであろう．

以上の考察から，われわれにとって問題の箇所(30, 12-31, 8)に登場するイエス・キリストは，復活後のキリストとも復活前のイエスともとれるが，後者の可能性がより強いことが明らかになった．そのいずれにしても，われわれにはここで二者択一は許されない．なぜなら，われわれの「福音」においては，すでにヨハネ福音書に認められ，外典行伝特に『トマスによる福音書』において明らかにあらわれるように，復活前のイエスとその後のキリストとの明確な区別は存在しないからである[30]．歴史のイエスは，ここにおいてはじめから信仰のキリストである．

---

[27] 佐竹明『ピリピ人への手紙』新教出版社，1969年，120頁以下，注 4, 128頁，参照．

[28] Tert., carn., 15, 1 : caro spiritalis. ただし，エイレナイオスの伝えるヴァレンティノス派においては，イエスはからだ(σῶμα ψυχικόν)をとる (adv. haer., I 6, 1)が，肉体(σάρξ)はとらない．なお，おそらくヴァレンティノス派に属する『ピリポによる福音書』において，キリストの「肉体」(σάρξ)は人間のそれと異なり，それはλόγος (§ 23)，あるいは「まことの肉体」(ἀληθινὴ σάρξ : § 72)と言われる．上記288頁以下，参照．

[29] ὑλικός または χοϊκός : Iren., adv. haer., I 5 ; 6, 1 ; 7, 5 ; 8, 3. Orig., in Joh., 10, 33-37 ; 20, 4（ヴァレンティノス派）; Hipp., ref., V 26, 32 ; 27, 3（グノーシス主義者ユスティノス）; Hipp., ref., V 7, 36. 38 ; 8, 14. 22（ナハシュ派）; Corp. Herm., I 24 ; X 10 f. E. Schweizer, σάρξ, ThWNT VII, p. 164, 参照．

[30] たとえば『ヨハネ行伝』の Ἰησοῦς πολύμορφος の思想(Weigandt, a. a. O., pp. 40 ff., 参照)や『使徒たちの手紙』のイエスの言葉(J. von Loewenich, Das Johannesverständnis im zweiten Jahrhundert, Gießen 1932, p. 59, 参照)．『トマスによる福音書』の場合は，上記258頁以下，参照．

さて，以上の叙述からわれわれは，われわれのテクストの中に，キリストの顕現に関連して次の四つのモチーフを確認することができるであろう．

 A 物質(から)の者はキリストを見ず知らない．

 B なぜなら，彼は肉体のかたちを持って来たからである．

 C 彼の肉体(または歩行)は不朽で捕えられぬものである．

 D 同時に彼は朽ちるべきぼろ布を身につけている．

まずBそれ自体は，原始教会からその後の正統教会，グノーシス諸派に広く認められるいわゆる「聖霊-キリスト論」(Geistchristologie)の範疇に入ることは疑いえない[31]．そして，すでに見たごとく，ヨハネにおいてはこれにC的(20, 19. 26)，パウロにおいてはD的(Iコリント15, 42-46)要素が結びつき，グノーシス主義においては多くの場合，AがBの枠づけとなっている．このグノーシス主義に属するものの中，EVに宗教史的に近く立つと言われるヴァレンティノス派[32]と『ソロモンの頌歌』[33]の場合は，AとBにCのモチーフが加わるのであるが，それだけに両者にはDが欠けている．注目すべきは，おそらくヴァレンティノス派に属すると思われるいわゆる「ドケーテン」(Doketen)のキリスト論である[34]．ここには，上の両者に欠けているDのほかAとBが認め

---

31) A. von Harnack, *Lehrbuch der Dogmengeschichte* I, 5. Aufl., Tübingen 1931, pp. 212 f. は，„Geistchristologie" を次の三つの型に分類する．(1)φανεροῦσθαι ἐν σαρκί．(2)assumptio carnis．(3)γίνεσθαι σάρξ．H. Lietzmann, *Geschichte der alten Kirche* II, 2. Aufl., Berlin 1953, pp. 116 ff.; J. N. D. Kelly, *Early Christian Doctrines*, 3. Aufl., London 1965, pp. 142 ff. もこの定義に従っている．このキリスト論は例えば次の箇所に認められる．ピリピ 2, 7; ローマ 8, 3; I テモテ 3, 16; I ヨハネ 4, 2; II ヨハネ 7; Barn., 12, 10; Clem. Alex., *div.*, 37;『イザヤの昇天』3, 13;『ゼブロンの遺言』9, 3;『トマスによる福音書』28;『トマス行伝』20;『使徒たちの手紙』21;『ソロモンの頌歌』7, 4. 6; Tert., *carn.*, 6, 1(アベレス); 15, 1(ヴァレンティノス); 10, 1(ヴァレンティノス派);『ピリポによる福音書』§ 23; 72(ヴァレンティノス派);『復活に関する教え』44, 15.

32) チューリッヒ版, p. 57, 参照．EVのヴァレンティノスまたはその派起源説をとるのは，クイスペル，ファン・ウニク，ギヴェルセン，ゲルトナー，ブラウン，リングレン，ヨナス，ウィルソン，メナール，ツァンデー(以上，文献注2参照)．Grant, a. a. O.; K. Grobel, *The Gospel of Truth*, New York, 1960.

33) 『ソロモンの頌歌』7, 4. 6. 8, 9; 20, 3 をも参照．シェンケは EV を『ソロモンの頌歌』の周辺におく．ヴァイガントもこの説に近い(文献注 2)．

34) Theodoret., *haer. fab.*, I 8; Clem. Alex., *strom.*, III 31, 10; Hipp., *ref.*, VIII 8-10. 資料批判とヴァレンティノス派との関連については，Weigandt, a. a. O., pp. 74 ff., 参照．

られるが，Cがない．

このように，キリストの顕現体に関するかぎり，ヴァレンティノス派と『ソロモンの頌歌』が EV と比較的に近い関係にあるが，それは必ずしも完全に一致しないのである[35]．いずれにしても，われわれの福音のキリスト論が聖霊 - キリスト論に属する限りにおいて，ここに仮現説を認めることは不可能であろう．キリスト論のグノーシス的枠づけ，つまり A のモチーフは，キリストを必ずしも仮象とはしないのである[36]．

3 地上のイエス

EV 記者が地上のイエスについて語ることは次の事実だけである．

> 彼(＝イエス)は教場に現われ，教師として言葉を語った．自分の心にある賢者たち[37]がやって来て，彼を試みた．彼は彼らを恥じ入らせた．彼らは空だったからである．これらのすべてのことがあったのち，小さな子供たちがやって来た．彼らに父の知識が属している．彼らがかたく立ったのちに[38]，彼らは父のみ顔の様を学んだ．彼らは知った．彼らは知られた．彼らはほめたたえられた．彼らはほめたたえた(19, 18-34)．

イエスと賢者たちの物語は，十二歳のイエスと律法学者たちの物語(ルカ 2,

---

35) E. Haenchen, Literatur zum Jung Codex, *ThR* 30, 1964, p. 68 と Haardt, a. a. O., p. 174 は，EV に個々の点でヴァレンティノス派的要素を認めるが，これをヴァレンティノス派そのものに帰することを躊躇している．これがわれわれの立場に最も近い．

36) ここで，多くの場合に認められるようにグノーシス的キリスト論と仮現説を同義とみなしてはならないことを強調しておきたい．「ドケティズム」とはキリストのこの世における姿を仮象(τὸ δοκεῖν, δόκησις, φαντάσμα, φαντασία)とみなす説であって，グノーシス的キリスト論の一つの型である．この意味で，有賀鉄太郎「イグナティオスのキリスト論」『基督教研究』第 10 号，1933 年，30 頁以下において，docetism を「仮象説」と訳し，グノーシス主義に共通のキリスト論と見ていないのは正しい．なお，筆者によるグノーシス主義に関する邦語文献の論評「グノーシス——主として原始キリスト教との関連において」『日本の神学』第 2 号，1963 年，69 頁以下においては，上記の有賀論文を参照していないため，筆者による同氏の業績に関する論述が不正確である．この問題に関して詳しくは，下記 319 頁以下，参照．

37) 自分の心中では賢者たちと思っているが実はそうでない者の意．Till, *ZNW* 50, z. St.; Grobel, a. a. O., p. 59, Anm. 89.

38) ティル訳(上掲箇所)では，「彼らが成長したのちに」．

46-49)と並行するが，後者のユダヤ的背景が前者においてエジプト的に修正されている[39]．更に，イエスを試み憎む見かけ上の賢者たちは，ここで，父の知識を所有する子供たちに対比されているが，このモチーフもマタイ 11, 25；ルカ 10, 21 に見出されるであろう[40]．しかし，ここではマタイ 19, 14；マルコ 10, 14；ルカ 18, 16 の幼な子の「ような者」に属する「神の国」が子供に属する「父の知識」におきかえられ，グノーシス主義化される傾向が認められる[41]．もっとも，この「子供」は，『トマスによる福音書』22 における程にグノーシス的に理想化されてはいない[42]．われわれの「福音」では，子供が成長したのちに父を知ることが前提されているからである．

要するに，ここでも地上のイエスの姿はルカやその他の共観福音書から採用され，それがある程度グノーシス主義化されているが，彼の姿は少なくとも仮象とはみなされていないことが確認されるのである．

4 十字架のキリスト

EV の十字架理解は，一読して驚く程「正統的」である．

> 生ける者の生ける書が彼らの心に現わされた．それは父の考えと心 (νοῦς) の中に書かれ，すべてのはじめ (καταβολή) から彼 (＝父) の中にある (ヨハネ黙示録 13, 8；17, 8)．誰もこれ (＝書) を受けとる力を持たない．なぜなら，それ (＝力) は，これ (＝書) を受けとって殺される者 (＝イエス) に留保されているからである (ヨハネ黙示録 5, 2-4. 9；13, 8)．救いを信じた者の誰も現わされる (＝啓示される) ことができなかった．なぜなら，この書が現われ (＝自己を啓示し) なかったからである．それ故に，いつくしみ

---

39) 「教場」(ma ïnči sbō) は παιδευτήριον に当る．Crum, a. a. O., p. 320 b, 参照．また，「教師」(sah) は，文字通り訳せば「筆記者」となる．Grobel, a. a. O., p. 59, Anm. 88, 参照．なお，イエスを「試みる」「賢者」は，福音書における「律法学者」，「パリサイ人」に当るであろう．たとえば，マタイ 16, 1；19, 3；22, 15. 35；マルコ 8, 11；10, 2；12, 18；ルカ 10, 25. Grobel, a. a. O., p. 59, Anm. 90；Schenke, a. a. O., p. 36, Anm. 3.
40) van Unnik, in: *The Jung Codex*, p. 112, Anm. 117, 参照．
41) 「神」を「父」に，とりわけ「神の国」を「父の国」または「み国」におきかえるのは，旧約の神を反神的デーミウルゴスとみなすグノーシス文書に共通する傾向である．『トマスによる福音書』における場合は，上記 247, 258 頁, 参照．
42) 『トマスによる福音書』22 については，上記 233 頁以下, 参照．

深い忠実な (πιστός) イエス (ヨハネ黙示録 19, 11；ヘブライ 2, 17) が耐え忍んだ．彼は苦難を身に受け，ついにこの書を受けとったのである．なぜなら彼は，この彼の死が多くの人にとって命であることを知っているからである．彼が——彼の中からすべての場所が出て来るのである——彼自身の中にあるときに隠されているすべてのものは，死せる家主の財産がまだ開かれていない遺言書の中に隠されているようなものである (ヘブライ 9, 16 ff.)．それ故に，彼は現われ (=自己を啓示し) た．彼はこの書を開いた．彼は木に釘づけにされた．彼は父の命令 (διάταγμα) を十字架 (σταυρός) に掲げた (コロサイ 2, 14)．おお，何と大いなる教えよ！　彼は自分を死に至らせ (ピリピ 2, 8)，永遠の命を着る (I コリント 15, 53-54)．(19, 34-20, 30)

ここでは，イエスの受難・十字架の事実性が明らかに前提されている．その用語法と表象が，上の引用文中に示したごとく，新約聖書の各文書から借用されているだけではなく，それが全体として十字架に結合され，しかもそれが「福音」記者の感歎の対象とさえなっている．このことは，グノーシス文書において多くの場合，イエスの死の事実性が何らかの形で修正されることを知る者にとって[43]，特に注目すべき EV の特色と言えるであろう[44]．同様のことが，十字架の救済論的意味づけにも一応妥当する．「この彼の死が多くの人にとって命である」という定式は，ヨハネ福音書に代表される原始教会の定式であって，その限りにおいてわれわれは，たとえここに，「われわれの (罪の) ために」というユダヤ教的原始教会の定式がなくても，必ずしもグノーシス的傾向を認めることはできないのである[45]．なお，この定式は 18, 18-29 において神話的

---

43) W. Bauer, *Das Leben Jesu im Zeitalter der neutestamentlichen Apokryphen*, Tübingen 1909, pp. 238 ff. にその例が列挙されている．

44) Jonas, a. a. O., p. 78, Anm. 29; Weigandt, a. a. O., p. 93 は，特にこのことを強調する．なお，同様の傾向が『ヤコブの手紙』(I：1) 5, 53-6, 7 にも認められる．

45) ヨハネ福音書に「われわれの (罪の) ために」という定式が欠けていることについては，Bultmann, *Theologis des Neuen Testaments*, 3. Aufl., Tübingen 1958, pp. 406 f. に指摘されており，ヨハネ福音書においてそれが「多くの人が命をうるため」と再解釈されていることについては，八木誠一『新約思想の成立』再版，新教出版社，1966 年，232 頁以下に指摘されている．

に詳説されている。「まよい」(πλάνη)によって迫害され、「木にかけられた」イエスは、「父の知識の果実となった」。それは、「食べられたら亡びることがない」。彼は、「それを食べた人々に」、彼を発見したことによって「喜び」を与える。聖餐式と結びつけられたこの十字架上のイエスと命の木または知識の木の果実との等置もまた、グノーシス文書だけではなく[46]、多くの——特にシリアとエジプトにおける——古代キリスト教文学に認められるところである[47]。要するに、イエスの死にあずかる者にとってそれが命となるという思想は、それ自体としてグノーシス的思想ではない。

しかし、問題は次の問においてあらわになるであろう。イエスはなぜ死ななければならぬのか。

この問に答える前に、次のことを確認しておこう。まず、イエスの死は、先に引用したテクスト中 20, 15-23 では、命の啓示と必ずしも必然的に結びついていない。父が未だ自己を啓示する以前に、「隠されているすべてのものは、死せる家主の財産がまだ開かれていない遺言書の中に隠されているようなものである」。ここでは、遺言書がヘブライ 9, 16 ff. におけるように「死の証明」(イエスの贖罪死)によって開かれるのではない。つまり、少なくともこの文章における「死せる家主」は、それに続く文章の「この書を開いた」イエス(20, 24)と有機的関連を持たないのである。この関連は 25 行以下においてはじめて統一的になる。「彼は木に釘づけにされた。彼は父の命令(διάταγμα)を十字架(σταυρός)に掲げた」(20, 25-27)。この文章の背景にコロサイ 2, 14 があることは確かであろう。しかも προσηλόω(コロサイ 2, 14b)と aft=(*EV* 20, 25)は、共に「釘づけにする」の意である。しかし、「釘づけにする」ことの意味は両書において異なる。コロサイ書において、「十字架につける」ことの意味は、神が「証書をぬり消し取り除く」ことである。しかも、ここには明らかに、律法・規定によって誘発される「罪をゆるす」(コロサイ 2, 13)キリストの贖罪死の思想が確認されるであろう。ところが、われわれの「福音」においては、「釘づけにされた」イエスは、父の「命令」を十字架に「かけた」つまり「かかげた」

---

46) 『ピリポによる福音書』の場合については、上記 292 頁以下、参照。
47) M. Werner, *Die Entstehung des christlichen Dogmas*, 2. Aufl., Tübingen 1953, pp. 501 ff. にこの例が列挙されている。

(tōkje)のである[48]．ここでは，イエスの死が父のみ旨の完全な啓示であって，罪の贖いではない．この限りにおいて，EV の十字架理解は，コロサイ書よりも，ヨハネ福音書のそれに近いであろう．後者においてイエスの死は，父の命令に対する完全な服従であり (14, 31)，その業の完成だからである (12, 27 ; 19, 30)．そして，ここでもイエスの死は，贖罪のためではなく，信じる者が命を得るためであることはすでに指摘した通りである．しかし，それでもなお，われわれの「福音」において十字架のイエスは，ヨハネ福音書におけるごとく「罪を除く神の小羊」(1, 29) ではない．つまり，EV においてイエスの死は，律法違反としての罪とも，――ヨハネ福音書におけるごとく――不信としての罪 (8, 24 ; 9, 41) とも関係がない．とすれば，イエスは何のために死なねばならぬのか．それは次の文章において明らかに示される．

　　彼は欠如を満たしたのちに，彼はかたち (σχῆμα) を解消した．彼のかたちは，彼が仕えたこの世 (κόσμος) である (24, 20-24)．
　　しかし，この瞬間からかたち (σχῆμα) は現われない．それは統一 (＝父) との結合の中に解消するであろう (25, 4-6)．

つまりイエスはこの世を解消し，その欠如を満たすために，「この世」である己が「かたち」を解消しなければならない．そのためにイエスは肉体の死を死ななければならないのである．これが，EV 記者がイエスの死に与える本来の意味である[49]．従ってあの「命」は，イエスの死によってこの世のかたちが解消するところにあらわになる．この意味において，「イエスの死は多くの人にとって命」であり，「イエスは (十字架上で) 父の知識の果実となった」のである．このようなイエスの死の意味づけは，EV の人間論，特にそのグノーシス的

---

48) 「彼は父の命令を十字架に宣言した」(Till, ZNW 50, z. St.).「彼は父の命令を十字架に公けにした」(Schenke, z. St.). tōkje には，これらの意味のほかに「植える」の意味がある (Crum, a. a. O., p. 465 a)．キリストが木の上で果実となる (18, 14 ff.) という表象との関連で，われわれの箇所はこの意味をも含むかもしれない．

49) G. Fecht, Der erste "Teil" des sogenannten Evangelium Veritatis (S. 16, 31-22, 20), Orientalia 31, 1962, pp. 103 f., 参照．Ménard, Die Erkenntnis …, in: a. a. O., p. 61 は，EV の「十字架上のキリストは，まさに一つのシンボルである，物質の十字架にかけられた人間のシンボルである」と言って，30, 2-31, 4 を引用する．しかし，前述のように，われわれはこの箇所からキリストの受難と復活を読みとらない．

罪理解に対応する．罪とはここで知識(グノーシス)の否定つまり無知である (32, 35-39)[50]．人間の本来の自己(アイオーン)は，この無知から生じた「まよい」(πλάνη)によって，物質つまりこの世の中に捕縛されている (17, 5-18, 11)．父の子イエスの救済とはそれ故に，人間の本来の自己を，この無知→まよい→この世から解放し，換言すれば，それらを解消し，父への一致へもたらすことである．その「道」(18, 19-20) となるために，彼自身が自ら負ったこの世なるかたちを十字架上で解消しなければならない．ここから，EV において父の愛の対象が，ヨハネ福音書におけるごとく「この世」とはならず，また，「言葉が肉体となった」とは直接的に断言できない理由も理解されるであろう．

われわれは，EV のキリスト理解の中その Person に関しては必ずしもグノーシス的なものを認めることができない．ここに，少なくとも仮現論的傾向はないのである．父の名または言葉として先在する子が，かたち(μορφή)をとり，またはからだ(σῶμα)となって地上に顕現する．それは肉体(σάρξ)のかたちをもって現われ出た．そして，地上のイエスは迫害され，十字架の死をとげる．かくして，彼は父へ帰還する道となった．このキリストの Person 理解は，ヨハネ福音書によって代表される原始教会の聖霊－キリスト論に属する．ほぼ同様のことが，キリストの救済論的意味づけにも妥当する．彼の顕現は，人間に本来の存在を与える父の愛または命令の啓示であり，彼の死は人間にとって命である．

しかし，このキリスト理解が人間論と関わるときにグノーシス的となる．名を通して本来の存在を受ける者は，はじめから決定されている特定の生ける者である．その他の者——物質(から)の者——は，肉体を持つイエスを見ず知らず，解消に定められている．この事態は，救済の業としての十字架理解において最もあらわになる．つまりイエスは，無知・まよいの産物たる物質・この世から人間を解放するために，自らこの世なるかたち(σχῆμα)を十字架上に解消しなければならない．従って，命はこの世における愛の共同体においてではな

---

50) C. K. Barrett, The Theological Vocabulary of the Fourth Gospel and the Gospel of Truth, in: W. Klassen, G. F. Synder (ed.), *Current Issues in New Testament Interpretation* (Festschrift für O. A. Piper), New York 1962, pp. 212 f., 参照．

く，この世から超絶した天上の共同体において実現されることになるのである (42, 11 ff.).

このようなキリスト理解は，ヨハネ的キリスト論のグノーシス的人間論による再解釈であろう．この解釈はかなり独自なものであって，必ずしもヴァレンティノス派または『ソロモンの頌歌』のそれとは一致しない．しかし，解釈の場は，われわれが見た限りおそらくエジプトとその周辺であろう．ここでは少なくとも2世紀において，正統的キリスト教とグノーシス主義は未分離の状態にあった[51]．宗教史的には，EV のキリスト論は，ヨハネ福音書とエジプトのグノーシス的キリスト教の中間に位置づけられないであろうか．

要するに，EV のキリスト論は，その Person 理解においてはグノーシス的でも仮現説的でもなく，その業の理解においてグノーシス的である．

付　記

本節は，筆者が 1962 年にエルランゲン大学に提出した学位請求論文 *Die Christologie des Evangelium Veritatis. Eine religionsgeschichtliche Untersuchung* (1964 年にライデンの Brill 社から出版)の中，第 3 部，第 1, 2, 3 章から特に重要と思われる部分を取り出し，その後に出版された文献をも考慮に入れつつ，全く新しくまとめあげたものである．

筆者は，上記論文(著書)の中，第 1 部において EV の研究史を批判的に報告し，第 2 部においては，キリスト論の前提として人間論と宇宙論をとり扱った．第 3 部は本節に要約した通りであるが，全体の結論としては，キリスト論の前提として人間論とそれに対応する宇宙論はグノーシス的であり，その中にヴァレンティノス的要素が存在することも否定できないが，キリスト論の素材——イエスの Person——はグノーシス的ではなく，その人間論に立脚する救済論的意味づけにおいて，再びグノーシス的であることを強調した．つまり，全体としてグノーシス的であるこの文書の中にあって，そのキリスト論は二次的であるというのが筆者のテーゼである．

このテーゼそのものは，その後，J. Daniélou, in: *Recherches de Science Religieuse* 54, 1966, pp. 293 f.; R. P. H. Quecke, in: *Biblica* 47, 1966, pp. 468–470; R. Haardt, *Die Gnosis. Wesen und Zeugnisse*, Salzburg 1967, p. 324; H. -M. Schenke, in: *Kairos*

---

51) W. Bauer, *Rechtgläubigkeit und Ketzerei im ältesten Christentum*, Tübingen 1934, p. 57; J. M. Plumly, Early Christianity in Egypt, *Palestine Excavation Quarterly* 89, 1957, pp. 70 ff.; J. Leipoldt, Frühes Christentum im Orient (bis 451), in: *Religionsgeschichte des Orients in der Zeit der Weltreligion*, Leiden 1961, pp. 18 ff., 参照.

7, 1969, pp. 161 f.; J. Ries, in: *Muséon* 92, 1969, pp. 528 f.; F. D.(フルネーム不明), in: *RevBib* 1969, pp. 153 f. によって——それぞれ必要な修正を加えられた上で——一応受けいれられた．しかし，A. Orbe, in: *Gregorianum* 47, 1966, pp. 123 f. によっては方法論が，J. -E. Ménard, in: *NovTes* 7, 1965, pp. 332-334 によってはテーゼそのものが論駁されている．これらの論駁に対して，筆者は，S. Arai, Zur Christologie des Apokryphons des Johannes, *NTS* 15/3, 1969, p. 362, Anm. 3 において回答しておいた．

なお，最近入手した P. Nagel, in: *ThLZ* 94, 1969, Sp. 329 ff. は，*EV* とヨハネ福音書との関係に関する筆者の想定を高く評価しながらも，上述した筆者のテーゼそのものについては批判的である．ナーゲルによれば，とりわけ筆者による *EV* の十字架理解をめぐる論述が不十分であり，まさにこの十字架理解(十字架=命の木=聖餐のパン)に *EV* 全体の，すなわちその宇宙論・人間論と適合する中心テーマが表出されているという．そして彼は，同様の十字架理解を古代のシリア教会，マニ教，『ピリポによる福音書』の中に指示する．——この批判それ自体は，筆者にも正しく思われる．しかし，筆者は拙著において，上記の限りにおける十字架理解は必ずしもグノーシス的ではないことを確認しつつも(このことはナーゲルもまたシリア教会の例を引く限り認めざるをえないであろう)，それが *EV* の宇宙論・人間論に対して二次的であるとは言っていない．この十字架理解は，拙著においてくり返して強調したように，正統・異端を問わず広く認められうるキリスト論の一つのタイプなのである．筆者はむしろ，*EV* の十字架理解がその枠(宇宙論・人間論)に対して二次的である証拠を，十字架理解というよりはイエスの死の理由づけに見出した．そしてそのためには，*EV* 25, 4-6 の解釈が重要な鍵となる．しかしナーゲルはこの箇所に関して全く触れていないのである．

第3章 グノーシス主義の問題点

1 グノーシス主義のイエス理解
――いわゆる「グノーシス救済者神話」批判――

課 題

いわゆる「史的イエスの問題」に起点を与えたブルトマン(R. Bultmann)によると,原始キリスト教のイエス理解,特にヨハネ福音書のイエス理解の背景には「グノーシス救済者神話」(gnostischer Erlösermythos)が存在するといわれる。つまり,ヨハネ福音書に代表される種類の原始教会のキリスト論は,ブルトマンによると,グノーシス救済者神話をイエスへの信仰によって「修正」(Modifikation)することによって成立したのである[1]。この見解はボルンカム(G. Bornkamm),シュリーエル(H. Schlier),フィールハウアー(P. Vielhauer),ケーゼマン(E. Käsemann),ヘンヘン(E. Haenchen),ヨナス(H. Jonas),ベッカー(H. Becker),シュミットハルス(W. Schmithals)等によって引き継がれ,それぞれの専門領域において敷衍されている[2]。もっとも,クルマン(O.

---

1) R. Bultmann, γινώσκω, in : *ThWNT* I, pp. 245, 249.
2) G. Bornkamm, *Mythos und Legende in den apokryphen Thomasakten*, Göttingen 1933 ; Ders., Zum Verständnis des Christus-Hymnus Phil. 2, 6-11, in : *Studien zu Antike und Urchristentum*, München 1959, pp. 117-187 ; H. Schlier, *Religionsgeschichtliche Untersuchung zu den Ignatiusbriefen*, Gießen 1929 ; Ders., *Christus und die Kirche im Epheserbrief*, Tübingen 1930 ; Ders., *Der Brief an die Epheser*, 3. Aufl., Düsseldorf 1962 ; P. Vielhauer, *Oikodome. Das Bild vom Bau in der christlichen Literatur vom Neuen Testament bis Clemens Alexandrinus*, Diss. Heidelberg 1939 ; E. Käsemann, *Das wandernde Gottesvolk. Eine Untersuchung zum Hebräerbrief*, 4. Aufl., Göttingen 1961 ; Ders., *Leib und Leib Christi*, Tübingen 1933 ; Ders., Kritische Analyse von Phil. 2, 5-11, *ZThK* 47, 1950, pp. 313-360 (in : *Exegetische Versuche und Besinnungen* I, 1960, pp. 51-95) ; E. Haenchen, Gnosis und das Neue Testament, in : *RGG* II, 3. Aufl., 1958, Sp. 1652-1656 ; H. Jonas, *Gnosis und spätantiker Geist* I, 3. Aufl., 1964 ; H. Becker, *Die Reden des Johannesevangeliums und der Stil der gnostischen Offenbarungsrede*, Göttingen 1956 ; W. Schmithals, *Die Gnosis in Korinth*, 2. Aufl., 1965 ; Ders., *Paulus und Gnostiker*, Hamburg-Bergstedt 1965.

Cullmann), シュルツ (S. Schulz), グラント (R. M. Grant) 等は, ヨハネ福音書の背景に, あるいは, グノーシス主義と並んでまたはそれと関連すると見られる洗礼教団・原始マンダ教団・クムラン教団等のいわゆるヘレニズム的・非主流的ユダヤ教を, あるいは, 黙示文学からグノーシス主義への変形過程を想定することにより, ブルトマンの見解に修正を加える[3]. しかし他方において, たとえばバーキット (F. C. Burkitt), パーシー (E. Percy), ケーシ (R. P. Casy), ウィルソン (R. McL. Wilson), シェップス (H. -J. Schoeps), クレッチュマール (G. Kretschmar), シュタウファー (E. Stauffer), クーン (K. G. Kuhn), デュポン (D. J. Dupont), ド・ファイユ (E. de Faye), クイスペル (G. Quispel) 等は, グノーシス宗教, なかんずくブルトマンが拠っているマンダ教の成立が, キリスト教の成立以後であるとの理由から, または, マンダ教とヨハネ福音書の基本的性格が一致しないとの理由から, ブルトマンの見解を退ける[4]. また最近になって, 新しいグノーシス資料に立脚し, 新しい観点から, ブルトマンと彼の弟子たちが主としてその説を受け継いでいる宗教史学派——なかんずくライ

---

3) O. Cullmann, The Significance of the Qumran Texts for Research into the Beginnings of Christianity, *JBL* 74, 1955, pp. 133-141 ; S. Schulz, *Komposition und Herkunft der Johanneischen Reden*, Stuttgart 1960 ; R. M. Grant, *Gnosticism and Early Christianity*, New York/London 1959.

4) F. C. Burkitt, *Church and Gnosis*, Cambridge 1932 ; E. Percy, *Untersuchungen über den Ursprung der Johanneischen Theologie*, Lund 1936 ; R. P. Casey, Gnosis, Gnosticism and the New Testament, in : *The Background of the New Testament and its Eschatology* (Festschrift für C. H. Dodd), Cambridge 1956, pp. 52-80 ; R. McL. Wilson, *The Gnostic Problem. A Study of the Relations between Hellenistic Judaism and the Gnostic Heresy*, London 1958 ; Ders., *Gnosis and the New Testament*, London 1968 ; H. -J. Schoeps, *Urgemeinde, Judentum, Gnosis*, Tübingen 1956 ; G. Kretschmar, Zur religionsgeschichtlichen Einordnung der Gnosis, *Evangelische Theologie* 8, 1953, pp. 354-361 ; E. Stauffer, *Die Theologie des Neuen Testaments*, 4. Aufl., Gütersloh 1948 (シュタウファー『新約聖書神学』村上伸訳, 日本基督教団出版局, 1964 年) (ただし, シュタウファーはマンダ文書の一部がヨハネ福音書以前に成立したことを認める. 下記, 注 40 参照) ; K. G. Kuhn, Die Sektenschrift und die iranische Religion, *ZThK* 49, 1952, pp. 296-316 ; Ders., Johannesevangelium und Qumrantexte, in : *Neotestamentica et Patristica* (Festschrift für O. Cullmann), Leiden 1962, pp. 111-122 ; J. Dupont, *Gnosis. La connaissance religieuse dans les Epitres de Saint Paul*, 2. Aufl., Louvain/Paris 1960 ; E. de Faye, *Gnostiques et Gnosticisme*, 2. Aufl., Paris 1925 ; G. Quispel, *Gnosis als Weltreligion*, Zürich 1951 ; Ders., Der gnostische Anthropos und jüdische Tradition, *Eranos-Jahrbuch* 22, 1953, pp. 194 ff.

ツェンシュタイン(R. Reitzenstein)——の見解に激しく批判を加えるコルペ(C. Colpe)とシェンケ(H.-M. Schenke)の業績が発表されている[5]．——いずれにしても，史的イエスの問題が宣教(ケーリュグマ)のキリストの問題を含む限りにおいて，原始教会の一部(八木氏の分類に従えば類型B[6])のキリスト論が果してグノーシス救済者神話のキリスト教化であったか否かを問うことは，今日，新約聖書学者に課せられている重要な課題の一つであると思われる．特にわが国において，実存論的イエス理解が説かれる場合，それを唱導した人々のグノーシス観までをも無批判に受けいれる傾向があるように思われるならば，なおさらのことであろう[7]．しかし，われわれはここで，この課題に直接的回答を与えようとするものではない．筆者は，古代キリスト教史を学ぶ者の一人として，特に第2世紀以後のキリスト教史と深い関係にあったグノーシス主義が，救済者ないしはイエスを，いかに理解したかという問題に資料に則して答えたいと思う．つまり，上述の新約学の課題に資料を提供することが本節の当面の課題である．それは同時に，ブルトマンのいわゆる「グノーシス救済者神話」を紹介し，それに資料に則して批判を加えていくことになるであろう．

1 いわゆる「グノーシス救済者神話」

ブルトマンは「グノーシス救済者神話」を次のように要約する．「光の世界から神人が，悪霊の諸権力によって支配されている地上に送られる．それは，光の世界に由来するはじめの時に堕落したために人間の肢体の中に閉じ込められている閃光を解放するためである．遣わされた者は人間の姿をとり，地上において神によって課せられた業を行なう．ここで彼は〈父から切り取られて〉い

---

[5] C. Colpe, *Die religionsgeschichtliche Schule. Darstellung und Kritik ihres Bildes vom gnostischen Erlösermythos*, Göttingen 1961； H.-M. Schenke, *Der Gott 》Mensch《 in der Gnosis. Ein religionsgeschichtlicher Beitrag zur Diskussion über die paulinische Anschauung von der Kirche als Leib Christi*, Göttingen 1962. H. Langerbeck, *Aufsätze zur Gnosis* (Gesammelte Aufsätze), Göttingen 1967 も参照．

[6] 八木誠一『新約思想の成立』再版，新教出版社，1966年，89-108頁．

[7] たとえば，中川秀恭『ヘブル書研究』創文社，1957年．この書をはじめとするわが国の学界におけるこの分野の研究業績とその評価については，拙稿「グノーシス——主として原始キリスト教との関連において」『日本の神学』第2号，1963年，66頁以下，参照．

ない．彼はその教説の中で自己を啓示し（〈わたしは羊飼である〉等），こうして見ゆる者と見えざる者の分離を遂行する．後者に対して彼は，よそ者として登場する．彼につける者は彼に聞く．そして彼は，彼らの中に光の故里への記憶を喚起し，彼らがその本来の自己を認識するように教え，彼らに故里への帰り道を教える．その故里へ，彼自身が，・救・済・さ・れ・た・救・済・者として，再びのぼって行く」（傍点筆者）[8]．

ここで第一に問題となるのは，「救済された救済者」という概念である．上の引用だけでは，この概念でブルトマン自身が何を意味しているのか必ずしも明らかではないが，彼が他の論文や著書で行なっている説明から推定すると，次のようなことを意味しているように思われる．救済者は地上において神の姿ではなく人間の姿で現われ，苦難と迫害を受けて，彼自身が救済を必要とする者となった．それ故に，彼の開いた故里への帰り道は，彼自身つまり救済者にとっても救済の道である．救済者はかくして救済された者である[9]．このような意味のほかに，ブルトマンが，救済者と，人間の本来の自己が神話論的に客体化されたいわゆる「原人」(Anthropos, Urmensch) とは，救済者神話において究極的には同一視されているとの見解に立つ限り[10]，「救済された救済者」という概念にはもう一つの意味が含まれているかもしれない．つまり，原人としての救済者が，人間の本来の自己としての原人を救済し，かくして両者が一つとなるという意味である[11]．第二に問題となるのは，救済者が地上において（仮

---

8) R. Bultmann, Johannesevangelium, *RGG* III, 3. Aufl., 1959, Sp. 847 ; Ders., Die Bedeutung der neuerschlossenen mandäischen und manichäischen Quellen für das Verständnis des Johannesevangeliums, *ZNW* 24, 1925, p. 104 ; Ders., *Theologie des Neuen Testaments*, 3. Aufl., Tübingen 1958, pp. 165-167 ; Ders., *Das Urchristentum im Rahmen der antiken Religionen*, Zürich 1954, pp. 117 f. ; Ders., *Das Evangelium des Johannes*, 16. Aufl., Göttingen 1959, p. 11, 参照.

9) 上記文献の中，特に *ZNW* 24, p. 104, 参照.

10) 上記文献の中, *Das Evangelium des Johannes*, p. 11, 参照.

11) このような意味で「救済された救済者」を理解するのは, P. Vielhauer, Erlöser II : Im NT, *RGG* II, 3. Aufl., 1958, Sp. 580 である．この概念には，さらに次のような二つの意味が与えられている．(1)原人が救済活動をする前にすでに救済されている. R. Reitzenstein, *Das iranische Erlösungsmysterium*, Bonn 1921, p. 42 ; F. Bammel, Erlöser I : Religionsgeschichtlich, *RGG* II, 3. Aufl., 1958, Sp. 577 f. (2)救済者がその業を終えた後に至高者に救済されることによって彼のもとに帰還する. Reitzenstein, a. a. O., pp. 56-59. 以上, Colpe, a. a. O., pp. 173 f., 参照.

りに）人間の肉体をとるというグノーシス主義のいわゆる仮現説である[12]．果して，人間の姿をとった救済された救済者がグノーシス神話の特徴と言えるかどうか．しかも，それがキリスト教起源以前に存在したかどうか．

2 マニ教におけるイエス

ブルトマンが，その大部分をライツェンシュタインの仕事に拠りつつ[13]，以上のごときグノーシス救済者神話を作り出した直接の資料となったものは，マンダ教とマニ教の文書である[14]．しかし実際には，彼のいわゆる救済者神話の枠はマニ教資料によって構成されていると見てよいであろう．

ここで第一に注意すべきは，マニ教そのものが紀元後3世紀に成立した事実であり，しかも最近，マニ教の救済者像はキリスト教との接触によって成立したこと[15]，あるいは，それがキリスト教とは無関係であったとしても，キリスト教以後に成立したこと[16]が，それぞれの立場から強力に主張されていることである．にもかかわらず，われわれはここで，この Chronologie の問題を一応ふせておくことにする．マニ教の前提している諸概念，とりわけその救済者像がイエス以前にまで遡ることを現在もなお主張する学者たちが存在するからである[17]．

しかし，第二に問題にすべきは，マニ教における「救済された救済者」の概念についてである．まずこの概念が存在すると見える箇所は，アウグスティヌスの『ファウストゥス反論』(contra Faustum) であろう．ここにおいてアウグスティヌスは，マニ教のいわゆる Jesus patibilis の思想に言及し，マニ教徒がキリスト教の見解によれば「救済者」(Salvator) であるキリストを「救済さるべ

---

12) Bultmann, *Das Evangelium des Johannes*, pp. 10 f., 38 f., 参照.
13) Reitzenstein, a. a. O.
14) Bultmann, *ZNW* 24, pp. 100-147.
15) E. Rose, *Die Christologie des Manichäismus*, Diss. Marburg 1941 ; S. Schulz, Die Bedeutung neuer Gnosisfunde für die neutestamentliche Wissenschaft, *ThR* 26, 1960, pp. 230 ff., 参照.
16) C. Colpe, Die Thomaspsalmen als chronologischer Fixpunkt in der Geschichte orientalischer Gnosis, *Jahrbuch für Antike und Christentum* 7, 1964, pp. 77-93.
17) たとえば，G. Widengren, *Mani und Manichäismus*, Stuttgart 1961 ; Ders., *Die Religionen Irans*, Stuttgart 1965, p. 300.

き者」(salvandus)にしていることを激しく批判している[18]. しかし, ここで注意すべきは, 少なくともこの箇所において, マニ教自体では, Salvator が salvandus＝Jesus patibilis とは何ら関係がないという事実, つまり, キリスト教における Salvator とマニ教における salvandus を結びつけたのは, マニ教徒ではなくて, 彼らの思想の矛盾を攻撃するアウグスティヌスであるという事実であろう[19]. 次に, アウグスティヌスがここにおいて salvandus というラテン語の gerundivum を用いていて, 完了受動分詞 salvatus を用いていないことは注目に価する. われわれには, もしもグノーシス主義の救済者を強いて Tautologie を用いて特徴づけようとするならば, ライツェンシュタインやブルトマンのように「救済された救済者」とするよりも, むしろアウグスティヌスに従って「救済さるべき救済者」とした方が, グノーシス神話の根本思想に近いように思われる[20]. 何故なら, グノーシス神話は, 至高者と人間の実体的同一性(Konsubstanzialität)の認識をその究極の目的とするが, それは絶対的二元論の枠内で展開されているからである. つまり, 救済の終結(「救済された」!)は神話の解消を意味する. 人間の本来の自己が, 至高者または救済者と同一である限りにおいて, 「救済者」と呼ばれうるとすれば, それは神話の内部にある限り「救済さるべき者」に重点が置かれるのが当然であって, 「救済された者」は神話のエピローグに過ぎないであろう. しかし, 「救済さるべき救済者」という表現さえも, 必ずしもグノーシス的思惟方法を的確に言い表わすものとは言えないであろう. 事実, この表現は, 上述のように, マニ教教理の矛盾を衝くためにアウグスティヌスによって作られたものであって, マニ教自体はもとより, いわゆるグノーシス宗教のいかなる資料にも見当らないのである[21]. もちろん, 究極的には, この表現はグノーシス神話に通ずる. しかし, グノーシス神話そのものは絶対的二元論を前提しているのであり, そのために人間の本来の自己が分裂して, この「自己」の属性化をその特色とする. 人間は究極において救済者と一つであるが, 前者は後者によって呼び醒まされ[22], 救済さる

---

18) Augustinus, *contra Faustum*, II 5.
19) Schenke, a. a. O., pp. 30 f., Anm. 120, 参照.
20) Colpe, *Die religionsgeschichtliche Schule*, p. 189, 参照.
21) Colpe, ibid., p. 189, Anm. 2, 参照.
22) フェルスター (W. Foerster) は, 救済者の「呼びかけ」(Ruf) をグノーシス主義

べき対象である限り，両者は神話において一つではない．ここでも，認識による救済は決断を含むのである[23]．グノーシスとは救済の認識であって，救済者の認識ではないのである．

さらに，前述の Jesus patibilis の思想は，アウグスティヌスの反論するアフリカのマニ教にだけあるのであって，他のマニ教文書には見当らないことも注意を要する．このことは，おそらくマニ教徒ファウストゥスがキリスト教と対決する必要上，キリスト教における受難のイエスを，彼らの教理に結びつけた結果生じた思想であろうと想定しても無理がないことを，われわれに示すものである[24]．もちろん，救済さるべき Jesus patibilis のほかに，マニ教文書には，救済者としての Jsa-Ziwānā が登場する[25]．しかし，マニ自身にはこの二人のイエスの思想がおそらくなかったのである．救済者も救済さるべき者も共に「イエス」と呼ばれるようになったのは，後期において，特にアフリカでキリスト教の影響が強くなってからのことであろう[26]．なお，この二人のイエスとの関連において，マニ教においては「救済者」と「原人」とが等置されていることをわれわれも認めなければならない．しかし，これは，以後の叙述で示されるように，少なくともマニ教以前に成立したグノーシス文書には必ずしも多くは確認されないのである[27]．

さて，アダム (A. Adam) は，マニ教文書の中いわゆる『トマスの詩篇』(*Thomas-Psalmen*) がキリスト教以前に遡り，その中に最古のグノーシス思想が認められて，たとえば 5, 8-11；8, 24-26 にはドケティズムさえ発見できると主張している[28]．この箇所，特に第8篇には確かに光の世界から闇の世界に飛び込ん

の最も重要な特色の一つとみなす．W. Foerster, Vom Ursprung der Gnosis, in: K. Wessel (ed.), *Christentum am Nil*, Recklinghausen 1964, pp. 124-130; Ders., in: Andresen (ed.), *Die Gnosis* I: *Zeugnisse der Kirchenväter*, Zürich/Stuttgart 1969, pp. 7-17.

23) この点を特に強調するのが，L. Schottroff, Animae naturaliter salvandae, zum Problem der himmlischen Herkunft des Gnostikers, in: W. Eltester (ed.), *Christentum und Gnosis*, Berlin 1969, pp. 65-97 である．

24) Colpe, a. a. O., p. 179, 参照．

25) Jonas, a. a. O., p. 301, 参照．

26) Colpe, ibid.

27) Schenke, a. a. O., bes. p. 155, 参照．

28) A. Adam, *Die Psalmen des Thomas und das Perlenlied als Zeugnisse vorchristlicher Gnosis*, Berlin 1959, pp. 80 f., Anm. 150. なお，『トマスの詩篇』のテクストは，

だ光の「像」(hikōn), 闇の世界で迫害されようとする真の人間の「像」という表象がある。しかしわれわれは，ここでアダムが „Bild" と訳したコプト語の hikōn (ギリシア語の εἰκών, ラテン語の imago) が，アダムの主張するごとく至高者の「仮現」を意味する言葉として用いられた例を，キリスト教起源以前のギリシア語文献はもとより，最初の3世紀間におけるギリシア語・ラテン語・コプト語文献の中に発見できないのである。ただ，それより後の時代，つまり5世紀のシリア語文献の中に，マルキオンの仮現的キリストを dumūtā で，つまりヘブライ語の דְּמוּת, ギリシア語の εἰκών, ラテン語の imago, コプト語の hikōn に相当する語で再現していることは確かである[29]。従って，もしも『トマスの詩篇』がシリア語からコプト語への翻訳であるとすれば[30]，hikōn の原語は dumūtā であろう。そして，仮現説を表わす dumūtā は紀元後5世紀以後に用いられているのであるから，もし『トマスの詩篇』第8篇に仮現説を認めるならば，この箇所は，その用語法から見て，紀元後もかなりの後期に成立したことになる。しかし，実際には第8篇にも第5篇にもその前後関係からして仮現説は認められない。仮現的キリスト論において，神の子は神の εἰκών として地上には現われない。彼は δόκησις として現われるだけである。彼自身は終始一貫光の世に留まっており，彼の φαντάσμα のみが地上に現われるのである。それ故に彼は，地上において「仮りに」(τῷ δοκεῖν＝in ousmot) 生き「仮りに」死ぬ[31]。このような思想も用語法も『トマスの詩篇』にはない[32]。預言者，イエス，マニ自身に出現する νοῦς が，受難するイエスと同一視される――つまり結果としてはある意味で仮現論となる――のは，前述のごとく，後期になってからのことである。以上のことを意識してかしないでか，ブルトマンは，彼の

C. R. C. Allbery, *A Manichaean Psalm Book*, Part II, Stuttgart 1938.

29) Ephr., *Syr.*, *Hymn.*, 36, 9. C. Brockelmann, *Lexicon Syriacum*, 2. Aufl., Halle 1928, p. 196 b, 参照。

30) Allbery, a. a. O., p. XI; Adam, a. a. O., p. 36, 参照。

31) 拙稿「キリスト仮現説」『聖書の世界』第196号，1963年，48-53頁，参照。

32) この意味で「光の十字架」の思想（第4篇）もアダムの主張するごとくキリスト教とは関係がないとしても (Adam, a. a. O., p. 90)，これを仮現説ととることはできない。以上，アダム説の批判については，P. Weigandt, *Der Doketismus im Urchristentum und in der theologischen Entwickelung des zweiten Jahrhunderts*, Diss. Heidelberg 1961, pp. 30 ff.; Colpe, Die Thomaspsalmen …, bes. p. 83, Anm. 18, 参照。

『ヨハネ福音書注解』においてマニ教からの引用を非常に少なくしてあり，最近 RGG 第三版に書いている「ヨハネ福音書」の項目では，その背景となるグノーシス宗教にマニ教の名をあげていない[33]。しかし，以後の叙述で次第に分ってくるように，ブルトマンのいわゆる「グノーシス救済者神話」に最も近い神話は，皮肉にもマニ教のみが提供するのである．

因みに，『トマスの詩篇』と内容的にも深い関係にあり，共にキリスト教以前に成立したといわれる「真珠の歌」(『トマス行伝』中に収録)[34]について一言しておく．ここには，人間の魂のアレゴリーである真珠を探し求める救済者としての王子が，同時に物質のアレゴリーであるエジプトに放浪し，そこにおいて自分の故里を忘れる限りにおいて，「原人」(真珠)は救済者(王子)と究極において同一であると言えよう．また，王子が真珠と共に彼自身の本質を持ち帰り，その際に彼自身も呼びかけられることによって目ざめる限りにおいて，救済者は同時に救済される者であろう[35]．しかし，上述のように，このような同一化の方式は，王または王子と真珠の実体的二元論の本来の意図に合致するものではない．しかも，ブルトマンのいわゆる「救済された救済者」(帰還の道を自らのために開く救済者)像も，仮現説もここにはない．王子は王によって真珠に遣わされた救済者であって，彼が真珠を救うために何らかの意味で真珠になるという思想は未だ存在しないのである[36]．

---

33) Bultmann, *RGG* III, Sp. 847, 参照.

34) R. A. Lipsius, M. Bonnet(ed.), *Acta Apostolorum Apocrypha* II/2, Darmstadt 1959, pp. 219-224(ギリシア語本文)；A. F. J. Klijn, *The Acts of Thomas*, Leiden 1962, pp. 120-125(シリア語本文の英訳).

35) Colpe, a. a. O., p. 176, 参照.

36) Klijn, a. a. O., pp. 276 ff. によれば，王子が人間の魂のアレゴリーであって，真珠は神の国のアレゴリーに過ぎないから，真珠の意味を過大評価してはならないという．詳しくは，Ders., The so-called Hymn of Pearl (Acts of Thomas, ch. 108-133), *VigChr* 14, 1960, pp. 154-164；Ders., Das Lied von der Perle, *Ernanos-Jahrbuch* 35, 1966, pp. 1-24. なお Chronologie の問題に関しては，この詩をシリアのキリスト教の枠内におくものに，クリーンのほか，G. Quispel, Gnosticism and the New Testament, in: J. P. Hyatt(ed.),*The Bible in Modern Scholarship*, London 1966, pp. 252-271; Ders., *Makarius, das Thomasevangelium und das Lied von der Perle*, Leiden 1967, pp. 39-64 が，この詩をキリスト教成立以前のイランの宗教の枠内におくものに，上記アダムのほか，H. Jonas, Response to G. Quispel "Gnosticism and the New Testament", in: Hyatt (ed.), a. a. O., pp. 279-293；G. Widengren, *Iranisch-semitische Kulturbegegnungen in*

3 マンダ教における「遣わされた者」

次に，ブルトマンがよく引き合いに出すマンダ教の救済者像を検討しなければならない．前述のごとく，ブルトマン・シューレに属さない人々の多くは，主として，マンダ教文書が後期(紀元後7-8世紀)に成立したことを理由にして，マンダ教が原始教会のキリスト論とは関係がないことを主張する．しかし，この見解が必ずしも正しくないこと，つまり，マンダ教文書の一部がおそらく1世紀の後半までは遡るであろうことが，最近になってこの分野の学者たちによって証明されつつある[37]．ただし，注意すべきは資料問題である．すなわち，マンダ教の資料は全体としてキリスト紀元以後に成立したものであり，その中から時代的にキリスト教成立と並ぶ資料を確定するためには，厳密な資料批判をまたなければならない．それを行なった唯一のマンダ教学者ルドルフ(K. Rudolph)の成果に従って，最初期のマンダ教における救済者像を復元すれば，それはほぼ次の通りである[38]．

マンダ教伝承の最古の層にも，「原人」の表象が「アダム」像の中に存在する．肉体のアダムはPtahilによって創られたものであるが，その魂は「大いなる命」によって入れられたものである．この「内なるアダム」が，Adakas-Mānā(命のアダム)，Adakas-Ziwā(光のアダム)，「アダムの父」と呼ばれ，肉体のアダム(つまり人間)の先在形体，いわば理想態，すなわち「原人」であって，彼は「呼び出す者」であると同時に，肉にある限り「呼び出される者」である．このAdam-Adakasは，この限りにおいてあのUrmensch-Erlöserの図式に対応するであろう．しかし，実際において，このAdakasは本来の救済者Hibil, Šitil, Anoš, Jāuar, なかんずくMandā dHaijêの系列に属するものではない．「原人」必ずしも救済者ではないのである．なお，上記の救済者は「よそ者」

---

parthischer Zeit, Köln 1960, p. 27；滝沢武人「〈真珠の歌〉の宗教史的位置——G. Quispel説をめぐって」『日本の神学』第9号，1970年，155頁以下，がある．ただし，滝沢は「真珠の歌」の中に「救済された救済者」像を認めない．前掲論文，164頁，注8，参照．

37) K. Rudolph, *Die Mandäer* I: *Das Mandäerproblem*, Göttingen 1960; E. S. Drower, *The Secret Adam*, Oxford 1960; E. Segelberg, *Maṣbūtā. Studies in the Ritual of Mandaean Baptism*, Uppsala 1958.

38) K. Rudolph, *Theogonie, Kosmogonie und Anthropogonie in den mandäischen Schriften. Eine literarische und traditionsgeschichtliche Untersuchung*, Göttingen 1965, pp. 204 ff., 248 ff., 281 ff.; Ders., *Die Mandäer* I, pp. 150 ff., 参照．

1 グノーシス主義のイエス理解

として闇の世界に来り，物質に閉じ込められている「閃光」または「霊魂」を呼び出し，これを集めて光の世界にのぼり帰る．そしてこの際に，彼は個々の霊魂と同様の苦難をこの世の支配者としての諸権力から受ける．そこで彼は，彼らの着物を着て諸権力をあざむき，闇の世と光の世を遮る壁に穴を穿ち，星辰の城塞を破壊して，「捕えられていた」霊魂を救い出す．このような救済者の行為は，救済者による一種の自己救済と言えるであろう．彼と，闇の世に落ちた霊魂は，究極において光の世の一部として同一だからである．しかし，このいわゆる「救済された救済者」像を，ブルトマンやルドルフのごとく「グノーシス主義の根本概念」[39]とすることのできないことは，すでに言及したことでも明らかである．一方，救済者が闇の世界で受難し，その衣をまとうという表象は，仮現説とは言えない．マンダ教においては，救済者はこの世の諸権力(星辰・悪霊)のところにまでおりてきて，彼らの着物を着るが，人間の世界にまでくだって何らかの意味で肉体をとることはないのである[40]．

いずれにしても，マンダ教ないしはグノーシス主義一般の関心は，人間の救済であって，人間から救済者を経て人間の本来の「実体」としての至高者へ向う線が主導線であって，その手段としての救済者が人間に遣わされることを要請はするが，救済者は必ずしも人間になる必要はないのである．事実，救済者の無いグノーシス神話も存在するし(たとえば，オリゲネスの伝えるオフィス派，エピファニオスの伝えるニコライ派，アルコーン派)，救済者にも，マンダ教のように諸権力の領域にまで下降するが人間のもとにまで来ない型，ケルドン，サトルニロス，マルキオン，『ヨハネ行伝』におけるごとく地上のイエスを天上のキリストの仮象とみなす型(いわゆる仮現的キリスト論)，テルトゥリアヌスの伝えるヴァレンティノスのように天上のイエスが地上において「霊的肉体」(caro spiritalis)をとるとみなされる型，原始キリスト教からグノーシス諸派(特に両者の中間に位置する外典行伝)に広く見られるキリストが「人間(ま

---

[39] Rudolph, a. a. O., p. 159.
[40] Rudolph, a. a. O., p. 69. この意味で，E. Stauffer, Probleme der Priestertradition, *ThLZ* 81, 1956, pp. 131-150 のごとくマンダ教のいわゆる Anoš-Hymnus を洗礼者ヨハネ教団に帰し，それをヨハネ 1, 14 の背景に置くのは正しくないと思われる．Ders., Antike Jesustradition und Jesuspolemik im mittelalterischen Orient, *ZNW* 46, 1955, pp. 1-30 をも参照．

たは肉体)の形で来る(または,現われる)」いわゆる Geistchristologie の型,グノーシス主義者ユスティノスに見られるいわゆる empirische Christologie の型,エピファニオスの伝えるナハシュ派のいわゆる Urmenschchristologie の型等,種々の型が存在する[41]. 従って,ブルトマンのごとく「救済者の人間化という思想は,たとえばキリスト教からグノーシス主義に侵入したものではなく,はじめからグノーシス的である」[42]という発言は必ずしも正確ではない.「グノーシス的」と言わるべきものは,むしろ「自己」の救済であり,この救済を知らせるために,自己の理想態としての光の世から「遣わされた者」の表象である. 事実,マンダ教においても救済者の Oberbegriff は「遣わされた者」であり[43],他の文書においてそれは,預言者でも人間イエスでも,本来の自己の属性としてのヌース(『ヘルメス文書』),ロゴス(『ソロモンの頌歌』),オノマ(『真理の福音』),ソフィア(『ヨハネのアポクリュフォン』),フォーステール(『アダムの黙示録』)でもよいのである. つまり,グノーシス主義において,救済者の人間化はその根本思想を代表するものではない. 従って,「原人-救済者」の表象もグノーシス主義に本来的なものではない[44]. このことは,再び皮肉にも,ブルトマンがヨハネ福音書のキリスト論に最も近いと言う『ソロモンの頌歌』のキリスト理解[45]でも明らかである.

4 『ソロモンの頌歌』におけるキリスト

第一に,ここには原人の思想がない. ただし,霊魂にある神的実体,つまりキリストに表象されるヌースまたはロゴスが,長い放浪と苦難の末に,闇の世の支配者「まよい」に勝利するというこの頌歌の根本テーマは,キリストと人間の魂の実体的一致が前提されている故に,その限りにおいて「救済される救済者」の思想は存在する. 事実,多くの箇所において,頌歌の歌い手としての「わたし」が救済者であるか救済さるべき者であるか,必ずしも区別がつかな

---

41) Colpe, a. a. O., pp. 197 ff.; Weigandt, a. a. O., pp. 4 ff.; 上記注 31) の拙稿,参照.
42) Bultmann, *Das Evangelium des Johannes*, p. 10.
43) Rudolph, a. a. O., pp. 162 f.
44) Schenke, a. a. O., bes. pp. 155, 参照.
45) Bultmann, *Das Evangelium des Johannes*, p. 15. なお,『ソロモンの頌歌』のテクストは, W. Bauer (ed.), *Die Oden Salomos*, Berlin 1933.

いのである[46]．しかし，たとえば，「わたし（＝救済さるべき者）が彼（＝キリスト）を把握できるように，彼はわたしと同じようになった．わたしが彼を着ることができるように，彼はわたしと同じように現われた．……わたしが彼を認識しうるように，彼はわたしの性質のようになった．そして，わたしが彼を避けないように，彼はわたしの姿のようになった」(7, 4-6)という発言を，ブルトマンのように，「神的存在，つまり至高者の子が，啓示と救済をもたらすために人間の姿をとり，人間の血肉を着るというグノーシス救済者神話の主要点」[47]を語る一例ととってはならない．関係は逆であって，人間が救済者を認識し，それを着るために，救済者は救済さるべき者と同じようになったのである[48]．主要点は救済論にあって，キリスト（受肉）論にはないのである．そして，もちろんここに，仮現説を認めることはできない．

同じことが，「キリスト教文学に関する限り Salvator salvatus の表象の最古の例証」[49]とアダムの言う 8, 22；42, 17 についても妥当する．確かにここには「救済された者の中で救済する」キリストという発言が存在する(8, 22)が，文脈から見て（特に 42, 17 との関連において），「救済された者」と「救済する者」とが同一人物であるか否か必ずしも明らかでないし，たとえそれが同一人物を示すものであっても，それはこの文書の救済思想から究極的に引き出される表象であって，この表象がこの文書の根本思想を代表するものではないであろう[50]．同様の視点から『ヨハネ行伝』のイエス像も解釈されなければならないのである．

5　『ヨハネ行伝』におけるイエス

アダムやシュミットハルスによれば，『ヨハネ行伝』第 95 章の「わたし（＝イ

---

46) 8, 8-21；10, 4-6；22, 1-12；28, 8-14；31, 6-13；36, 3-8；41, 8-10. 更に，人間の霊魂はキリストの「肢体」と呼ばれている．
47) Bultmann, *Das Evangelium des Jahannes*, pp. 38 f.
48) Käsemann, *Das wandernde Gottesvolk*, p. 98, 参照．ただし，ここではグノーシス的モチーフが強調され過ぎている．また，この箇所では，Colpe, a. a. O., p. 180, Anm. 2 が主張するように「彼（＝キリスト）が人間における salvandum の霊的本質をとる」ことだけを意味しているのではない．
49) Adam, a. a. O., p. 34.
50) Colpe, a. a. O., pp. 188 f., Anm. 4, 参照.

エス)は救われたい．わたしは救いたい」という言葉が，「救済された救済者」思想の最古の最も重要な証言の一つであるといわれる[51]．しかし，ここにおいてイエスは，自分の苦難を人間の苦難の「象徴として」(συμβορικῶς)叙述しているのであって[52]，シュミットハルスが主張しているごとき，救いうるためには救われなければならぬという「救済された救済者」という意識をもつものではない[53]．もっとも，この文書に特徴的な Ἰησοῦς πολύμορφος の思想の中には確実に仮現説を認めなければならない[54]．ただし，この思想全体をキリスト教成立以前にまで遡源するべき十分な証拠は無い．また，ここに原人の思想は認められないのである．

以上においてわれわれは，主としてブルトマンと彼の説に従う人々が彼らの「グノーシス救済者神話」の特色をあげるために用いた諸資料を検討したのであるが，ここで得られた成果を，われわれはナグ・ハマディ文書によっても裏づけることができるように思われるのである．

6 ナグ・ハマディ文書におけるイエス

われわれはまず，ナグ・ハマディ文書においても「救済された救済者」像や仮現的キリスト論を予想させる箇所が散在することは認めなければならない．たとえば，『ピリポによる福音書』には，「彼(＝イエス)は再び(πάλιν)救済された．彼は再び(πάλιν)救済した」という言葉があり(§81)，また，『ヤコブの(第一の)黙示録』には，はっきりとイエスが受難しなかったことが示唆されている(31, 17-26)．しかし，注意すべきは，「救済された救済者」像を予想させる発言を含む『ピリポによる福音書』に，キリスト仮現説が認められないばかりか，逆にキリストの「肉体」(σάρξ)が強調されており(§72)[55]，他方，キリスト仮現説を強調する『ヤコブの(第一の)黙示録』は「救済された救済者」像を

---

51) Adam, a. a. O., p. 34, Anm. 4 ; Schmithals, *Die Gnosis in Korinth*, p. 78. なお，『ヨハネ行伝』のテクストは，R. A. Lipsius, M. Bonnet, *Acta Apostolorum Apocrypha* II/1, Darmstadt 1959, pp. 151-216.

52) 『ヨハネ行伝』96.

53) Weigandt, a. a. O., p. 83, Anm. 233, 参照．

54) Weigandt, a. a. O., pp. 40 ff., bes. p. 54, 参照．

55) 詳しくは，上記288頁以下，参照．

知らない。また,『アダムの黙示録』においても,問題になっているのが「救済者」なのか「救済さるべき者」なのか明らかでない箇所が存在することは事実である(77, 1-18)。これに対応して,「原人」セツと「救済者」フォーステールが同一視されているとみなすこともできないことはない[56]。しかし,フォーステールの由来に関する十四の発言(77, 27-83, 4)の中で,彼が仮りの肉体をとって地上に来たという表象は全くないのである。むしろ,彼の「肉体」($\sigma\acute{\alpha}\rho\xi$)は前提されているように思われる(77, 16-18)[57]。要するに,これらの諸文書においてさえ,「救済された救済者」像と原人 - 救済者の仮現説は内的関連を有していない,つまり,これらに根本的な概念とはなっていないのである。しかも,その他の諸文書には,これらの概念そのものが登場しないのである。

更に,『トマスによる福音書』の場合,イエスは終始一貫して,父と人間の同質性の告知者と禁欲倫理の教師として登場し,直接的には救済者の役割さえ持っていない[58]。そして,28 の言葉(「わたしはこの世のただ中に立った。そして,彼らに肉($\sigma\acute{\alpha}\rho\xi$)において現われ出た」)に,われわれは仮現説を見出す必要を認めないのである。『トマスによる福音書』には,イエスが木にも石にも見出されるという思想があるが(77),この思想との関連において,人間がなお肉にある限り,この人間にその本質を告知するイエスも当然肉にあることが前提されていると見てよいであろう。ここでは,人間にその本来の自己を伝達するイエスが問題なのであって,そのイエスがいかなる姿を有するか,それが否定さるべき「肉」(87 ; 112)といかなる関わりを持つかという問題は,未だ十分な反省の対象とされていないのである[59]。

『真理の福音』31, 4 ff. も,「彼(=ロゴス)は比喩の肉体($\sigma\acute{\alpha}\rho\xi$)をもって来た」ではなくて,「彼は肉体($\sigma\acute{\alpha}\rho\xi$)のかたちをもって現われ出た」と訳さるべきであるし,ここではキリストの十字架の救済的意味がことさらに強調されているのである(19, 34-20, 30)。この点,『ヤコブの手紙』5, 33-6, 20 の発言とかなりの類似点がある。いずれにしても,『真理の福音』におけるキリスト論の素材

---

56) Schottroff, in : Eltester(ed.), a. a. O., p. 79, 参照.
57) 詳しくは,上記 190 頁以下,参照.
58) E. Haenchen, *Die Botschaft des Thomas-Evangeliums*, Berlin 1961, p. 64, 参照.
59) 詳しくは,上記 269 頁以下,参照.

は必ずしもグノーシス的とは思われず,むしろヨハネ福音書に遡るものと想定されるのである.ただ,ここで注目すべきは,このような非グノーシス的素材のグノーシス的意味づけであろう.つまり,この文書においてキリストが「肉体のかたち」をとり,「多くの人々の命」(20, 14)として十字架上に死ななければならぬのは,「この世」の「かたち(σχῆμα)を解消し」て(24, 20-24),「父」との結合を遂げるためなのである(25, 4 f.).こうして見ると,キリストに関する素材のグノーシス的意味づけには,グノーシス的人間論が前提されており,ここでキリスト論そのものは二次的であるとみなさざるをえないであろう[60].

『真理の福音』においてそのキリスト論が二次的であるという結論は,われわれの問題にとって重要な意味を有する.なぜなら,同様のことが,ナグ・ハマディ文書の——われわれの分類による——Bグループに属する諸文書[61],特に『この世の起源について』において資料批判的に確認されるばかりではなく[62],『ヨハネのアポクリュフォン』においては「ソフィア」像が次第に「キリスト」化されていく過程が文献批判的に追跡されるからである[63].また,『エジプト人の福音書』では「キリスト」の前型が「セツ」であることが確かめられる[64].そして,ソフィア像には全体として「救済される救済者」的性格が認められるが,明らかに「原人」アダムとは区別されており,これに対してセツの場合には,前述の『アダムの黙示録』におけるセツ-フォーステールの場合と同様,原人的性格も認められるのであるが,ソフィアにしてもセツにしても,フォーステールと同様に,「仮りの肉体」をもってこの世に来たという表象が全く認められないのである.

以上われわれは,ブルトマンのいわゆる「グノーシス救済者神話」,特に人間となる,原人としての,または救済された救済者の概念を,彼自身および彼の説を受けいれる学者たちが拠っている資料と新資料を通して検討してきた.

---

60) 詳しくは, S. Arai, *Die Christologie des Evangelium Veritatis. Eine religionsgeschichtliche Untersuchung*, Leiden 1964. 上記305頁以下,参照.
61) 上記163頁以下,参照.
62) 詳しくは,上記164, 212頁以下,参照.
63) 詳しくは,上記196頁以下,参照.
64) 上記164頁,参照.

そして，この概念が一応見出されるのは，ブルトマンがもはや引用しなくなったマニ教の文献においてのみであることを知った．もしこれを度外視すれば，他の個々の資料には，いわゆる「救済者神話」の全体が無いことを知った．もちろん，それぞれの資料を結びつければ，最も発展したグノーシス神話とされているマニ教的な神話を，つまりブルトマンの「グノーシス救済者神話」を構成することはできるであろうが，それをもって新約聖書のキリスト論の背景とすることは学問上不可能である．その上，われわれは，「原人」としての「救済された救済者」の概念，「救済者の人間化」の思想は，グノーシス主義そのものには必ずしも本来的なものでないことを知っている．グノーシス神話は，人間の自己認識を目的とし，霊肉二元論の前提に立脚して形成される限り，この意味における救済者は必ずしも必要としないのである．だからと言ってわれわれは，クイスペルその他のごとく，グノーシス主義は本来自己救済であって，救済者はキリスト教から借用した概念であるという見解をとらない[65]．救済者なきグノーシス主義もありうるが，「認識」(グノーシス)を伝達すべく光の世界から「遣わされた者」の思想は，絶対的二元論に立つグノーシス主義が必然的に要請する思想であり，それはキリスト無くしても，ソフィア，セツ，フォーステール等の形で登場しうるからである．他方，これらの救済者像に何らかの意味でこの世あるいは人間との結合が要請された場合，背景に霊肉二元論がある限り，その中に仮現に傾く傾向を宿していることを，われわれは否定するものではない．しかし，それが一つの仮現説となって現われるのは，やはりこれらの救済者像が，原始教会において救済者と告白された人間イエスと結合された結果であろう．ただし，いわゆるキリスト教グノーシス主義のすべてが，必ずしもイエスを仮現的に理解してはいないのである．ここではむしろ，イエスの Wie には無関心であるか，あるいは，人間を救うために人間のかたちをとることが彼に要請される場合も多く確認されるのである[66]．

---

65) Quispel, *Eranos-Jahrbuch* 22, p. 223 f.; E. Schweizer, *Erniedrigung und Erhöhung bei Jesus und seinen Nachfolgern*, Zürich 1955, pp. 157, 161 f.; Wilson, a. a. O., p. 75, 218 ff., 254, 256; Weigandt, a. a. O., p. 20.
66) 渡辺英俊「グノーシス〈原人〉(アンスローポス)神話について」『神学』第33号，1970年，21-69頁も，グノーシス救済者像に関し，少なくとも「原人」と「救済者」との関係，「救済された救済者」像の評価をめぐって，ほぼわれわれと同じ結論に達して

以上の結論から，特に新約学者には次のことが義務づけられる．第一は，ブルトマンの「神話」から解放され，資料そのものに則して史的イエスの問題，特に原始教会におけるキリスト論成立の問題にたち向うこと．そして，少なくともヨハネ福音書に代表される原始教会のキリスト論成立の背景を問う場合，マンダ教文書の最も古い伝承の層とナグ・ハマディ文書を厳密に検討すべきこと．

いる．ただし，この論文においては，原資料，特にナグ・ハマディ文書に関する独自の見解が欠落しており，また，われわれのこれまでの研究成果がまったく無視されている．

2 グノーシス主義の本質と起源について

　1966年4月，イタリアのメッシーナ大学において，「グノーシス主義の起源に関する国際コロキウム」(Le colloque international sur les origines du gnosticisme)が開かれた[1]．筆者もこの学会において，「グノーシス主義の定義によせて——その起源の問題との関連において——」(Zur Definition der Gnosis in Rücksicht auf die Frage nach ihrem Ursprung)と題する報告を行なった[2]．本節は，この報告に，学会の最終日に採択されたグノーシス主義に関する公式の定義案 Propositinos concernant l'usage scientifique des termes gnose, gnosticisme etc.[3]によって修正を加え，更に，学会の主題であったグノーシス主義の起源の問題に，その後に公けにされた諸論稿を考慮に入れながら，筆者独自の立場から接近を試みたものである．そして同時に本節は，筆者によるこれまでのグノーシス主義研究に関する総括となるであろう．そのためにまず，主題にかかわる方法を研究史的に明確にしておかなければならない．

1　研究史の検討——方法論的観点から——[4]

　われわれはまず，われわれの問題に接近するために，過去において最も好んで採用された，そして現在もなお採用されている，「動機史的」(motivgeschichtlich)方法に検討を加えなければならないであろう．この方法は，周知のごとく，ある宗教思想の成立を確定する際に，その思想の中で最も主要なモチーフを，その前段階を形成すると思われる隣接思想から「導入」(ableiten)して，前者を後者との史的因果関係で説明しようとするものである．そして，グノーシス主義の場合，その主要モチーフと判定されたものは，まず，ギリシア的・ヘ

---

1) ここで発表された諸報告は次のかたちで公けにされている．U. Bianchi(ed.), *Le origini dello Gnosticismo. Colloquio di Messina, 13-18 Aprile 1966*, Leiden 1967.

2) Bianchi(ed.), a. a. O., pp. 181-189.

3) Bianchi(ed.), a. a. O., pp. XX-XXXII.

4) この観点から研究史を概説したものに，R. Haardt, Bemerkungen zu den Methoden der Ursprungsbestimmung der Gnosis, in: Bianchi(ed.), a. a. O., pp. 161-173; Ders., *Die Gnosis. Wesen und Zeugnisse*, Salzburg 1967, pp. 9-28 がある．

レニズム的モチーフであった.

　この立場は, 元来, 古代教会の若干の反異端論者がとったものである. つまり, 彼ら——とりわけテルトゥリアヌス——は, グノーシス主義をキリスト教のギリシア化ないしは異教化とみなし, その結果生じた「異端」(haereses)に対して反駁を加えたのである[5]. ハルナック(A. v. Harnack)によるグノーシス主義の有名な定義「キリスト教の急速なヘレニズム化」(akute Hellenisierung des Christentums)も, この系列に属するものであろう[6]. シュナイダー(C. Schneider)は, グノーシス主義の中にイラン的要素を認めないわけではない. しかし, 彼にとってもグノーシス主義の「精神」は「ただギリシア的, しかも圧倒的にプラトーン的」なのである[7]. ライゼガング(H. Leisegang)の場合, グノーシス主義におけるイラン的要素がシュナイダーの場合よりも高く評価される. しかし彼においても, オリエント的なものは部分的「素材」に過ぎず, グノーシス主義の「内実と精神構造」は「ギリシア的」なものとして確認される[8]. こうしてライゼガングが, グノーシス主義におけるギリシア的要素とオリエント的要素の結合を, ギリシア精神の堕落現象とみなすのに対し[9], ド・ファイユ(E. de Faye), なかんずくランゲルベック(H. Langerbeck)は, グノーシス主義に典型的思想を, ——ライゼガングのように——通俗的グノーシス主義ではなく, ヴァレンティノスやバシリデスのようなグノーシス的「神学者」に見出すべきであるとし, 彼らの思想を, 福音のプラトーン的ないしはアリストテレース的理解, つまり, 正統ではないが正当な神学思想として高く評価するのである[10]. この意味において, ランゲルベックのグノーシス観は, ハルナックの

---

5) 上記93頁以下, 参照.
6) A. v. Harnack, *Lehrbuch der Dogmengeschichte* I, 5. Aufl., Tübingen 1931, p. 205.
7) C. Schneider, *Geistesgeschichte des antiken Christentums* I, München 1954, p. 268.
8) H. Leisegang, *Die Gnosis*, 4. Aufl., Stuttgart 1955, pp. 5 f.
9) Leisegang, a. a. O., p. 51.
10) E. de Faye, *Gnostiques et gnosticisme. Étude critique des docments du gnosticisme chrétien aux IIe et IIIe siècles*, 2. Aufl., Paris 1925; H. Langerbeck, Das Problem der Gnosis als Aufgabe der klassischen Philologie, in: *Aufsätze zur Gnosis* (Gesammelte Aufsätze), Göttingen 1967, pp. 17-37; Ders., Die Anthropologie der alexandrinischen Gnosis, in: a. a. O., pp. 38-82.

マルキオン観にかなり近いと言えるであろう.

さて,グノーシス主義を形成する決定的モチーフを,ギリシア的なものよりもイラン的なものに見出し,この意味でグノーシス主義を・オ・リ・エ・ン・トから導入するものに,いわゆる「宗教史学派」(religionsgeschichtliche Schule)に属する人々とその後裔がある.もっとも,ここで「オリエント」と言っても,それがヘレニズム世界の一部である限り,ここにギリシア的モチーフを無視するわけにはいかない.従って,宗教史学派の代表的人物であるブセット(W. Bousset)によれば,グノーシス主義の特色は,相対立する二つの神性というイラン的表象と,感覚的・物質的世界に対する精神的・理性的世界の優位というギリシア的見解の「混合」(Vermischung)の中にある,ということになる[11].しかし,グノーシス主義のオリエント起源説をごく最近まで決定的にしたのは,宗教史学派のもう一人の代表者ライツェンシュタイン(R. Reitzenstein)であろう.彼はトゥルファン出土のマニ教文書,なかんずくいわゆる Glied-Hymnen に注目し,この中に想定されるいわゆる「原人 - 救済者」(Urmensch-Erlöser)神話が,イランの宗教,特にその後裔であるグノーシス主義の中核を形成するものであることを強調した.彼によれば,ここに原人が個々の人間の魂と本質を一つにすると考えられており,その結果,救済さるべき人間の運命は同時に救済者自身の運命である[12].このいわゆる「救済された救済者」(Salvator salvatus)がグノーシス主義における救済者像の特色であるという古典的学説は,最近になってコルペ(C. Colpe)とシェンケ(H. -M. Schenke)によって徹底的に批判されるまで[13],殆ど学界の定説となっていたのである[14].

第三に,グノーシス主義の本質的モチーフは,少なくともイランではなく,

---

11) W. Bousset, Gnosis, in : Pauly-W, *RE*, VII/2, 1912, Sp. 1510.
12) R. Reitzenstein, *Das iranische Erlösungsmysterium*, Bonn 1921, pp. 42, 56-59.
13) C. Colpe, *Die religionsgeschichtliche Schule. Darstellung und Kritik ihres Bildes vom gnostischen Erlösermythos*, Göttingen 1961 ; H. -M. Schenke, *Der Gott 》Mensch《 in der Gnosis. Ein religionsgeschichtlicher Beitrag zur Diskussion über die paulinische Anschauung von der Kirche als Leib Christi*, Göttingen 1962.
14) 詳しくは,上記319頁以下,参照.なお,コルペの批判に対する再批判には,G. Widengren, *Die Religionen Irans*, Stuttgart 1965, p. 303, Anm. 39 ; Ders., in : *Orientalische Literaturzeitung* 58, 1963, pp. 533-543 ; W. Schmithals, *Die Gnosis in Korinth*, 2. Aufl., Göttingen 1965, pp. 30 f., 78 ff. 等がある.

むしろユダヤ教に，——厳密に言えば——非主流的ユダヤ教に遡源さるべきであるとする説が最近有力になっている．この説の代表者はクイスペル（G. Quispel）であるが，彼によれば，グノーシス主義に特徴的な救済者像は，イランの原人神話から導入される必要はなく，むしろそれは，後期ユダヤ教のアダム像から直接的に説明される[15]．こうして，イラン的要素がユダヤ教的要素にとって代られることになるのであるが，少なくともクイスペルのアダム仮説が成立しないことは，シューベルト（K. Schubert）によって証明されている[16]．一方，シュテュルマー（K. Stürmer）は，クイスペルとは別に，グノーシス主義におけるユダヤ教的要素の重要性を認め，グノーシス主義を一つの「錬金術」（Alchimie）にたとえて，これによってユダヤ教とギリシア思想から第三のものが生じたと言う[17]．われわれは，ここに，ブセットの「混合説」（Vermischungstheorie）の修正を見出すことができるであろう．いずれにしても，われわれは現在，——後述するように——グノーシス主義におけるユダヤ教的要素を無視するわけにはいかないであろう．

　以上三つの相異なる見解に方法論的に共通している点は，グノーシス主義の本質を，比較的後代に属する資料——第一と第三の場合は古代教会によって反駁されたキリスト教的グノーシス主義，第二の場合は主としてマニ教——，しかもお互いに必ずしも関係のない種々の資料から再構成し，その中で主要と判定されたモチーフを他の隣接諸宗教から導入していることであろう．この方法は，特定の宗教思想の起源を史的に説明するために適当な方法ではない．このことを意識した学者たちは，グノーシス主義の本質を，種々の資料からではなく，一つの資料から，しかも——少なくともその原本が——比較的古い時代に成立したと思われる資料からとらえて，その資料がいかなる宗教史的系譜に属するかを確定することによって，グノーシス主義の起源に接近しようとする．

　たとえば，ヴィデングレン（G. Widengren）は，『トマス行伝』に収録されているいわゆる「真珠の歌」の中にグノーシス主義の本質のすべてが含まれてい

---

15)　G. Quispel, Der gnostische Anthropos und die jüdische Tradition, *Eranos-Jahrbuch* 22, 1953, p. 234.

16)　K. Schubert, Problem und Wesen der Gnosis, *Kairos* 3, 1961, p. 2.

17)　K. Stürmer, Judentum, Griechentum und Gnosis, *ThLZ* 73, 1948, Sp. 581.

るという前提に立って，歴史現象としてのグノーシス主義は，「全くのところ，イラン人によって小アジアに仲介された，一つのインド-イラン運動である」と断定するのである[18]．しかし，「真珠の歌」がヴィデングレンの見るように古い資料であるか否かについて，現代の研究段階ではなお決定的なことは言えないであろう[19]．

これに対して，シェップス (H.-J. Schoeps) とシュミットハルス (W. Schmithals) は「魔術師」シモンの教説から出発する．この限りにおいて，両者ともシモンをグノーシス主義の祖とみなす教父たちの見解に従っているわけであるが，しかし，シェップスがシモン派のより古い教説をユスティノスとエイレナイオスの証言から再構成し，従ってグノーシス主義をサマリアに遡源させるのに対して[20]，シュミットハルスは，ヒッポリュトスが証言しているシモン派の教説をより古いものとみなして[21]，これをバビロニアに捕囚されたユダヤ人にまで遡源するのである[22]．われわれの見解によれば，シモンないしはシモン派に関する上記二種類の資料の資料価値をめぐって二者択一は許されないが[23]，いずれにしてもこれらの資料は間接資料であるから，われわれはここから決定的なことを期待することはできないであろう．同様のことが，グノーシス主義の成立をヒッポリュトスの証言するナハシュ派の詩から小アジアの密儀宗教との関連において説明しようとするポコルニー (P. Pokorný) の試みについても妥当するであろう[24]．

---

18) G. Widengren, Der iranische Hintergrund der Gnosis, *ZRGG* 4, 1952, p. 106. その他，Ders., Les origines du gnosticisme et l'histoire des religions, in : Bianchi (ed.), a. a. O., pp. 28-60 ; A. Adam, *Die Psalmen des Thomas und das Perlenlied als Zeugnisse vorchristlicher Gnosis*, Berlin 1959, 参照．

19) 特に A. F. J. Klijn, *The Acts of Thomas*, Leiden 1962, pp. 276 ff. ; Ders., Early Syriac Christianity—gnostic? in : Bianchi (ed.), a. a. O., pp. 575-579 ; Ders., Das Lied von der Perle, *Eranos-Jahrbuch* 35, 1966, pp. 154-164 ; G. Quispel, *Makarius, das Thomasevangelium und das Lied von der Perle*, Leiden 1967, pp. 39-64, 参照．

20) H.-J. Schoeps, *Urgemeinde, Judenchristentum. Gnosis*, Tübingen 1956, p. 36.

21) Schmithals, a. a. O., pp. 45, 277.

22) この限りにおいて，A. Adam, Ist die Gnosis in aramäischen Weisheitsschulen entstanden ? in : Bianchi (ed.), a. a. O., pp. 291-301 も同意見である．

23) 上記 120 頁以下，参照．

24) P. Pokorný, *Der Epheserbrief und die Gnosis. Die Bedeutung des Haupt-Glieder-Gedankens in der entstehenden Kirche*, Berlin 1956, pp. 50-58.

とにかく，動機史的方法が特定の宗教史的モチーフを史的に遡って説明しようとする限り，それは一種の regressus in infinitum のアポリアに陥らざるをえないであろう．このような方法論的アポリアが一つの原因となって，グノーシス主義成立の「実質根拠」(Realgrund)を問う学者たちが出てきたものと思われる．そして，この実質根拠は多くの場合，心理学的あるいは社会学的種類のものである．ただし，この方法は決して動機史的方法を排除するものではなく，むしろこれに還元的機能を持たせようとするものである．

この心理学的還元の立場は，史的に互いに無関係な二つ以上の宗教現象を同時に説明できる限りにおいて，動機史的方法のアポリアを越えるとみなしてよいであろう．たとえば，すでに言及したクイスペルは，宗教史学派の方法を超克しえたことを心理学者ユング(C. G. Jung)に感謝しながら，グノーシス主義成立の本質的モメントを「自己経験の神話的投影」(mythische Projektion der Selbsterfahrung)に還元する[25]．ここから彼がグノーシス主義を「世界宗教」(Weltreligion)とみなすのはむしろ当然であろう．

このような動機史的・心理学的分析を支え，それを補うのが社会学である．再びクイスペルをして言わしめれば，彼のいわゆる「自己経験の神話的投影」としてのグノーシス主義は，ヘレニズム時代に固有な社会的状況に即応する．一方において民族の固有性が喪失し，他方においてローマの官僚制が諸属州の末端機関まで貫徹された社会組織において，人間の救済は Erotik か，あるいは自己自身への観念的逃避以外にない[26]．グラント(R. M. Grant)もこのような心理学的・社会学的方法を彼のグノーシス主義成立に関する説明に適用しているように思われる．彼によれば，ユダヤ教の黙示文学が，70年のエルサレム陥落という歴史的出来事によって，その終末論の持つ時間的射程を失い，それが場所的・観念的終末論を伴うグノーシス主義に変形したというのである[27]．なお，このような社会学的モメントを，グノーシス主義の成立に関して特に重要視する学者たちは，先にあげたポコルニーのほかに，ルドルフ(K. Rudolph)

---

25) G. Quispel, *Gnosis als Weltreligion*, Zürich 1951, Vorrede, p. 17.
26) Quispel, a. a. O., p. 20.
27) R. M. Grant, *Gnosticism and Early Christianity*, New York/London 1959, pp. 34, 41 ; Ders., Les êtres intermédiaires dans le judaïsme tardif, in : Bianchi(ed.), a. a. O., pp. 141-157, 参照．

やクリーマ(O. Klima)等，いずれも東欧圏に属していることが興味深い[28]．

しかし，このような心理学的・社会学的還元の立場からは，きわめて一般的な結論以上のことを期待することはできないであろう．更に，元来極めて観念的なグノーシス主義の資料から，直接的に社会的状況を知ること自体が困難なだけに，これらの方法によって，グノーシス主義という特殊な宗教思想とその成立の問題を正確に説明しつくすことは無理のように思われるのである．

この意味で，ヨナス(H. Jonas)がグノーシス主義研究に導入した「実存論的」(existenzial)方法は，いままでの方法の持つアポリアを越えるものである．ヨナスは，グノーシス主義を，その内側からではなく，外側からとらえることに満足しない．彼によれば，グノーシス主義は決して単なる宗教混交現象ではなく，古代末期に固有な「反宇宙的」(akosmisch)「現存在の姿勢と，それに担われた根元的存在の説明」(Daseinshaltung und eine von dieser her getragene ursprüngliche Seinsdeutung)である[29]．しかし，このようなヨナスによるグノーシス主義の実存論的解釈は，決してグノーシス主義の成立に関する既存の方法を排除するものではない．現にヨナス自身，グノーシス的 Daseinshaltung 成立の背景に，社会的「危機」に由来する人間の「不安」と「自己疎外」を想定しており，また，動機史的には明らかに「オリエント」の陣営に身を寄せているからである[30]．

ブルトマン(R. Bultmann)もまた，ヨナスと共にグノーシス主義のテクストを実存論的に解釈し，そこに見出されるグノーシス的実存理解を新約聖書の実存理解と対比する．しかし，その際彼が，彼のいわゆる「グノーシス救済者神

---

23) Pokorný, a. a. O., pp. 43 ff.; K. Rudolph, Stand und Aufgaben in der Forschung des Gnostizismus, Tagung für allgemeine Religionsgeschichte 1963, Sonderheft der *wissenschaftlichen Zeitschrift der Friedrich-Schiller-Universität Jena*, p. 98; O. Klima, *Manis Zeit und Leben*, Prag 1962.

29) H. Jonas, *Gnosis und spätantiker Geist* I: *Die mythologische Gnosis*, 3. Aufl., Göttingen 1964, p. 80; Ders., Delimitation of the gnostic phenomenon — typological and historical, in: Bianchi(ed.), a. a. O., pp. 90-103, 参照．

30) Jonas, *Gnosis und spätantiker Geist* I, pp. 8, 58-73, 94-140.

31) R. Bultmann, Die Bedeutung der neuerschlossenen mandäischen und manichäischen Quellen für das Verständnis des Jahannesevangeliums, *ZNW* 24, 1925, pp. 100-147; Ders., Johannesevangelium, *RGG* III, 3. Aufl., 1959, Sp. 847.

話」を，彼に固有な再構成によって新約聖書のキリスト論に先行させるとき[31]，彼は明らかにあの古き宗教史学派の動機史的研究成果を殆ど無批判に前提しているのである．この意味で彼は，ヨナスを飛び越えて，ライツェンシュタインに結びつく．これが現在，資料によって支持されないとすれば，ブルトマンの実存論的解釈が——それが解釈学の方法であっても史的方法では必ずしもないだけに——資料そのものに先行したために，グノーシス主義の起源に関しては40年前の学説に留まっていると批判されざるをえないであろう[32]．ほぼ同じことが，ブルトマンの弟子シュミットハルスのグノーシス観についても妥当する[33]．

いずれにしても，われわれは現在，グノーシス主義に関する実存論的研究の成果を高く評価しなければならない．特に，それはたとえばビアンキ(U. Bianchi)による今日の宗教史的，なかんずく比較宗教学的研究の成果によっても支持されるからである．つまり，ビアンキによれば，グノーシス主義は，いつ，どこででも，お互いに史的な関係なしに自己を主張できる，反宇宙的・二元的Geisteshaltungに基づく宗教思想運動であり，その意味でこれは，他の宗教思想から動機史的に導入できない，特定の実存理解なのである[34]．シェンケが，「グノーシスはもともと導入できない」と言うとき[35]，この場合の「グノーシス」とは，グノーシス主義に固有な実存理解のことを指しているのであろう[36]．

しかし，ここでわれわれが注意しなければならないことは，グノーシス的

---

32) 上記 319 頁以下，参照．

33) Schmithals, a. a. O. なお p. 72, Anm. 5 で彼が，ヨナスの „Daseinshaltung" を „Grunderlebnis" と言いかえるとき，前者の実存論的解釈の方法が再び心理学的還元の方法に戻されてしまう危険性が生ずるであろう．

34) U. Bianchi, *Probleme der Religionsgeschichte*, Göttingen 1964, p. 38; Ders., Le problème des origines du gnosticisme, in: Bianchi(ed.), a. a. O., pp. 1-27, 参照．

35) H.-M. Schenke, Das Problem der Beziehung zwischen Judentum und Gnosis, *Kairos* 7, 1965, p. 125; Ders., Hauptprobleme der Gnosis, *Kairos* 7 1965, p. 118, 参照．

36) このようなグノーシス主義の原理的側面を強調する傾向は，F. C. Baur, *Die christliche Gnosis oder die christliche Religionsphilosophie in ihrer geschichtlichen Entwicklung*, Tübingen 1835 (Nachdruck: Darmstadt 1967), bes. VII, 36 ff., 54 ff. に遡るであろう．彼にとって，Gnosis とは要するに „Religionsphilosophie" であって，それは 2 世紀のキリスト教グノーシス主義からベーメ，シェリング，シュライエルマッヘル，ヘーゲルにまで辿られるのみならず，キリスト教以外にもフィローン，プラトニズム，仏教にまで認められるという．

Geisteshaltung または Daseinshaltung が，それだけでグノーシス主義の全体を覆うものではないということであろう．それは，ヨナスが言うように，Daseinshaltung と，それによって担われた Seinsdeutung をも含むのである．そしてグノーシス主義者が，彼に固有な Daseinshaltung によってその Sein を deuten するとき，その客観化としての Seinsdeutung に当然用いられる宗教的諸モチーフは史的に導入できる，否，歴史家にとって，それは導入されなければならぬのである．ここで，あの動機史的方法が新しくその意味を持ってくるであろう．

　ここでわれわれは，特に資料操作との関わりにおいて過去に犯された誤りを再び繰り返してはならないであろう．つまり，われわれはまず，お互いに無関係な諸資料からグノーシス主義の本質を抽出することは避けなければならない．そして第二に，グノーシス主義の成立を問題にするに際して，比較的後代に属する資料を用いること，あるいは比較的に古い時代に属する資料でも，その信憑性に関する判定がまだ定まっていない資料を用いることは，できるだけ避けなければならないであろう．いずれにしてもわれわれは，われわれの課題を遂行するために，できるならば間接資料によらず，直接資料によるべきであろう．

　この意味で，以下においてわれわれがグノーシス主義の本質と起源の問題に接近するに当り，その資料としてナグ・ハマディ文書を用いることが方法論的に最も健全であろうと思われる．なぜなら，この文書は第一に，その全体が特定の個人または教団に属していたであろうことは確実であり，第二に，その中にグノーシス主義の最も古い時代に遡る資料，あるいは，少なくとも伝承が存在していることが明らかであり，そして第三に，この文書全体が直接資料だからである．もっとも，少なくとも 53 にのぼるナグ・ハマディ文書の中，現在までそのテクストが公けにされている文書は 15 に過ぎない（本書 399 頁の付記，参照）．しかし，この文書全体の内容に関してはおよそのところを知ることができるし，また，既刊のテクストから，たとえその結論が暫定的なものであっても，われわれの課題に迫ることが，今日われわれに与えられている学問上の義務であろうと思われるからである[37]）．

37）ナグ・ハマディ文書に関しては，上記 157 頁以下，参照．

以上の前提に立って，われわれはまず，グノーシス主義の本質を確認しておきたい．本質を確定することなしにその起源を問うことはできないからである．

2 グノーシス主義の本質

上述したように，グノーシス的 Daseinshaltung または Geisteshaltung は，いつ，どこででも，お互いに史的な関係がなくても，自己を主張できる一つの実存理解である．このことはメッシーナの学会においても確認された．すなわち，グノーシス主義がそれに依る実存理解を，われわれは――われわれが以下において問題にする，キリスト教と直接間接に関わる古代末期の「グノーシス主義」(Gnosticism)とは歴史的に無関係に――あるいはイランに，あるいはインド-イランに，あるいはウパニシャッドのインドに，あるいはプラトニズムとオルフィズム（及びピュタゴラス派）のギリシアに，あるいは中世以後においても，たとえばプリスキリアヌス派，パウリキアヌス派，ボゴミル派，カタリ派，イェジディ派，イスマリ派等の中に確認しうるのである．われわれは，グノーシス主義におけるこのような原理的側面を，歴史現象としての「グノーシス主義」(Gnosticism)と区別して，「原グノーシス主義」(Proto-Gnosticism)と呼ぶことに意見が一致した[38]．このように，個々のグノーシス主義は，夫々に共通する超歴史的・原理的側面を持っているだけに，それが伴ういわゆるグノーシス神話には，一般神話に見られる民族的・民俗的性格がなく，総じて「創作神話」(Kunstmythos)的特色を有することは当然であろう．つまり，グノーシス的 Daseinshaltung はそれ自体テクストを持たないのであるから，それが Sein を deuten する際に，既存の諸宗教思想に属するテクストを転釈して，グノーシス主義のテクストを産出する．前者に属する民族(俗)神話が，グノーシス的解釈によって創作神話となるのである[39]．

さて，このような性格を持つグノーシス的 Daseinshaltung が，ユダヤ教-キリスト教という歴史的文脈の中で自己を客観化して，一つの歴史的形体としてのいわゆるキリスト教的グノーシス主義を成立せしめるとき，われわれはその中に，その本質を形成すると思われる三つのモチーフを確認できるのである．

---

38) Bianchi(ed.), a. a. O., pp. XXI f., 参照.
39) A. Brelich, La mitologia e gli gnostici（前記学会における発表原稿），参照.

2 グノーシス主義の本質と起源について

　その第一は，究極的存在と人間の本来的自己がその本質において一つであるという認識(グノーシス)に救済を見出すという，救済的自己認識のモチーフである．人間がどこから来て，どこへ行くか，人間の本来的自己は何か，という問への答が，グノーシス主義におけるいわば「福音」である．そしてこの福音は，ナグ・ハマディ文書全体に共通する根本モチーフであるが，これは，なかんずくいわゆる『真理の福音』の主題を形成する．

　　それ故に，ある人が認識すれば，その人は上からの者である．彼が呼ばれれば，彼は聞き，答え，彼を呼ぶかたに向きを変え，そのもとに昇って行く．そして彼は，彼がいかなる仕方で呼ばれたかを認識する．彼は認識するのであるから，彼を呼んだかたの意志を行なう．彼はこのかたのみ旨を行なおうとする．彼は安息を得る．一者の名前が彼に与えられる．このように，認識する者は，彼がどこから来たか，彼がどこへ行くかを知る．彼は酔いしれていてその酔から醒めた者のように，認識する．彼は自己自身に帰った後に，彼は自己に属するものを回復したのである(22, 2-19).

　ここでは明らかに，人間の起源と目的，つまり本来的自己を「認識する」(saune＝γινώσκειν)ことが，「自己自身」(ûaleef＝ἑαυτός)に帰ること，「自己に属するもの」(innetenûf＝τὰ ἑαυτοῦ)を回復すること，すなわち，人間の救済であることが告知されている．そして，人間の本来的自己はどこに由来するか，という問には，われわれの箇所は短く「上から」と答える．より明確な表現では，「彼が父から来たことを認識した」(27, 11 f.)ということになる．ここで注目すべきは，「認識」(sûōn＝γνῶσις)という概念が絶対的に使用されているところでは，いつでも究極的存在としての「父」，または彼を認識せしめる「子」との関連で使用されているという事実であろう．これに対して，「無知」(atsûōn)という概念は，そこにおいて自己が成立していない状況が描写されるところで使用されている．そして，このような自己成立の根底に関する「無知」または「忘却」が消えうせるために，「父」が認識されなければならない．とすれば，われわれはここに注目すべき等置を，つまり父認識は自己認識であるという等置を確認できるであろう．そして，このような等置に，父と自己との同質性が前提されている．われわれはこのことを，「父に欠如する」(21, 16 f.)とか「人

間の中に住む光」(32, 23 f.)とか,父が人間の中に植えた「種子」(36, 37 f.)とか,「父が彼らの中におり,彼らが父の中にいる」(42, 25 f.)とかの表現から推定できるであろう[40]).

さて,ここで人間の本来的自己の認識が救済であるとみなされている限り,救済さるべき人間の現実は,非本来的倒錯状況にあることが前提されている.つまりここには,本来的自己と非本来的自己という二元的人間観が前提されているのである.ここから当然,もし本来的自己が究極的存在に直接由来するとすれば,非本来的自己は何に由来したのであろうか,という問が起こってくるであろう.それは,宇宙そのものの創造者に由来する.そして,この創造者は究極的存在に対して敵対関係に立つのである.ここにわれわれは,グノーシス主義の本質を形成する第二のモチーフとして,反宇宙的二元論をあげることができるであろう.

『真理の福音』の場合,この意味における創造者は「まよい」(πλάνη)と呼ばれる.それは,父に対する「無知」と,そのための「不安」から生じ,それが「物質」(ὕλη)を造って,父から出た「アイオーン」(人間の原型)をこの中に閉じ込めた.これが現実の人間であり,人間は「まよい」の支配下にあって,「無知」,「忘却」,「酔い」,「眠り」の中にある(17, 5-18, 11)[41]).しかし,『真理の福音』の主題は,このような人間観に即応する宇宙論そのものではない.従って,われわれはそれをむしろ,人間論・宇宙論をテーマとする『ヨハネのアポクリュフォン』の中に確かめるべきであろう.

『ヨハネのアポクリュフォン』は,宇宙と人間の由来に関するヨハネの問に,復活のキリストが「秘教」(ἀπόκρυφον)を開示するという仕方で答える,いわゆる黙示文学の形式をもって書かれた文書である.しかし,われわれはすでに,

---

40) 詳しくは,S. Arai, *Die Christologie des Evangelium Veritatis. Eine religionsgeschichtliche Untersuchung*, Leiden 1964, pp. 21-23; J. Ménard, Die Erkenntnis im Evangelium Veritatis, in: W. Eltester(ed.), *Christentum und Gnosis*, Berlin 1969, pp. 59-64. なお,G. van Groningen, *First Century Gnosticism. Its Origin and Motifs*, Leiden 1967, bes. p. 23 は,グノーシス主義における「認識」(γνῶσις, scientia)を古代における "a spirit of science" に対する信仰とみなす.この説明は,古代における魔術とグノーシス主義の関係を説明するためには有効であるが,しかし,これだけでグノーシス主義全体の説明にはならないであろう.

41) 詳しくは,Arai, a. a. O., pp. 48-57, 参照.

この文書の四つの写本に関する文献批判的研究によって、この文書の原本を想定し、その中においてはキリスト像が欠如していることを確認した[42]。この原本は創世記 1-3 章のグノーシス的解釈を内容とするものであるが、これを要約すれば次のごとくである。

究極的存在(父)の末端(ソフィア)が「無知」によって degradieren した結果、創造神(ヤルダバオト)が生じる。人間の魂(ψυχή)とからだ(σῶμα)はこの創造神と彼に属する「諸力」(δυνάμεις)または「アルコーンたち」に由来するが、その「霊」(πνεῦμα)は究極的存在に遡源する。つまり、人間は霊・魂・からだという三つの実体から成立しているが、現実には創造神とそれによって遣わされた「模倣の霊」(ἀντίμιμον-πνεῦμα)の支配下にあって、本来的自己(霊)の由来と目的に関して無知になっている。究極的存在はその女性的属性である πνεῦμα, ἐπίνοια, なかんずくソフィアを人間に遣わして、人間を救済する認識をもたらす——。ここにわれわれは、父とヤルダバオト、霊と模倣の霊、霊とからだという、二元的宇宙論・人間論を確認できるであろう[43]。

さて、グノーシス主義において、人間はその本来的自己に、現実の自己をなんらかの仕方で内側から整えることによって到達することはできない。その意味でグノーシス主義の二元論は絶対的である。従って、人間の救済には、人間の外側から、「自己」の啓示者または救済者が要請されざるをえない。これがグノーシス主義の本質を形成する第三のモチーフである。キリスト教グノーシス主義において、この啓示者または救済者がキリストであることは当然であろう。実際、『トマスによる福音書』、『ピリポによる福音書』、『真理の福音』等ナグ・ハマディ文書の多くの文書の中に、この意味でキリストが登場する[44]。しかし、既刊のテクストの中で唯一つ、そこにキリストが登場せず、「フォーステール」(φωστήρ)と呼ばれる存在が救済者の機能を果たす文書『アダムの黙示録』がある。この書もまた、創世記のアダムとノアの物語のグノーシス的解釈によって、ノアの三人の子ら、セム、ハム、ヤペテの子孫、つまり人類全体に、

---

42) 上記 196 頁以下、参照。
43) 同様に宇宙論・人間論を主題とする、いわゆる『この世の起源について』の場合に関しては、上記 212 頁以下、参照。
44) それぞれのキリスト論については、上記 257 頁以下、273 頁以下、299 頁以下、参照。

彼らが「認識」によって救済されることを啓示する黙示文学の一つであるが，この中でフォーステールは，最後の世代に救済の認識をもたらす救済者ということになっている．この像が果して，キリスト教グノーシス主義の前段階を形成する非キリスト教的グノーシス主義に由来するか否かについては，後に触れることにしよう．いずれにしても，『ヨハネのアポクリュフォン』に関するわれわれの仮説が正しいとすれば，少なくともその原本において，キリストではなくソフィアが救済者の機能を有していたことは事実であろう．

以上要約すれば，グノーシス主義はそれに固有な Daseinshaltung に基づく創作神話を伴うが，その本質は次のような三つのモチーフによって形成されている．(1)究極的存在と人間の本来的自己は本質において一つであるという救済の認識．(2)その前提としての反宇宙的二元論．(3)その結果として要請される，「自己」の啓示者または救済者．

このように，グノーシスとは，究極的存在と人間の本来的自己との本質的同一性(Konsubstanzialität)の認識であるとすれば，ここからグノーシス主義者とは「本質において救済された人々」(φύσει σῳζόμενοι)であるという定式が導き出されるであろう．しかしこの定式は，すでに指摘したように[45]，アレクサンドリアのクレメンスがグノーシス主義者の救済論を反駁するために用いたものであって，この通りの定式をわれわれは今のところナグ・ハマディ文書には発見できないのである．もちろんこれに類似した定式は存在する[46]．しかし少なくともわれわれの文書において，救済さるべき人々から決断が排除されてはいないし，また，認識を与えられた人々にはむしろ愛の業と禁欲の行為が勧められている[47]．いずれにしても，グノーシス主義の救済論からグノーシス主義者の Libertinismus を帰結することは，少なくともナグ・ハマディ文書からは不可能である．

---

45) 上記103頁，注17)，参照．

46) 例えば，「各人がその行為(πρᾶξις)とその認識(γνῶσις)によってその本質(φύσις)をあらわす」(『この世の起源について』175, 16 f.)．

47) 上記70頁，参照．前注の引用文でも γνῶσις と並んで πρᾶξις が強調されている．

3 グノーシス主義の起源

以上においてわれわれは，グノーシス主義の本質を形成する三つのモチーフを確認した．グノーシス主義の Daseinshaltung は導入しえないが，それが他の宗教思想に属するテクストと諸モチーフを用いて自己を客観化する限り，それらのモチーフを導入しうることをわれわれは知っている．われわれの場合，つまりエジプトに成立したキリスト教グノーシス主義の場合，第一のモチーフの素材はプラトニズムから，あるいは後期プラトーンのプシュケー観から導入されうることは殆ど疑いをいれえないであろう[48]．しかし，ここにおいては，プラトーンの，あるいはプラトニズムのプシュケー観に重大な修正が加えられている．すなわち，ここでプシュケー($ψυχή$)は，確かにソーマ($σῶμα$)より上位にある中間的実体とみなされているが，それ自体が本来の自己を形成する究極的実体ではないのである．これは，われわれのテクストでは「プニューマ」($πνεῦμα$)と呼ばれる．この意味でプシュケーを degradieren した原因は絶対的に反宇宙的な Daseinshaltung に帰さるべきであろう．しかし，究極的存在の女性的属性とみなされたプニューマはセム的モチーフであろう．

ここでわれわれは，絶対的二元論という第二のモチーフを問題にしなければならない．すでに見たように，宗教史学派がグノーシス主義をイランから導入したのは，主としてこのモチーフがイランの宗教に特徴的であると判断したからである．しかし，イランの宗教，なかんずくゾロアスター教において，その最大の特色である二元論は，確かに絶対的ではあるが，少なくとも反宇宙ではない[49]．もちろん，ゾロアスター教に直接遡源しうるマツダ教には反宇宙的二元論が認められる．ところが，このイラン的グノーシス主義と特徴づけられうる宗教思想は，われわれのキリスト教グノーシス主義とは並列して，あるいはむしろ，それより後期に成立しているのである[50]．一方，われわれはすでに，われわれのグノーシス主義がユダヤ教のテクストを転釈することによってその神話論を展開していることを知っている．その上，われわれはユダヤ教——た

---

48) 詳しくは，S. Arai, a. a. O., pp. 29 f., 参照．
49) ゾロアスター教の二元論については，上記183頁以下，参照．
50) A. Bausani, Letture iraniche per l'origine e la definizine tipologica di gnosi, in: Bianchi (ed.), a. a. O., pp. 251-264, 参照．

とえばクムラン教団——の中に，われわれの意味で絶対的な二元論を確認できるのである．もちろん，この二元論の背後にイラン宗教の影響を想定すべきであろう．また，この二元論そのものが確かに反宇宙的ではない[51]．それが反宇宙的となり，われわれのグノーシス主義の本質を形成する一要素となるためには，グノーシス的 Daseinshaltung による解釈を経なければならないであろう．しかしわれわれは，そのような解釈の直接の対象となった素材を，イランにまで求める必要のないことは明らかであろう．それはユダヤ教に，あるいは少なくともその周辺に存在した．

さて，以上によってわれわれは，第一のモチーフの素材がプラトニズムにあり，第二のモチーフの素材がユダヤ教にあることを確認した．ここで注目すべきは，この二つのものが結合しえた可能性の例を，われわれはアレクサンドリアのフィローンに持っていることである．ただし，われわれはフィローンの思想をユダヤ教的プラトニズムと特徴づけることはできるかもしれないが，ユダヤ教的グノーシス主義とは言うことができないのである．なぜなら，ここにおいて，確かに認識（グノーシス）というモチーフは前景に出るが，神と人間の同一性の認識，また，反宇宙的二元論というモチーフは欠如しているからである[52]．

最後に第三のモチーフ，すなわち，啓示者または救済者が問題として残る．そして，この問題はグノーシス主義の起源を解くいわば鍵となる程の重要な問題である．なぜなら，第一と第二のモチーフの素材は，比較的容易にキリスト教成立以前のギリシア語圏，あるいはセム語圏から導入しうるのであるが，「キリスト」の前段階を形成する救済者像をわれわれのグノーシス主義が所有していたか否かを決定することは，必ずしも容易ではないからである．すでに見たように，宗教史学派はこれをイランの宗教——たとえばサオシュアント像——から導入した．しかし，これが宗教史的に裏づけられないことは，すでに指摘したように，コルペやシェンケによって証明されているのである．しかし，彼らの証明が発表された後にテクストが公けにされた『アダムの黙示録』におけ

---

51) クムラン教団とグノーシス主義の関係については，H. Ringgren, Qumrân and gnosticism, in: Bianchi(ed.), a. a. O., pp. 379–388; M. Mansoor, The nature of gnosticism in Qumrân, in: Bianchi(ed.), a. a. O., pp. 389–400, 参照．

52) フィローンとグノーシス主義の関係については，M. Simon, Éléments gnostiques chez Philon, in: Bianchi(ed.), a. a. O., pp. 359–376, 参照．

る「フォーステール」像が吟味されなければならない．なぜなら，このテクストの編集者ベーリッヒ (A. Böhlig) は，この像をゾロアスター教のほかならぬサオシュアント像に遡源しているからである．

ベーリッヒによれば，フォーステールはキリスト教以前に成立したグノーシス救済者である．なぜなら，第一のフォーステールの誕生物語の少なくとも一部はミトラのそれに遡源しうるし，第二に，人間の姿でこの世に現われ，奇跡を行なって受難するフォーステール像は，ゾロアスターの第三子サオシュアントとユダヤ教の受難するメシア像との結合体として説明しうるからである，と言う．しかし，これに対してハールト (R. Haardt) その他は，第一に，フォーステールの誕生物語はミトラ教にだけ遡源できない他の諸要素を持っており，これはむしろ救済者の誕生に関するヘレニズム時代の諸トポスの列挙とみるべきであるとし，第二に，キリスト教成立以前のユダヤ教は受難するメシア像を知らなかったのであるから，この時点にそれとサオシュアントとの結合を想定することは不可能であるとし，フォーステールはむしろ受難するイエス像の影響として説明すべきであると反論する．われわれは，フォーステール像にキリスト教の直接的影響を認めることはできないという見解をとるが，しかし，この像がキリスト教成立以前に存在したというベーリッヒ説にも説得力がないように思われる．フォーステール像はむしろキリスト教と無関係に，しかしそれよりも後期の時代に成立したものとみなすのが妥当であろう[53]．いずれにしても，われわれのキリスト教グノーシス主義の前段階を形成するグノーシス主義における救済者像をフォーステール像に想定することは，今のところ無理のように思われる．

この意味で注目すべきはソフィア像である．われわれはすでに，『ヨハネのアポクリュフォン』の原本においてソフィアが救済者の役割を果たしており，それが現存する諸テクストの中で次第に「キリスト」化されていく過程を追跡した．そして，このことはナグ・ハマディ文書に属する他のテクストからも支持されるのである[54]．とすれば，このソフィア像の素材は比較的容易にユダヤ

---

53) 以上詳しくは，上記173頁以下，参照．
54) 上記168頁，及び次頁，参照．更に，J. Zandee, Die Person der Sophia in der vierten Schrift des Codex Jung, in: Bianchi (ed.), a. a. O., pp. 203 ff., 参照．

教知恵文学に遡源することができるであろう。なぜなら、ここにおいてソフィアの人間界への下降、人間界の拒絶、天界への上昇というモチーフが存在しているからである[55]。しかし、知恵文学においても、ソフィアを神性の Degradation とみなす典型的にグノーシス的なモチーフは欠けている。これはやはり反宇宙的 Daseinshaltung に帰せざるをえないであろう。

なお、われわれは『ヨハネのアポクリュフォン』について、ソフィアのキリスト化の背後に洗礼の祭儀があることを確認している。そして、グノーシス主義一般において洗礼が重要な役割を果たしていることは、ナグ・ハマディ文書に属する他の諸文書にも確かめられるのである。この意味でわれわれのグノーシス主義も、遅くとも1世紀後半にヨルダン東岸に成立し、おそらくユダヤ教のいわゆる「洗礼教団」に遡源するであろうもう一つのグノーシス主義の宗教形体、マンダ教と並行関係にあると言えるであろう。しかも、前述の知恵文学と洗礼の祭儀は、少なくともエジプトのディアスポラ・ユダヤ教において結びつきえた可能性はある[56]。

いずれにしても、キリスト教グノーシス主義が、なんらかのかたちでユダヤ教ないしは少なくとも「ヘブライ人」に由来することは、『ピリポによる福音書』によっても裏がきされるのである。

> われわれはヘブライ人 (ἑβραῖος) であったとき、われわれはみなしご (ὀρφανος) であった。われわれは母（だけ）を持っていた。しかし (δέ)、われわれがキリスト者 (χριστιανός) になったとき、われわれに父と母とが生じた (§ 6)。

この文書はヴァレンティノス派に属する福音書であるから[57]、ここで「母」とは「ソフィア」のことであろう。とすれば、「父」が「キリスト」であることは § 46 から明らかである。「父を持たない者はまだ (ἔτι) ヘブライ人 (ἑβραῖος) である」。そしてわれわれはここにも、あのソフィアからキリストへの線を確

---

55) 詳しくは、U. Wilkens, σοφία, *ThWNT* VII, pp. 508 ff., 参照。

56) この問題について筆者は、1966年10月、ウィーン大学において „Die Taufliturgie und die Entstehung der gnostischen Christologie" と題して講演を行なった。これは近くフォークト (J. Vogt) 祝賀論文集の中に収録・公刊されるはずである。

57) 上記273頁以下、参照。

認できるのである．

　以上の考察から，グノーシス主義の起源に関してわれわれは次のような結論を導き出すことができるであろう．グノーシス主義の本質を形成する第一のモチーフの素材はプラトニズムに，第二，第三のモチーフの素材はユダヤ教に遡源される．この二つの素材が出会いえたのは，ヘレニズム・ユダヤ教の領域において──ヨナスと共に注意深く言えば，「ユダヤ教に隣接し，それに自己をさらしている領域において (in a zone of proximity and exposure to Judaism)」[58]──であろう．この領域において──おそらく社会的・心理的原因に誘発されて──反宇宙的・グノーシス的 Daseinshaltung が突発した．人々はこれによって，この領域に属するテクストを解釈して，彼らに固有なグノーシス主義を形成した．その時期がキリスト教成立以前であったか否かを正確に確かめることはできないが，しかし，グノーシス主義は少なくともキリスト教とは無関係に成立した．ナグ・ハマディ文書で見る限り，その成立地はエジプトであろう．そして，それがキリスト教と接触し，それに固有な救済者(たとえば「ソフィア」)を「キリスト」化することによって，いわゆるキリスト教グノーシス主義が成立したのである．そして，グノーシス主義が自己をキリスト教化する過程において，両者に共通する洗礼の祭儀が重要な役割を果たしたものと思われる．同様のことが，おそらくパレスチナ−シリアの周辺で起ったであろう．それをわれわれは，サマリアのシモン→アンティオキアのメナンドロスおよびサトルニロスの線に想定することができるからである[59]．しかし，この想定はいずれにしても間接資料による以外に不可能であり，われわれの場合よりも確実性に乏しいと言われざるをえないであろう．

　最後に，グノーシス主義の起源に関するわれわれの結論から反異端論者のグノーシス観を吟味すれば，ほぼ次のようになるであろう．彼らはいわゆる「グノーシス的異端」を，あるいはギリシア哲学，とりわけプラトーンに(エイレナイオス，テルトゥリアヌス，ヒッポリュトス，エピファニオス等)，あるいはユ

---

58) H. Jonas, Response to G. Quispel, "Gnosticism and the New Testament", in: P. Hyatt, *The Bible in Modern Scholarship*, London 1966, p. 293.

59) R. McL. Wilson, *The Gnostic Problem. A Study of the Relations between Hellenistic Judaism and the Gnostic Heresy*, London 1958, pp. 95-115, 参照．

ダヤ教の分派，ないしはサマリア派（ユスティノス，アレクサンドリアのクレメンス，オリゲネス，ヘゲシッポス等）に遡源しながら，他方においてそれを，直接「悪霊」（ユスティノス）または「狂気」（エイレナイオス）に帰した[60]．これをわれわれの言葉で言い換えれば，「ギリシア哲学－プラトーン」は「第一のモチーフの素材」，「ユダヤ教分派－サマリア派」は「第二，第三のモチーフの素材」ということになるであろう．そして，「悪霊」と「狂気」は「反宇宙的・グノーシス的 Daseinshaltung」に当る．ただし，反異端論者が，キリスト教以前の，あるいはそれに並行したグノーシス主義を知らなかった，というよりもむしろ知ろうとしなかったのは，テルトゥリアヌスのいわゆる「真理は模倣に先立つ」という正統主義的自覚に災いされたものであろうと思われるのである．

---

60) 上記93頁以下, 参照.

引 用 文 献

I テクスト（翻訳・注解を含む．ただし，コプト語本文・グノーシス関係本文のみ）

Allberry, C. R. C., *A Manichaean Psalm Book*, Part II, Stuttgart 1938.
Andresen, C., *Die Gnosis I: Zeugnisse der Kirchenväter*, Zürich/Stuttgart 1969.
Bauer, W., *Die Oden Salomos*, Berlin 1933.
Böhlig, A., Labib, P., *Die koptisch-gnostische Schrift ohne Titel aus Codex II von Nag Hammadi*, Berlin 1962.
——, *Koptisch-gnostische Apokalypsen aus Codex V von Nag Hammadi im Koptischen Museum zu Alt-Kairo*, Halle/Saale 1963.
de Catanzaro, C. J., The Gospel according to Philip, *JThS* 13, 1962, pp. 36 ff.
Doresse, J., *L'Évangile selon Thomas ou les paroles secrètes de Jésus*, Paris 1959.
——, 'Le livre sacré du grand Esprit invisible' ou 'L'Évangile des Égyptiens', texte copte édité, traduit et commenté d'après le codex I de Nagʻa-Hammadi/Khénoboskion, *Journal Asiatique* 254, 1966, pp. 317 ff.
Giversen, S., *Sandhedens Evangelium. De gnostike handkrifter fra Nildalen*, Copenhagen 1957.
——, *Apocryphon Johannis. The Coptic Text of the Apocryphon Johannis in the Nag Hammadi Codex II with Translation, Introduction and Commentary*, Copenhagen 1963.
Grant, R. M., *Gnosticism. A Sourcebook of Heretical Writings from Early Christian Period*, New York 1961.
Grant, R. M., Freedman, D. N., *The Secret Sayings of Jesus according to the Gospel of Thomas*, New York 1960.
——, *Geheime Worte Jesu: Das Thomasevangelium*, Frankfurt 1960.
Grobel, K., *The Gospel of Truth. A Valentinian Meditation on the Gospel*, New York 1960.
Guillaumont, A., Puech, H.-Ch., Quispel, G., Till, W. C., Massīh, Y. ʻA. A., *Evangelium nach Thomas*, Leiden 1959.
Haardt, R., *Die Gnosis. Wesen und Zeugnisse*, Salzburg 1967.
Henneck, E., Schneemelcher, W., *Neutestamentliche Apokryphen* I, 3. Aufl., Tübingen 1959; II, 1964.
Kasser, R., *L'Évangile selon Thomas*, Neuchâtel 1961.
Klijn, A. F. J., *The Acts of Thomas*, Leiden 1962.
Krause, M., Labib, P., *Die drei Versionen des Apokryphon des Johannes im Koptischen Museum in Alt-Kairo*, Wiesbaden 1962.

Kropp, A. M., *Ausgewählte koptische Zaubertexte* III, Bruxelles 1930.
Labib, P., *Coptic Gnostic Papyri in the Coptic Museum at Old Cairo* I, Cairo 1956.
Leipoldt, J., *Das Evangelium nach Thomas. Koptisch und Deutsch*, Berlin 1967.
Leipoldt, J., Schenke, H. -M., *Koptisch-gnostische Schriften aus den Papyrus-Codices von Nag-Hammadi*, Hamburg-Bergstedt 1960.
Lipsius, R. A., *Die Quellen der ältesten Ketzergeschichte*, Leipzig 1875.
Lipsius, R. A., Bonnet, M., *Acta Apostolorum Apocrypha* II/1-2, Darmstadt 1959.
Malinine, M., Puech, H. -Ch., Quispel, G., *Evangelium Veritatis*, Zürich 1956.
Malinine, M., Puech, H. -Ch., Quispel, G., Till, W. C., *Evangelium Veritatis (Supplementum)*, Zürich 1961.
Malinine, M., Puech, H. -Ch., Quispel, G., Till, W. C., Kasser, R., *Epistula Jacobi. Apocrypha*, Zürich 1968.
Malinine, M., Puech, H. -Ch., Quispel, G., Till, W. C., Wilson, R. McL., *De Resurrectione (Epistula ad Rheginum)*, Zürich 1963.
Ménard, J. E., *L'Évangile de Vérité. Retroversion grecque et commentaire*, Paris 1962.
――, *L'Évangile selon Philippe*, Paris 1964.
――, *L'Évangile selon Philippe. Introduction, texte, traduction, commentaire*, Paris 1967.
Michaelis, W., *Die Apokryphen zum Neuen Testament*, Bremen 1956.
Nock, A. D., Festugière, A. J., *Hermes Trismégiste* I, Paris 1945.
Peel, M. L., *The Epistle to Rheginos. A Valentinian Letter on the Resurrection. Introduction, translation, analysis and exposition*, London 1969.
Preisendanz, K., *Die griechische Zauberpapyri* I, Berlin, 1928; II, 1931.
Säve-Söderbergh, T., *Evangelium Veritatis och Thomasevangeliet*, Uppsala 1959.
Schenke, H. -M., Vom Ursprung der Welt, *ThLZ* 84, 1959, Sp. 243 ff.
――, Das Evangelium nach Philippus, in : Leipoldt, Schenke, *Koptisch-gnostische Schriften aus den Papyrus-Codices von Nag-Hammadi*, Hamburg-Bergstedt 1960, pp. 31 ff.
――, Das Wesen der Archonten, in : Leipoldt, Schenke, a. a. O., pp. 67 ff.
Schmidt, C., Till, W. C., *Koptisch-gnostische Schriften* I: *Die Pistis Sophia. Die beiden Bücher des Jeû. Unbekanntes altgnostisches Werk*, 2. Aufl., Berlin 1954.
Till, W. C., *Die gnostischen Schriften des koptischen Papyrus Berolinensis 8502*, Berlin 1955.
――, Das Evangelium der Wahrheit, *ZNW* 50, 1959, pp. 165 ff.
――, Die Kairener Seiten des Evangelium der Wahrheit, *Orientalia* 28, 1959, pp. 170 ff.
――, *Das Evangelium nach Philippos*, Berlin 1963.
Völker, W., *Quellen zur Geschichte der christlichen Gnosis*, Tübingen 1932.
Wilson, R. McL., *The Gospel of Philip. Translated from the Coptic text, with Introduction and Commentary*, London 1962.

Zandee, J., *Het Evangelie der waarheid*, Amsterdam 1965.

II 辞書・文法書等

Brockelmann, C., *Lexicon Syriacum*, 2. Aufl, Halle 1928.
Crum, W. C., *Coptic Dictionary*, Oxford 1939.
Galling, K., *Die Religion in Geschichte und Gegenwart. Handwörterbuch für Theologie und Religionswissenschaft*, 3. Aufl., 1957-.
Kittel, G., Friedrich, G., *Theologisches Wörterbuch zum Neuen Testaments*, 1933-.
Liddle, H., Scott, R., *A Greek-Englisch Lexicon*, 9. Aufl., Oxford 1940.
Pauly, A., Wissowa, G., *Real-Encyclopädie der klassischen Altertumswissenschaft*, 1893-.
Till, W. C., *Koptische Grammatik*, 2. Aufl., Leipzig 1961.

III 参 考 文 献

A 外 国 語 文 献

Abott, T. K., *Epistles to the Ephesians and to the Colossians*, Edinburg 1897.
Adam, A., *Die Psalmen des Thomas und das Perlenlied als Zeugnisse vorchristlicher Gnosis*, Berlin 1959.
——, Ist die Gnosis in aramäischen Weisheitsschulen entstanden? in: Bianchi (ed.), *Le origini dello gnosticismo*, Leiden 1967, pp. 291 ff.
Albright, W. F., Simon Magus as "The Great Power of God", in: Munck, *The Acts of the Apostles*, pp. 305 ff.
Altaner, B., *Patrologie*, 6. Aufl., Freiburg 1963.
Arai, S., Lesung und Übersetzung des Evangelium Veritatis. Zum Verständnis seiner Christologie, *NovTes* V, 1962, pp. 215 ff.
——, *Die Christologie des Evangelium Veritatis. Eine religionsgeschichtliche Untersuchung*, Leiden 1964.
——, Zur Definition der Gnosis in Rücksicht auf ihren Ursprung, in: Bianchi (ed.), *Le origini dello gnosticismo*, Leiden 1967, pp. 181 ff.
——, Zur Christologie des Apokryphons des Johannes, *NTS* 15/3, 1969, pp. 302 ff.
Armstrong, C. T., *Genesis in der alten Kirche*, Tübingen 1963.
Audet, J.-P., Affinités littéraires et doctrinales du Manuel de Discipline, *RevBib* 60, 1953, pp. 41 ff.
Bammel, E.(ed.), *The Trial of Jesus*, London 1970.
——, πτωχός, *ThWNT* VI, pp. 897 ff.
Bammel, F., Erlöser I: Religionsgeschichtlich, *RGG* II, 3. Aufl., 1958, Sp. 576 ff.
Barrett, C. K., *The Gospel according to St. John*, London 1956.

― ―, The Theological Vocabulary of the Fourth Gospel and the Gospel of Truth, in : Klassen, Synder (ed.), *Current Issues in New Testament Interpretation* (Festschrift für O. A. Piper), New York 1962, pp. 210 ff.

Bartsch, H. W., Das Thomasevangelium und die synoptischen Evangelien, *NTS* 6, 1959/60, pp. 224 ff.

Bauer, C. F., *Die christliche Gnosis oder die christliche Religionsphilosophie in ihrer geschichtlichen Entwicklung*, Tübingen 1835 (Nachdruck : Darmstadt 1967).

Bauer, J. B., Echte Jesusworte ? in : Unnik, *Evangelien aus dem Nilsand*, Frankfurt 1960, pp. 108 ff.

― ―, Das Thomas-Evangelium in der neuesten Forschung, in : Grant, Freedman, *Geheime Worte Jesu : Das Thomasevangelium*, Frankfurt 1960, pp. 182 ff.

Bauer, M., *Anfänge der Christenheit. Von Jesus von Nazareth zur frühchristliche Kirche*, 2. Aufl., Berlin 1970.

Bauer, W., *Das Leben Jesu im Zeitalter der neutestamentlichen Apokryphen*, Tübingen 1909.

― ―, *Rechtgläubigkeit und Ketzerei im ältesten Christentum*, Tübingen 1934.

― ―, Edessa, *RGG* II, 3. Aufl., 1958, Sp. 307 f.

Bausani, A., Letture iraniche per l'origini e la definizine tipologica di gnosi, in : Bianchi (ed.), *Le origini dello gnosticismo*, Leiden 1967, pp. 251 ff.

Beare, F. W., The Epistle to the Ephesians, in : *The Interpreter's Bible* 10, New York 1953, pp. 731 ff.

Becker, H., *Die Reden des Johannesevangeliums und der Stil der gnostischen Offenbarungsrede*, Göttingen 1956.

Becker, U., *Jesus und die Ehebrecherin. Untersuchungen zur Text- und Überlieferungsgeschichte von Joh. 7, 53–8, 11*, Berlin 1963.

Bernard, J., *Die apologetische Methode bei Klemens von Alexandrien. Apologetik als Entfaltung der Theologie*, Leipzig 1968.

Bertram, G., Septuaginta-Frömmigkeit, *RGG* V, 3. Aufl., 1961, Sp. 1707 ff.

― ―, παιδεύω, *ThWNT* V, pp. 596 ff.

Beyschlag, K., *Clemens Romanus und der Frühkatholizismus*, Tübingen 1966.

Bianchi, U., *Probleme der Religionsgeschichte*, Göttingen 1964.

― ―, Le colloque international sur les origines du gnosticisme (Messine, Avril 1966), *Muséon* 13, 1966, pp. 154 ff.

― ―, Le problème des origines du gnosticisme, in : Bianchi (ed.), *Le origini dello gnosticismo*, Leiden 1967, pp. 1 ff.

― ― (ed.), *Le origini dello Gnosticismo. Colloquio di Messina, 13–18 Aprile, 1966*, Leiden 1967.

Bietenhardt, H., ὄνομα, *ThWNT* V, pp. 242 ff.

Bihler, J., *Die Stephanusgeschichte im Zusammenhang der Apostelgeschichte*, München 1963.

Black, M., *The Scrolls and Christian Origins. Studies in the Jewish Background of the New Testament*, London 1961 (ブラック『死海写本とキリスト教の起源』新見宏訳, 山本書店, 1966年).
Böhlig, A., Die Adamapokalypse aus Codex V von Nag Hammadi als Zeugnisse jüdisch-iranischer Gnosis, *Oriens Christianus* 48, 1964, pp. 44 ff.
――, *Mysterion und Wahrheit* (Gesammelte Schriften), Leiden 1968.
――, Christentum und Gnosis im Ägypterevangelium von Nag Hammadi, in: Eltester (ed.), *Christentum und Gnosis*, Berlin 1969, pp. 1 ff.
Bornkamm, G., *Mythos und Legende in der apokryphen Thomasakten*, Göttingen 1933.
――, *Studien zu Antike und Urchristentum* (Gesammelte Aufsätze), München 1959.
――, *Jesus von Nazareth*, 6. Aufl., Stuttgart 1963 (ボルンカム『ナザレのイエス』善野碩之助訳, 再版, 新教出版社, 1967年).
――, Thomasakten, in: Hennecke, Schneemelcher (ed.), *Neutestamentliche Apokryphen* II, 3. Aufl., Tübingen 1964, pp. 297 ff.
――, *Paulus*, Stuttgart 1969 (ボルンカム『パウロ――その生涯と使信』佐竹明訳, 新教出版社, 1970年).
Boslooper, T., *The Virgin Birth*, London 1962.
Bousset, W., *Hauptprobleme der Gnosis*, Göttingen 1907.
――, Gnosis, in: Pauly-W, *RE* VII, 1912, Sp. 1503 ff.
Bowman, J., *Samaritanische Probleme. Studien zum Verhältnis von Samaritanertum, Judentum und Urchristentum*, Stuttgart 1967.
Brandon, S. G. F., *Jesus and the Zealots*, Manchester 1967.
――, *The Trial of Jesus of Nazareth*, London 1968.
Braun, F. -M., *Jean le théologien et son Évangile dans l'église ancienne*, Paris 1959.
Braun, H., *Jesus. Der Mann aus Nazareth und seine Zeit*, Stuttgart 1969 (ブラウン『イエス――ナザレ人とその時代』川島貞雄訳, 新教出版社, 1970年).
Brown, R. E., The Gospel of Thomas and St. John's Gospel, *NTS* 9, 1963, pp. 155 ff.
Brown, S., *Apostasy and Perseverance in the Theology of Luke*, Rome 1969.
Brox, C. H., *The Apocalypse of Abraham*, London 1919.
Brox, N., *Offenbarung, Gnosis und gnostischer Mythos bei Irenäus von Lyon*, Salzburg/München 1966.
Bultmann, R., Die Bedeutung der neuerschlossenen mandäischen und manichäischen Quellen für das Verständnis des Johannesevangeliums, *ZNW* 24, 1925, pp. 100 ff.
――, γινώσκω, *ThWNT* I, pp. 688 ff.
――, ζάω, *ThWNT* II, pp. 871 ff.
――, *Das Urchristentum im Rahmen der antiken Religionen*, Zürich 1954 (ブルトマン『原始キリスト教――古代諸宗教の圏内における』米倉充訳, 再版, 新教出版社 1962年).
――, *Theologie des Neuen Testaments*, 3. Aufl., Tübingen 1958.

―― , *Das Evangelium des Johannes*, 16. Aufl., Göttingen 1959.
―― , Johannesevangelium, *RGG* III, 3. Aufl., 1959, Sp. 847 ff.
Burkitt, F. C., *Urchristentum im Orient*, Tübingen 1907.
―― , *Church and Gnosis*, Cambridge 1932.
Burrows, M., *The Dead Sea Scrolls*, New York 1955 (バロウズ『死海写本』新見宏訳, 山本書店, 1965 年).
Cadbury, H., The Summaries in Acts, in : *The Acts of the Apostles* V, London 1933, pp. 392 ff.
von Campenhausen, H., Die Nachfolge des Jakobus, *ZKG* 53, 1950/51, pp. 133 ff.
―― , *Kirchliches Amt und geistliche Vollmacht in den ersten drei Jahrhunderten*, Tübingen 1953.
―― , *Die Entstehung der christlichen Bibel*, Tübingen 1968.
Casey, R. P., The Study of Gnosticism, *JThS* 36, 1935, pp. 40 ff.
―― , Gnosis, Gnosticism and the New Testament, in : *The Background of the New Testament and its Eschatology* (Festschrift für C. H. Dodd), Cambridge 1956, pp. 52 ff.
Christ, F., *Jesus Sophia. Die Sophia-Christologie bei den Synoptikern*, Zürich 1970.
Colpe, C., Zur Leib-Christi-Vorstellung im Epheserbrief, in : *Judentum, Urchristentum, Kirche* (Festschrift für J. Jeremias), Berlin 1960, pp. 172 ff.
―― , *Die religionsgeschichtliche Schule. Darstellung und Kritik ihres Bildes vom gnostischen Erlösermythos*, Göttingen 1961.
―― , Philo, *RGG* V, 3. Aufl., 1961, Sp. 341 ff.
―― , Die Thomaspsalmen als chronologischer Fixpunkt in der Geschichte orientalischer Gnosis, *Jahrbuch für Antike und Christentum* 7, 1964, pp. 77 ff.
―― , Vorschläge des Messina-Kongresses von 1966 zur Gnosisforschung, in : Eltester (ed.), *Christentum und Gnosis*, Berlin 1969, pp. 129 ff.
Conzelmann, H., *Die Mitte der Zeit. Studien zur Theologie des Lukas*, 4. Aufl., Tübingen 1962 (コンツェルマン『時の中心――ルカ神学の研究』田川建三訳, 新教出版社, 1965 年).
―― , *Die Apostelgeschichte*, Tübingen 1963.
―― , *Grundriß der Theologie des Neuen Testaments*, München 1967.
―― , *Geschichte des Urchristentums*, Göttingen 1969.
Cross, F. L. (ed.), *The Jung Codex*, London 1955.
Cullmann, O., *Les premières confessions de foi chrétienne*, 2. Aufl., Paris 1948 (クルマン『原始教会の信仰告白』由木康訳, 新教出版社, 1957 年).
―― , The Significance of the Qumran Texts for Research into the Beginnings of Christianity, *JBL* 74, 1955, pp. 133 ff.
―― , *Die Christologie des Neuen Testaments*, 2. Aufl., Tübingen 1958.
―― , Das Thomasevangelium und die Frage nach dem Alter der in ihm enthaltenen Tradition, *ThLZ* 85, 1960, pp. 45 ff.

―――, *Petrus. Jünger-Apostel-Märtyrer*, 2. Aufl., Zürich 1960 (クルマン『ペテロ――弟子・使徒・殉教者』荒井献訳, 再版, 新教出版社, 1970年).
―――, *Jesus und die Revolutionären seiner Zeit*, Tübingen 1970.
Dalbert, P., *Die Theologie der hellenistisch-jüdischen Missionsliteratur unter Einfluß von Philo und Josephus*, Hamburg 1954.
Daniélou, J., *Théologie de Judéo-Christianisme*, Paris 1957.
―――, *The Bible and the Liturgy*, London 1960.
―――, *The Theology of Jewish Christianity*, London 1964 (*Théologie de Judéo-Christianisme*, Paris 1957 の増補・英訳)
―――, Judéo-Christianisme et Gnose, in: *Aspects du Judéo-Christianisme, Travaux du Centre d'études supérieures spécialisé d'histoire des religions de Strasbourg*, Paris 1965, pp. 139 ff.
―――, Rez. von Arai, *Die Christologie des Evangelium Veritatis*, Leiden 1964, in: *Recherches de Science Religieuse* 54, 1966, pp. 293 f.
―――, Rez. von Böhlig, Labib (ed.), *Koptisch-gnostische Apokalypsen aus Codex V von Nag Hammadi im Koptischen Museum zu Alt-Kairo*, Halle/Saale 1963, in: *RevScRel* 54, 1966, pp. 31 ff.
Davies, W. D., *The Sermon on the Mount*, Cambridge 1966.
Degenhardt, H. -J., *Lukas. Evangelist der Armen. Besitz und Besitzverzicht in den lukanischen Schriften. Eine traditions- und redaktionsgeschichtliche Untersuchung*, Stuttgart 1965.
Dibelius, M., *An die Kolosser-Epheser-An Philemon*, 3. Aufl., Tübingen 1953.
Dieterich, A., *Abraxs. Studien zur Religionsgeschichte des späten Altertums*, Leipzig 1891.
Dodd, C. H., *The Interpretation of the Fourth Gospel*, Cambridge 1953.
Doresse, J., *Les livres secrets des gnostiques d'Égypte*, Paris 1958 (増補英訳: *The Secret Books of the Egyptian Gnostics*, New York/London 1960).
Drower, E. S., *The Secret Adam*, Oxford 1960.
Dupont, J., *Gnosis. La connaissance religieuse dans les Epitres de Saint Paul*, 2. Aufl., Louvain/Paris 1960.
Elliott-Binns, L. E., *Galilean Christianity*, London 1956.
Eltester, W. (ed.), *Christentum und Gnosis*, Berlin 1969.
Farquhar, J. N., The Apostle Thomas in North India, *BJRL* 10, 1926, pp. 80 ff.
―――, The Apostle Thomas in South India, *BJRL* 11, 1927, pp. 20 ff.
de Faye, E., *Gnostiques et Gnosticisme. Étude critique des documents du gnosticisme chrétien du IIe et IIIe siècles*, 2. Aufl., Paris 1925.
Fecht, G., Der erste "Teil" des sogenannten Evangelium Veritatis (S. 16, 31-22, 20), I: Kapitel⁴ 1, Str. I-III, *Orientalia* 30, 1961, pp. 371 ff.
―――, Der erste "Teil" des sogenannten Evangelium Veritatis (S. 16, 31-22, 20), II: Kapitel⁴ 1, Str. IV-Kapitel⁴ 2, Str. VII, *Orientalia* 31, 1962, pp. 85 ff.

——, Der erste "Teil" des sogenannten Evangelium Veritatis (S. 16, 31-22, 20), III : Kapitel⁴ 2, Str. VIII-Kapitel⁴ 3, Str. IX, *Orientalia* 32, 1963, pp. 293 ff.
Feine, P., Behm, J., Kümmel, W. G., *Einleitung in das Neue Testament*, 14. Aufl., Heidelberg 1965.
Filson, F. V., *A New Testament History*, London 1965.
Flender, H., *St. Luke. Theologian of Redemptive History*, London 1967.
Foerster, W., *Von Valentin zu Herakleon. Untersuchung über die Quellen und die Entwicklung der valentinianischen Gnosis*, Berlin 1928.
——, Das Apokryphon des Johannes, in : *Gott und Götter. Festgabe für E. Fascher*, Berlin 1958, pp. 134 ff.
——, Die Grundzüge der ptolemaeischen Gnosis, *NTS* 6, 1959/60, pp. 16 ff.
——, Vom Ursprung der Gnosis, in : Wessel (ed.), *Christentum am Nil*, Recklinghausen 1964, pp. 124 ff.
——, in : Andresen (ed.), *Die Gnosis* I, Zürich/Stuttgart 1969, pp. 5 ff., 111 ff., 139 ff.
Frickel, J. H., Die Apophasis Megale. Eine Grundschrift der Gnosis ? in : Bianchi (ed.), *Le origini dello gnosticismo*, Leiden 1967, pp. 197 ff. (この論文を拡大したものが, 同じ論題で *Studi di storia religiosa della tarda antichità*, Messina 1968, pp. 35 ff. に所収).
Gaffron, H. -G., *Studien zum koptischen Philippusevangelium unter besonderer Berücksichtigung der Sakramente*, Diss. Bonn, 1969.
Gärtner, B., Evangelium Veritatis och Nya Testament, *Religion och Bible* 8, 1958, pp. 54 ff.
——, *The Theology of the Gospel of Thomas*, London 1961.
Genisch, H. -W., Indien, IV : Missions- und Kirchengeschichte, *RGG* III, 3. Aufl., 1959, Sp. 708 f.
Georgi, D., Der vorpaulinische Hymnus Phil. 2, 6-11, in : E. Dinkler (ed.), *Zeit und Geschichte. Dankgabe an R. Bultmann*, Tübingen 1964, pp. 263 ff.
——, *Die Geschichte der Kollekte für Jerusalem*, Hamburg 1965.
von Glasenapp, H., *Die nichtchristliche Religionen*, Frankfurt 1957.
Goodenough, E. R., *An Introduction to Philo Judaeus*, 2. Aufl., Oxford 1962.
Goppelt, L., *Die apostolische und nachapostolische Zeit*, Göttingen 1962.
Goulder, M. D., *Type and History in Acts*, London 1964.
Grant, R. M., *Gnosticism and Early Christianity*, New York/London 1959.
——, Two Gnostic Gospels, *JBL* 79, 1960, pp. 1 ff.
——, The Mystery of Marriage in the Gospel of Philip, *VigChr* 15, 1961, pp. 129 ff.
——, Les êtres intermédiaires dans le judaïsme tardif, in : Bianchi (ed.), *Le origini dello gnosticismo*, Leiden 1967, pp. 141 ff.
Grobel, K., How Gnostic is the Gospel of Thomas ? *NTS* 8, 1961/62, pp. 367 ff.
——, *The Gospel of Truth. A Valentinian meditation on the Gospel*, New York 1960.
——, Rez. von Wilson, *The Gospel of Philip*, London 1962, in : *JBL* 83, 1964, pp.

317 ff.

van Groningen, G., *First Century Gnosticism. Its Origin and Motifs*, Leiden 1967.

Grünbaum, M., Über Schem hammephorasch als Nachbildung eines aramäischen Ausdrucks und über sprachliche Nachbildungen, *Zeitschrift der Deutschen morgenländischen Gesellschaft* 39, 1885, pp. 543 ff.

Haardt, R., Zwanzig Jahre Forschung der koptisch-gnostischen Schriften von Nag-Hammadi, *Theologie und Philosophie* 42, 1967, pp. 390 ff.

— —, Rez. von Böhlig, Labib(ed.), *Koptisch-gnostische Apokalypsen aus Codex V von Nag Hammadi im Koptischen Museum zu Alt-Kairo*, Halle/Saale 1963, in: *Wiener Zeitschrift für die Kunde des Morgenlandes* 61, 1967, pp. 153 ff.

— —, Bemerkungen zu den Methoden der Ursprungsbestimmung der Gnosis, in: Bianchi(ed.), *Le origini dello gnosticismo*, Leiden 1967.

Haenchen, E., Gnosis und das Neue Testament, *RGG* II, 3. Aufl., 1958, Sp. 1652 ff.

— —, *Die Botschaft des Thomas-Evangeliums*, Berlin 1961.

— —, Literatur zum Thomasevangelium, *ThR* 27, 1961/62, pp. 147 ff., 316 ff.

— —, Literatur zum Jung-Codex, *ThR* 30, 1964, pp. 39 ff.

— —, *Die Apostelgeschichte*, 5. Aufl., Göttingen 1965.

— —, *Gott und Mensch* (Gesammelte Aufsätze), Tübingen 1965, pp. 265 ff.

Hahn, F., *Das Verständnis der Mission im Neuen Testament*, Neukirchen 1963.

— —, *Christologischer Hoheitstitel. Ihre Geschichte im frühen Christentum*, 3. Aufl., Göttingen 1966.

von Harnack, A., *Zur Quellenkritik der Geschichte des Gnostizismus*, Leipzig 1873.

— —, *Die Mission und Ausbreitung des Christentums in den ersten drei Jahrhunderten* II, 4. Aufl., Leipzig 1924.

— —, *Lehrbuch der Dogmengeschichte* I, 5. Aufl., Tübingen 1931.

Heitmüller, W., *Im Namen Jesu. Eine sprach- und religionsgeschichtliche Untersuchung zum Neuen Testament, speziell zur altchristlichen Taufe*, Göttingen 1903.

Helmbold, A., *The Nag Hammadi Gnostic Texts and the Bible*, Michigan 1967.

Hengel, M., *Judentum und Hellenismus. Studien zu ihrer Begegnung unter besonderer Berücksichtigung Palästinas bis zur Mitte des 2. Jh. v. Chr.*, Tübingen 1969.

Hilgenfeld, A., *Die Ketzergeschichte des Urchristentums*, Leipzig 1884 (Nachdruck: Darmstadt 1966).

Hofius, O., *Katapausis. Die Vorstellung vom endzeitlichen Ruheort im Hebrärbrief*, Tübingen 1970.

Holtz, T., *Untersuchungen über die alttestamentlichen Zitate bei Lukas*, Berlin 1968.

Hull, J. H. E., *The Holy Spirit in the Acts of the Apostles*, London 1967.

Hunzinger, C.-H., Außersynoptisches Traditionsgut im Thomas-Evangelium, *ThLZ* 85, 1960, Sp. 843 ff.

— —, Unbekannte Gleichnisse Jesu aus dem Thomas-Evangelium, in: *Judentum, Urchristentum, Kirche* (Festschrift für J. Jeremias), Berlin 1960, pp. 209 ff.

Hyatt, J. P.(ed.), *The Bible in the Modern Scholarship*, London 1966.
Jaeger, W., *Early Christianity and Greek Paideia*, London 1962(イェーガー『初期キリスト教とパイデイア』野町啓訳，筑摩書房，1964年).
Jentsch, W., *Urchristliches Erziehungsgedanken. Die Paideia Kyriou im Rahmen der hellenistisch-judischen Umwelt*, Gütersloh 1951.
Jeremias, G., *Der Lehrer der Gerechtigkeit*, Göttingen 1963.
Jeremias, J., *Unbekannte Jesusworte*, 1. Aufl., Zürich 1948; 2. Aufl., Gütersloh 1951; 3. Aufl., Gütersloh 1963.
――, *Die Gleichnisse Jesu*, 6. Aufl., Göttingen 1962. これの普及版: *Die Gleichnisse Jesu*, 2. Aufl., Göttingen 1966(エレミアス『イエスの譬え』善野碩之助訳，再版，新教出版社，1970年).
――, *Abba. Studien zur neutestamentlichen Theologie und Zeitgeschichte* (Gesammelte Aufsätze), Göttingen 1964.
Jonas, H., *Gnosis und spätantiker Geist* I: *Die mythologische Gnosis*, 1. Aufl., Göttingen 1934; 2. Aufl., 1954; 3. Aufl., 1964.
――, *Gnosis und spätantiker Geist* II: *Von der Mythologie zur mystischen Philosophie*, Göttingen 1954.
――, Gnosis und moderner Nihilismus, *Kerygma und Dogma* 6, 1960, pp. 155 ff.
――, *The Gnostic Religion. The Message of the Alien God and the Beginnings of Christianity*, 1. Aufl., Boston 1958; 2. Aufl., 1963.
――, Response to G. Quispel, "Gnosticism and the New Testament", in: Hyatt (ed.), *The Bible in Modern Scholarship*, London 1966, pp. 279 ff.
――, Delimitation of the gnostic Phenomenon—typological and historical, in: Bianchi(ed.), *Le origini dello gnosticismo*, Leiden 1967, pp. 80 ff.
Kaestli, J. -D., *L'eschatologie dans l'œuvre de Luc. Ses caractéristiques et sa place dans le développement du Christianisme primitif*, Genève 1969.
Käsemann, E., *Leib und Leib Christi*, Tübingen 1933.
――, *Das wandernde Gottesvolk. Eine Untersuchung zum Hebräerbrief*, 1. Aufl., Göttingen 1938; 4. Aufl., 1961.
――, *Exegetische Versuche und Besinnungen* I (Gesammelte Aufsätze), Göttingen 1960.
Kasser, R., Textes gnostiques: Remarques à propos des éditions récentes du Livre secret de Jean et des Apocalypses de Paul, Jacques et Adam, *Muséon* 88, 1965, pp. 71 ff.
――, Bibliotheque gnostique V: Apocalypse d'Adam, *RevScPhTh* 16, 1967, pp. 316 ff.
Kasting, H., *Die Anfänge der urchristlichen Mission. Eine historische Untersuchung*, München 1969.
Katz, P., Septuaginta-Forschung, *RGG* V, 3. Aufl., 1961, Sp. 1704 ff.
Kelly, J. N. D., *Early Christian Doctrines*, 3. Aufl., London 1965.

Klassen, W., Synder, G. F.(ed.), *Current Issues in New Testament Interpretation* (Festschrift für O. A. Piper), New York 1962.

Klein, G., *Die zwölf Apostel. Ursprung und Gehalt einer Idee*, Göttingen 1961.

Klijn, A. F. J., The so-called Hymn of Pearl (Acts of Thomas, ch. 108-133), *VigChr* 14, 1960, pp. 154 ff.

——, Das Thomasevangelium und das altsyrische Christentum, *VigChr* 15, 1961, pp. 146 ff.

——, The 'Single one' in the Gospel of Thomas, *JBL* 81, 1962, pp. 271 ff.

——, Das Lied von der Perle, *Eranos-Jahrbuch* 35, 1966, pp. 1 ff.

——, Early Syriac Christianity—gnostic? in : Bianchi(ed.), *Le origini dello gnosticismo*, Leiden 1967, pp. 575 ff.

Klima, O., *Manis Zeit und Leben*, Prag 1962.

Koep, L., *Das himmlische Buch in Antike und Christentum*, Bonn 1952.

Krause, M., Der koptische Handschriftenfund bei Nag Hammadi, Umfang und Inhalt, *MDAIK* 18, 1962, pp. 121 ff.

——, Zum koptischen Handschriftenfund bei Nag Hammadi, *MDAIK* 19, 1963, pp. 106 ff.

——, Rez. von Till(ed.), *Das Evangelium nach Philippos*, Berlin 1963, in : *ZKG* 75, 1964, pp. 168 ff.

——, Der Stand der Veröffentlichung der Nag-Hammadi-Texte, in : Bianchi(ed.), *Le origini dello gnosticismo*, Leiden 1967, pp. 61 ff.

——, in : Andresen(ed.), *Die Gnosis* I, Zürich/Stuttgart 1970, pp. 133 ff.

Kretschmar, G., Zur religionsgeschichtlichen Einordnung der Gnosis, *Evangelische Theologie* 8, 1953, pp. 354 ff.

Krogmann, W., Heiland, Tatian und Thomasevangelium, *ZNW* 5, 1960, pp. 255 ff.

——, Heiland und Thomasevangelium, *VigChr* 18, 1964, pp. 65 ff.

Kuhn, K. G., Die Sektenschrift und die iranische Religion, *ZThK* 49, 1952, pp. 296 ff.

——, Johannesevangelium und Qumrantexte, in : *Neotestamentica et Patristica* (Festschrift für O. Cullmann), Leiden 1962, pp. 111 ff.

Kümmel, W. G., Urchristentum, *RGG* VI, 3. Aufl., 1962, Sp. 1187 ff.

Langerbeck, H., *Aufsätze zur Gnosis* (Gesammelte Aufsätze), Göttingen 1967.

Leipoldt, J., Das "Evangelium Veritatis", *ThLZ* 82, 1957, Sp. 825 ff.

——, Frühes Christentum im Orient (bis 451), in : *Religionsgeschichte des Orients in der Zeit der Weltreligion*, Leiden 1961, pp. 18 ff.

Leisegang, H., *Die Gnosis*, 2. Aufl., Stuttgart 1936 ; 4. Aufl., Stuttgart 1955.

Lietzmann, H., *Geschichte der alten Kirche* II, 2. Aufl., Berlin 1953.

von Loewenich, J., *Das Johannesverständnis im zweiten Jahrhundert*, Gießen 1932.

Lohmeyer, E., *Die Briefe an die Kolosser und an Philemon*, 9. Aufl., Göttingen 1953.

Loofs, F., *Leitfaden zum Studium der Dogmengeschichte* I, 5. Aufl., Halle 1951.

Luz, U., *Das Geschichtsverständnis des Paulus*, München 1968.
Macdonald, J., *The Theology of the Samaritans*, London 1964.
MacRae, G. W., The Gnostic Apocalypse of Adam, *The Heythrop Journal* 6, 1965, pp. 27 ff.
———, Sleep and awaking in gnostic texts, in: Bianchi(ed.), *Le origini dello gnosticismo*, Leiden 1967, pp. 469 ff.
Mansoor, M., The nature of gnosticism in Qumrân, in: Bianchi(ed.), *Le origini dello gnosticismo*, Leiden 1967, pp. 389 ff.
Marcovich, M., Textual Criticism on the Gospel of Thomas, *JThS* 20, 1969, pp. 53 ff.
Mayeda, G., *Das Leben-Jesu-Fragment Papyrus Egerton 2 und seine Stellung in der urchristlichen Literaturgeschichte*, Zürich 1946.
Ménard, J. -E., Rez. von Arai, *Die Christologie des Evangelium Veritatis*, Leiden 1964, in: *NovTes* 7, 1965, pp. 332 ff.
———, Le Milieu syriaque de l'Évangile selon Thomas et de l'Évangile selon Philippe, *RevScRel* 42, 1968, pp. 261 ff.
———, Das Evangelium des Philippus und der Gnostizismus, in: Eltester(ed.), *Christentum und Gnosis*, Berlin 1969, pp. 46 ff.
———, Die Erkenntnis im Evangelium Veritatis, in: Eltester(ed.), *Christentum und Gnosis*, Berlin 1969, pp. 59 ff.
Michaelis, W., *Das Thomasevangelium*, Stuttgart 1960.
Michel, O., *Der Brief an die Hebräer*, 7. Aufl., Göttingen 1936; 12. Aufl., 1966.
Mingana, A., The Early Spread of Christianity in India, *BJRL* 10, 1926, pp. 435 ff.
Montefiore, H., Thou shalt love the Neighbour as Thyself, *NovTes* 5, 1962, pp. 164 ff.
Montefiore, H., Turner, H. E. W., *Thomas and the Evangelists*, London 1962.
Morton, A. Q., Macgregor, G. H. C., *The Structure of Luke and Acts*, London 1964.
Müller, K., *Beiträge zum Verständnis der valentinianischen Gnosis*, Göttingen 1920.
Munck, J., *The Acts of the Apostles*, New York 1967.
Nagel, P., Rez. von Arai, *Die Christologie des Evangelium Veritatis*, Leiden 1964, in: *ThLZ* 94, 1969, Sp. 329 ff.
Nyberg, H. S., *Die Religion des alten Iran*, Osnabück 1966 (Neudruck der Ausgabe 1938).
Odeberg, H., *3rd Enoch or the Hebrew Book of Henoch*, Cambridge 1928.
———, *The Fourth Gospel*, Uppsala 1929.
O'Neill, J. C., *The Theology of Acts in its Historical Setting*, London 1961.
Orbe, A., Rez. von Böhlig, Labib(ed.), *Koptisch-gnostische Apokalypsen aus Codex V von Nag Hammadi im Koptischen Museum zu Alt-Kairo*, Halle/Saale 1963, in: *Gregorianum* 46, 1965, pp. 169 ff.
———, Rez. von Arai, *Die Christologie des Evangelium Veritatis*, Leiden 1964, in: *Gregorianum* 47, 1966, pp. 123 f.

Panthot, J., *Le "nom" dans la théologie des Pères Apostoliques*, Diss. Louvain 1950.
Percy, F., *Untersuchungen über den Ursprung der Johanneischen Theologie*, Lund 1936.
Pfeifer, G., *Ursprung und Wesen der Hypostasenvorstellungen im Judentum*, Stuttgart 1967.
Plumly, J. M., Early Christianity in Egypt, *Palestine Excavation Quarterly* 89, 1957, pp. 70 ff.
Pokorný, P., *Der Epheserbrief und die Gnosis. Die Bedeutung des Haupt-Glieder-Gedankens in der entstehenden Kirche*, Berlin 1956.
Polenz, M., *Die Begründung der abendländischen Sprachlehre durch Stoa*, Göttingen 1939.
Puech, H. -Ch., Das Buch von Thomas dem Athleten, in : Henneck, Schneemelcher (ed.), *Neutestamentliche Apokryphen* I, 3. Aufl., Tübingen 1959, pp. 223 f.
——, Das Thomasevangelium, in : Henneck, Schneemelcher, a. a. O., pp. 199 ff.
Quecke, R. P. H., Rez. von Arai, *Die Christologie des Evangelium Veritatis*, Leiden 1964, in : *Biblica* 47, 1966, pp. 468 ff.
Quispel, G., La conception de l'homme dans la gnose valentienne, *Eranos-Jahrbuch* 15, 1947, pp. 284 ff.
——, The Original Doctrine of Valentin, *VigChr* 1, 1947, pp. 48 ff.
——, *Gnosis als Weltreligion*, Zürich 1951.
——, Der gnostische Anthropos und jüdische Tradition, *Eranos-Jahrbuch* 22, 1953, pp. 194 ff.
——, Neue Funde zur valentinianischen Gnosis, *ZRGG* 6, 1954, pp. 48 ff.
——, De joodse actergrond von de Logos-Christologie, *Vox Theologica* 25, 1954, pp. 48 ff.
——, Mandaeers en Valentinianen, *Nederlands Theologisch Tijdschrift* 8, 1954, pp. 144 ff.
——, Christliche Gnosis und jüdische Heterodoxie, *Evangelische Theologie* 14, 1954, pp. 479 ff.
——, The Jung Codex and its Significance, in : Cross (ed.), *The Jung Codex*, London 1955, pp. 62 ff.
——, Het Johannesevangelie en de Gnosis, *Nederlands Theologisch Tijdschrift* 11, 1957, pp. 171 ff.
——, The Gospel of Thomas and the New Testament, *VigChr* 11, 1957, pp. 189 ff.
——, L'Évangile de Jean et la Gnose, in : *L'Évangile de Jean*, Desclê de Brouwer 1958, pp. 197 ff.
——, Some Remarks on the Gospel of Thomas, *NTS* 5, 1959, pp. 276 ff.
——, L'Évangile selon Thomas et le Diatessaron, *VigChr* 13, 1959, pp. 87 ff.
——, L'Évangile selon Thomas et le "Text Oriental" du Nouveau Testament, *VigChr* 14, 1960, pp. 204 ff.
——, Das Thomasevangelium und das Alte Testament, in : *Neotestamentica et*

Patristica (Festschrift für O. Cullmann), Leiden 1962, pp. 243 ff.

――, Gnosticism and the New Testament, in : Hyatt(ed.), *The Bible in the Modern Scholarship*, London 1966, pp. 252 ff.

――, *Makarius, das Thomasevangelium und das Lied von der Perle*, Leiden 1967.

Rathke, H., *Ignatius von Antiochien und die Paulusbriefe*, Berlin 1967.

Reitzenstein, *Das iranische Erlösungsmysterium*, Bonn 1921.

Rese, M., *Alttestamentliche Motive in der Christologie des Lukas*, Gütersloh 1969.

Ries, J., Rez. von Arai, *Die Christologie des Evangelium Veritatis*, Leiden 1964, in : *Muséon* 92, 1969, pp. 528 f.

Ringgren, H., Evangelium Veritatis och den valentianiska gnosis, *Religion och Bible* 8, 1958.

――, Qumrân and gnosticism, in : Bianchi(ed.), *Le origini dello gnosticismo*, Leiden 1967, pp. 379 ff.

Robinson, J. M., The Coptic Gnostic Library Today, *NTS* 14/3, 1968, pp. 356 ff.

――, Coptic Gnostic Library *NTS* 16/2, 1970, pp. 185 ff.

Rose, E., *Die Christologie des Manichäismus*, Diss. Marburg 1941.

Rudolph, K., *Die Mandäer* I : *Das Mandäerproblem*, Göttingen 1960.

――, *Die Mandäer* II : *Der Kult*, Göttingen 1961.

――, Stand und Aufgaben in der Forschung des Gnostizismus, Tagung für allgemeine Religionsgeschichte 1963, Sonderheft der *wissenschaftlichen Zeitschrift der Friedrich-Schiller-Universität Jena*, pp. 89 ff.

――, Rez. von Böhlig. Labib(ed.), *Koptisch-gnostische Apokalypsen aus Codex V von Nag Hammadi im Koptischen Museum zu Alt-Kairo*, Halle/Saale 1963, in : *ThLZ* 90, 1965, pp. 359 ff.

――, *Theogonie, Kosmogonie und Anthropogonie in den mandäischen Schriften. Eine literarische und traditionsgeschichtliche Untersuchung*, Göttingen 1965.

――, Gnosis und Gnostizismus, ein Forschungsbericht, *ThR* 34, 1969, pp. 121 ff.

Sagnard, F. -M. -M., *Le gnose valentinienne et le témoignage de Saint Irénée*, Paris 1947.

Salles-Dabadie, J. M. A., *Recherches sur Simon le Mage* I: *L'《Apophasis megalè》*, Paris 1969.

Salmond, S. D. F., The Epistle to the Ephesians, in : *The Expositor's Greek Testament* 3, Michigan 1951, pp. 377 ff.

Satake, A., *Die Gemeindeordnung in der Johannesapokalypse*, Neukirchen 1966.

――, Apostolat und Gnade bei Paulus, *NTS* 15/1, 1968, pp. 96 ff.

Scharlemann, M. H., *Stephen : A Singular Saint*, Rome 1968.

Schenke, H. -M., *Die Herkunft des sogenannten Evangelium Veritatis*, Göttingen 1959.

――, *Der Gott 》Mensch《 in der Gnosis. Ein religionsgeschichtlicher Beitrag zur Diskussion über die paulinische Anschauung von der Kirche als Leib Christi*, Göttingen 1962.

— —, Nag-Hammadi-Studien III : Die Spitze des dem Apokryphon Johannis und Sophia Jesu Christi zugrundeliegenden gnostischen Systems, *ZRGG* 14, 1962, pp. 357 ff.

— —, Die Arbeit am Philippus-Evangelium, *ThLZ* 90, 1965, Sp. 322 ff.

— —, Hauptprobleme der Gnosis. Gesichtspunkte zu einer neuen Darstellung des Gesamtphänomens, *Kairos* 7, 1965, pp. 114 ff.

— —, Das Problem der Beziehung zwischen Judentum und Gnosis. Ist die Gnosis aus dem Judentum ableitbar ? *Kairos* 7, 1965, pp. 124 ff.

— —, Rez. von Böhlig, Labib (ed.), *Koptisch-gnostische Apokalypsen aus Codex V von Nag Hammadi im Koptischen Museum zu Alt-Kairo*, Halle/Saale 1963, in : *Orientalische Literaturzeitung* 61, 1966, pp. 23 ff.

— —, Rez. von Arai, *Die Christologie des Evangelium Veritatis*, Leiden 1964, in : *Kairos* 7, 1969, pp. 161 ff.

— —, Das Ägypter-Evangelium aus Nag-Hammadi-Codex III, *NTS* 16/2, 1970, pp. 196 ff.

Schille, G., *Anfänge der Kirche. Erwägungen zur apostolischen Frühgeschichte*, München 1966.

— —, *Die urchristliche Kollegialmission*, Zürich 1967.

Schlier, H., *Religionsgeschichtliche Untersuchung zu den Ignatiusbriefen*, Gießen 1929.

— —, *Christus und die Kirche im Epheserbrief*, Tübingen 1930.

— —, *Der Brief an die Epheser*, 3. Aufl, Düsseldorf 1962.

Schmidt, C., Irenäus und seine Quelle in adv. haer., I 29, in : *Philotesia* (Festschrift für P. Kleinert), Berlin 1907, pp. 315 ff.

Schmithals, W., *Paulus und Jakobus*, Göttingen 1963.

— —, *Die Gnosis in Korinth*, 2. Aufl., Göttingen 1965.

— —, *Paulus und Gnostiker*, Hamburg-Bergstedt 1965.

Schneemelcher, W., Das Ägypterevangelium, in : Hennecke, Schneemelcher (ed.), *Neutestamentliche Apokryphen* I, 3. Aufl., Tübingen 1959, pp. 109 ff.

Schneider, C., *Geistesgeschichte des antiken Christentum* I, München 1954.

Schoeps, H. -J., *Urgemeinde, Judenchristentum, Gnosis*, Tübingen 1956.

— —, *Das Judenchristentum*, Bern 1964.

Scholem, G. G., Über eine Formel in den koptisch-gnostischen Schriften, *ZNW* 30, 1931, pp. 170 ff.

— —, *Major Trends in Jewish Mysticism*, 3. Aufl., New York 1954.

— —, *Jewish Gnosticism, Merkabah Mysticism and Talmudic Tradition*, New York 1960.

Schottroff, L., Animae naturaliter salvandae, zum Problem der himmlischen Herkunft des Gnostikers, in : W. Eltester (ed.), *Christentum und Gnosis*, Berlin 1969, pp. 65 ff.

Schrage, W., *Das Verhältnis des Thomasevangeliums zur synoptischen Tradition und*

zu den koptischen Evangelienübersetzungen, Berlin 1964.
Schubert, K., Die Religion des nachbiblischen Judentums, Wien 1955.
――, Problem und Wesen der Gnosis, Kairos 3, 1961, pp. 1 ff.
Schulz, S., Komposition und Herkunft der Johanneischen Reden, Stuttgart 1960.
――, Die Bedeutung neuer Gnosisfunde für die neutestamentliche Wissenschaft, ThR 26, 1960, pp. 209 ff., 301 ff.
――, Gottes Vorsehung bei Lukas, ZNW 54, 1963, pp. 104 ff.
Schütz, F., Der leidende Christus. Die angefochtene Gemeinde und das Christuskerygma der lukanischen Schriften, Stuttgart 1969.
Schütz, R., Johannes der Täufer, Zürich 1967.
Schwarz, E., Zu Eusebius Geschichte, ZNW 4, 1936, pp. 43 ff.
Schweizer, E., Erniedrigung und Erhöhung bei Jesus und seinen Nachfolgern, Zürich 1955.
――, σάρξ, ThWNT VII, 98 ff.
――, Gemeinde und Gemeindeordnung im Neuen Testament, 2. Aufl., Zürich 1962(シュヴァイツァー『新約聖書における教会像』佐竹明訳, 新教出版社, 1968年)
Scott, E. F., Epistles of Paul to the Colossians, to Philemon and to the Ephesians, 7. Aufl., London 1948.
Segelberg, E. Maṣbūtā. Studies in the Ritual of Mandaean Baptism, Uppsala 1958.
――, Evangelium Veritatis. A Confirmation Homily and its Relation to the Odes of Solomon, Orientalia Suecana 8, 1959, pp. 3 ff.
――, The Coptic-Gnostic Gospel according to Philip and its Sacramental System, Numen 7, 1960, pp. 189 ff.
Simon, M., St. Stephen and the Hellenists in the Primitive Church, London 1958.
――, Die jüdischen Sekten zur Zeit Christi, Zürich 1964.
――, Éléments gnostiques chez Philon, in: Bianchi(ed.), Le origini dello gnosticismo, Leiden 1967, pp. 359 ff.
Spiro, A., Stephen's Samaritan Background, in: Munck, The Acts of Apostles, New York 1967, pp. 285 ff.
Spuler, B., Syrien III: Altsyrische Kirche, RGG VI, 3. Aufl., 1962, Sp. 576 f.
――, Die morgenländische Kirche, Leiden 1964.
Stählin, G., Die Apostelgeschichte, Göttingen 1962.
Stauffer, E., Die Theologie des Neuen Testaments, 4. Aufl., Gütersloh 1948(シュタウファー『新約聖書神学』村上伸訳, 日本基督教団出版局, 1964年).
――, Zum Karifat des Jakobus, ZRGG 4, 1952, pp. 193 ff.
――, Antike Jesustradition und Jesuspolemik im mittelalterischen Orient, ZNW 46, 1955, pp. 1 ff.
――, Probleme der Priestertradition, ThLZ 81, 1956, Sp. 145 ff.
――, Die Botschaft Jesu. Damals und heute, Bern 1959(シュタウファー『イエスの使信――過去と現在』川島貞雄訳, 日本基督教団出版局, 1967年).

――, *Jesus, Paulus und wir*, Hamburg 1960.
Stead, G. C., The Valentinian Myth of Sophia, *JThS* 20, 1969, pp. 75 ff.
Stegmann, V., *Die Gestalt Christi in den koptischen Zaubertexten*, Heidelberg 1934.
Stenpvoort, P. A., Het Woord als aspect van de Heilsgeschiedenis in proloog van het vierde Evangelie, *Vox Theologica* 25, 1954, pp. 45 ff.
Strecker, G., Zum Problem des Judenchristentums, in: Bauer, *Rechtgläubigkeit und Ketzerei im ältesten Christentum*, 2. Aufl., Tübingen 1963, pp. 245 ff.
Stürmer, K., Judentum, Griechentum und Gnosis, *ThLZ* 73, 1948, Sp. 581 ff.
Tagawa, K., *Miracles et Évangile. La pensée personnelle de l'évangéliste Marc*, Paris 1966.
――, People and Community in the Gospel of Matthew, *NTS* 16/2, 1970, pp. 149 ff.
Talbert, C. H., *Luke and the Gnostics. An Examination of the Lucan Purpose*, New York 1966.
Tcherikover, V., *Hellenistic Civilization and the Jews*, 2. Aufl., Philadelphia/Jerusalem 1961.
Theissen, G., *Untersuchungen zum Hebräerbrief*, Gütersloh 1969.
Till, W. C., The Gnostic Apocryphon of John, *Journal of Ecclesiastical History* 3, 1952, pp. 14 ff.
――, Rez. von Malinine, Puech, Quispel (ed.), *Evangelium Veritatis*, Zürich 1956, in: *Orientalia* 27, 1958, pp. 275 ff.
Torm, F., Das Wort γνωστικός, *ZNW* 35, 1936, pp. 70 ff.
Trocmé, É., *Le "Livre des Actes" et l'histoire*, Paris 1957 (トロクメ『使徒行伝と歴史』田川建三訳, 新教出版社, 1969 年)
Turner, H. E. W., *The Pattern of Christian Truth. A Study in the Relations between Orthodoxy and Heresy in the Early Church*, London 1954.
van Unnik, W. C., The 'Gospel of Truth' and the New Testament, in: Cross, F. L. (ed.), *The Jung Codex*, London 1956, pp. 79 ff.
――, *Evangelien aus dem Nilsand*, Frankfurt 1960.
Vermaseren, M., *Mithras. Geschichte eines Kultes*, Stuttgart 1965.
Vielhauer, P., *Oikodome. Das Bild vom Bau in der christlichen Literatur vom Neuen Testament bis Clemens Alexandrinus*, Diss. Heidelberg 1939.
――, Erlöser II: Im NT, *RGG* II, 3. Aufl., 1958, Sp. 579 ff.
――, Das Hebräerevangelium, in: Hennecke, Schneemelcher (ed.), *Neutestamentliche Apokryphen* I, 3. Aufl., Tübingen 1959, pp. 104 ff.
Vincent, L., Le culte d'Helene à Samarie, *RevBib* 45, 1936, pp. 221 ff.
Voss, P. G., *Die Christologie der lukanischen Schriften in Grundzügen*, Paris/Brügge 1965.
Waitz, H., Simon Magus in der altchristlichen Literatur, *ZNW* 3, 1904, pp. 121 ff.
Weigandt, P., *Der Doketismus im Urchristentum und in der theologischen Entwicklung des zweiten Jahrhunderts*, Diss. Heidelberg 1961.

Weiß, H. -Fr., Paulus und die Häretiker, zum Paulusverständnis in der Gnosis, in : Eltester (ed.), *Christentum und Gnosis*, Berlin 1969, pp. 116 ff.
Werner, M., *Die Entstehung des christlichen Dogmas*, 2. Aufl., Tübingen 1953.
Widengren, G., Der iranische Hintergrund der Gnosis, *ZRGG* 4, 1952, pp. 97 ff.
— —, *Iranisch-semitische Kulturbegegnungen in parthischer Zeit*, Köln 1960.
— —, *Mani und Manichäismus*, Stuttgart 1961.
— —, Rez. von Colpe, *Die religionsgeschichtliche Schule*, in : *Orientalische Literaturzeitung* 58, 1963, pp. 533 ff.
— —, *Die Religionen Irans*, Stuttgart 1965.
— —, Les origines du gnosticisme et l'histoire des religions, in : Bianchi (ed.), *Le origini dello gnosticismo*, Leiden 1967, pp. 28 ff.
Wilcox, M., *The Semitisms of Acts*, Oxford 1965.
Wilkens, U., *Die Missionsreden der Apostelgeschichte. Form- und traditionsgeschichtliche Untersuchungen*, 2. Aufl., Neukirchen 1963.
Wilson, R. McL., *The Gnostic Problem. A Study of the Relations between Hellenistic Judaism and the Gnostic Heresy*, London 1958.
— —, *Studies in the Gospel of Thomas*, London 1960.
— —, *Gnosis and the New Testament*, London 1968.
Wink, W., *John the Baptist in the Gospel Tradition*, Cambridge 1968.
Zandee, J., *The Terminology of Plotinus and some Gnostic Writings, Mainly the Fourth Treatise of the Jung Codex*, Istanbul 1961.
— —, Die Person der Sophia in der vierten Schrift des Codex Jung, in : Bianchi (ed.), *Le origini dello gnosticismo*, Leiden 1967, pp. 203 ff.

B 邦語文献(アルファベット順)

赤城泰「〈原トマス〉仮説」『日本の神学』第5号, 1966年, 26頁以下.
荒井献「ヘルマスの牧者における angelus interpres 序説」『基督論の諸問題』(石原謙献呈論文集), 創文社, 1959年, 184頁以下.
— —, 「コプト語グノーシス文書研究の現状」『宗教研究』第169号, 1961年, 103頁以下.
— —, 「グノーシス——主として原始キリスト教との関連において」『日本の神学』第2号, 1963年, 69頁以下.
— —, 「キリスト仮現説」『聖書の世界』第196号, 1963年, 48頁以下.
— —, 「ヘレニズム思想」『聖書講座』第4巻, 日本基督教団出版局, 1965年, 163頁以下.
— —, 「新約聖書外典」『聖書講座』第4巻, 日本基督教団出版局, 1965年, 459頁以下.
— —, 「古代から中世へ」浅野順一編『基督教概論』創文社, 1966年, 120頁以下.
— —, 「ヘルマスの牧者」『聖書雑誌』1967年12月号, 24頁以下; 1968年1月号, 25頁以下.
— —, 「田川建三『原始キリスト教史の一断面』」(書評),『史学雑誌』第78編第1号, 1969年, 83頁以下.

引用文献

――,「イエスの時代――その歴史的背景」『聖書の世界』第5巻, 講談社, 1970年, 11頁以下.
――,「使徒時代の歴史的背景」『聖書の世界』第6巻, 講談社, 1970年, 9頁以下.
――,「原始キリスト教における権威の問題」『聖書と教会』1970年, 7月号, 1頁以下.
有賀鉄太郎「イグナティオスのキリスト論」『基督教研究』第10号, 1933年, 30頁以下.
土井正興『イエス・キリスト――その歴史的追求』三一書房, 1966年.
半田元夫『原始キリスト教史』弘文堂, 1960年.
秀村欣二『新約時代史』キリスト教夜間講座出版部, 1966年.
――,「イエスの裁判――イエス受難史の歴史的考察」『キリスト論の研究』(小田切信男献呈論文集), 創文社, 1968年, 89頁以下.
――,「ユダヤ人キリスト者のペラ移住の伝承とイエルサレム教会」『オリエント』第10号, 3/4分冊, 1968年, 17頁以下.
――,「ローマ皇帝支配の意識構造」『岩波講座 世界歴史』第3巻, 1970年, 57頁以下.
石川純「トマスの福音書における〈ひとつ〉と〈ふたつ〉の関係について」(未公刊リポート, 東京大学教養学部教養学科, 1970年)
岩村信二「キリスト教幼児教育の神学的検討」『キリスト教幼児教育の原理』日本基督教団出版局, 1957年, 77頁以下.
川島貞雄「イエスとユダヤ教――食事規定の問題をめぐって」『聖書学論集』第7号, 1970年, 93頁以下.
菊地栄三「初期グノーシス主義の一形態――魔術師シモンをめぐって」『宗教研究』第172号, 1962年, 94頁以下.
小林信雄『洗礼――その起源と意義』新教出版社, 1956年.
前田護郎『新約聖書概説』岩波書店, 1956年.
松川成夫「原始キリスト教の教育思想」『東京女子大学論集』第11号, 1961年, 47頁以下.
中川秀恭『ヘブル書研究』創文社, 1957年.
――,「コロサイ人への手紙 1, 15-20 におけるキリスト論について」『キリスト論の研究』(小田切信男献呈論文集), 創文社, 1968年, 151頁以下.
日本聖書学研究所編『死海文書――テキストの翻訳と解説』山本書店, 1964年.
小川英雄「ミトラ教の起源について」『宗教研究』第199号, 1969年, 91頁以下.
小河陽「マタイ神学におけるイエスの歴史」『聖書学論集』第7号, 1970年, 63頁以下.
斎藤忠資「パウロにおける洗礼と義認」『基督教論集』第15号, 1969年, 57頁以下.
佐竹明「パウロにおける使徒職と恩恵」『基督教論集』第12号, 1966年, 23頁以下.
――,「マタイ 12, 1-8 の釈義的研究」『福音書研究』(高柳伊三郎献呈論文集), 創文社, 1967年, 85頁以下.
――,『ピリピ人への手紙』新教出版社, 1969年.
住谷一彦「思想史としての現代――使徒パウロの伝道と〈現代〉への視角」『展望』1968年9月号, 16頁以下.
田川建三「福音書記者の神学と奇蹟物語」『日本の神学』第1号, 1962年, 9頁以下.
――,「時と人間――イエスの思想研究の試み」『聖書学論集』第2号, 1964年, 36頁以下.

――，「マタイ福音書における民族と共同体」『聖書学論集』第5号，1967年，116頁以下.

――，『原始キリスト教史の一断面――福音書文学の成立』勁草書房，1968年.

――，「マルコのキリスト論」『キリスト論の研究』(小田切信男献呈論文集)，創文社，1968年，39頁以下.

――，「マルコによる福音書」『聖書の世界』第5巻，講談社，1970年，21頁以下.

髙橋秀「地中海世界のローマ化と都市化」『岩波講座 世界歴史』第2巻，1969年，415頁以下.

髙橋敬基「ロマ3:24-26における ΔΙΚΑΙΟΣΥΝΗ ΘΕΟΥ」『金城学院大学論集』第39号，1969年，1頁以下.

――，「ローマ人への手紙13章1-7節――〈教会と国家〉の問題に対するその今日的意味」『聖書と教会』1970年，10月号，8頁以下.

滝沢武人「〈真珠の歌〉の宗教史的位置――G. Quispel 説をめぐって」『日本の神学』第9号，1970年，155頁以下.

渡辺英俊「グノーシス〈原人〉(アンスローポス)神話について」『神学』第33号，1970年，21頁以下.

八木誠一『新約思想の成立』再版，新教出版社，1966年.

――，『イエス』清水書院，1968年.

弓削達『ローマ帝国とキリスト教』河出書房，1968年.

EARLY CHRISTIANITY AND GNOSTICISM

BY

SASAGU ARAI

Dr. theol.
Associate Professor of Classical Languages
and Early Christian Literature, Tokyo University

Summary in English

IWANAMI SHOTEN
TOKYO
1971

Table of Contents

Preface
List of Abbreviations
Introduction: Problems and Structure

Part I Early Christianity

1. On the Beginnings of Christianity 3
2. On the So-called Communal Property System in the Primitive Church of Jerusalem 43
3. Ἑβραῖοι and Ἑλληνισταί in the Primitive Community in Jerusalem
   —Historical Examination into Acts 6: 1–6— 57
4. On a New Source about the Martyrdom of James the Just 70
5. Development of the Educational Thought in Early Christianity 76

Part II Gnosticism

Chap. 1. The So-called γνῶσις and its Development 93

1. Christian Heresiologists' View of Gnosis
   —with Special Emphasis on Irenaeus'— 93
2. On Simon Magus and his Traditions 104
3. On the Barbelo-gnostics and the Ophites 123
4. The Teaching of Valentine 131
5. Development and Structure of the Ptolemaic Myth 141

Chap. 2. The Gnosticism in the Nag Hammadi Texts 157

1. The Discovery of the Nag Hammadi Texts and their Significance for Research into Gnosticism 157
2. "φωστήρ" in the *Apocalypse of Adam* 173
3. Sophia-Christology in the *Apocryphon of John* 196
4. Creation and Ignorance in the So-called *On the Origin of the World* 212
5. The Apostle Thomas in the Ancient Church
   —his Mission and Theology— 222
6. The *Gospel of Thomas*
   —Especially in its Relation to the Canonical Gospels— 240
7. "Jesus" in the *Gospel of Thomas* 257
8. "Jesus Christ" in the *Gospel of Philip* 273
9. The Christology of the So-called *Evangelium Veritatis* 299

Chap. 3. The Problems of Gnosticism 319

1. The Gnostic Understanding of Jesus
   —Criticism on the So-called "Gnostic Myth of Saviour"— ················319
2. On the Essence and the Origin of Gnosticism ······················337

Bibliography···357

Introduction : Problems and Structure

This book is a collection of twenty-one treatises dealing with the theme, "Early Christianity and Gnosticism". Nineteen of the treatises, published in Japanese between 1963 and 1971, have been revised for the present publication; two others, heretofore unpublished, have been added.

In this book I have sought to determine the origin of Gnosticism by a clarification of its essence. Specifically, I have tried to determine whether Gnosticism was the first and most significant "heresy" to arise within Christian history, as has been maintained by the Orthodox Church from the time of the Church Fathers, or whether, as was formerly held by various scholars who belonged to the school of religion-history (religionsgeschichtliche Schule) and is asserted even up to now, it came out of that trend of religious thought which was born independently of, and prior to, Christianity in an area of Indo-Iran. Before an attempt can be made to settle the question, however, it is necessary to have an adequate understanding of the beginnings of Christianity which have a delicate relation to Gnosticism. I assume this task in Part I. In treatise one I have attempted to establish this understanding. Treatises two through five, while not necessarily related to the problem of the book as a whole, do enlarge upon various questions which may be thought of as footnotes to the first treatise, as it were. Perhaps they function, so to speak, as a kind of excursus to the first treatise.

The main issue of the book has been dealt with in Part II. Before considering the problem itself, however, it is first of all necessary to determine how the Church Fathers, especially the heresiologists, used the word "Gnosis", and what they considered to be its origin (or what they traced it back to). The above questions are dealt with in the first chapter. The first treatise examines them in the light of the teachings of Irenaeus, who is taken to be representative of the heresiologists. In the second through the fifth treatises, I have traced the various mythologies, beginning with those of Simon Magus, said to be the "Father of Gnosticism", and of his school up to those of Valentine and his disciple Ptolemy who are taken seriously by Irenaeus. I have carried out this task through the tradition-criticism of the mythologies following the sources which are mainly offered by the heresiologists. The relevant mythological teachings of the Barbelo-Gnostics/Ophites (the third treatise), Valentine himself (the fourth treatise), and one of the Valentinians, i. e. Ptolemy, (the fifth treatise) have been given special attention here.

Thus, in the first chapter Gnosis is defined and its development is traced using secondary sources which were supplied by the Christians.

The second chapter, on the other hand, examines Gnosticism, above all its Christology, making use of primary sources — i.e., the recently discovered Nag Hammadi writings. A bird's-eye view of the contents of the whole of the Nag Hammadi writings is given in the first treatise, and their significance for research into Gnosticism is discussed. In the second through the ninth treatises, I have examined the texts of six previously published documents whose source-value is being established, beginning with the document whose characteristics are least Christian and proceeding progressively to those documents whose characteristics are most Christian. These are: the *Apocalypse of Adam* (the second treatise), the *Apocryphon of John* (the third treatise), the so-called *On the Origin of the World* (the fourth treatise), the *Gospel of Thomas* (treatises five through seven), the *Gospel of Philip* (the eighth treatise) and the so-called *Gospel of Truth* (the ninth treatise).

The third chapter contains the book's conclusion. In the first treatise, the position of the Saviour Jesus Christ in Gnosticism is examined through the criticism of the so-called "Gnostic Myth of Saviour" in accordance with the results of the research into the Nag Hammadi Texts. In the second treatise, the results of prior research into Gnosticism are examined critically from the methodological point of view and summarized; lastly, I have stated my own opinion concerning the essence and the origin of Gnosticism.

Part I Early Christianity

1. On the Beginnings of Christianity

We can observe the beginnings of Christianity, especially those of the Christian Church, not only in Jerusalem but also in other regions of Palestine, above all in Galilee. Here existed a group of naive people who felt obliged to give a divine authority to the life of the earthly Jesus, or to his life as they remembered it. After his death it was referred to as "the event" for their salvation. Miracle-stories in the Gospel tradition are thought to have been transmitted by them. They were not only inactive transmitters. Beyond that they probably carried them and made missions to the Hellenized regions around Galilee. The title "κύριος" seems to have originated in these regions. On the other hand, there originated in the Jerusalem Church and its environs various traditions of Christ-confession which pointed to the presence or futurity of salvation, the faith of the Resurrection having been connected with the apocalyptic thought; the Christology of preexistence–incarnation–ascension links to the former, i.e., to the present salvation, and the thought of Christ's redemption to the latter. From the religio-historical point of view the former is characterized as "Hellenistic" and the latter as "Jewish". Therefore it is possible to suppose that the Galilean-Hellenistic "κύριος-faith" united itself with the Jerusalemite-Hellenistic "Christ-faith". We will observe the beginning of this union among the Hellenists, above all in Stephen. On the other hand "the Hebrews" is thought to have been, in origin, the colloquial name of the "Judaistic" Christians who took pride in the Jewish tradition, especially in its Law. Both of these groups, however, remained minority in the Jerusalem Church, and the majority who accepted Peter's leadership took the intermediate position.

Paul seems to have persecuted in Syria and Cilicia the Christians who were probably enthusiasts confessing the "κύριος"-faith which originated among Galileans. After his conversion Paul formed his thought, taking the Jerusalemite tradition of faith-confessions into that "κύριος"-faith. In Christ he denies his old "self" and history, and transcends them. At the same time, and for that very reason, he affirms his "self" and history anew in Christ, and dwells in this very world. We observe a synthetic tension of denial and affirmation, of transcendence and immanence in this sort of self-understanding of Paul, and at the same time, we also find in it a fact that the Hellenistic transcendental universalism and Hebraic historic-immanent-thought are paradoxically united and accepted in such a way. From this standpoint Paul opposed vehemently not only the Jewish-legalistic understanding of the gospel but also the Hellenistic-mystical understanding of it. But both of these trends of thoughts, though differentiated as types and styles, are based on the activities and experiences of human beings, and represent these same human activities and experiences. So far, they seem to point to one and the same, essentially, and so seem to have been connected with each other virtually in some groups of people regardless of the difference in unific solidity. We will characterize this as a Judaeo-Hellenistic syncretism, but we cannot designate it as Gnosticism. It is, if we dare to say, "Pre-Gnosticism".

Now, the Hellenistic "κύριος"-faith which originated in Galilee was given its historical setting which was invented from the traditions of miracle stories. This is the birth of the "evangelium"-literature, and its originator is our Mark. Having the same literary form, Matthew shows, from the standpoint of redaction-criticism, an ecclesiastical community-like tendency, and Luke a salvation-historical (heilsgeschichtlich), and John a fraternal-society-like tendency. On the other hand Thomas shows another literary form whose origin could be traced back to "Q". In this way, Thomas let his Gospel be interpreted in a Gnostic sense.

At any rate, we can recognize the most various and diversified thought-tendencies in local churches which were founded near the end of the first century or toward the beginning of the second. Roughly speaking, on the one hand, the Roman Church is sure to be characterized as immanent in its self-understanding and legalistic in its gospel-understanding, while, on the other hand, the Egyptian Church will be characterised as being more transcendent and spiritual. Judging from the religio-historical point of view, the former is monistic and Jewish, and the latter dualistic and Gnostic. If we take these as representatives of the extremes, churches in Asia Minor, Syria and Greece will be seen as taking a position between them. Church history from then on is said to be a process of catholicization in the sense that both the Jewish-Christian factors which dominated in Palestine and Syria and the Gnostic factors which covered Samaria, Syria, Egypt and Rome — these two kinds of factors more often appeared in a mingled manner — were excluded gradually as "heretical" by early Catholicism which was established with Rome as its center.

In addition it seems to me that Gnosticism cannot be seen in its clear form before the Pastoral Epistles and the Johannine Epistles. It is, as will be shown in detail in Part II, a religious thought which originated independently of Christianity and absorbed some elements of Christianity, especially misunderstood Paulinism.

2. On the So-called Communal Property System in the Primitive Church of Jerusalem

The so-called communal property system in the primitive church of Jerusalem about which Acts 4: 32, 34, 35 report is ascribed to Luke's characterization of the church. By this characterization Luke intended to show his readers that the Hellenistic idea of "communal property" on the one hand and the Hebraic idea of "aid"— in either case the idea of "κοινά" or "κοινωνία" — were realized through the abandonment of the worries concerning one's own property. But we cannot deny that behind ideal figures like these a Christian social-welfare system, or mutual aid system which was analogous to the Jewish one really existed in the Church of Jerusalem.

On the other hand, Luke introduced into our passage the narrative tradition about Barnabas whose "Sitz im Leben" was probably the apostolic council and he generalized it here.

In so far as we take this opinion, we cannot determine the historical relationship between the church of Jerusalem and the Qumran community with its communal property system as the point at issue. We can only say that Luke may have had in mind the communal property system of the Qumran community. Since the recent publication of the Qumran texts tends to show us the diversity in the Qumran communal property system, we must postpone our decision as to what kind of system Luke had in mind until the texts of all the Qumran writings are made available and until their evaluation has been established.

3. Ἑβραῖοι and Ἑλληνισταί in the Primitive Community in Jerusalem
— Historical Examination into Acts 6: 1–6 —

Ἑβραῖοι and Ἑλληνισταί in Acts 6: 1 seem to mean "Hebrew-speaking Christians" and "Greek-speaking Jewish Christians" respectively in our present context. Originally, however, Ἑβραῖοι is thought to have referred to the Jewish Christians who had the inclination to Hebraism, i.e., who were apt to boast of being Jews, and Ἑλληνισταί, on the other hand, is thought to have referred to the Jewish Christians who probably had some connections with the enthusiastic missionaries in the Hellenistic areas adjacent to Galilee, and who were comparatively free from the Hebraic traditions. In any case, it is Luke himself who gave to the latter the colloquial name "Ἑλληνισταί" as the counter concept to "Ἑβραῖοι", and who made them harmless with respect to their thought. It seems probable, however, that Luke did not create the concept "Ἑλληνισταί" himself, but that he made use of his contemporary Ἑλληνισταί who really existed in Jerusalem those days, and so he invented the narrative scene of Acts 6: 1. Moreover, Luke makes these "Ἑλληνισταί" play a proper part of their own in the course of salvation-history in the first half of Acts.

4. On a New Source about the Martyrdom of James the Just

Concerning the martyrdom of James the Just we have long had the well-known historical sources, Jos., *ant.*, 20, 197–203 and Eus., *hist. eccl.*, 2, 23, 4–18 (report of Hegesippus' testimony). In addition, we now have the recently discovered source *Apoc. Jac.*, 44, 10–63, 33 (Cairo Codex V from Nag Hammadi), and moreover the account of the martyrdom of Stephen (Acts 7: 54 ff) seems to have some connections with parts of these sources. Perhaps the mutual relationship among them can be best explained in the following way.

First, Acts and Jos. have no relation to each other, and Jos. would be the earliest source as far as the martyrdom of James is concerned. The accounts of James' stoning in Heg. and *Apoc. Jac.* are sure to be ascribed to Jos., but when they say that Jacob was pushed from a roof, they seem to have borrowed the motif from another common source different from Jos. Secondly, Christ's witness of James and his concluding words in Heg. seem to be based on the saying of Jesus in Mt. 26: 64 and Lk. 23 : 34. There is some overlapping here with Stephen's words as recorded in Acts 7: 56, 60. The manner of execution described in *Apoc. Jac.* is an extreme and one-sided development of the account of Acts and is probably adjusted to meet the regulations of Sanh., 6.

5. Development of the Educational Thought in Early Christianity

In so far as παιδεία in Eph., 6:4 and παιδεύειν in Tit. 2:11 are defined essentially by κύριος and χάρις, that is, in so far as the educational thought in these passages retains an eschatologically and paradoxically tense relationship with the present salvation, they may be duly regarded as loci classici of early Christian educational thought. On the other hand, when this παιδεία concept is developed in the literature of the Apostolic Fathers, it comes to lose its eschatologically and paradoxically tense relationship with the present salvation in a way proper to each writing. As a result, the Jewish motif "fear of God" comes directly into the Christian educational thoughts presented in these writings.

Part II Gnosticism

Chapter 1. The So-called γνῶσις and its Development

1. Christian Heresiologists' View of Gnosis
— with Special Emphasis on Irenaeus' —

Irenaeus traces the origin of γνῶσις back to the Greek poets and philosophers, above all to their "insania", but he asserts persistently that it rised as the Christian "heresy" after the apostolic period, though it is just possible that he had knowledge of a Gnosticism which rised independently of Christianity. In short, Irenaeus himself does not give us the correct information about the relationship between the Greek factors and the Christian ones in Gnosticism, and the relationship between those factors and the so-called "insania". We have to assume that he extracted Gnostic sectarians not in a genetic-historical way but non-deliberately, and that he contrasted each of their teachings to that of the Christian church and criticized it. He does not seem to have done more than that. Therefore we cannot expect to learn much from Irenaeus as to the question of how the γνωστικοί themselves grasped the essence of γνῶσις. Only one passage, *adv. haer.*, I 21,4, could be mentioned as the locus classicus which represent the characteristics of this thought even in comparison with the primary sources of Gnosticism.

The same could be true of Tertullian. Since he is critical of Greek philosophy in general, — this does not necessarily deny the fact that he himself was influenced by the philosophical schools, especially by the Stoics, — he calls philosophers in general the "patriarchae haereticorum", and above all he regards Plato as the "omnium haereticorum condimentorium". But in so doing, he does not surely mean that the philosophers themselves, including Plato, are heretics but that the products resulting from the philosophical and Platonic interpretation of the apostolic preachings and traditions are heretical. For Tertullian the truth always precedes its copy, and the resemblance is always patterned after the reality. In the case of Hippolytus too, all the heretics derived from the Greeks.

On the other hand, another traditional opinion ascribes the heresies not to the Greeks as shown above but rather to the Jewish sectarians. This opinion has been advocated since Justin who was friendly to Greek philosophies; Hegesippus, Ps. Clement, Celsus, Clement of Alexandria, Origen and others also took this opinion. Even for them, however, γνῶσις as a heresy rised after the time of apostolic teachings.

We will not do justice even to the Valentinians to whom Irenaeus bears witnesses, when we conclude that the Gnostics exclude the moments of decision and action from their soteriology according to the definition of the "γνωστικοί" as "φύσει σῳζόμενοι" (Clem. Alex.).

2. On Simon Magus and his Traditions

A figure such as "Ennoia-Barbelo-Sophia" which we can find e. g. in the *Apocryphon of John* (cf. in the following p. 392) is common as the feminine attributes of "Father", the divine primary-being in the earliest strata of the Simonian traditions — not only in tradition A (Just., *apol.*, I 26, 1–3 ; Iren., *adv. haer.*, I 23, 1–4) but also in tradition B (Hipp., *ref.*, VI 9, 3–18).

In tradition A the Ennoia-Sophia-figure is separated from the Father, while it is combined with Helen. And this Helen makes a partnership with Simon. In this way a mythological-dualistic teaching is developed in this tradition. In tradition B the Barbelo-figure which is — in opposition to the Ennoia-Sophia-figure in tradition A — always combined with the Father becomes a partner of Simon, the Father, as Epinoia or Might. Thence there develops the mythological-philosophical and monistic teaching of tradition B.

Therefore, from the chronological point of view, traditions A and B do not succeed one another but stand parallel (against E. Haenchen and W. Schmithals). Both traditions have the same roots but each of them develops its own teaching in a different way.

However, who took up the Ennoia- or Epinoia-figure in his teaching for the first time? Simon himself or his disciples? To this question we cannot yet give a decisive answer.

In any case we can say that Simon not only demonstrated himself by magics but also named himself as "the Great" or "the great Divinity" (Act 8: 9), while people held him in respect as "the Great" or even as the divine "Might" (8: 10). It is obscure even now if Simon himself taught the Gnostic teaching that the salvation of mankind consists in the fact that man recognizes the feminine attribute (Ennoia-Helen or Epinoia-Might) of the divinity (Simon, the Father) as one's own "self" through the self-revelation of Simon. It is certain, however, that this teaching had its origin in the earliest stratum of the Simonian traditions which had not yet any connection with Christianity. This is the basis upon which were constructed (A) the dualistic mythology on the one hand and (B) the mystic and monistic philosophy on the other, while both brought in some Christian elements.

3. On the Barbelo-gnostics and the Ophites

We have reconstructed the mythology of the Barbelo-gnostics from Iren., *adv. haer.*, I 29, 1–4 and the *Apocryphon of John* (Berlin codex), and that of the Ophites from Iren., *adv. haer.*, I 30, 1–15. Then we have pointed out some recognizable resemblances between them. Moreover, we have suggested that "Christ" was not indispensable functionally in the cosmology, especially in the cosmogony of the Ophites, in other words, that "Christ" was probably introduced into it secondarily. Later, in the third treatise of chapter 2 it is shown that the same is true of the Barbelo-gnostics.

4. The Teaching of Valentine

We have reconstructed the thought of Valentine from nine fragments of the Valentinian teachings and Irenaeus' report of his mythology (*adv. haer.*, I 11,1). Then we have made it clear that some Platonic elements and thoughts close to the Pauline are recognizable in the thought of Valentine (especially in the case of the fragments), and that the mythological speculations of the Barbelo-gnostics and the Ophites are presupposed by it on the whole. The characteristics of Valentine's thought are the followings: (1) a representation of "Pleroma" filled with thirty "Aeons", (2) a representation of the degradation of one of these thirty "Aeons", "Sophia", above all, the "Sophia" outside of the "Pleroma", (3) a representation of Christ and Jesus in connection with the Sophia, (4) Trichotomism of "Pneuma" (spirit)–"Psychê" (soul)–"Sôma" (body) or of Father–"Sophia"/"Dēmiourgos" (creator)–substance as a basis of the anthropology and the cosmology.

5. Development and Structure of the Ptolemaic Myth

First of all we have traced the development of the Gnostic Myth (Iren., adv., haer., I 1, 1–8, 6) which is in general, ascribed to Ptolemy, one of the Valentinians, and we have reconstructed the myth with a help of the source-critical method. Then we have analyzed the central concepts which form the myth, i. e. Sophia, Jesus Christ, Anthropos, Gnosis observing the development of the myth. The results from this analysis are the following: the whole myth of Ptolemy is built upon the motif of "taking a form" (či morphê, μορφεῖσθαι) which we can find in the *Apocryphon of John,* and even in such a way that the "taking a form" is realized toward (1) "being" (οὐσία), (2) Gnosis (γνῶσις) and (3) partnership (συζυγία).

With respect to Christology, it could be recognized that it was introduced secondarily even in the case of this consistent myth.

Chapter 2. The Gnosticism in the Nag Hammadi Texts

1. The Discovery of the Nag Hammadi Texts and their Significance for Research into Gnosticism

From our survey of the contents of the NHTs and the present situation of the research into them, we have come to the following conclusions.

(1) Concerning the fundamental characteristics of Gnosticism the NHTs do not radically change the results which had been drawn from the other Gnostic sources offered by the Christian Heresiologists, but at the same time they have made it clear that those sources had emphasized some specific points of the fundamental characteristics unduly and unilaterally (e. g., speculative mythology, Docetism and so on) because of their controversial tendencies. Moreover, the so-called libertinism is not observed in the NHTs for the time being.

(2) Concerning the question of the origin of Gnosticism, it becomes clearer that, in many cases, Gnostics assert themselves on the basis of the Gnostic interpretation of the Jewish materials.

(3) Concerning the question of the saviour in the Gnostic materials it becomes probable in the light of the NHTs which are on the way to christianization that Christ was introduced into the system of Gnosticism as the saviour only secondarily.

(4) The discovery of the NHTs has made it clear that Gnosticism had a close connection with liturgies, especially the liturgy of baptism.

2. "φωστήρ" in the *Apocalypse of Adam*

We have criticized A. Böhlig's hypothesis that the φωστήρ is in conformity with the Judeo-Iranian religions, and analyzed the text of the *Ap. Adam*. Our conclusion is that the φωστήρ originated after the birth of Christianity, and essentially independently of Christ's figure.

3. Sophia-Christology in the *Apocryphon of John*

We have made a comparative investigation into the four codices of the *Apoc. Joh.* (BG; CC II; III; IV) with the literary-critical method, and we have shown that BG and III belonged to an earlier phase of the tradition than II and IV, and also that the figure of Sophia was gradually, christianized (the German version of this treatise is: S. Arai, Zur Christologie des Apokryphons des Johannes, *NTS* 15/3, 1969, pp. 302 ff.).

4. Creation and Ignorance in the So-called *On the Origin of the World*

Having reconstructed the mythology of this book with the source-critical method, we have shown that the creation is the concretization of ignorance, and that the Christian parts of the book are the later interpolations.

5. The Apostle Thomas in the Ancient Church
— his Mission and Theology —

Having reconstructed the activities (Indian mission) and the thought of Thomas from the ancient traditions ascribed to him, especially from the *Acts of Thomas* and the *Gospel of Thomas,* we have cofirmed that Thomas was characterized as more encratic in the *Acts of Thomas,* and more Gnostic in the *Gospel of Thomas*.

6. The *Gospel of Thomas*
— Especially in its Relation to the Canonical Gospels —

The shortened and prolonged or connected texts of the sayings of Jesus in the canonical Gospels which are observed in the *Gospel of Thomas* could have belonged to the early stages of the tradition from the literary-critical point of view, but they sould be regarded as reflecting the Gnostic intentions from the contents-critical point of view. In any case, out of numerous sayings of Jesus in the *Gospel of Thomas* the majority belong to Mt. and Lk. with an almost equal amount respectively, while fewer belong to Mk. and John. Luke is the closest to Thomas as far as the text-reading is concerned, but John is the closest in contents. The logia of Thomas do not necessarily coincide with those of the Q-source. Even if the text common to Thomas and Luke coincides with that of the Jewish Christians, it cannot be verified for the time being that this text is earlier than the canonical one. Therefore we can say with confidence from our survey of them in connection with the canonical Gospels that there were — written or oral — traditions mainly of the canonical sayings of Jesus behind the logia of Thomas. He made a collection of the saying using them nearly as they were when they did not conflict with his Gnostic intentions, connecting some of them when they seemed to be similar in contents, or making proper corrections when they were contradictory to his intentions.

The so-called Agrapha trace back to another oral tradition different from the canonical one, and even though the authenticity of some of them can not be denied at least formally, they, too, seem to be secondary on the whole since all of these logia can be explained gnostically.

7. "Jesus" in the *Gospel of Thomas*

According to Thomas Jesus is one who teaches that all human beings are one and the same with the "father" in their essential Selves, and that he gives "life" to them. He is represented as being unrecognizable by the men of ignorance, and as a person identical with the father, and therefore as one who is identical with themselves for the men of knowledge.

From the standpoint of the Christological categories in the history of dogma, Jesus in the *Gospel of Thomas* belongs to the "Spirit-Christology", but he has no connection with "history" in any sense in so far as the self-understanding of Thomas is dualistic on the whole and in so far as his interest consists in the cognition of his essential "Self". As a matter of fact we can find in it neither a view of history as salvation-history, whose fundamental motifs are sin of the human beings and its expiation nor the typology which sees the past events as typoi, i. e. anticipative ones. Thus Thomas offers us one type of the Gnostic Christologies.

8. "Jesus Christ" in the *Gospel of Philip*

In this Gospel Jesus Christ is represented as the accomplisher of the baptism for the purification of defilement (§ 54; 109), the anointer (95), the one who unifies us through the offer of charisma (74; 92), the giver of the bread of life (15; 93), the redeemer of souls (9), the restorer of the unity in the midst of disruption (69; 78; 82) as a prototype of νυμφών (55; 26) and so on. In addition, all of these functions are closely connected with five liturgies which are characteristic of this gospel: βάπτισμα, χρῖσμα, εὐχαριστία, ἀπολύτρωσις and νυμφών.

9. The Christology of the So-called *Evangelium Veritatis*

There are different opinions about the Christology of the so-called *Evangelium Veritatis* (*EV*), especially with respect to its religious background. One recognizes in the *EV* a Valentinian docetic Christology; another denies it, and finds an affinity with the undocetic Christology of the *Odes of Solomon*. Still another finds rather an anti-docetic Christology, and supposes it to originate in the syncretistic Christianity in Egypt.

Certainly we can recognize in the character of Christ in the *EV* no Gnostic, to say nothing of docetic, elements. In this meaning the Christology of the *EV* belongs to the so-called "Spirit-Christology", which we find in some of the Christian writings, especially in the Johannine writings of the canonical New Testament. With respect to the soteriological work of Christ, too, the Christology of the *EV* is very near to that of the fourth Gospel, in so far as both of them say: the death of Christ is life for many.

In this connection the following is worth noticing: When the *EV* regards the cross as "the tree of life" and proclaims that we can obtain cognition through eating Christ on the cross as the "fruit" of that tree, i. e. through the Eucharist, it is very close to the understanding of Christ in Manichaenism and the *Gospel of Philip,* i. e., the Gnostic understanding of Christ, indeed, but this kind of Christology does not exclusively belong to the Gnostics, and in fact such an interpretation can be found in the Syrian Church, too.

In any case, when this kind of Christology is connected with the Gnostic-dualistic anthroplogy of the *EV,* it becomes clearly Gnostic. This Gnostic tendency becomes evident especially in the question: why does Christ have to die?

It is necessary for Christ to die, says the *EV,* to "dissolve" his material "form" ($\sigma\chi\tilde{\eta}\mu\alpha$) in order to dissolve the secondary elements of mankind which belong to this world, the creature of the demiurge ("$\pi\lambda\acute{\alpha}\nu\eta$"), and to save, in this way, the primary "Self" of mankind from this material world so that he can make mankind take a rest in the heavenly world with him and his father. (In order to write this treatise I have taken out the most important parts from my former publication, *Die Christologie des Evangelium Veritatis. Eine religionsgeschichtliche Untersuchung,* Leiden 1964, pp. 62–119 (part III, Die Christologie), and arranged and completed anew taking into consideration reviews on my book).

Chapter 3. The Problems of Gnosticism

1. The Gnostic Understanding of Jesus
— Criticism on the So-called "Gnostic Myth of Saviour" —

We have examined in the light of new sources (the Nag Hammadi writings) the so-called Gnostic myth of a saviour advocated by R. Bultmann, that is the so-called proto-man (Urmensch) who becomes a man or saviour who is to be saved. In addition, we have also examined this myth in the light of those sources upon which Bultmann and his advocates depend. The results of these examinations show that this concept can be found only in the Manichaean documents, of which Bultmann himself no longer makes any use, and that aside from these no other source contains a whole myth of the saviour. If we connect each source and unifies them, we can get the Gnostic-myth which is completely developed just as a Manichaean one, i. e., Bultmann's, but we cannot suppose it in the background of the NT.

On the other hand we have shown that neither the concept of "the saviour to be saved (Salvator salvatus)" as proto-man (Urmensch) nor the thought of incarnation (Menschwerdung) of the saviour is inherent in Gnosticism itself. The Gnostic myth aims at human cognition of the "Self", and is built on the prerequisite of anticosmic dualism. To that extent the saviour in this literal meaning is not indispensable to it. Nonetheless we do not take the view that Gnosticism is, in its essence, a human self-salvation, and that the figure of the saviour was borrowed from Christianity as G. Quispel and others assert. There can be a Gnosticism without a saviour, but the idea of "the messenger" from the luminous world for the sake of the transmission of the "Gnosis" is a necessary demand of Gnosticism which stands upon the anticosmic dualism, and his function is surely recognized in "Sophia" or "Phôstêr" independent of "Christ". When this kind of non-Christian Gnosticism absorbs Christian elements, especially, the Christ figure, then Docetism develops. As far as a Gnostic saviour is demanded by the anticosmic anthropology, an inclination to Docetism is inherent in Gnosticism itself. When this inclination was united with the historical Jesus, whom the earliest Christians had confessed as the saviour, Docetism was consequently strengthened. But Christian Gnosticism does not always understand Jesus in a docetic way. Since the Gnostics are, by nature, indifferent to "how Jesus was", they have no trouble even when Jesus appears in the flesh. In such cases it is often explained as a means intended to deceive the "archons" of the world, but it is also explained as a condition which conforms the "salvandi" to the "Salvator". However, some cases have no explanation.

2. On the Essence and the Origin of Gnosticism

First of all, having taken a bird's-eye view of the history of research into Gnosticism critically from the methodological standpoint, we pointed out that H. Jonas' method of the existential interpretation was the most useful for the elucidation of the essence of Gnosticism, but that it was not necessarily appropriate for the historical explanation of its origin. The Gnostic attitude of existence in itself (Daseinshaltung), which Jonas has clarified, is surely a historically-underivable-understanding of "being". But, for the reason that Gnosticism originated in a place where such "being" is explained by the use of some material or other, the religio-historical motifs which are used for the understanding of "being" in this sense have to be derived historically.

Here the "motifs-historical" (motivgeschichtliche) method obtains its significance anew, although, this method by itself, contains a methodological aporia.

Secondly, we have confirmed that Gnosticism is a product of the objectification of the Gnostic attitude of existence inherent in itself. When objectified, it interprets myths well-known among folks, and so invents Gnostic mythology proper to its own. The essence of Gnosticism, in this sense, consists in the following three motifs : (1) the soteriological cognition that the ultimate "being" is one and the same with the original "self" of the human being in its essence, (2) anticosmic dualism as its presupposition and (3) the revealer or the saviour of the "self" who is necessarily demanded from the above.

Thirdly, the materials of motif (1) are traced back to Platonism, those of (2) and (3) to the Iranian religion, especially that of (3) to Judaism, but it is in a hellenistic zone of proximity and exposure to Judaism that these materials were combined through their re-interpretation by the anticosmic and Gnostic attitude of existence. A liturgy of baptism played a significant role behind that re-interpretation. Concretely speaking, Samaria, the East-bank of the Jordan river, Syria and Egypt are the birth-place of Gnosticism.

Lastly, with respect to the formation-time of Gnosticism, we find that it came into existence parallel with, or more probably later than Christianity. In any case Gnosticism could have originated independently of Christianity, judging from its essence. When it absorbed Christian elements, especially the Christ figure, then the so-called "Gnostic heresy" as was told by the Christian heresiologists, or Christian Gnosticism, came into existence which formed great parts of the Nag Hammadi writings. Therefore our conclusion is: Gnosticism in itself is not Christian heresy.

付　　記

　本書の原稿は1970年10月10日に脱稿され，直ちに出版社に渡されたので，その後に入手された関係文献は本書の中で参照されていない．以下において，これらの関係文献の中比較的に重要と思われる若干のものについて短く言及することにより，本書をできうる限りup-to-dateなものにしておきたい．ここでとりあげられる文献は，次の四冊の著書(1-4)と各一冊の論文集(5)及び資料集(6)である．

　(1)　R. A. Bullard, *The Hypostasis of the Archons. The Coptic Text with Translation and Commentary*, Berlin 1970.

　(2)　C. IK Story, *The Nature of Truth in "The Gospel of Truth" and in the Writings of Justin Martyr. A Study of the Pattern of Orthodoxy in the Middle of the Second Christian Century*, Leiden 1970.

　(3)　L. Schottroff, *Der Glaubende und die feindliche Welt. Beobachtung zum gnostischen Dualismus und seiner Bedeutung für Paulus und das Johannesevangelium*, Neukirchen 1970.

　(4)　H. Köster, J. M. Robinson, *Entwicklungslinien durch die Welt des frühen Christentums*, Tübingen 1971.

　(5)　*Essays on the Coptic Gnostic Library* (*An off-Print from Novum Testamentum* XII, 2), Leiden 1970.

　(6)　C. Andresen(ed.), *Die Gnosis* II: *Koptische und mandäische Quellen*, Zürich/Stuttgart 1971.

　(1)は『アルコーンの本質』(Cod. II: 4. 上記158頁の表，参照)のテクスト，英訳，注解で，これにより既刊テクストの数が一つ増え，合計16になったことになる．

　(2)は，「真理」という概念をめぐって『真理の福音』(Cod. I: 2. 上記158頁の表，参照)とユスティノスの諸文書を比較研究したものである．結論は，ユ

スティノスの「真理」理解が「正統」のパターンを代表し，『真理の福音』のそれが比較的に異端的パターンに属するという常識的なもの以上に出ていないが，この書においても，『真理の福音』の著者がヨハネ福音書の影響をかなり強く受けているというわれわれの見解(上記299頁以下，参照)が支持されている．

(3)は，ナグ・ハマディ文書の研究成果をパウロ及びヨハネ福音書の理解に積極的に適用した最初の書物として高く評価さるべきものである．そして，著者のナグ・ハマディ文書に関する評価とそれから得たグノーシス観が，ほぼわれわれの見解と一致していることは注目に価する．しかし，著者が，コリント教会におけるパウロの敵対者にまで著者の意味のグノーシス主義を認めているらしいこと(この点，著者の論旨に一貫性がない)，また，ヨハネ福音書を「最初のキリスト教グノーシス文書」と断定していることなど，著者によるブルトマン批判に当っているところが多いのではあるが，なお再検討を要するように思われる．

(4)もまた，ナグ・ハマディ文書，とりわけ『トマスによる福音書』(Th Ev)の研究成果から，初期キリスト教界における文学類型ないしは思想類型発展の「線」を書き換えようとする極めて意欲的な業績である．とりわけ，原始キリスト教におけるいわゆる正統と異端の関係については，われわれが本書第Ⅰ部第1節で素描した「線」にかなり近い「線」が引かれている．すなわち，ケスターとロビンソンによれば，原始キリスト教における最古のケーリュグマはむしろ現在的に終末論的であって，それが黙示文学的となるのはケーリュグマ伝承の第二の段階であるという．これは，われわれが「主」告白伝承と「キリスト」告白伝承の関係に想定した「線」に，少なくとも形式的にはかなり近いであろう(上記17頁以下，参照)．ただ問題は，ケスターとロビンソンが，Th Evにおける語録伝承の最古の層がQ資料以前に遡ることを様式史的にも証明しうるとの立場を打ち出し，この層に属する伝承がQ資料において黙示文学化されたという，かなり大胆な仮説を提出していることである．われわれはTh Evの伝承が全体としては共観福音書の伝承を前提しているとみなしたが，前者の伝承の一部が後者の伝承とは異なる——おそらく口頭の——伝承に連なる可能性をも残しておいたので(上記167, 251, 255頁以下，参照)，ケスター－ロビン

ソン仮説をある程度受容することはできるのであるが，しかし，そのためにはなお慎重な検討を必要とするであろう．他方ケスターとロビンソンは，*Th Ev* の伝承の最古の層に認められる現在的終末論をⅠコリントにおけるパウロの敵対者の思想と結びつけようとしているのであるが，これも，上述した(3)の場合と同様に，再吟味を要するように思われる．われわれは現在もなお，たとえ *Th Ev* の最古と想定される伝承の現在的終末論とⅠコリントにおけるパウロの敵対者の思想が重なったとしても，その重なった部分を直ちに「グノーシス主義」と断定するだけの論拠を持っていないのである．

(5)には次の五つの論文が収録されている．

(i) G. W. MacRae, The Jewish Background of the Gnostic Sophia Myth.

(ii) W. C. Robinson, Jr., The Exegesis on the Soul.

(iii) W. R. Schoedel, Scripture and the Seventy-two Heavens of the First Apocalypse of James.

(iv) F. Wisse, The Redeemer Figure in the Paraphrase of Shem.

(v) L. Peel, Gnostic Eschatology and the New Testament.

(ii)と(iv)は，そのテクストが未刊行の文書『魂の解明』(Cod. Ⅱ:6)と『セームの釈義』(Cod. Ⅶ:1)――いずれも，上記159頁の表，参照――に関する結論的研究であるが，とくに(iv)では，この文書が「非キリスト教的グノーシス文書」で，その救済者像は「前キリスト教的である」と結論されているだけに，テクストの出版と今後の研究が待たれる．(iii)は，第一の『ヤコブの黙示録』(Cod. Ⅴ:3)に関する最初の研究．(i)と(v)は，各テーマに即したナグ・ハマディ文書の総合的研究であるが，(i)は，グノーシス的ソフィア像のユダヤ教(知恵文学)的背景を明らかにし，(v)は，グノーシス的終末論に関するブルトマン学派の見解に修正を迫っており，その限りにおいて，各論文がわれわれの見解(上記103頁の注17，及び170, 350頁，参照)の補強となるであろう．

(6)は，既刊の C. Andresen (ed.), *Die Gnosis* Ⅰ: *Zeugnisse der Kirchenväter* の続編．第一部(M. Krause 担当)には，コプト語資料(ナグ・ハマディ文書の中，『アダムの黙示録』，『聖なるエウグノストスの手紙』，『アルコーンの本質』，『真理の福音』，『復活に関する教え』，『ピリポによる福音書』，『魂の解明』，『闘技者トマスの書』)の概説・独訳・注が，第二部(K. Rudolph 担当)には，マン

ダ教文書の概説・独語抄訳・注が含まれている．

(1971 年 8 月 16 日)

〈第 10 刷発行によせて〉

　本書に掲載されている各論文は，補注を付して，『荒井献著作集』全 10 巻，別巻 1，岩波書店，2001-2002 年のうち，第 3 巻『パウロ，マルコ，ルカ』，第 4 巻『原始キリスト教』，第 6 巻『グノーシス主義』，第 7 巻『トマス福音書』に分散して収録されている．

　なお，本書の第 1 論文「原始キリスト教の成立」は，その後の研究史を踏まえ，次ぎの著作の「第一部原始」に，改稿の上，掲載されている．荒井献・出村みや子・出村彰著『総説キリスト教史 1 原始・古代・中世篇』日本キリスト教団出版局，2007 年，21-84 頁．

(2007 年 9 月 2 日)

■岩波オンデマンドブックス■

原始キリスト教とグノーシス主義

　　　1971 年 9 月 25 日　第 1 刷発行
　　　2007 年 10 月 18 日　第 10 刷発行
　　　2025 年 3 月 7 日　オンデマンド版発行

著　者　荒井　献
　　　　あらい　ささぐ

発行者　坂本政謙

発行所　株式会社 岩波書店
　　　　〒101-8002 東京都千代田区一ツ橋 2-5-5
　　　　電話案内 03-5210-4000
　　　　https://www.iwanami.co.jp/

印刷／製本・法令印刷

　　　　Ⓒ 湯泉契子 2025
　　　　ISBN 978-4-00-731531-2　　Printed in Japan